KB068858

고객가치기반

신제품 마케팅전략

김경민 | 박정은 | 김태완

박영사

머리말 PREFACE

신제품에 대한 중요성은 아무리 강조해도 지나치지 않는다. 특히 4차산업혁명과 초융합의 시대에는 항상 새로운 사업, 새로운 제품 개발이 기업 존망과도 연결되는 매우 중요한 부분이다.

그런데 안타깝게도 우리 나라에는 신제품 마케팅에 대한 책은 매우 부족할 뿐 아니라 대부분 기업중심적인 시각이 많다. 뿐만 아니라 현업에 바로 적용하기 어렵거나 실행보다는 개념적인 면을 부각시키는 경향이 있었다.

최근 고객가치에 대한 중요성이 매우 강조되고 있고, 고객가치기반 마케팅의 중요성이 학계 및 실무 모두에서 대두되고 있다. 고객가치기반 마케팅과정은 고객가치의 이해를 바탕으로 고객가치창조로 이루어지며 이는 다시 고객가치의 전달과정 그리고 유지과정으로 이루어져 다시 고객의 가치를 이해하는 환류의 과정을 갖는다. 이러한 고객가치기반의 마케팅과정 중 고객가치의 이해와 고객가치 창조의 프로세스에서 중요한 것이 신제품 개발이다. 저자들은 이러한 고객가치 기반 마케팅 프로세스의 관점에서 신제품 마케팅전략 책을 집필하였다.

저자들은 현업에서 마케터로서의 실무적 경험으로 성공적인 신제품을 개발한 경험도 있거니와 관련 국내외 유명대학 및 국내외 최고의 기업에서의 강의 그리고 국내외 관련 최고의 학회지에 논문게재 등 관련 경험이 매우 풍부하다. 완성도 높은 신제품 마케팅 책을 완성하기 위해 세부 전문가들로 집필하였다. 소비자, 브랜드, 전략, 유통 그리고 계량까지 마케팅의 주요한 부분의 전문가로 구성되어 종합적인 측면에서 성공적인 신제품 전략 수립 및 실행을 할 수 있도록 집필하였다. 실제 저자들이 많은 기업과 협업을 하면서도 이러한 총체적인 마케팅 각론부분을 고려한 신제품 전략 수립의 프로세스 및 과학적 관리 부재가 아쉬웠고, 이런 고민을 해결해줄 저서도 충분하지 않은 실정이었다.

본서는 현업에 있는 마케터들과 마케팅에 관심이 있는 학생들 모두가 반드시 알아야 할 내용으로 저술되어 있다. 특히 현업에서 많이 활용되고 알아야 될 내용들을 중심으로 기술하였으며 실제 현업의 마케터들이 바로 적용 및 활용 할 수 있도록 상세히 저술하였다.

　본서는 총 11장으로 구성되어 있다. 1부는 고객가치 기반의 신제품 마케팅전략에 대해서 저술하였다. 특히 신제품마케팅의 개관과 신제품 개발시스템에 대하여 자세하게 서술하였다. 1부는 본 책의 주제인 신제품 개발에 있어 결국 제품리더십을 어떻게 가져가야 하는가에 대한 신제품 마케팅전략수립의 기반을 설명한다. 2부는 시장기회의 파악부분이다. 신제품 확산이론과 소비자니즈 분석 그리고 수요예측과 시장경쟁분석의 계량적인 부분을 통한 신제품 마케팅의 시장기회를 파악할 수 있도록 저술하였다. 3부는 실무적으로 신제품개발과정에 대하여 저술하였다. 특히 최근에 강조되는 디자인적 사고(Design Thinking)와 빅데이터를 이용한 신제품 개발과정에 대해 서술하였다. 마지막으로 4부는 이러한 신제품 개발을 실행하기 위한 제품설계과정, 네이밍과 디자인, 시험시장 예측 및 시장출시전략으로 구성되어 있다.

　저자들은 각 장의 시작과 중간에 다양한 실제 사례를 제시하여 실무적인 시각을 제공하고자 하였고 각 장마다 중점적으로 학습할 학습목표를 제시하였고 각 장이 끝나는 시점에는 좀 더 연구하고 토론할 수 있는 주제 및 문제를 준비하였다. 이를 통해 학습자들이 주요 주제에 대해 더 많은 생각과 학습을 할 수 있도록 하였다.

　본서가 출간될 때까지 많은 분들의 도움이 있었다. 박영사의 안상준 대표님, 박세기 부장님 그리고 전채린 과장님에게 감사를 드리고 싶다. 끝으로 저자들이 항상 연구와 강의에 몰두할 수 있도록 지원과 격려를 아끼지 않는 부모님들과 사랑하는 가족들에게 무한한 감사를 드린다.

2019년 8월

김경민, 박정은, 김태완

차례 CONTENTS

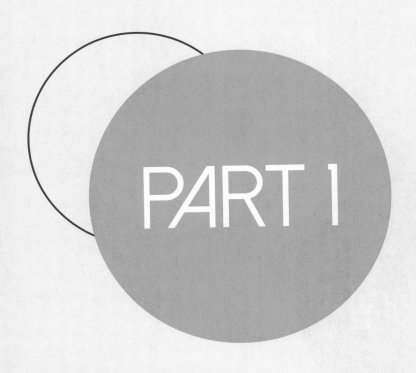

PART 1

신제품 전략

CHAPTER 01

신제품 마케팅 개관

Learning Objectives

(L01) 신제품관리와 마케팅관리의 개념을 이해하고, 두 개념간의 관계 및 마케팅 과정에서의 신제품 개발의 중요성에 대해 설명할 수 있다.

(L02) 고객가치 관점에서의 마케팅 과정 이해와 재정립을 통해 마케팅 개념이 제품 중심에서 고객관점으로의 변화를 설명할 수 있고, 고객가치의 중요성에 대해 이해할 수 있다.

(L03) 신제품 개발전략에 대해 알아보고 기업별로 선택과 집중을 해야 할 신제품 개발전략을 개발할 수 있도록 한다.

(L04) 신제품 개발 시 의사결정 요인에 관한 이해를 통해 신제품 개발의 중요성과 의사결정 사항을 설명할 수 있다.

(L05) 신제품의 출시가 성공적으로 되기 위해 신제품 개발의 성공 및 실패요인을 판단할 수 있는 능력을 배양한다.

전례가 없는
애플의 아이폰 X 마케팅
: 경험을 주지 못하면 잊혀질 것이다.

제품 기능이 아니라 경험을 중시하라

아이폰 X을 출시한 시점에서 애플은 자유롭고 관습에 얽매이지 않은 마케팅 방법을 기반으로, 한 대에 1,000달러가 넘는 고가의 아이폰을 구입하는 사용자가 많아지기를 원했다. 아이폰 7이나 아이폰 6에 대해서도 사용자들의 욕구를 자극하기는 했지만, 아이폰 X에는 지금까지와 뭔가 다른 것이 있다. 아이폰 8에 이르러 애플은 새로운 프로세서, 새로운 카메라, 새로운 색상을 선보이며 새로운 스마트폰을 판매하고 있다. 그런데 아이폰 X에 대해서는 경험을 판매하는 것이다. 유튜브에 올라온 제품 개봉 영상, 유명인들의 리트윗, 각종 리뷰 등이 증명하듯 아이폰 X은 단순한 한 대의 기기가 아니라 하나의 현상으로, 블록버스터 영화처럼 모두가 언급하는 새로운 것이다. 일단 아이폰 X을 본 사용자들은 갖고 싶어 할 것임에 틀림없다.

생활에 필요한 스마트폰을 강조

어떤 면에서 애플은 아이폰 X을 애플워치와 비슷하게 취급한다. 애플워치는 IT 기술이 아닌 보석이나 액세서리에 가까운 상품으로 판매됐다. 배터리 수명이나 속도보다는 패션과 연결성이 더 중요했고, 이러한 정신이 애플워치가 스마트워치 분야뿐 아니라 모든 시계를 통틀어 가장 많이 팔린 제품이 된 것이다.

물론, 아이폰은 이미 지구상에서 가장 많이 팔리는 스마트폰이지만, 아이폰 X이 대표하는 것은 완전히 새로운 카테고리다. 오리지널 아이폰처럼 아이폰 X도 향후 10년 간 애플의 전략을 대변한다. 그러나 이번에는 단순히 "혁명적인 모바일 폰"이 아니라 생활 방식에 쓰이는 기기이자 지금까지 많은 이들이 필요로 했던 첫 번째 아이폰일 것이라는 의견이 많다.

그래서 애플은 아이폰 X의 등장부터 다른 전략을 취했다. 애플 스토어에 구매자들의 줄을 세우고, 유명 유튜브 리뷰어들이 즉석 리뷰를 할 수 있게 하고, 의견을 낼 수 있도록 24시간 창구를 열었다. 아마 지금까지의 애플 중에서 가장 애플답지 않은 행보였을 것이다. 보도 자료에서도 가장 극찬이었던 8개 기사 헤드라인 문구를 꺼내 강조했다.

재미있으면 돈을 더 낼 것이다
+ 호기심을 자극하라

애플의 주요 목표는 아이폰 X의 사양보다 재미있는 각종 기능에 초점을 맞추는 것이다. 유튜브 리뷰 영상에서도 엔터테인먼트와 실행에 중점을 두었다는 것을 쉽게 알 수 있다. 그러나 다른 미디어에서도 배터리 벤치마크나 속도 테스트보다는 페이스 ID와 새로운 디자인에 더 집중했다. 버튼 없는 탐색, 핸즈

프리 잠금해제 기능뿐 아니라 일반 시장에 풀리기 전부터 아이폰의 문화에 새겨질 수 있는 깊은 발자국이 필요하다. 아이폰 X가 출시되기 전부터 애플은 여러 가지 기반을 다져놓고 있었다.

아이폰 X의 의미는 애플 스마트폰 전략의 미래를 보여준다는 것이다. OLED 디스플레이나 에지 투 에지 디자인이 아니다. 999달러라는 가격이 문제다. 많은 사용자들에게 사실 돈은 중요하지 않다. 아이폰 업그레이드 프로그램에 따라 아이폰 X와 아이폰 8 플러스의 가격 차이는 16달러에 불과하다. 중요한 것은 연말 선물 시즌에 아이폰 8시리즈보다 아이폰 X를 더 많이 판매하는지가 아니라, 어떻게 소비자들에게 깊은 인상을 남기는 것인가이다. 아이폰 X가 처음 발표됐을 때의 반응은 다소 밋밋했다. 페이스 ID의 보안에 대한 우려가 있었고, 아이폰 8 플러스보다 더 특화된 가치가 있는지 궁금해하는 사용자가 많았다. 심지어 일부는 전면 디스플레이 디자인이 확실한지에까지 의문을 품었다. 이 역시 애플의 마케팅 전략에 영향을 미쳤다. 애플은 아이폰 X에 관한 질문과 궁금증이 많을 것이라는 점을 알고 있었다. 그러나 제일 처음 나오는 좋은 평가 단 한 줄만으로도 모든 부정적인 관찰을 뒤엎을 수 있었다. 페이스 ID는 아주 훌륭하게 작동한다. 전면 디스플레이는 놀라울 정도다. 예산만 허락한다면, 더 많은 돈을 지불할 만한 제품이다.

열망이라는 씨앗을 심다

사용자가 오늘 당장 아이폰 X를 구입하지 않는다고 해도, 애플은 열망이라는 씨앗을 심었다. 보어드앳워크(Booredatwork)가 공개한 영상을 보든지, 매튜

판자리노의 리뷰를 읽었든지, 또는 리코드의 불만에 동의한다든지 하는 것은 전혀 상관 없다. 아이폰 X를 구입하기로 한 사람들이 원하는 것은 단 한 가지다. 뿐만 아니라 아이폰의 정확한 발매 시기를 모르는 평범한 사용자들도 이번 주말 애플 스토어에 가서 아이폰 X를 구경할 수 있다는 것이 중요하다. 이런 일반 사용자들도 아이폰 X를 집어 들고 테스트하고, 사진을 찍어 SNS에 올릴 것이고, 친구들에게 입소문을 내게 된다. 그리고 1,000달러라는 돈이 생긴다면, 바로 구입하게 될 것이다.

출처: Michael Simon | Macworld

신제품은 소비자의 변화를 포함한 환경의 변화에 기업이 대응하기 위해 혹은 변화된 시장에 적응하기 위해 기업이 창출하는 가치이다. 본장에서는 신제품 마케팅과정에 대해서 알아보고자 한다. 신제품 마케팅 과정을 이해하기 위해 간략하게 마케팅 과정에 대한 개념과 마케팅 과정의 최근 이슈 및 배경에 대해 알아보자. 마케팅 과정은 환경의 변화를 감지하고, 기업의 자원을 바탕으로 가치를 창출하고, 이를 유통경로를 통해 전달하고, 기업내부에서 고객관계를 창출하고 유지 강화하는 과정이다. 이러한 마케팅 과정은 1967년 필립 코틀러(Phillp Kotler)에 의해서 정립이 되었고, 최근 고객지향성과 가치 지향성, 그리고 사회적 책임을 강조하는 공유가치 창출까지의 개념을 포함하는 마케팅으로 발전을 해왔다.

기존에 존재하는 제품으로는 충족시켜주지 못하는 고객의 가치를 찾아내고 이를 기업이 가진 역량과 자원으로 새롭게 가치를 창조하는 과정이 기업의 고객가치 창조과정이다. 스타벅스는 샌프란시스코의 작은 커피전문점이었다. 하지만 지금은 세계적인 커피 전문체인 기업으로 성장하였고, 이들의 성장 배경에는 바로 기존의 커피 전문점에서 고객들이 만족하지 못하였던 가치를 찾아서 스타벅스의 자원과 마케팅 역량으로 새로운 가치를 재창출함으로써 세계적인 기업으로 성장할 수 있었다. 고객들은 스타벅스 매장에 들어서면서 새로운 커피 주문과 커피 제조 과정을 경험하고 공유하는 문화를 만들어 냈고, 스타벅스는 이러한 문화를 확산시키고 이를 바탕으로 커피문화와 독특한 공간이라는 경쟁우위를 창출함으로써 성공할 수 있었다. 이러한 고객 가치창조를 위한 과정에 신제품 개발 전략이 중요한 과정이다. 즉, 고객가치를 찾아서 기업이 가진 핵심역량을 사용하여 그 가치를 구체화시키는 과정이 신제품 개발 과정인 것이다.

스타벅스의 성장 배경에는 바로 기존의 커피 전문점에서 고객들이 만족하지 못하였던 가치를 찾아서 스타벅스의 자원과 마케팅 역량으로 새로운 가치를 재 창출함으로써 세계적인 기업으로 성장할 수 있었다.

1

신제품 시장 및 환경의 변화

21세기 들어 급격한 변화가 시장에서 일어나고 있다. 시장이 변하면, 이에 맞추어 기업도 변해야 한다. 급변하는 경영환경은 예측하기가 더욱 힘들어지고 상품 수명주기는 짧아지고 있다. 특히 스마트기기 보급과 소셜 네트워크 서비스(SNS)의 확산에 따른 고객들의 진화 등 변화에 선대응하고, 기업의 미래와 지속성장을 위한 제품과 서비스의 차별화가 절실한 상황이다. 많은 기업이 변화의 흐름 속에서 기회를 찾아 고객가치를 발굴하고 차별화된 경쟁력으로 시장을 선점하기 위해서 노력 중이다. 시장의 변화와 고객의 진화를 탐색하여 고객의 욕구와 고객의 가치를 발굴해 내도록 해야 할 것이다.

가장 빠르게 기회를 선점하는 기업들이 가장 가치 있는 고객 욕구를 찾아낼 수 있다. 마케팅 환경 변화에서 새로운 기회를 어떻게 발견할 것인지, 고객가치를 전달·확산할 수 있는 방법들에는 어떤 것들이 있는지에 대해서 기업들은 끊임없이 마케팅 트렌드를 예의주시하고 고객과의 의사소통이 원활히 이루어지는 전략을 만들어야 할 것이다. 현시대의 주요 환경변화는 다음과 같다.

1) 디지털 시대의 도래와 참여형 마케팅의 바람

4차 산업 혁명으로 인한 급격한 기술혁신의 결과, 우리는 디지털 시대의 도래를 맞이했다. 컴퓨터, 텔레커뮤니케이션, 정보, 수송, 기타 기술의 폭발적 성장은 기업이 고객에게 가치를 제공하는 방식에 큰 영향을 미치고 있다. 기술혁신은 새로운 유형의 커뮤니케이션/광고 수단을 만들어 냈고, 마케터는 이와 같은 새로운 매체를 적극 활용해야만 경쟁에 대응할 수 있는 시대가 되었다.

특히 최근 트위터, 페이스북 등의 소셜미디어의 폭발적 성장은 현대인들의 삶을 다양한 측면에서 바꾸어 놓고 있다. 기업 또한 소셜미디어 트렌드에 대해 점차 관심을 갖고 마케팅에의 활용방안을 적극 모색하고 있다. 최근 소셜미디어를 활용한 몇몇 성공 사례들은 사람들의 공감과 참여를 끌어낸다면 보다 쉽고 저렴한 비용으로 브랜드에 대한 소비자 애호도를 높일 수 있음을 보여주고 있다.

지난날의 온라인과는 또 달리 앞으로의 소셜미디어 시대는 영향력, 정보의 파급 속도 및 접근 용이성 측면에서 지난 10년과 판이한 양상을 보인다. 이전의 온라인이 개인간 관계도 지인에 국한된 폐쇄형(Closed) 네트워크 시대였다면 지금의 온라인은 각 개개인이 개방적으로 그리고 실시간으로 연결된 개방형 네트워크 시대로 진화했다. 또한 지금의 모바일 환경은 언제 어디서나 24시간 접속하기 쉬운 웹 환경을 제공함으로써 사용자의 참여를 확산시키고 이를 통해 정보의 공개 및 공유를 구현하는 문화가 빠르게 확산되도록 하고 있다. 기업이 소비자들의 네트워크에 들어간다는 것은 소비자들에게 메시지를 전달하기보다는 소비자들과 자연스럽게 관계를 형성하면서 그들로부터 의견을 듣기 위한 도구로 활용해야 함을 의미한다. 세상이 개인화된 네트워크로 과거 그 어느 때보다 밀접하게 연결되어 있다는 것은 기업 입장에서 온라인 네트워크를 활용하여 인간관계를 구축해야 할 필요성이 그 어느 때보다 커졌음을 의미한다.

2) 급속한 글로벌화

점점 더 가까워져 가는 지구촌 시대에서 많은 기업이 전세계 고객 및 마케팅 파트너와 접속되어 있다. 규모와 상관없이 거의 모든 기업은 글로벌 경쟁에 직면하고 있다. 이제 기업은 국내에서 생산된 제품을 국제시장에 더 많이 판매하려고 노력할 뿐 아니라 더 많은 소모품과 부품을 해외에서 구매하고 있다. 가령, 미국의 선도적 패션디자이너인 아이작 미즈라히(Isaac Mizrahi)는 오스트레일리아 양모를 사용하고, 이탈리아에서 날염한 원단을 선택하여 옷을 디자인한 후 홍콩 에이전트에게 이메일로 전송한다. 홍콩의 에이전트는 이제 세계 각국의 관리자와 함께 자사가 속한 산업, 경쟁자, 시장기회를 국내시장의 관점이 아니라 글로벌 시각에서 보기 시작하고 있다. 바야흐로 전 세계적인 경쟁과 협력이 필요한 시대가 도래한 것이다.

3) 기업의 윤리성과 사회적 책임의 강화

마케터는 시장의 가치와 더불어 사회적 가치와 책임, 생존의 기반이 되는 지구 자체에 대해 많은 관심을 가져야 한다. 이제 기업은 그들의 행위가 사회와 환경에 미치는 영향의 책임을 과거보다 더 많이 지도록 요구받고 있다. 기업 윤리성과 사회적 책임은 거의 모든 사업영역에서 주요 논쟁거리가 되어 왔다. 또한 가중되는 환경보호운동을 무시할 기업은 별로 없다. 사회적 책임과 환경보호에 대한 요구는 갈수록 엄격해질 것이다. 기업의 사회적 책임(CSR: Corporate Social Responsibility)은 윤리적인 활동과 자선행위를 통해 존중을 받았던 이전과는 다르게 변화하고 있다. 사회적 책임을 다하기 위한 기업들의 노력이 필요하다는 세계적인 관심은 이들에게 어느 정도 부담으로 작용하고 있으며, 기업을 이끄는 리더에게 있어 '사회적 책임'은 실적달성과 더불어 기업 경쟁력을 향상시킬 수 있는 중요한 도구라는 인식이 새롭게 자리잡고 있기 때문이다. 전향적인 사고를 가진 기업은 사회적 책임을 기업성과를 높일 수 있는 기회로 보고 고객과 사회의 장기적 복리에 헌신하고 있다. 최근 기업들은 사회적 책임에 대한 노력이 실적향상을 포함하여 궁극적으로 기업에 긍정적인 기여를 한다는 것을 증명하기 위해 다양한 노력을 기울이고 있다.

4) 비영리 마케팅의 성장

오랜 기간 동안 마케팅은 주로 영리추구 사업분야에 적용되어 왔다. 그러나 최근 들어 마케팅은 많은 비영리 조직(대학, 병원, 박물관, 동물원, 오케스트라, 교회 등)의 경영전략에서 중요한 부분을 차지하고 있다. 1960년대 이후 미국의 대학교, 병원, 박물관 등 많은 비영리 조직들이 경영난을 겪으면서 비영리 조직에도 마케팅 개념의 도입 필요성이 제기되었다. 마케팅의 주체는 영리기업에서 대학, 박물관, 교회, 사회봉사단체 등 비영리조직으로 확장되어 갔다. 그리고 단체뿐 아니라 정치인, 의사와 개인들도 마케팅이 필요하게 되었다. 마케팅의 객체 역시 상품이나 서비스뿐 아니라 사람, 장소, 아이디어, 경험, 조직으로 그 대상이 확대되었다. 사회적 욕구가 커짐에 따라 비영리조직들은 더 많은 일들을 해야 하나 정부의 지원은 한정되어 있으므로 비영리 조직들에 있어서 안정적인 재정확보는 중요한 이슈가 되었으며 비영리조직들도 시장에서의 교환과 프로모션을 위한 전문적인 마케팅의 도입이 요구되고 있다. 비영리조직도 시장, 기업과 같이 고객과의 관계가 매우 중요해지고 있다. 시장에서 기업은 고객과 그들의 상품과 서비스를 교환하는 활동을 통해 마케팅을 수행하는데, 비영리 조직은 고객과의 교환활동이 상품중심이 아닌, 가치 중심적인 것이 더 중요하게 작용한다. 비영리 조직에서 적절한 마케팅은 회원과 후원을 끌어들이는데 도움을 줄 수 있다.

신제품 마케팅 관리의 새로운 프로세스: 고객가치기반 마케팅 프로세스

본서에서 마케팅에 고객가치기반(Customer Value Based 혹은 driven)이라는 말을 앞에 붙인 이유는 비즈니스와 마케팅 프로세스에서 고객가치의 중요성을 다시 한 번 강조하기 위함이다. 고객가치기반 마케팅(Customer Value driven Marketing)은 이전의 마케팅 개념들과 전혀 다른 새로운 개념이 아니다. 고객가치기반 마케팅은 비즈니스와 마케팅 프로세스에서 가장 기본이 되는 고객가치에 중점을 두고, 그러한 가치를 확인, 창출, 전달, 평가하는 과정으로서 마케팅에 대한 개념을 재정립해보자 하는 것이다.

"마케팅은 고객으로부터 출발한다"의 개념은 정확히 서술하자면 "마케팅은 고객가치로부터 출발한다"이다. 즉, 마케팅의 핵심이란 고객가치의 이해라는 의미인데, 이는 마케팅 활동을 통하여 고객들이 현재 원하는 가치와 고객들이 앞으로 원하게 될 가치를 예측함으로써 그들의 잠재된 욕구를 창출하는 동시에 충족시키는 것이다.

마케팅이란 다양한 기업의 이해관계자 집단을 위해 가치를 창출하고 그 가치를 효과적인 의사소통을 통해 전달함으로써 이익을 제공해 주어야 하는 기관, 활동 및 프로세스라고 AMA(American Marketing Association)는 정의하고 있다. 이는 마케팅이 단순히 기업 내 기능적 역할뿐 아니라 기업과 환경, 시장, 그리고 고객 및 이해관계자들 간의 모든 관계에 있어서 전사적 역할을 수행한다는 의미이다. 더불어 최근에는 기업 또한 사회구성원의 일원으로 봄으로써 고객뿐 아니라 사회 전체를 위한 가치를 실현하고자 하는 CSR(기업의 사회적 책임)이 기업의 이미지 향상에 중요한 역할을 하고 있다. 이러한 고객의 가치 충족 과정을 통한 마케팅 활동은 고객과의 장기적인 관계 형성 및 유지를 가능하게 함으로써 기업의 장기적인 존속과 경쟁우위 창출이라는 결과를 가져다준다.

고객가치기반 마케팅(Customer Value Based Marketing)의 필요성은 크게 두 가지로 나눌 수 있다. 첫째, 최근 기업을 둘러싼 환경이 매우 빠르게 변화함에 따라 치열해진 경쟁 때문이다. 기업간의 경쟁이 더욱 치열해짐에 따라 기업은 경쟁사보다 더 나은 고객가치를 창출해야만 차별화된 경쟁 우위를 가질 수 있고 이를 기반으로 수익을 창출할 수 있다. 이를 위해서라도 기업은 시장과 환경의 변화에 대해 정확히 예측함으로써 사업의 기회를 보다 빨리 포착하고 세분화된 목표(target)를 설정한 후 그들의 욕구(needs)를 충족시켜 줄 수 있는 고객가치기반의 마케팅 활동에 더욱 몰입해야 한다.

둘째, 마케팅의 수요와 공급에 대한 가정에 있어 경제학과의 차이이다. 마케팅 학문의 근본이라 할 수 있는 경제학에서 수요공급 논리의 기본가정은 동일한 수요와 동일한 공급이다. 즉 소비자들은 동일한 욕구를 가지고 있고, 공급자들도 동일한 제품을 공급한다는 것이다. 그러나 마케팅의 관점은 다르다. 마케팅에서 수요 측면인 고객의 욕구는 끊임없이 변화하고 다양하다고 가정한다. 즉 다양한 수요가 존재하기 때문에 시장을 세분화하고 특정 시장에 집중하는 것이 중요하다. 공급자 또한 차별적인 제품 공급을 가정하고 있다. 기업은 경쟁에서 살아남기 위해 그리고 소비자의 욕구를 차별적으로 충족시켜 주기 위해 노력한다. 마케팅에서 공급 측면인 기업의 자원들은 한정되어 있다. 따라서 마케팅에서 수요와 공급의 균형을 이루기 위해서는 기업의 한정된 자원을 효율적으로 할당함으로써 고객의 다양한 욕구를 충족시키는 것이 필수적이다. 본서에서 제시하는 고객가치기반 마케팅 프로세스는 <그림 1>과 같으며, 이는 일반적인 비즈니스 프로세스에 기반을 둔 것이다.

비즈니스 활동의 시작은 자원의 투입으로부터 시작된다. 즉 기업이 경영활동을 위해 보유한 자원(물적 자원, 재무적 자원, 인적 자원과 더불어 고객가치)을 투입하는 단계이다. 자원의 투입과 더불어 많은 프로세스를 거치면서 고객의 가치가 창출되는 것이 기업활동의 핵심이다. 대부분의 기업들은 그들의 물적 자원, 재무적 자원, 그리고 인적 자원의 투입과 관리에만 초점을 맞추고 있으나 그들이 간과하고 있는 점은 고객의 가치가 실질적으로 기업의 핵심 자원이라는 사실이다. 이러한 고객가치라는 부분이 무시되기 때문에 기업은 결국 제품이 최종 산출물이라는 생각을 가지고 있다. 고객가치에 초점을 맞추어서 투입과 산출을 고려하고 정립해 나가는 것이 고객가치기반 마케팅인 것이다.

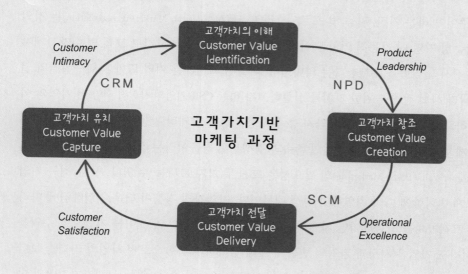

이러한 고객가치의 투입 및 산출을 위한 고객가치기반 마케팅 프로세스는 가치확인(value identification), 가치창출(value creation), 가치전달(value delivery), 가치유지(value capture)에 이르는 4단계로 구성되어 있다.

먼저 고객가치 확인단계는 고객이 중요하게 생각하는 가치가 무엇인가를 이해하고 파악하여 이와 같은 가치를 창출하여 전달하기 위한 준비단계라 할 수 있다. 이 단계는 현재 국내 기업들의 가장 취약한 부분이라고 할 수 있다. 대부분의 기업들이 신제품의 개발과 관리에는 초점을 맞추고는 있으나 고객이 어떠한 핵심 가치를 가지고 있는지는 간과한다. 다시 말하자면, 기업들도 고객이 중요하다는 사실은 인지하고 있으나 정작 제품과 서비스를 기획할 때에는 기업이 가지고 있는 핵심역량을 토대로 신제품을 개발하기 때문에 고객들이 진정 원하는 가치를 충족시켜 줄 제품을 생산하지 못하는 것이다. 이와 같이 고객보다는 제품과 영업을 중점으로 마케팅 활동이 이루어지는 것이 우리나라 기업들의 현실이기 때문에 우리는 고객가치를 이해하고 파악하는 것이 우선적으로 필요하다. 이를 위해서 이 단계에서 주요한 마케팅 활동으로 크게 두 가지, 마켓센싱(Market Sensing)과 마케팅리서치(Marketing Research)를 제시할 수 있다. 마켓센싱은 시장 내 잠재된 수많은 정보와 현상들을 인지하고 어떤 변화와 가치들이 있는지 확인하는 활동을 의미하며, 마케팅리서치는 탐색된 가치를 테스트하여 다음 단계인 가치창출 단계로 넘겨주는 전단계 역할을 하는 활동이다. 이 두 가지 활동의 기본적인 방법과 분석도구는 동일하다. 이 단계를 통해 우리는 잠재되어 있는 고객의 욕구를 경쟁사보다 빨리 인지함으로써 사업의 기회를 포착할 수 있다.

분야에서 최고 수준의 성과를 이뤄낸 것으로 평가받는데 그동안 코카콜라와 나이키, LG전자, 옥션 등 다양한 글로벌 기업 사례가 소개됐다.

페이스북은 비비고 냉동면 캠페인이 각각의 채널에 맞는 최적화된 영상과 고객이 하는 바를 정확하게 파고든 맞춤형 콘텐츠로 구성된 점을 높이 평가했다. 특히 제품 자체의 간편한 조리법과 뛰어난 맛 품질을 핵심 메시지로 담은 동영상 광고를 통해 냉동상태에서 끓는 물에 '바로 넣기'만 하면 되는 초간단 조리법과 완전히 대비되는 '깊은 맛의 육수', '완벽히 재현해낸 맛집 고명', '만 번 이상 치댄 면' 등 맛과 풍미를 효과적으로 전달한 것이 주된 성공 요인이라고 언급했다.

CJ제일제당은 페이스북과 인스타그램에 동시에 캠페인을 진행하면서 페이스북 머신러닝(Machine Learning, 시스템 스스로 학습을 통해 최적화된 솔루션을 찾아내는 기술) 기반의 '게재면 최적화' 방식을 사용했다. 이를 통해 하나의 콘텐츠를 각 채널별 최적의 광고면에 게재, 소비자에게 보다 효과적으로 일관된 메시지를 전달할 수 있었다.

캠페인의 궁극적인 목적인 제품 판매 촉진을 위해 '컬렉션 광고'도 시도했다. 많은 뷰티, 패션 브랜드에서 활용하고 있지만 식품이 컬렉션 광고를 활용한 사례는 드물다. 컬렉션 광고는 본 광고 아래쪽에 다양한 제품이나 메시지가 담긴 영상 또는 사진을 배열하는 방식으로 기존 광고대비 노출 면적이 넓고 제품군을 동시에 보여줄 수 있다. 비비고 냉동면의 다양한 특징을 한 번에 노출할 수 있다는 측면을 고려한 전략을 구

사례

비비고 냉동면, 페이스북 '디지털마케팅 성공사례'로 등재

CJ제일제당은 2018년 12월부터 1월까지 진행된 비비고냉동면 캠페인이 최근 '페이스북 비즈니스'를 통해 '성공적인 시장안착과 소비자의 구매를 즉각적으로 이끌어낸' 사례로 소개됐다.

'비비고 냉동면' 출시와 함께 페이스북과 인스타그램을 중심으로 진행한 론칭 캠페인이 방식과 효과면에서 높은 평가를 받은 것으로 풀이된다. '페이스북 비즈니스'는 페이스북과 인스타그램을 활용한 마케팅 성공사례를 소개하는 별도 페이지다. '페이스북 비즈니스'에서 성공사례로 언급된 것은 소셜 미디어를 활용한 마케팅

사한 것이다.

페이스북은 식음료 브랜드에서 시도하지 않았던 색다른 방식을 적극 활용한 이번 캠페인의 효과를 소개했다. 조사 결과 캠페인 이후 비비고 냉동면(교자 칼국수·얼큰 칼국수)에 대한 선호도와 구매의향, 광고 상기도 등이 의미 있는 수준으로 올랐다고 회사관계자는 전했다.

CJ제일제당 관계자는 "페이스북 마케팅 성공사례로 등재된 것은 신제품 인지도 상승과 구매욕구 유발이라는 두 마리 토끼 잡기에 성공했다는 평가를 받은 셈"이라며 "비비고 냉동면으로 우리나라 면 시장의 패러다임 변화를 주도하고 있는 것처럼 앞으로 마케팅 측면에서도 차별화된 신선한 콘텐츠를 선보이는 데 주력할 것"이라고 말했다.

CJ제일제당의 HMR 냉동면은 '비비고 진한교자 칼국수'와 '비비고 얼큰버섯 칼국수', '고메 중화 짬뽕'과 '고메 나가사키 짬뽕'등 4종으로 출시됐다. 비비고 브랜드로는 한식 기반의 면 요리를, 고메 브랜드로는 짬뽕을 기반으로 다양한 국가의 면 요리를 선보일 예정이다. CJ제일제당은 다양한 HMR 냉동면 신제품을 추가로 출시할 예정으로 2020년까지 HMR 냉동면으로 연간 매출 1천억원을 올릴 계획이다.

출처: 조세일보, 2019년 4월 3일

고객가치 창출(Value Creation)단계는 고객가치 확인(Value Identification)단계에서 도출한 고객가치를 제품 또는 서비스로 구체화시켜 고객의 욕구를 경쟁사의 그것과는 차별화된 방식으로 충족시키고자 하는 단계이다. 이 단계에서는 지금의 활동들이 어떤 가치를 창출하고 있는지, 또한 그 가치를 더 높일 수 있는 방법에는 무엇이 있는지에 초점을 맞추어야 한다. 이를 위해서는 기업의 가치사슬과 관련된 모든 부서가 전사적으로 기업의 현재 마케팅 활동을 평가하고, 피드백하고, 발전시켜나가는 혁신을 이루어야 한다. 가치를 창출함에 있어서 가치를 전달할 대상인 목표고객을 세분화하지 못한다면 마케팅을 논할 가치가 없는 일이 될 것이다. 또한 고객가치를 반영할 신제품을 개발하지 못한다면 그 기업은 미래가 없는 기업이 될 것이다. 따라서 이 단계에는 시장세분화와 신제품 개발이 핵심적인 역할을 담당한다. 우선 세분 시장을 확인하고 이들 중에서 하나 혹은 그 이상을 표적 시장으로 선정한 후, 각 세분 시장에 맞는 제품을 구체화하여 차별화를 시켜야 한다. 특히 최근 들어 기술력, 시장 경쟁, 그리고 고객 욕구가 빠르게 변화함에 따라 기업은 신제품과 서비스를 지속적으로 개발하고 관리해야 한다. 성공적인 신제품을 개발하기 위해 기업은 우선적으로 3C(시장, 고객, 그리고 경쟁자)를 잘 이해하고 체계적인 신제품 개발 과정을 통하여 가치를 전달할 수 있는 제품을 만들어야 한다.

고객가치 전달(Value Delivery)단계에서는 기업이 고객가치를 반영한 제품 또는 서비스를 전달하는 과정에서 부가적인 가치를 더하는 단계이다. 만약 기업이 창출한 가치를 고객에게 전달하지 못한다면 그 기업의 수익률은 매우 낮을 것이다. 앞서 말한 가치 창출

단계는 고객의 욕구를 구체화하는 과정이라면, 가치전달은 가치 창출 단계를 통해 만들어진 구체적인 상품을 어떻게 전달해야 가치가 극대화될 것인지에 대해 고민하는 과정이다. 따라서 부가가치를 창출하기 위한 마케팅믹스 설계가 이 단계의 핵심이 된다. 사실상 기업의 가치 창출 단계는 전체 가치단계의 30%를 차지하는 반면, 가치전달은 나머지 70%를 차지한다. 많은 기업들이 혁신적인 제품을 개발하고도 성공하지 못하는 이유가 바로 이 사실을 간과하고 있음에 있다. 효과적인 가치 전달은, 원하는 시간에 원하는 장소에서 고객이 원하는 제품을 제공해주는 것을 말한다. 즉, 고객 가치 창출 단계에서 만들어진 제품에 나머지 3P(가격, 유통, 홍보) 전략을 효과적으로 실행함으로써 고객이 원하는 가치에 다른 부가적인 가치를 더하여 고객가치를 극대화시키는 단계이다.

고객가치 유지(Value Capture)단계에서는 고객만족과 투자수익률(Return On Investment)등과 같은 지표를 이용하여 마케팅 성과를 평가 및 확인하는 단계이다. 기업은 차별화된 가치를 창조 및 전달하며 지속적인 관계를 형성함으로써 고객애호도를 새롭게 창출 및 장기간 유지해야 한다. 높은 고객애호도는 해당기업 제품에 대한 고객의 반복구매가 이루어지도록 하여 기업의 재무적인 성과를 창출하기 때문이다. 이를 위해 우선적으로 기업은 고객의 높은 만족도가 고객의 높은 애호도로 전환된다는 것을 인식해야 한다. 새로운 고객을 유치하는 비용은 기존 고객을 유지하는 비용의 다섯 배 정도이기 때문이다. 이를 통해서도 최근 이슈인 고객관계관리(CRM)가 무엇보다 중요하다는 것을 알 수 있다.

지금까지 가치기반마케팅 프로세스에 대하여 설명하였다. 이와 같이 가치기반마케팅은 전 과정이 4단계 순으로 일방적 방향이 아닌 순환고리로 연결되어야만 고객에게 진정한 가치를 제공할 수 있고 이를 통해 신규고객을 유인하고 기존 고객을 만족 및 유지할 수 있다.

산출단계(output)는 가치기반마케팅 프로세스를 통해 창출된 또 다른 새로운 고객가치(New Customer Value)이다. 이 단계에서는 기존의 고객가치와 새로운 고객가치를 지속적이고 장기적인 가치가 될 수 있도록 한다.

많은 경우, 사람들은 원하는 것을 보여주기 전까지는 무엇을 원하는지 잘 모른다

스티브 잡스(Steve Jobs)가 "많은 경우 사람들은 원하는 것을 보여주기 전까지는 무엇을 원하는지 잘 모른다"라고 말했듯이, 고객들은 기업이 제품 또는 서비스를 통해 그들의 욕구를 구체화시켜주기 전까지 자신들의 욕구를 알지 못하는 경우가 많다. 예컨대, 아이폰(iPhone)의 경우 우리는 아이폰 4S에서 무엇이 불편한지는 알 수 있다. 하지만 애플사가 아이폰5를 보여주기 전까지는 이 핸드폰이 어떤 새로운 기술을 가지고 있는지에 대해서는 알 수가 없다. 고객들은 종종 기존의 제품에 대해 불편함을 느끼게 되는데, 이러한 고객들의 욕구를 반영하기 위해서 기업들은 기존의 문제점들을 파악하고 이를 보완하여 새로운 제품, 즉 새로운 가치를 창출하려고 노력

해야 할 것이다. 더불어 기업은 고객의 필요(needs)를 확장시켜 욕구화(wants)화시킬 수 있어야 한다. 때문에 기업들은 기존의 고객가치를 발전시키고 새로운 고객가치를 창출하도록 노력해야 한다. 이러한 고객가치 기반 마케팅을 기반으로 신제품 개발 전략에 관해서 알아보자.

③ 신제품 개발 전략과 의사결정

    오늘날 모든 기업의 활동에 있어서 생존과 번영이 대전제가 되는 것은 분명하지만, 이를 위한 기업의 세부 목표들은 기업마다 다르며, 목표에 도달하기 위한 전략적 선택도 다양하다. 이처럼 전략은 기업 고유의 요인들이 반영된 것이므로 어떤 전략이 바람직한가는 결론짓기 어렵지만 장기적인 관점에서 본다면 모든 기업에 공통적으로 요구되는 것은 생존을 위해서 끊임없이 변화해야만 한다는 것이다. 따라서 새로운 제품 및 공정의 개발노력은 기업에게 필수적으로 요구되는 활동이다. 이런 측면에서 볼 때 기업의 신제품 개발전략은 신제품 개발 활동에 핵심이 있다고 해도 과언이 아니다. 기업은 끊임없이 새로운 제품 공정과 관련된 기술적 아이디어를 개발해 내어야만 하는 상황에 직면하고 있기 때문이다. 이처럼 신제품 개발은 기업의 중요한 활동이며 혈액과 같은 것이다. 대부분의 기업은 장기적인 성장을 위해 기존 고객 및 새로운 고객에게 끊임없는 신제품 또는 새로운 서비스를 계속 제공해야만 한다.

    그러나 불행히도 신제품 개발 노력은 종종 실패로 끝난다. 신제품의 도입은 기업의 생존에 있어 중요하지만 본질적으로 위험을 동반하는 것이어서 신제품의 개발을 관리하는 것은 오늘날 중요한 과업 중에 하나가 되었다. 또한 기업을 둘러싸고 있는 환경은 더욱 어려워져 짧아진 제품 수명주기, 자본부족, 시장의 세분화, 국제경쟁의 심화, 급속한 기술변화 등으로 성공적인 신제품 개발이 더욱 어렵게 되었다. 역설적으로 이러한 요인들이 신제품 개발의 중요성을 증대시킨다. 그러한 동태적인 환경에서 살아남기 위해서는 신제품 개발 과정을 전반적으로 관리할 수 있는 능력을 갖춰야 한다. 기업은 신제품 개발과 제조 및 출시에 소요되는 시간을 단축시켜야 할 뿐만 아니라 동시에 원가절감, 고객요구변화 등에 주의를 기울여야 한다. 이제 신제품 개발은 더 이상 기업의 전략적인 대안이기보다 없어서는 안 될 기업 활동일 뿐만 아니라 경제성장의 주요한 원천인 것이다. 따라서 본서에서는 오늘날 어려운 경제 환경에서 모든 기업들이 과거와는 달리 불확실한 경영환경에 대처하면서 기업의 생존 및 성장을 위해 반드시 수행하여야 하는 신제품 개발 전략과 의사결정 요인들에 대해서 알아보고자 한다.

1) 신제품의 의미

신제품 개발에서 우선 첫 번째 의사결정을 해야 할 부분은 신제품의 새로운 정도에 대한 의사결정이다. 이는 다양한 신제품의 개념에 대한 이해가 필수적으로 선행되어야 한다. 신제품에 관한 개념은 여러 가지 관점에 따라 다양하게 정의될 수 있다.

첫째, 가장 많이 사용되는 일반적인 구분법으로, 신제품을 기업의 관점과 소비자의 관점으로 구분하여 신제품의 종류를 일반적으로 혁신적인 신제품, 개량적 신제품, 자사입장의 신제품으로 구분하는 방법이다(Hisrish and Peters 1984).

우선 혁신적인 신제품은 완전히 새로운 신제품으로 이전에 존재하지 않았던 제품을 의미하며 신제품의 5~10% 정도를 차지한다. 제품자체가 새로운 시장을 창출하거나 새로운 산업을 구축한다. 또한 고객의 소비패턴이나 산업의 구조에 변혁을 가져오는 경우도 있다. 예컨대, 스마트폰이 등장하면서 휴대폰이라는 제품 범주(Category) 자체에 큰 변화를 가져오고 소비자들의 구매 기준 및 제품 사용 행동 등에도 많은 변화를 가져오고, 기업들도 제품의 속성과 혜택 등을 전혀 다른 차원에서 경쟁하고 있다.

개량적 신제품은 기업의 관점에서 혹은 소비자의 관점에서 이미 존재하는 제품으로 기존 제품을 수정·개량한 제품을 의미하고, 신제품의 거의 80% 정도가 이에 해당한다. 개량적 신제품은 주로 기업의 관점에서의 신제품이다. 소비자 관점에서도 이미 존재하는 제품이고, 기업의 입장에서는 기존 제품에 대한 수요가 확인된 상태의 시장이다. 앞선 혁신적인 신제품보다 제품개발에 따른 새로운 시장의 창출에 따른 위험부담이 적다. 스마트폰 자체가 2000년대 중반에 출시되었을 당시에는 혁신적인 신제품이었지만 그 이후 꾸준하게 개량이 되어서 출시되는 제품들은 개량적 신제품이라고 할 수 있다.

자사 입장의 신제품은 시장에 출시된 제품을 자사가 후발업체로서 출시하는 제품이 이에 속한다. 시장에서는 신제품이 아니지만 자사 입장에서는 처음 도입하기 때문에 신제품으로 분류하는 것이다. 애플이 아이폰으로 처음 혁신적인 신제품을 출시하여 스마트폰이라는 시장을 창출하였고, 삼성이 후발업체로서 갤럭시폰을 출시한 것은 이미 존재하는 스마트폰 시장에 삼성이라는 기업 입장에서는 신제품을 만들어서 출시한 것이다.

둘째로 기업 성장전략의 일환으로서의 제품개발전략과 신제품의 정의를 연결한 구분 방법이다. 제품개발은 다양한 방법을 구분하는 것이 제품개발전략을 수립하는 데 효과적이라는 관점으로 신제품 개발유형을 제품특성의 추가, 제품계열의 확장, 신제품의 개발 그리고 기존 시장을 위한 신제품의 개발 등으로 구분하였다(Aaker, 1995).

제품특성의 추가는 새로운 제품특성이 추가됨으로써 제품개발의 효과를 얻는 것이다. 이러한 방법의 제품연장은 마케팅, 생산 및 관리측면에서 시너지 효과를 가지고 있다. 제품계열확장(product line expansion)은 기존시장에 초점을 맞추어 제품계열을 확장하는 것이다. 신제품의 개발은 신기술의 제품을 창조함으로써 기존시장에서의 기존제품을 진부화시켜 새로운 판매기회를 얻고 성장하는 것이다. 기존 시장을 위한 신제품은 기존제품계열의 단순한 연장이나 확장이 아닌 완전히 새로운 신제품을 추가함으로써 마케팅이나 유통에서의 이점을 이용하고자 하는 것이다.

위의 신제품 개념에 관한 구분 방법이 가장 일반화된 방법이고, 기타 접근법으로 법적인 기준과 시장의 수용률에 의한 구분 방법이 있다. 법적인 기준에 의한 구분 방법은 미국의 연방거래위원회의 규약에 나타나 있듯이 시장에 출시된 후 6개월 이내의 제품인 경우에만 광고에 신제품이라고 선전할 수 있다고 법적으로 규정하는 것이다. 그리고 시장의 수용률에 따른 견해는 시장점유율이 10% 미만인 최근에 도입된 제품을 신제품으로 정의하기도 한다(서병국 · 이광희, 1990).

이상과 같이 신제품의 개념을 분류하고 요약할 수 있는데 신제품 개념을 정의하는 데에는 신제품의 인식주체를 기초로 하여 신제품을 정의하고 여기에 다른 차원을 보완하는 것이 적절하리라 생각된다. 새롭다고 판단하는 의사결정자(기업 또는 고객)가 구별된 다음에야 다른 차원의 정의에 의한 구별이 의미를 갖게 되기 때문이다. 본서에서는 기업이 신제품을 어떻게 개발하고 관리하는 것이 효과적인가에 초점을 맞추고 있고 고객이 인식하는 신제품의 새로움 정도를 구분하기 힘들다는 점을 고려하여 기업입장에서 본 신제품의 정의를 따르고자 한다. 이것이 기업의 의사결정자가 신제품 개발 시에 가장 먼저 해야 하는 의사결정 내용인 신제품에 관한 정도를 결정하는 데 도움이 될 것이다. 따라서 유사한 제품의 시장 존재 여부와는 관계없이 기업에 의해 신제품으로 파악된 제품을 신제품으로 정의하여 신제품의 개념을 넓게 보고자 한다.

2) 신제품 개발의 의의 및 목적

신제품 개발은 신상품 개발이라고도 하는데 신제품을 고객 가치에 맞추어 개발, 생산, 판매하는 고객가치기반 마케팅 활동의 매우 중요한 가치 창출 부분이라고 할 수 있다. 기업의 생존과 성장을 위해서 신제품 개발이 절실히 필요하다는 것은 분명한 사실이다. 그러나 모든 기업이 신제품을 개발하기 위해 연구개발 및 투자를 하고 소비자의 욕구를 충족시키지만 실질적으로 신제품 개발에 성공하기 위해서는 매우 값비싼 희생과 위험을 감수해야 한다. 따라서 신제품 개발의 주요 의사결정은 신제품 개발의 의의와 목적을 어떻게 설정하느냐이다.

이처럼 값비싼 희생과 위험을 감수해야 하는 주요 이유는 다음과 같다. 첫째, 신제품 아이디어를 창출해 내는 데 시간이 많이 들며, 수많은 아이디어가 성공하여 출시되는 비율은 극히 낮다. 비록 출시되지는 못했다 하더라도 아이디어를 평가 및 검토하는 데 많은 비용이 투입되어야 한다. 둘째, 비록 상품화가 완료되어 시장에 출

그림2 신제품 개발의 중요성

> **신제품은 기업의 미래를 나타낸다**
> 기업이 지속적인 성장과 유지를 추구하기 위해서는 성공적인
> 신제품 개발이 중요하다.

> **신제품 개발은 시간과 비용이 많이 소요되는 작업이다**
> 특히 비용의 대부분은 연구개발비(R&D costs)이다.

> **신제품은 개발은 높은 실패 확률을 가진다**
> 성공적인 신제품 개발을 위해서는 성공요인과 실패 요인을
> 이해하는 것이 중요하다.

시된 제품이라도 신제품 개발비용을 회수하고 시장에서 성공할 수 있는 확률은 매우 낮다. 셋째, 비록 시장에서 성공하였다고 하더라도 곧 더 좋은 경쟁 신제품이 나타나게 되므로 제품개발에 투입된 자본을 회수하기가 매우 어렵게 된다. 넷째, 신제품 아이디어를 출시하는 시점에 따라서도 이익의 크기가 달라진다. 소비자가 사용하고 활용할 수 없을 만큼 지나치게 빨리 출시하여서도 안 되며, 경쟁자보다 조금 늦게 개발이 완료되어 출시가 늦어져도 큰 손실을 입을 수 있다. 이와 같이 신제품 개발은 막대한 자본을 필요로 할 뿐만 아니라 위험부담이 크기 때문에 쉽사리 신제품 개발을 추진하기가 어렵다. 그러나 신제품 개발을 하지 않고 기존제품을 계속 생산하게 되면 쇠퇴기에 도달하였을 때 막대한 손실이 발생하게 되어 결국 기업은 시장에서 사라진다. 즉, 기업은 신제품을 개발하지 않으면 결국 망하게 되며, 신제품을 개발하더라도 자칫하면 실패할 위험이 매우 크다. 이와 같은 신제품 개발의 문제점을 어떻게 극복하고 시장에서 성공할 수 있을 것인가를 고민하고 연구하는 것은 기업의 성장뿐 아니라 생존을 위하여도 매우 중요하다고 할 수 있다(서병국, 이광희 1990).

기업의 생존과 성장목적 이외에도 신제품을 개발하는 기업의 목적은 여러 가지가 있다. 기업들이 자사의 신제품에 대해 설정한 여섯 가지 중요한 전략적 역할을 확인하였는데 이들은 제품혁신기업으로서의 지위유지, 시장점유율의 방어, 미래의 신시장을 위한 발판 구축, 세분시장의 선점, 기술의 새로운 방식으로의 활용, 유통경로의 장점에 집중함 등이다(Booz, Allen and Hamilton 1982). 이상과 같은 신제품 개발의 여러 가지 목적을 고려해볼 때 신제품 개발은 기업의 내적, 외적 여건 변화에 대한 효과적인 대응에 매우 주요한 의미가 있음을 알 수 있다.

3) 신제품 개발 전략의 종류

신제품 개발의 또 다른 의사결정 포인트는 신제품 개발 전략의 선택이다. 신제품 개발의 추진은 기본적인 전략의 결정 아래에서 수행되어야만 비로소 효과를 높일 수 있다. 이는 관리적 차원에서 보다 철저하게 행해져야만 그 성공가능성이 더욱 커진다는 의미에서이다. 그러나 여기에 수반되는 위험도 성공의 가능성과 동일한 수준으로 커진다는 점에 주의를 기울여야 한다. 기업의 신제품 개발 전략이란 기업전체전략과 밀접하게 관련되는 것으로 기업의 모든 개별 신제품에 대한 방향을 설정해주는 역할을 하는 총괄계획(master plan)이다.

소비자의 취향, 기술력, 시장경쟁이 빠르게 변함에 따라 기업은 새로운 제품과 서비스를 지속적으로 개발해야 한다. 기업이 신제품을 개발하는 방법은 첫째, 인수를 통한 것과 둘째, 신제품 개발(New Product Development)이 있다. 신제품이란 기업이 자체 연구개발 노력으로 만들어낸 독자 제품이거나 개량제품, 보완제품, 새로운 상표를 뜻한다. 그러나 많은 비용과 투자의 실패 위험성도 크다. 신제품 개발에 위험성이 있음에도 불구하고 많은 기업들이 앞다투어 신제품 개발에 집중하고 있다. 이는 신제품 개발에 성공할 경우에 기업 성장의 원동력이 될 뿐만 아니라 매출액과 이익 증대에 기여하기 때문이다. 따라서 기업이 어떠한 신제품 개발 전략을 수행하느냐 하는 것은 기업에 있어서 매우 중요한 의사결정 포인트이다.

신제품 개발 전략은 크게 신제품 분야 연구의 대가인 Cooper의 분류방법과 경영전략에 의한 분류방법 등이 가장 많이 사용된다.

(1) Cooper의 분류방법

Cooper는 122개 기업을 대상으로 한 연구에서 개발된 신제품의 유형, 신제품 목표시장의 유형, 실행프로그램의 지향성 및 본질 등이 어떠한지를 파악하여 이 요인들에 의해 기업 또는 사업부의 신제품 개발 전략을 유형화하고 각각의 신제품 개발 전략의 유형에 따른 성과를 분석하였다. 그 결과 그는 기업이 자사의 신제품들을 개발할 때 전반적으로 추구하는 다음과 같은 5개의 신제품 전략군, 즉 기술주도형 전략, 균형전략, 집중적 기술 부족 전략, 저예산 보수적 전략, 고예산 다각화 전략을 도출하였다(Cooper, 1984a).

① 기술주도형 전략

이 전략은 R&D지향적으로 첨단 기술의 적용, 혁신적 적극적인 기술개발과 신제품 아이디어의 획득 등의 공격적인 신제품 개발 프로그램을 갖고 있다. 따라서 이 방법은 기존 제품과는 적합성이 부족한 제품을 개발하는 경향이 있다. 즉 신제품의 기존 제품라인과 부적합하며 기존 제품 소비자와는 다른 소비자를 대상으로 한다. 또한 기존 제품군과는 상이한 제품군으로 구성되어 있으며 신제품간의 상호관련성이 부족하다는 특성을 보유하고 있다. 또한 마케팅지향성이 낮은 수준이어서 시장에 대한 연구나 마케팅조사가 활발하지 않아 높은 신제품 실패율을 보인다.

② 균형전략

기술지향성과 마케팅지향성을 동시에 보유하고 있는 이상적인 신제품 개발 전략이다. 이 전략은 시장이나 소비자에 대한 철저한 연구나 조사에 초점을 두고 조사결과에 바탕을 둔 R&D나 생산기술의 적용이 이루어진다. 따라서 높은 수준의 신제품의 경쟁적 우위를 보유하고 있으며 잠재력이 큰 시장에 출시함에 따라 효율적인 출시전략에도 강점을 갖고 있어 일반적으로 가장 높은 신제품 성공률을 보인다.

③ 방어적 집중적 기술부족전략

이 전략은 강한 마케팅지향성을 보이고 있어 신제품의 경쟁적 우위를 추구하기는 하나 기술적인 능력이 부족하고 방어적인 신제품 개발 프로그램을 보유하고 있는 유형이다. 기술능력의 부족에도 불구하고 새로운 시장욕구와 시장개척을 추구하는 특성이 있으나 상당히 높은 신제품 실패율을 보이고 있다.

④ 저예산 보수적전략

상대적으로 낮은 R&D비용을 지출하고 위험성이 낮은 성숙기에서의 모방제품을 주로 제조하는 전략 유형이다. 그러나 생산, 기술, 마케팅에서 높은 시너지효과를 보유하고 있어 상대적으로 높은 신제품 성공률을 보이고 있다.

⑤ 고예산 다각화전략

이 전략에서는 기본적으로 많은 예산을 바탕으로 많은 R&D비용을 사용하고 새로운 제품, 시장, 유통, 광고를 추구한다. 그러나 신제품 개발 프로그램에 대한 집중성이 부족하고 마케팅조사의 결여, 생산-기술 시너지의 결여 등으로 인해 대부분 경쟁이 치열한 시장에 진입하거나 제품의 경쟁적 우위가 없어 상당한 신제품 실패율을 보인다.

(2) 경영전략에 의한 분류방법

두 번째 경영전략의 일반적인 분류법으로 신제품 개발 전략을 선제전략과 대응전략으로 구분한다. 선제전략은 시장선도자 혹은 시장주도자 전략으로 다시 연구개발 전략, 창업가적 전략, 매수전략 그리고 제휴 전략이 있다. 대응 전략은 경쟁 및 변화에 대해 반응하는 전략으로 선제적 전략이 적극적이고 능동적이라면 다소 수동적인 전략이다. 대응 전략의 종류로는 방어전략, 모방전략, 반응전략, 그리고 보다 나은 두 번째 전략이 있다.

① 선제적 전략
- **연구개발 전략**: 기업이 스스로의 연구개발 역량에 집중하고 투자를 하는 전략이다. 시장선도자 전략을 추구하는 기업은 끊임없는 변화를 추구하게 되므로 신제품 개발의 전과정에 걸쳐서 완전한 신제품을 생산하는 전략을 추구한다. 자사의 연구개발 역량을 통해 완전한 신제품을 자사의 능력으로 개발 및 생산하는 것

을 추구하는 전략이다. 자사의 연구개발 역량을 통해 기업은 제품의 속성 및 기능을 개량한 개량적 신제품을 지속적으로 출시할 수 있다. 따라서 이러한 제품은 출시 초기에 경쟁제품이 없으며. 시장을 선도하는 위치에 있게 된다. 또한 이러한 기업은 혁신적 신제품을 출시한 후에도 제품의 속성 및 기능을 개량한 개량적 신제품을 경쟁자에 앞서 출시하게 된다. IBM, 소니 및 삼성 등과 같은 세계적인 기술선도기업들이 이러한 전략을 추구하고 있다. 삼성전자는 자사의 연구개발에 세계적으로도 많은 투자금을 투입하여 지속적으로 개량 제품을 출시하고 있다.

· **창업가적 전략**: 신제품 개발을 하는 데 있어 기업의 문화는 매우 중요한 요소이다. 기업 내부에 창업가적인 기업 문화를 창출하여 신제품 개발을 모든 구성원들이 기업가 정신을 바탕으로 창업을 한다는 생각으로 참여하고 추진하는 전략이다. 3M은 매년 전세계 3M 종업원들을 대상으로 신제품 개발 콘테스트를 진행하고 창의적인 아이디어를 선정하여 금전적인 후원뿐만 아니라 다양한 행정적 지원을 통해 사내 창업을 할 수 있도록 하고 있다. 이는 기업의 문화가 창업가적인 것을 강조하고 있기 때문이다.

· **매수전략**: 매수(acquisition) 또한 혁신적 신제품 개발을 위한 효과적인 전략이다. 이 경우에 매수되는 기업은 새로운 제품이나 시장을 가지고 있는 회사들이 대부분이다. 기업들은 시장에서 성공으로 이끌어 주는 신제품 기술의 포트폴리오를 달성하기 위해 핵심기술을 소지한 기업을 매입하여 새로운 기업형태를 구성하기도 한다. 또한 연구개발 전략은 시간이 소요되기 때문에 급변하는 환경에 대응하기 위해서는 보다 빠른 대응을 할 필요가 있다. 이에 많은 기업들이 실행하고 있는 전략이 매수 전략과 제휴 전략이다. 매수 전략은 제휴 전략과는 달리 기술과 자원을 보유하고 있는 기업을 인수함으로써 보다 적극적인 대응을 할 수 있는 전략이다. 새로운 제품(기술포함)이나 시장을 지닌 회사를 매수하여 이를 통해 혁신적인 제품을 개발하고, 시장변화에 적극적인 대응을 하는 전략이다. 현재 애플과 삼성, 구글 등의 IT 기반 기업들이 다양한 기술을 보유한 스타트업이나 중소기업들을 인수하는 것이 좋은 사례이다.

· **제휴 전략**: 제휴 전략은 매수 전략보다는 소극적이고 잘못된 기업을 인수하여 발생하는 위험성이 낮은 전략이다. 기술, 마케팅, 생산, 재무 등의 다양한 기업의 고유 역량뿐만 아니라 지역적인 경험과 같은 노하우를 가진 기업과 제휴를 하여 시장에 대응 하는 전략이다. 제휴를 통해 상대 기업이 가진 노하우를 통해 기업이 시장에서의 경쟁력을 갖고 목표를 달성할 수 있도록 하는 전략이다. 게다가 제휴에 참여하게 된 기업에게는 낮은 비용으로 기술을 획득할 기회를 제공하고, 시장개발의 위험없이 성장할 수 있는 기회를 제공한다. 구체적인 형태를 예로 들면 미국 시장에서 소형차를 생산하기 위한 GM과 도요타간의 연합과 같이 합작투자의 형태로도 나타날 수 있다. 이와 같은 제휴(alliance)는 R&D 컨소시움의 형태로 이루어질 수도 있다. 또한 최근에는 스마트기기 시장에서 애플이 퀄컴과 같은 기업과 제휴하여 자기들이 가지지 못한 반도체 등의 분야에서의 노하우를 통해 보다 나은 전자제품을 만들 수 있도록 하는 것이 이 전략의 좋은 사례이다.

② 대응 전략

· **방어전략**: 기업의 대응 전략적 가장 많은 부분이 방어전략이다. 주로 시장 1위 기업이 많이 하는 전략으로 경쟁적인 신제품에 대응하여 다양한 자사제품을 출시하여 자사가 보유한 기존 제품의 수익성을 보호하는 전략이다. 예컨대, 데이트릴(Datril)이 '타이레놀(Tylenol)과 똑같은 성분을 가지고 있지만 값이 싸다'는 제품 컨셉을 가지고 진통제 시장에 진입하였을 때, 타이레놀은 가격을 낮추고 공격적인 판촉을 실시했을 뿐만 아니라 수년간 의사들의 처방에 의해 형성된 고객애호도에 대한 강조를 통해 반응전략으로 대응했다. 방어적인 전략들은 대부분 마케팅믹스(예 : 광고, 촉진, 가격, 유통) 등을 효율적으로 이용하는 전략이라 할 수 있다. 즉, 방어전략은 경쟁사가 혁신적인 제품을 출시하였을 때 자사의 기존 제품을 방어하기 위해 방어적으로 마케팅을 하고, 시장 변화를 지켜보는 전략이다. 최근 애플이 아이폰을 출시하였을 때 삼성과 노키아 등의 기존 휴대폰 강자들이 다양한 휴대폰을 출시하여 이에 대응한 경우가 여기에 해당된다.

· **모방전략**: 경쟁사가 강력한 혁신 제품을 출시하여 시장을 지배하기 전에 재빨리 유사 제품을 출시하는 전략이다. 신제품 개발업자 혹은 경쟁사가 시장을 지배하기 전 재빨리 경쟁제품과 경쟁사의 마케팅을 모방하는 전략이다. 이런 모방 또는 'me too' 전략은 패션과 옷감, 가구 그리고 작은 가전제품의 디자인에서 자주 사용되며, 제품계열을 확장할 때 유용하다. 모방전략을 선택하는 기업들 중에서 어느 정도의 기술축적이 이루어져 있는 기업들은 개량적 신제품을 만들지만, 기본적인 기술축적이 별로 되어있지 않은 기업들은 기술료(loyalty)를 지불하고 선도기업으로부터의 기술이전을 통한 신제품 개발에 의존할 수밖에 없다. 대부분의 국내 기업들은 후자의 경우에 속한다고 볼 수 있다. 그러나 모방전략을 사용하는 기업들의 수익성이 선도기업에 비해 꼭 낮지만은 않은데 그 이유는 엄청난 기술개발비의 부담이 없고, 초기 시장창출 비용이 없기 때문이다.

애플과 삼성전자의 스마트폰 출시 동향을 보면 서로가 유사한 제품 개발과 마케팅 프로그램으로 경쟁하는 것을 볼 수 있다. 또한 식품과 음료시장에서도 많은 기업들이 경쟁제품이 출시되면 유사제품을 빨리 모방하여 서로를 견제하고 있는데, 이러한 것이 모방전략의 대표적인 사례이다.

사례

제과업계의 카피캣 경쟁

않고 따라서 디자인을 바꿀 계획이 없다"며 맞섰다.

일각에선 유난히 모방 제품이 많은 롯데제과가 경쟁사의 디자인 도용 문제를 따지고 들자 자격이 있느냐는 반응도 보이고 있다. 오리온 '초코파이'를 따라 만든 '초코파이'를 비롯해, 해태 '누가바'와 흡사한 '누크바', 크라운제과 '못말리는 신짱'과 유사한 '크레용 신짱' 등이 대표적인 사례다.

식품 · 유통 · 패션업계 무분별한 베끼기가 논란이 되고 있다. 식품업계 '상품 베끼기'는 고질병에 가깝고, 유통업계에선 '행사 따라하기'가 꼬리에 꼬리를 물고 이어지고 있다. 패션업계에선 '카피캣 공화국' 대한민국을 조롱하는 듯한 행사가 최근 국내에서 열려 논란이 일기도 했다

제과업계에선 롯데제과와 오리온이 자일리톨껌 용기 디자인 도용 문제를 두고 신경전을 벌이고 있다. 롯데제과는 지난달 말 오리온이 리뉴얼 출시한 '더 자일리톨(THE XYLITOL)'의 제품 디자인이 자사의 '자일리톨(XYLITOL)'과 유사하다며 디자인 사용 중지를 요구하는 내용증명을 오리온 측에 보냈다.

롯데제과 측은 "오리온이 녹색 바탕에 흰색 글씨로 제품명을 표기한 것이 자사 것과 지나치게 흡사하다"는 입장인 반면 오리온은 "두 제품의 디자인은 유사하지

· **반응전략**: 이 전략은 시장의 변화를 기업이 주도하는 것이 아니라 시장의 변화를 파악하여 신제품 기획에 반영하는 전략이다. 고객의 요구에 의도적으로 반응하는 전략이다. 즉, 제조업자가 사용자들로부터 정보를 얻고 이를 새로운 기회로 삼아 제품에 반영하는 전략을 말한다. 컴퓨터 사용자들이 컴퓨터가 무겁다는 요구를 하고, 이에 기업들이 무게를 최소화시킨 컴퓨터를 개발하여 출시하고 있다. LG전자의 그램이 대표적인 사례이다.

LG전자 그램 노트북

· **보다 나은 두 번째 전략**: 경쟁에 반응하는 훨씬 세련된 전략은 '보다 나은 두 번째 전략(second but better)'이다. 이는 주로 시장 2위 혹은 후발주자가 사용하는 전략으로 자사의 포지셔닝을 시장 1위 기업과 비교하여 최고의 2위 포지션을 강조하는 전략이다. 단지 경쟁사의 제품과 유사한 제품을 만들 뿐만 아니라 자사의 포지셔닝을 개선할 수 있는 방법이다. 경쟁사의 신제품을 직접 공격하기보다는 독특한 편익을 줄 수 있는 틈새시장을 파악하여 공략하는 전략이다. 고령화로 인한 노인인구의 증가로 노인문화가 확대되면서 나타나는 실버시장이나 맞벌이 부부의 증가와 일인가구의 증가 등의 인구구조의 변화는 식생활 문화를 변화시키고 있고, 배달의 민족, 마켓컬리 등의 많은 새로운 형태의 식문화가 탄생하고 있다.

마켓컬리

배달의 민족

4) 신제품 개발의 시간과 수요확산에 관한 결정

신제품 개발에서 기업이 의사결정시 고려해야 할 중요한 요소는 신제품의 개발 여부와 언제 시장에 진입할 것인가 하는 시기를 결정하는 것이다. 이를 설명하는 이론 중 수요자 측면에서 신제품을 수용하는 것에 대한 이론으로 수요 확산모형(Diffusion Model)이 있고, 공급자 측면에서 제품군의 시간별 변화를 설명하는 제품수명주기(PLC: Product Life Cycle) 이론이 있다. 또한 신제품 수용 및 확산에 영향을 미치는 요인은 <그림 3>과 같다.

(1) 상대적 이점

신제품이 수용과 확산에 영향을 미치는 첫 번째 요인은 상대적 이점(Relative Advantage)이다. 신제품은 경쟁 제품에 대비해 상대적인 혜택이나 기능을 제공해야 한다. 즉, 품질적 측면에서 경쟁 제품 대비 이점이 있을 시에는 소비자의 수용 속도가 빨라지고, 그렇지 않으면 느려지거나 확산이 중단된다. 즉, 기존제품이나 경쟁제품에 비해 가격, 기능, 디자인 등이 우수하다면 소비자들의 신제품 수용 속도가 빨라질 수 있다.

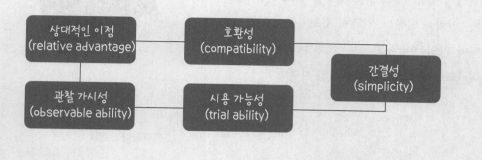

(2) 호환성/적합성

두 번째 영향을 미치는 것으로는 호환성 혹은 적합성(Compatibility)이다. 수용자들의 문화, 가치관, 경험 등을 자극할 수 있다면 신제품 수용 속도가 빨라질 수 있다. 즉, 신제품에 대해 가지는 기존 소비자들의 가치관 혹은 문화가 적합하면 수용을 하게 되고 그렇지 못하면 수용을 거부하게 된다. 예컨대, 여성의류 중 운동 시 많이 입는 탱크탑은 외국과는 달리 우리나라 소비자들의 가치관과 차이가 있어서 수용 속도가 매우 느렸다. 이처럼 신제품을 출시하는 시점에는 소비자들의 문화나 가치관을 고려하여 마케팅 하는 것이 매우 중요하다.

(3) 간결성

간결성(Simplicity)도 중요하다. 제품에 대한 이해가 쉬우면 혹은 사용상의 편의성이 크면 소비자의 신제품 수용 속도가 빨라지고, 그렇지 않고 제품이 복잡하거나 사용이 어려우면 수용이 늦어진다는 것이다. 초기에 스마트폰이 처음 나왔을 때, 소비자들에게 사용법에 대한 집중적인 교육 등을 실시한 것이 좋은 사례이다.

(4) 관찰가시성

관찰가시성(Observable Ability) 역시 중요한 요인이다. 제품의 내용과 특징을 쉽게 관찰할 수 있으면 수용자들의 수용 속도가 빨라질 것이다. 즉, 수용자들에게 노출이 쉽고 자주되는 제품의 경우 확산속도가 빨라진다. 같은 신제품이라도 자전거처럼 길에서 자주 노출되는 제품들이 전자레인지 등의 특정 장소에만 노출되는 제품보다 수용 및 확산이 더 빨리될 가능성이 높다. 따라서 최근 신제품의 경우 유튜브 등의 신미디어 등을 활용하여 최대한 소비자들에게 노출이 될 수 있도록 노력하는 것이 매우 중요하다.

(5) 사용가능성

시용가능성(Trial Ability) 역시 신제품 수용 및 확산에 중요한 요인이다. 샘플이나 시연을 통해 수용자가 직접

제품이나 기술을 경험할 수 있으면 소비자들의 수용 속도가 빨라진다. 샴푸, 비누, 치약 등의 편의품은 샘플의 제작과 배포가 용이하기 때문에 소비자들이 신제품을 빠르게 수용하고 확산 또한 빠르게 진행될 것이다. 최근에 스마트폰 등의 전자제품의 경우에도 발표회나 백화점 등지에서의 시연을 통해 소비자들에게 경험을 할 수 있는 기회를 높이고 있다.

신제품의 성공 및 실패 요인

신제품의 성공과 관련하여 어떻게 성공적인 신제품이라고 평가할 것인가에 대한 이슈가 있다. 해마다 많은 기관들(예: 능률협회 컨설팅의 올해의 신제품 등)이 성공한 신제품을 선출하고 발표하고 있다. 어떠한 기준을 고려할 것인가에 대해서도 많은 연구자들이 연구를 해왔다. 요약하면 기업 관점에서의 성공 요인과 소비자 관점에서의 성공 요인으로 구분할 수 있다. 두 관점 모두 신제품에 부여된 마케팅 목표를 달성하였는가와 이익 증가 여부에 관한 평가이다. 우선 기업 관점의 성공 기준은 재무적인 관점과 기술적인 관점으로 볼 수 있다. 신제품의 매출, 신제품의 수익성, ROI(Return on Investment) 등이 기업의 재무적인 성과이고, 기술적인 관점에서의 성공은 기술개발을 통한 신기술 확보 수, 특허 수 등이 있다(Cooper, 1993).

고객 관점에서의 성공기준은 시장점유율, 고객만족도, 고객의 신제품에 대한 태도 등이 있다. 중요한 것은 기업관점과 고객관점 중 어떠한 것을 사용하여 신제품 성공을 평가하는 것이 아니라 두 가지 관점 모두를 사용하여 신제품에 대한 성공 여부를 파악하여야 한다는 것이다. 기업관점에서 소비자의 태도나 만족도 중요하지만 매출이나 수익도 반드시 생각해야 하는 부분이기 때문이다.

성공적인 신제품을 개발하기 위해 기업은 소비자, 시장, 경쟁자를 잘 이해해야 한다. 이를 위해 기업은 강력한 신제품 계획을 수립하고, 신제품 아이디어를 찾고, 이를 제품으로 발전시킬 수 있는 체계적인 신제품 개발 과정을 확립해야 한다. 또한 신제품 개발 과정은 신제품 아이디어를 찾고, 개발하고, 출시하는 데 필요한 일련의 주요 활동들을 강조한다. 기업은 총체적인 관점에서 신제품 개발 과정을 관리해야 한다. 신제품 개발은 반드시 고객 중심이어야 한다. 성공적인 신제품 개발이란 소비자 중심이고, 팀에 기반을 둔 체계적인 노력이 필요하다.

사례

BTS 가치, 유니콘 기업 수준...
성공요인 다섯 가지

최근 영국 웸블리 스타디움에서 역사적인 공연을 한 아이돌그룹 방탄소년단(BTS)의 소속 기획사 기업가치가 '유니콘 기업' 수준이라는 분석이 나왔다. 유니콘 기업은 기업가치 10억 달러를 넘긴 비상장 벤처기업을 뜻한다. 현대경제연구원은 6일 '방탄소년단의 성공 요인 분석과 활용방안' 보고서를 냈다. 여기에는 이 그룹의 성장과정을 자세히 담겨있다.

보고서는 BTS 기획사 빅히트 엔터테인먼트의 기업 가치는 지난해 기준으로 1조 2,800억~2조 2,800억 원 정도로 추정했다. 이는 지난해 연평균 환율을 적용해 달러화로 환산하면 11억 6,000만~20억 7,000만 달러에 달한다. 주식 가치에 순부채를 더하는 등 상대적 기업가치 평가 방법론을 바탕으로 기업 가치를 추정한 것이다.

연구원은 BTS의 성공 배경을 다섯 가지로 정리했다. ① 먼저 멤버들이 앨범 주제 선정·작사·작곡·프로듀싱 전반에 직접 참여하는 점과 ② 개개인의 자율성이 보장돼 콘텐츠 경쟁력이 높다는 점을 꼽았다. 또한 ③ 글로벌 디지털 콘텐츠 산업 규모가 빠르게 성장하고, ④ 한류 열기가 드라마·영화보다 음악에 집중된 점도 성공 요인이라고 설명했다. ⑤ 아울러 1980년대~2000년대 초반의 밀레니얼 세대가 사회관계망서비스(SNS)를 통해 BTS 콘텐츠를 공유하는 점도 홍보 효과에 영향을 준 것으로 분석했다.

이에 따라 'BTS 효과'를 잘 활용하는 방법이 필요한 것으로 나타났다. 여행·관광·화장품·의류 등 서비스·소비재 산업 모두에 새로운 사업 기회를 제공할 가능성이 크기 때문이다. 특히 BTS는 미국·멕시코·브라질·아시아 전역에 팬층이 퍼져 있어, 충성도가 높고 지역 분포가 다양하다는 점이

넷마블이 26일 출시 예정인 BTS월드(사진=넷마블 제공)

강점이다.

　이와 관련 연구원은 "한류 확산을 토대로 서비스 산업 경쟁력 강화, 문화산업을 신성장동력으로 키우기 위한 중장기적인 전략이 필요하다"며 "기업의 해외 진출을 지원하는 한편 문화산업 경쟁력 확보를 위해 양질의 콘텐츠를 개발해야 할 것"이라고 밝혔다.

　한편, 올해 발매한 BTS의 '맵 오브 더 솔 : 페르소나' 앨범의 경우 5월 말 기준 323만장 판매 기록을 달성했다.

출처: 현대경제연구원 보고서, 2019년 6월 7일

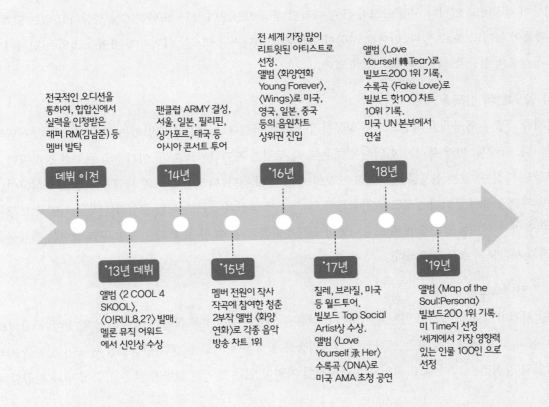

1) 신제품의 성공요인

(1) 고객 중심의 신제품 개발

고객의 문제를 해결하고 더 많은 소비자 만족 경험을 창출하기 위한 새로운 방법을 찾는 데 중점을 두는 것이다. 이를 위해 기업 내부에 고객조사팀 혹은 시장 감지(Market Sensing) 팀 등을 두고 지속적으로 고객을 모니터링하는 것이 매우 중요하다. 시장 감지를 통해 시장에 출시되는 신제품이 정확하게 소비자가 필요로 하는 제품인가 하는 것이다. 즉, 소비자에게 차별적인 편익(Benefit)을 제공할 수 있으면 성공할 수 있고 그렇지 않을 경우에는 실패한다는 것이다.

(2) 기술적인 우월성

기술적인 우월성은 반드시 독점적인 기술력만을 의미하지는 않는다. 그보다는 오히려 소비자에게 차별적인 편익을 제공할 수 있는 기술적 우월성을 가지고 있느냐 하는 것이다. 물론 독점적인 기술력을 보유하고 있다면 더할 나위 없이 성공적인 신제품으로 연결될 가능성이 높다. 하지만 반드시 기술적인 우월성을 가지고 있지 않더라도 성공하는 신제품들도 있음을 알 수 있다.

(3) 시장환경요인

시장이 성장하고 있거나 시장 규모가 큰 분야라면 성공 가능성이 높다. 또한 PLC상 성장하고 있는 단계라면 성공확률이 높다고 볼 수 있다. 반대로 시장이 감소하고 있다거나 PLC상 쇠퇴기에 접어들고 있는 단계라면 당연히 신제품의 성공확률은 낮아질 수밖에 없다.

(4) 팀 기반의 신제품 개발

신제품 개발은 연구개발 팀만으로는 성공하기가 매우 어렵다. 신제품을 개발하는 것은 어느 한 부서만의 일이 아니다. 따라서, 여러 부서가 협업해야 하는데 각 부서가 자기들만의 부서 이기주의 문화가 강하다면 시장에 영향을 미칠 수 있는 신제품을 개발하는 것이 쉽지 않게 된다. 다양한 부서의 사람으로 팀을 구성하여 신제품 개발의 처음부터 끝까지 공동으로 작업해야 한다. 고객 중심의 접근법과 팀 중심의 신제품 개발을 모두 갖춘 기업은 올바른 신제품을 시장에 빠르게 내놓아 경쟁우위를 점할 수 있다. 특히 마케팅 팀의 참여는 신제품 개발 프로젝트 시작부터 매우 중요하다.

(5) 기업내부요인

해당 기업이 강점을 가지고 있는 분야에서 신제품을 개발한다면 성공 확률은 당연히 높을 것이다. 일례로 만도위니아의 김치 냉장고 딤채는 에어컨의 냉장기술을 활용하여 새로운 김치 냉장고를 만들어 성공한 사례이다. 기업의 강점뿐 아니라 최고 경영자의 전폭적인 지원이 있는 기업은 그렇지 않은 기업에 비해 성공할 확률이 높다. 신제품을 개발해야 하는데 최고 경영자가 새로운 기계나 기술에 대한 투자를 하지 않는다면 담당자들은 마음 놓고 신제품을 개발할 수 없을 것이다.

(6) 체계적 신제품 개발

전체적인 관점에서 체계적으로 신제품 개발을 해야 한다. 좋은 아이디어가 순간 관심을 받은 뒤 바로 사장될 수 있기 때문이다. 많은 연구에서 신제품 개발이 실패한 경우가 바로 체계적인 개발 프로세스가 없었다는 것이었다. 다음 장에서 논의할 신제품 개발프로세스의 모든 과정을 체계적이고 철저하게 진행한 기업들이 성공한다. 신제품 개발은 기업에 따라 프로세스가 조금씩 다르기는 하겠지만 전반적으로 유사한 과정을 거친다. 아이디어를 도출하고 컨셉을 개발하여 시장성을 검증한 후 마케팅 전략을 수립하면서 제품을 개발한다. 그리고 개발된 제품을 기반으로 시장에 출시하는 과정을 거친다. 그러나, 신제품 개발 과정을 제대로 거치는 것과 그렇지 않고 주관적인 판단하에 신제품을 개발하는 것은 성공이라는 관점에서 보면 너무나도 상이한 결과를 가져올 수 있다.

2) 신제품 실패 요인

신제품 성공 요인과 더불어 신제품의 성과를 평가하는 연구에서 중요한 이슈가 실패 요인에 관한 것이다. 신제품이 실패하는 원인들로는 기업 내부에서 주목을 받지 못하는 경우, 전략이나 혹은 개발 프로세스가 없는 경우, 그리고 마케팅관점에서의 실패 등을 들 수 있다.

(1) 기업 내부에서 주목을 받지 못하는 경우
① 새로운 소비자의 요구를 충족시키는 데 필요한 기술이 없는 경우
② 기업의 전략적인 변화로 인해 신제품 개발 프로젝트가 기업 내에서 주목을 받지 못하는 경우
③ 개발팀과 마케팅 팀의 협력이 잘 되지 못하는 경우

신제품 개발은 신제품 개발팀만의 이슈가 아니다. 신제품 개발이 성공하기 위해서는 최고경영자의 관심과 지원은 필수적이고 구성원 모두의 관심을 받지 못하면 실패할 가능성이 매우 높다. 또한 신제품은 전사적인 전략적 이슈이다. 기업의 자원과 노력이 집중되지 않으면 절대 성공할 수 없다. 다음으로 중요한 것은 협업이다. 기업에는 상품개발팀이나 브랜드 매니저가 있어 신제품 개발을 진행하는 경우가 많다. 그러나, 이들 개인들의 노력만으로 훌륭한 신제품이 나오는 것은 아니다. 신제품 개발 담당자는 디자이너, 제품 개발자, 마케팅 조사 담당자, 커뮤니케이션 담당자, 외부 에이전시 등의 여러 구성원들과 협업해야만 하는 구조이다.

협업 관계는 신제품 개발 담당자(상품 개발자나 브랜드 매니저)가 개발하고자 하는 신제품의 개념을 확정하고 그에 맞게 디자인이나 연구소에 다음 작업을 지시하는 개념이었다. 이러한 관점은 초기에 기획한 사람의 의도

브랜드 고급화: LG 시그니처로 품격 높여

"제품은 잘 만드는데 브랜드와 마케팅 능력이 부족하다."

기존 LG전자에 대한 또 다른 평가였다. 브랜드가 약했던 LG전자에 프리미엄 이미지를 심어준 브랜드가 있다. 바로 'LG 시그니처(LG SIGNATURE)'다. LG전자는 초고가 프리미엄 브랜드인 시그니처를 통해 생활가전 사업 위상을 한 단계 끌어올렸다. 지난해 미국 시장에서 시그니처 제품군의 매출 성장률은 50%가 넘는다.

시그니처를 필두로 파생 효과가 높은 브랜드 역시 잇따라 성공 가도를 달리고 있다. 주방에서 사용하는 프리미엄 가전 기기를 대상으로 만든 브랜드 '시그니처 키친 스위트'는 지난해 10월 미국 최대 주방·욕실 전시회에서 올해의 주방가전에 선정됐다. LG전자는 앞으로도 '시그니처' 라인업을 지속 확대하겠다는 계획을 밝혔다. 기존 냉장고, 세탁기, TV 등은 물론 에어컨에도 시그니처 브랜드를 추가했다.

시그니처 브랜드를 단 제품은 대체로 비싸다. 가장 최근 선보인 시그니처 브랜드의 에어컨은 1대당 가격이 1000만원이 넘는다. 그럼에도 '시그니처'에 대한 LG전자의 목표는 비교적 명확하다. 제품 판매량 확대보다 '고급 브랜드 이미지'를 갖추는 것에 중점을 뒀다.

LG전자의 고급화 전략은 꽤 성공적인 분위기다. LG전자가 자체 진행한 고객 조사 결과에 따르면 LG 시그니처가 LG 브랜드에 대한 고객 선호도를 약 10% 올린 것으로 전해진다. '시그니처 브랜드 가치 향상 → LG전자 브랜드 가치 제고 → 전체 가전 판매량 향상' 등으로 이어지는 선순환 구조가 만들어졌다.

LG전자 관계자는 "LG전자 가전 사업이 계속 성장하는 이유는 초프리미엄 제품의 낙수효과 영향도 있다"며 "LG 시그니처로 인해 브랜드 호감도와 인지도가 많이 올라갔다"고 분석했다.

따라서 신제품 개발 성공을 위해서는 다음 6가지 요소를 고려해야 한다. 이를 잘 수행하는 기업은 신제품을 성공적으로 출시할 수 있고, 그렇지 못한 경우에는 실패할 것이다.

출처: 매경이코노미, 2019년 6월 5일~2019년 6월 11일

나 프로젝트에 대한 이해도나 몰입도가 낮기 때문에 여러 문제점이 발생한다. 시간이 많이 소요되거나 처음에 목표했던 결과물이 나오지 않는 등의 부정적인 결과가 나타난다. 이런 상황에서 각 구성원들이 책임을 서로에게 전가하는 현상이 발생하여 실제로 시장에 출시되는 신제품의 성공률이 낮을 수밖에 없다. 반면, 최근에 신제품 개발을 잘하는 기업의 경우에는 처음부터 모든 신제품 개발 관련자들이 협업을 강화하고 있고 이를 통해 신제품의 성공률을 높이고 있다. 신제품 개발 프로젝트에 대한 이해도와 몰입도를 높이고 서로의 문제점이나 단점을 보완하여 더 경쟁력 있는 신제품 개발로 연결시킬 수 있다.

(2) 전략이나 혹은 개발 프로세스가 없거나 준수하지 않는 경우
① 기업의 신제품 개발에 관해 전략적인 중요성이 없는 경우
② 신제품 개발 전략이 존재하지 않는 경우
③ 신제품 개발 프로세스가 없거나 형식적인 수행을 하는 경우

아무리 자신감이 크다 하더라도, 돌다리도 다시 두드려 보면서 건너야 하는 것처럼 확인하는 절차를 거칠 경우 실패 확률은 그만큼 줄어든다는 것이다. 하물며 브랜드 매니저 자체도 확신이 서 있지 않은 상태에서 시장에서의 확인이나 검증 절차를 거치지 않는다면 실패할 확률이 높아지게 될 수밖에 없다.

개발 프로세스의 준수 문제는 각각의 업종이나 기업의 특성에 맞는 신제품 개발 과정을 가지고 있어야 한다는 것이다. 각자에게 맞는 개발 프로세스에 따라서 각 단계별로 기준을 설정하고, 기준을 통과시 계속 진행하고 통과하지 못할 시에는 중단하는 의사결정과정이 필요하다. 이러한 기준이 명확하지 않거나 형식적이라면 그 신제품은 성공하지 못할 가능성이 매우 높다.

또한 신제품 개발의 시작 부분과 마지막 단계인 출시과정에서 신제품에 대한 개발 전략 및 마케팅 전략이 수립되지 않았다면 이는 전쟁터에 무기를 안 가지고 전투를 나서는 것과 같은 상황이라고 할 수 있다.

(3) 마케팅 관점에서의 실패
① 컨셉이 명확하지 않거나, 경쟁력이 없는 경우
② 마케팅 부서와의 협업이 잘되지 않는 경우
③ 판촉 및 커뮤니케이션 과정에서 잘못 전달되는 경우
④ 컨셉이 제품 개발 과정에서 구현이 잘못된 경우

신제품은 개발되기 이전에 아이디어 도출에서 컨셉개발 과정을 거친다. 이때 설정된 컨셉이 얼마나 마케팅팀에서 선정한 목표고객들과 잘 부합하는가가 성공을 결정한다. 따라서 신제품 개발에 있어서 가장 중요한 시작점은 컨셉의 경쟁력과 시장성이다. 컨셉의 경쟁력은 곧 경쟁제품들과의 차별화 경쟁력이고 이것이 바로 신제품의 경쟁력이 된다. 컨셉이 산업과의 연관성이 높고 시장 내에서 경쟁 브랜드 대비 차별성이 높을 경우 그 컨

셉은 성공 확률이 높다고 볼 수 있다. 반대의 경우에는 성공 확률이 매우 낮다고 볼 수 있다. 이러한 점을 고려해서 항상 마케팅 부서와의 협업이 잘 이루어져야 한다. 제품 컨셉에 대해 마케팅 팀과의 협의가 없거나 상충되는 경우 그 신제품은 실패할 것이다. 또한 브랜드 매니저가 제품을 개발하면서 각 분야의 전문가들에게 자신이 개발하고자 하는 방향을 명확하게 제시하지 못했거나 아니면 중간에 사공이 많아 직급이나 권위를 앞세워 원래의 컨셉이 흔들리는 경우도 있을 수 있다. 이렇게 제품 개발 과정에서 제품이 컨셉에 맞게 구현되지 않거나, 컨셉대로 구현되었지만 마케팅 활동이나 커뮤니케이션 측면에서 컨셉이 제대로 반영되지 않는다면 그 또한 실패로 연결될 확률이 높아지게 된다. 마케팅에서 중요한 포인트 중의 하나라고 이야기하는 일관성(Consistency)과 관련된 문제이다. 이 일관성은 제품 개발 과정상에서의 일관성뿐 아니라 개발된 제품을 소비자에게 알리는 과정에서의 일관성까지도 신제품의 성공과 실패를 결정짓는 매우 중요한 요소이다.

지금까지 신제품의 성공과 실패 원인이 어디에 있는가를 살펴보았다. 성공하는 요인과 함께 실패하는 원인을 정리하였고, 실패하는 방식을 뒤집으면 신제품의 성공 전략을 도출할 수 있을 것이다. 본장을 마무리하면서 신제품의 성공 가능성을 높이기 위한 몇 가지 방안을 제시하고자 한다.

첫째, 성공한 신제품의 성공 원인을 분석하여 널리 전파한다. 또한 실패한 원인도 적극적으로 밝혀내고 공유하여야 한다.

스포츠 선수들은 중요한 순간에 자신이 운동하면서 가장 좋았던 순간을 기억하고 그때의 감정을 다시 찾기 위해서 마인드컨트롤을 한다고 한다. 그러한 과정을 통해서 자신이 가지고 있는 역량을 최대한 발현할 수 있는 마음가짐을 확보하는 것이다. 만일 그들이 거꾸로 실패의 순간을 생각하고 거기에 매몰되게 된다면 그 선수의 성적은 좋지 않게 나타난다는 것이다.

마케팅을 하는 사람들도 성공과 실패를 경험하는 평범한 사람들이다. 이들에게도 성공의 경험과 실패의 경험이 있을 텐데 성공하는 사람들은 성공을 반복하고 실패하는 사람들은 실패를 반복하게 된다. 이러한 상황에서는 조직 내에 성공한 과거의 경험을 널리 전파하여 자신감을 불어넣을 수 있도록 해야 한다.

둘째, 출시 신제품에 대해 철저한 리뷰를 진행해야 한다.

앞의 이야기와 관련이 있는데 내부의 경험을 단순한 경험으로만 끝내지 말고 잘된 것은 왜 잘 되었는지, 실패한 것은 왜 실패하였는지를 리뷰하고 그 결과를 내부에서 공유하는 과정이 필요하다. 본인이 신제품 개발 사례를 분석하면서 공통적으로 도출되었던 요소를 살펴보면 성공한 신제품은 나름대로 성공한 원인이 있었고 실패한 신제품 또한 나름대로 실패한 원인이 있었다는 것이다. 그런데 중요한 것은 똑같은 일들이 기업 내에서 지속적으로 반복되고 있다는 것이다. 신제품을 개발하고 있는 과정을 살펴보면 뻔히 실패할 가능성이 크다고 예상되는 경우도 종종 볼 수 있다. 그런데도 개발 담당자들은 실패할 신제품 개발을 열심히 진행하고 있을 뿐이다.

셋째, 신제품 개발 과정상에서의 밀도 높은 협업과 융합이 필요하다.

신제품 개발의 최근의 트렌드는 이전과는 많이 다른 양상을 보인다. 똑같이 신제품을 개발하는 데 1년이라는 시간이 걸리지만, 그 안에 구성되어 있는 시간을 보면 확연히 달라지고 있는 패턴이다. 과거에는 신제품 개발 각 조직간의 기능을 충실하게 수행하는 형태의 협업이었다. 즉, 초기 신제품 개발 담당자가 마케팅 조사를 통해 신제품 아이디어를 얻고 이를 다시 소비자 조사를 통해 검증한 다음, R&D 연구소에 제품 개발 방향을 전달하고 디자인 부서에는 디자인 개발 방향을 전달하는 식으로 각각 따로따로 진행되었었다. 하지만 최근에는 신제품 개발 초기부터 모든 신제품 개발 관련자들이 참여하여 이해도를 높여 같이 토론하고 만들어가는 과정을 거치고 있다. 이렇게 하면 초기에 제품이나 브랜드 컨셉을 잡아가는 과정에서는 이전보다 더 시간이 오래 걸리기는 하지만 실제로 제품 개발에 들어가서는 매우 시간이 단축되기 때문에 좀 더 효율적인 방법으로 신제품을 개발하게 되고 이는 다시 시장 성공 가능성을 높여주게 된다.

최근 여러 측면에서 융합(Convergence) 현상이 나타나고 있는데 신제품 개발 업무에서도 밀도 높은 융합이 신제품의 성공 가능성을 높여 주고 있는 것이다.

마지막으로, 조직 내에서 신제품 개발에 대한 자율성과 지속적이고 적극적인 투자가 필요하다. 하나의 아이디어가 제품개발로 연결되고 시장에 출시되는 과정 중에서 기업 입장에서 많은 투자가 진행되는 곳은 사실 제품 출시 관련 비용일 것이다. (물론, 새로운 기계나 기술을 도입하는 경우에는 많은 비용이 투입될 수도 있다) 즉, 신제품 개발에 투입되는 비용이 문제가 되는 것이 아니라 그 제품이 실제로 시장에 출시되었을 경우가 문제가 된다고 보여진다. 그런데 어떤 기업에서는 경쟁력이 부족한 신제품인데도 불구하고 단기적으로 시장에 충격을 주기 위해 과감하게 출시하는 경우가 존재한다. 이는 바람직하지 않다. 차라리 신제품 개발이라는 분야에 좀 더 과감하고 많은 역량을 투입하여 시행 착오를 하더라도 내부의 제품개발 경험을 높이고 이를 축적하여 성공가능성이 높은 신제품 개발로 연결시키는 과정이 필요하리라 생각된다.

를 생산해 각종 가전 기기에 탑재하고 있다.

LG전자는 부산대 감각과학연구실과 공동으로 식기세척기 세척력과 효율성이 손 설거지보다 뛰어나다는 연구 결과를 발표했다. 지금까지 식기세척기가 많이 사용되지 않았던 이유는 손 설거지보다 세척력이 떨어지기 때문이었다. 하지만 이번 실험 결과는 세간 평가를 뒤집었다. 실험에 사용된 LG전자 식기세척기의 세척력이 남다른 이유도 바로 인버터 DD모터 때문이다. LG전자 DD모터는 다른 모터와 비교해 효율성 측면에서 30% 이상 효과가 있는 것으로 전해진다.

모터와 컴프레서(기체를 압축해 압력을 높이는 장치)의 작동 속도를 자유자재로 조절해 제품 성능과 효율을 끌어올리는 인버터 기술도 장점이다. LG전자 인버터 기술은 이미 업계 최고 수준으로 인정받는다.

LG전자가 선보인 인버터 리니어 컴프레서는 동력을 전달하는 과정에서 에너지 손실이 적어 일반 컴프레서보다 효율성이 높다. 그래서 냉장고 등에 주로 사용된다. 모터 속도를 자유자재로 조절할 수 있기 때문에 냉장고 온도를 보다 정밀하게 제어할 수 있다.

이제는 필수 가전 중 하나로 자리 잡은 건조기 또한 좋은 부품으로부터 탄생한 제품이다. 핵심 부품 가운데 하나인 콘덴서는 빨래에서 나온 습기를 물로 변환시킨다. 옷감의 습기를 빨아들인

고온다습한 공기가 차
가운 콘덴서를 통
과하면 습기가
물로 바뀐 후
배출된다. 차
가운 얼음
컵 표면

사례

강한 부품이 경쟁력: 인버터·모터부터 시작해 AI 칩까지

부품이 강해야 살아남을 수 있다? 요즘 IT나 가전 시장 트렌드다. 소비자 관심을 많이 받는 제품을 보면 대체로 좋은 부품을 쓰는 경우가 많다. LG전자 가전이 질주하는 원동력 중 하나는 바로 부품 경쟁력이다.

인버터 DD모터. LG전자가 자랑하는 부품 중 하나다. LG전자 세탁기를 세계 1위로 올려놓은 1등 공신이기도 하다. DD모터는 일반모터 대비 진동이 없고 소음이 적다는 장점이 있다. 공간을 보다 효율적으로 사용해 에너지 손실 낭비를 막아준다.

LG전자 가전 기기 중 동력을 사용하는 제품에는 대부분 DD모터가 들어간다. 1998년 처음 생산한 DD모터는 누적 생산량이 8,000만대에 육박한다. 지난 몇 년간 생산량이 빠르게 늘면서 매년 1,000만대 가까운 DD모터

에 물방울이 맺히는 원리와 비슷하다. 콘덴서를 통과하며 건조해진 공기가 다시 건조기 내부로 들어가 습기를 빨아들이는 구조다.

기존 건조기는 사용자가 주기적으로 콘덴서를 직접 세척해야 하는 불편함이 컸다. 하지만 LG전자 건조기의 콘덴서 자동세척 시스템은 건조할 때마다 콘덴서를 자동으로 씻어준다.

LG전자는 동력에 사용되는 부품뿐 아니라 반도체 등으로 눈을 넓히고 있다. 로봇청소기나 세탁기, 냉장고 등 다양한 제품에 사용할 수 있는 '인공지능(AI) 칩'을 개발했다. LG전자는 앞으로 AI 칩이 적용된 로봇청소기, 세탁기, 냉장고, 에어컨 등을 순차적으로 출시할 계획이다.

출처: 매경이코노미, 2019년 6월 5일~2019년 6월 11일

신제품의 성과

치열한 경쟁상황에 있는 오늘날의 경영자들은 성공적인 신제품도입을 위해 제품성과에 영향을 미치는 다양한 요인들에 대해서 계속적으로 연구하고 지식을 새롭게 넓혀가야만 한다. 신제품의 성공(또는 성과)을 다룬 문헌들을 살펴보면 크게 전반적 연구와 특정 분야에 초점을 맞춘 연구의 두 가지 접근법으로 나누어 볼 수 있다(Craig and Hart, 1992). 전반적인 연구는 신제품 프로젝트 및 프로그램에 영향을 미치는 요인에 초점을 맞춘다. 이러한 연구의 목적은 성공에 영향을 미치는 모든 요인을 살펴보는 것으로 대표적인 것은 신제품 성공 요인을 연구한 Cooper의 1979년 연구를 들 수 있다. 특정분야에 초점을 맞춘 연구는 기능간 통합 또는 환경 요인 등과 같이 한 가지 또는 일부 요인에 초점을 맞춘다. 예컨대 R&D와 마케팅의 통합이 신제품 성공에 어떻게 영향을 미치는가에 관한 특정 요인에 집중하여 성과를 평가하였다(Souder, 1988).

성공이라는 단어는 개념적으로 그리고 조작적으로 다양하게 정의되어 왔고, 대부분의 연구에서 성공은 신제품 개발 프로젝트수준에서 정의가 내려진다. 프로젝트수준의 자료는 즉각 확인가능하고, 이용할 수 있다는 이점이 있다. 그러나 일부연구에서는 성공을 기업수준에서 측정한다. 이러한 방법을 지지하는 학자들은 개별적인 프로젝트가 기업의 신제품 개발

능력을 측정하는 충분한 지표가 되지 못하므로 보다 장기적인 관점이 필요하기 때문에 기업수준에서 평가해야 한다고 주장한다(Gupta, Raj and Wilemon, 1988). 성공에 관한 여러 가지 정의가 존재하지만 재무적 목표를 충족시키는 것에 초점을 맞춘 정의가 가장 공통된 것이다(Craig and Hart, 1992). 성과를 수익성과 관련된 주요 변수로 측정하는 이유는 일반적으로 사업성과의 궁극적인 측정은 수익성으로 나타나며 이 수익성이야말로 각 사업부가 보유한 제품계열을 효율적으로 생산해낼 수 있는 생산성을 그대로 반영하는 지표이기 때문이다. 또한 수익성 목표는 유효한 목표가 갖추어야 할 요건인 구체성과 측정성을 모두 갖춘 목표이고 자료획득의 용이성과 누적된 변화추이를 살필 수 있는 이점이 있기 때문이다. 한편 Cooper는 기존의 연구들은 신제품 성과에 대한 측정이 단일차원, 즉 재무적 척도로만 되었다고 비판하였다. 그는 재무적 척도는 신제품 성과를 양적으로 측정하는 측정지표 중 하나에 불과하며 신제품 성과를 대표하는 가장 중요한 측정치라고 간주하기 어렵다고 주장하였다. 사실 재무적 성과에 대한 지나친 추구는 혁신적 신제품의 성공에 있어서 오히려 해가 될 수도 있다.

Cooper는 기업에서 일반적으로 많이 사용되는 몇 가지 성과척도를 사용하여 단일의 성과지표를 개발하려고 했으나 이들 성과척도가 서로 다른 차원으로 구성되어 있음을 알고 영향력 차원, 프로그램의 성공률, 상대적 성과와 같은 3개의 차원을 제시하였다(Cooper, 1984b). 영향력 차원이란 프로그램이 기업의 매출액 및 이익에 미치는 영향력 또는 중요성을 말한다. 프로그램의 성공률은 기업이 개발한 제품의 실적을 말하며 상대적 성과란 목표와 경쟁자를 비교하고, 이익 대비 비용에 비교한 프로그램의 전반적인 성과를 말한다.

신제품 성과는 크게 3가지 요인(재무적 성과, 시장점유율, 새로운 시장기회)으로 구별할 수 있다(Cooper and Kleinschmidt, 1987). Cooper 등은 은행, 보험회사, 투자신탁회사, 기타 금융기관을 포함한 금융서비스부문을 대상으로 한 연구에서 성과척도를 재무적 성과(financial performance), 관계강화(relationship enhancement), 시장개발(market development) 등의 3개의 요인으로 분류하였다(Cooper et. al., 1994). 여기서 재무적 성과란 수익성, 매출액, 매출액 성장률, 시장점유율 등과 같은 직접적인 재무 척도를 말한다. 관계강화는 고객애호도 증대, 고객에 대한 이미지 강화, 다른 회사제품에 미치는 영향 등과 같이 보이지 않는 고객의 심리적인 부분을 의미하며, 시장 개발은 신제품이 회사에게 새로운 고객과 새로운 시장을 창출할 기회를 제공하는 정도를 의미한다.

90년대 초반 학자와 실무가들로 구성된 Product Development and Management Association Task Force는 77개의 논문과 50개의 기업에서 가장 널리 사용되는 성과측정에 대한 척도를 제시하였다. 이들을 요약하면 다음과 같다(Griffin and Page, 1993).

- 고객 척도(시장점유율, 고객만족, 고객애호도, 추천행동 등)
- 재무적 척도(이익목표, 마진률, ROI 등)
- 프로젝트 척도(기술적 성과, 적시의 출시, 시너지효과 등)
- 기업수준 척도(성공/실패율, 신제품의 판매비율 등)
- 프로그램 척도(신제품 프로그램의 목표 달성 여부)

평균적으로 신제품의 성과는 2~3개 척도에서 3~4개의 측정치로 판정되었다. 이와 같은 연구결과는 기존의 연구에서 가정되는 것과 같이 성과는 단일 차원의 개념이 아니라 다차원 개념임을 의미한다. 한편 성과에 있어서 여러 가지 차원이 존재한다는 의미는 이와 관련된 성과 관련 요인 외 중요도가 각 차원에 따라 달라질 수 있음을 의미한다. 즉 어떤 한 차원의 성과를 목적으로 할 때 중요시되는 요인은 다른 차원의 성과를 목적으로 하는 경우에는 덜 중요하거나 오히려 방해가 될 수도 있다는 것이다. 실증적인 연구결과, 성과의 각 차원과 관련이 깊은 요인들은 차원에 따라 다르게 나타났다(Cooper and Kleinschmidt, 1991). 이러한 연구결과가 의미하는 바는 기업이 각 신제품에서 원하는 목적이 무엇인가에 따라 중요시해야 될 성과관련 요인들이 달라진다는 것으로 이러한 중요도의 변화는 각 프로젝트에서 추구하는 목적이 무엇 인가에 따라 선별기준이 다르게 적용되어야 함을 의미한다. 결론적인 것은 기업들은 신제품 개발 시 나름대로의 전략을 수립하여 신제품 개발 활동을 수행하고 있으며 그 전략은 기업의 신제품 성과와도 관련이 있다는 것이다.

Further Discussions

FD1 신제품 마케팅의 의의 및 배경에 대해 네 가지 이슈를 학습하였다. 우리 주변에서 여러분들이 공감하거나 느끼는 환경의 변화에 대해 적절한 사례를 찾아보고 이에 대해 토론해보자.

FD2 신제품의 성공 요인별 사례를 주변에서 찾아보고 같이 공유하고 토론해 보도록 하자. 또한 본문에서 언급한 성공 요인 이외에 어떤 요인들이 신제품 개발에 영향을 미치는지를 탐구해보자.

FD3 성공요인과 더불어 신제품의 실패요인을 소비자 관점과 기업 관점 등의 주변의 적절한 사례 찾아내고 이를 근거로 성공적인 신제품 출시에 대해 토론해보도록 하자.

FD4 신제품에 관한 의사결정 요인 중 출시 시기(Timing)는 매우 중요하다. 출시 시기가 빨라서 혹은 늦어서 실패한 경우를 찾아 공유하고 토론해보자.

FD5 최근 시장에서 성공한 신제품을 중심으로 신제품의 성공을 평가하는 다양한 성과요인들이 어떤 것이 있는가를 찾아보고 어떤 요인들이 중요하였는가에 대해서 추론해보자.

References

서병국 · 이강희(1990), 신제품 개발, 법경출판사.

Aaker, David A.(1995), Strategíc Market Management. 4th ed. John Wiley & Sons. Inc., 244-249.

Booz, Allen and Hamilton(1982), New Products Management for the 1980s, New York.

Cooper, Robert G.(1979), "The Dimension of Industrial New Product Success and Failure," *Journal of Marketing*, 43(3), 93-103.

Cooper, Robert G.(1984a), "The Performance Impact of Product Innovation Strategies," *European Journal of Marking*, 18(5), 5-54.

Cooper, Robert G.(1984b), "The Strategy Performance Link in Product Innovation," *R&D Management*, 14(4), 247-259.

Cooper, Robert G.(1993), 'Winning at New Product.' Accelerating the Process from Idea to Launch, MA: Addison-Wesley Publishing Co.

Craig, Angie and Sujan Hart(1992), "Where to Now in the Product Development Research?," *European Journal of Marketing*, 26(11), 3-49.

Gupta, Ashok K., S. P. Raj and David Wilemon(1985), "R&D and Marketing Dialogue in high-Tech Firms," *Industrial Marketing Management*, 14, 289-300.

Hisrish, Robert D. and Michael P. Peters(1984), Marking Decisions for New and Mature Products. Planning, Development and Control, A Bell & Howell Company.

Souder, William E.(1988), "Marketing Relation Between R&D and Marketing .in New Product Development Projects," *Journal of Product Innovation Management*, 5, 6-19.

CHAPTER 02

신제품 개발 시스템

Learning Objectives

L01 신제품 개발 과정의 중요성을 알아보고 실제 신제품 개발 과정의 활용방법 등에 대해서 알아본다.

L02 신제품 개발 과정의 각 단계에 대해서 탐구해 보고, 구체적인 내용과 활용 방법 등에 대해서 학습한 후 개발 과정에 대해 설명할 수 있도록 한다.

L03 신제품 개발 과정에 대한 연구의 역사를 열거하고, 이를 기본으로 신제품 개발 과정의 미래를 추정할 수 있도록 한다.

L04 신제품 개발 과정과 마케팅의 역할에 대해서 설명할 수 있도록 한다.

지멘스, '팀 센터'로 풀무원 신제품 개발 프로세스 구축

: 제품 개발 기간 단축 및
제품 경쟁력 향상 지원

Pulmuone
SIEMENS

지멘스PLM소프트웨어(이하 지멘스)는 풀무원이 제품 경쟁력 향상을 위해 자사의 '팀 센터(Team center)'를 도입했다고 21일 밝혔다.

식품음료 시장은 소비자의 기호와 입맛이 빠르게 변화함에 따라 제품의 수명 주기가 점차 짧아지고 있으며, 제품의 종류가 다양해지고 복잡도가 증가해 비즈니스 경쟁은 더욱 심화되고 있다. 풀무원은 치열한 경쟁 환경에서 신제품 개발의 효율성을 높이고 출시 기간을 단축, 시장 요구 사항에 빠르게 대응하고자 '팀 센터' 도입을 결정했다.

풀무원은 지멘스의 디지털 라이프사이클 관리 솔루션 '팀 센터'를 도입해 신제품 개발 관리 체계를 수립한다. 이로써 제품 개발 시간을 단축하고 제품 혁신을 강화할 수 있는 기반을 마련하는 한편, ERP·LIMS(실험실정보운영시스템) 등의 유관 시스템 프로세스와 '팀 센터'를 통합해 실시간 기업 경영(Real Time Enterprise)을 구현한다는 방침이다.

박남주 풀무원 식품부문 대표는 "체계적인 신제품 개발 프로세스에 기반한 제품 개발 경쟁력을 강화해 급변하는 레디 밀(Ready meal) 시장 트렌드 변화에 빠르게 대응하고자 한다"며, "지멘스의 '팀 센터'를 통해 체계적인 신제품 개발 프로젝트 관리, 개발 현황 모니터링, 통합 산출물 관리가 가능한 체계를 수립할 수 있게 됐다"고 말했다.

한일 지멘스코리아 대표는 "제품 개발이 디지털화로 전환되는 과정에서 기업들은 개발 및 생산 프로세스에 접근할 새로운 방법이 필요하다"면서, "풀무원이 고객과 시장의 요구 조건에 맞는 신제품 개발로 디지털 혁신을 달성할 수 있도록 적극 지원할 계획"이라고 밝혔다.

출처: 아이티데일리, 2019년 2월 21일

본장에서는 신제품 개발 과정의 첫 번째인 아이디어 발굴 및 컨셉 개발에서부터 마지막 단계인 상업화과정까지를 알아보도록 하겠다. 그리고 신제품 개발 과정의 중요성과 연구의 발전과정에 대해서 설명하였다.

신제품 개발 과정의 중요성

신제품의 도입은 기업의 생존에 있어서 중요한 것이지만 본질적으로 위험을 동반하는 것으로서, 신제품의 개발을 관리하는 것은 오늘날에 있어서 가장 어려운 관리과업의 중 하나이다. 짧아진 제품수명주기, 자본부족, 정부규제, 시장의 분할, 국제경쟁의 심화, 급속한 기술변화 등과 같은 요인으로 인해 성공적인 신제품 개발이 더욱 어렵게 되었다. 역설적으로 이러한 요인들이 신제품 개발의 중요성을 증대시킨다. 그러한 동태적인 환경에서 경쟁적으로 살아남기 위해서 기업은 신제품 개발 과정을 적극적으로 관리할 수 있는 능력을 갖춰야 한다. 기업은 신제품의 개발, 제조 및 출시에 소요되는 시간을 단축시켜야 할 뿐만 아니라 동시에 원가절감, 고객욕구변화 등에도 주의를 기울여야 한다. 이제 신제품 개발은 더 이상 기업의 전략적 대안이기보다 없어서는 안 될 기업 활동일 뿐만 아니라 경제성장의 주요한 원천인 것이다(Craig & Hart, 1992; Coffey, 1993).

이러한 신제품 개발을 효과적으로 수행하기 위해서 기업과 그 관리자는 많은 과업을 수행해야 한다. 그런데 이들 과업에서 가장 중요한 것이 신제품 개발 과정 중 수행해야 할 활동을 결정하고 이들을 체계적으로 관리하는 일일 것이다. 신제품 개발 과정에는 무수히 많은 활동과 의사결정 내용이 포함되며, 신제품 개발 과정의 단계나 순서는 산업간 또는 동종 산업 내에서도 기업에 따라 다양하게 나타난다(Cooper, 1983). 신제품 성과는 결국 신제품 개발 과정의 전반적 순서와 흐름에 의해서 영향을 받는다고 볼 수 있다. 이에 따라서 합리적인 신제품 개발 과정에 대해 여러 연구자들의 제언이 있어 왔다(Cooper, 1994).

그러나 전반적인 신제품 개발 과정의 순서도 중요하지만, 일반적으로 신제품 개발 과정상에서 수행되는 주요 개별 활동들이 어느 정도 중시되는지에 따라서 기업의 신제품 성과는 많은 차이가 날 것이다. 실제로 많은 연구에서 성과가 높은 신제품은 성과가 낮은 신제품에 비해 신제품 개발 과정 또는 과정상의 특정 활동을 보다 효율적으로 수행한다고 지적한다. Dwyer와 Mellor(1991)는 신제품 개발 과정상의 활동을 효율적으로 수행하는 기업이 보다 높은 성과를 보였음을 밝혔을 뿐만 아니라 성공적인 프로젝트에서는 성공적이지 못한 프로젝트보다 최초의 선별, 사전적 시장평가, 사전 기술평가, 세부시장연구, 시제품 개발, 내부제품시험, 고객제품시험, 시험 시장/시험판매, 시험생산 및 생산개시 활동을 수행하는 비율이 더 높음을 발견했다. 그러나 그 활동들의 중요성 에서는 차이를 보이고 있다. Calantone 등(1997)은 불확실한 환경에서는 신제품 개발 과정을 효율적으로 수행하 는 것이 성과를 높이는 데 도움을 준다고 밝히고 있다.

따라서 신제품 개발은 회사의 장기적 지속가능 경영의 필수적인 원동력이기 때문에 아주 중요한 과정이고 이 를 위해서는 신제품 개발 시스템이 필요하다 (Hauser, Tellis, and Griffin, 2006). 신제품 개발 과정이 비효율적이거나 신제품이 시장에서 실패할 경우 회사에 막대한 손실을 가져오기 때문에 좋은 신제품 개발 시스템이 꼭 필요하 다. 이러한 신제품 개발 과정은 크게 폭포수 방법과 유기적 방법의 두 가지로 구분된다. 폭포수 방법은 전통적 이고 단계적인 Gate Keeping Process와 연관이 깊다. 기민한 처리 방법(agile process)은 동시에 여러 단계가 진행되 며 끊임없는 상호 의사소통과 교환으로 비효율을 최소화하는 특징이 있다(Cooper, 2019). 기민한 처리 방법은 반 복적인 일과 경험에서 나온 피드백으로 예측 불가능한 일에 대응할 수 있도록 도움을 준다.

2

신제품 개발 과정

신제품 개발 과정은 3가지 과정의 '초기-중기-후기'의 단계별 신제품 개발활동으로 '아이디어 창출(idea generation)'에서부터 '출시(launch)'까지 구성된 프레임워크(framework)를 기본 범위로 포함한다(Hauser, Tellis & Griffin, 2006). 초기단계의 활동은 여러 가지 제안된 아이디어들을 검토하고 이들 중 좋은 아이디어를 채택하는 과정이 다. 신제품 개발 과정은 새로운 아이디어에서 시작하기 때문에 신제품의 아이디어를 발견하는 것이 가장 중요 하다. 특히 기업외부의 아이디어 원천으로 타기업이 획득한 아이디어 또는 공동 협력을 통해 획득한 아이디어 를 통해 신제품에 대한 컨셉을 개발할 수 있다. 제품의 컨셉은 제품특성(product features)이라는 형태(form) 또는 기 술(technology)과 고객의 니즈를 충족시키는 고객의 혜택(consumer benefits)간의 관계를 기반으로 한다. 중기단계 의 활동은 실제 제품개발을 수행하는 단계이다. 이 단계에서는 제품개발을 위한 마케팅활동과 기술적 활동이로 움켜쥐고 칫솔질을 하는 것이었다. 오랄B는 물렁한 촉감의 굵은 손잡이가 달린 어린이용 칫솔을 출시해 대성공을 거둔다. 관찰을 통한 제대로 된 공감의 결과다.

사례

오랄B, 어린이를 위한 칫솔

잠재된 소비자 니즈를 찾아야 한다고 말하지만, 쉬운 게 아니다. 하지만 디자인 씽킹을 사용하면 익숙한 것들로부터 미처 생각하지 못했던 사안을 발견할 수 있다. 디자인 씽킹 프로세스의 시작은 '공감하기'에서부터 비롯된다. 공감은 고객과의 인터뷰를 통해서도 가능하지만 면밀한 관찰을 통해서도 이끌어 낼 수 있다.

이전까지 대다수 어린이용품은 성인용품을 축소시켜 만드는 경우가 많았다. 어린이용 컵은 어린이 입 크기를 고려해 작은 사이즈로 하되 파손을 방지하기 위해 플라스틱 재질로 만들어진다. 어린이 칫솔 역시 어른 칫솔을 축소한 디자인이 대부분이었다. 비례에 맞춰 작게 만들어진 어린이용 칫솔은 칫솔 부위가 짧고 손잡이는 가늘었다. 그런데 아이들이 양치질하는 모습을 자세히 관찰해 오랄B는 새로운 발견을 한다.

이른바 '주먹현상'인데, 어른에 비해 손으로 잡는 힘이 부족하기에 손가락으로 쥔다기보다 손 전체, 주먹으

병행된다. 또한 신제품을 시장에서 잘 통용시키기 위한 마케팅 계획도 함께 세운다. 신제품 개발 과정의 후기 단계는 제품상용화로서 출시(launch)로 구성된다. 후기과정에는 실제 신제품 출시를 위한 실질적인 마케팅계획(marketing plan)을 수립한다. 이때 전략적 출시결정(strategic launch decisions)은 총판매량 및 판매방향을 세우고 기업이 판매할 고객을 정의하며, 어떻게 판매할 것인가 결정한다. 전술적 출시결정(tactical launch decisions)은 전략적 출시결정이 만들어진 후, 전략적 결정을 실행하기 위해 커뮤니케이션, 촉진, 유통, 가격과 같은 마케팅믹스(marketing mix)를 결정을 하는 것이다.

본서에서는 위 과정의 구체적인 내용을 기반으로 신제품 개발 시스템을 크게 다섯 단계로 구분하였다. 아이디어를 생성하고 선별하는 단계를 시작으로 제품 컨셉을 개발하고 시험하는 단계를 거쳐, 본격적으로 제품을 설계, 제작하여 현실의 시장에 테스트한 후 출시하게 된다. 각 단계를 사례와 함께 간략하게 살펴보자. 그리고 각 단계는 각각 7장과 8장 그리고 11장 등에 구체적인 내용이 설명되어 있다.

1) 아이디어 생성과 선별(Idea Generation and Screening)

이 단계는 주목할 만한 새로운 상품 아이디어를 하는 구상하는 단계이다. 상품 아이디어는 소비자의 문제점을 해결해 줄 수 있는지, 사업적으로 발전할 적합성과 가능성이 있는지 그리고 현재 상황에 수익과 적절한 위험 요소, 범위가 있는지 고려되어야 한다. 현재 기업에서는 고객들의 자사 제품 사용의 관찰에 의해서도 신제품 아이디어를 얻을 수 있다. 고객들이 기존 제품을 사용하면서 느끼는 문제점과 불만사항을 해결하는 것을 신제품 개발의 목표라고 할 수 있다. 또한 경쟁제품들을 분석해 봄으로써 제품개선이나 신제품에 관한 아이디어를 얻을 수 있다. 기업 내부 종업원들이 신제품 아이디어를 내는 경우도 많이 있는데, 일부 기업에서는 보상을 내걸고 이것을 촉진하고 있다. 브레인 스토밍과 같은 소집단 토론을 이용하면 신제품에 대한 아이디어를 다각적으로 생각해 볼 수 있다.

이 첫 단계의 목표는 가능한 한 많은 수의 신제품 아이디어를 만드는 것이다. 신제품에 대한 아이디어는 회사 내에 있는 R&D 부서나 상품기획 팀에서만 만들어지는 것은 아니다. 협력업체나 공급업체와 협업하는 중에도 새로운 아이디어가 생기기도 하고 물류나 유통과정에서도 상품의 개선점이나 단점 등에 대한 피드백이 있을 경우 이를 바탕으로 새로운 신제품에 대한 아이디어가 시작되기도 한다. 이를 기업 내부적 아이디어 개발과 기업 외부적 아이디어 개발로 구분할 수 있다. 예컨대, 기업 외부에서도 충분히 신제품 아이디어를 찾을 수 있다. 최근 조금 더 많은 소비자들로부터 인지되고 있는 공동창조(Co-creation)가 대표적인 예이다. 좀 더 구체적으로, 스타벅스는 온라인에서 새로운 메뉴에 대해 실소비자나 미래소비자들에게 어떠한 메뉴를 개발하기를 원하는지 항상 물어보고 있다. 성공적인 예로 스타벅스 사의 "아이디어를 제출하세요" (Submit your idea, https://ideas.starbucks.com/) 캠페인이다. 신제품을 개발하는 회사는 소비자들에게 직접 소비자가 원하는 제품에 대한 순수한 아이디어를 얻어서 유익하고, 고객들도 자신이 원하는 새로운 상품을 시장에서 만날 수 있게 되어 이득이다.

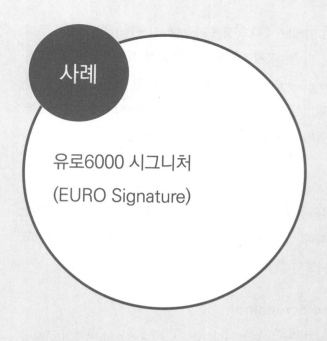

사례

유로6000 시그니처
(EURO Signature)

한샘은 최근 고급 인테리어 시장에서 '블랙 앤 화이트' 컨셉이 주목받고 있는 것을 반영해 신제품을 출시했다고 말했다. 신제품 '유로6000 시그니처(EURO Signature)'는 검정과 흰색의 색상 대비가 돋보이는 제품으로 도시적인 분위기의 부엌을 연출한다. 여기에 다이아몬드 모양으로 가공한 흑니켈 색상 손잡이는 자칫 밋밋할 수 있는 부엌에 포인트가 된다.

무광 도어를 적용한 것도 눈길을 끈다. 무광 도어는 관리가 어렵다는 우려가 있지만 한샘은 내구성을 높여주는 '마이크로 엠보 코팅' 기법으로 도어를 마감해 지문과 스크래치를 방지한다. 도어를 만지면 실크처럼 부드러운 촉감을 느낄 수 있어 더욱 고급스럽다.

고객의 라이프스타일에 맞춰 'IoT TV장' 등 다양한 모듈을 조합해 부엌을 구성할 수 있다. IoT TV는 구글의 AI 스피커 '구글 홈 미니'와 연결 가능해 요리 중 손을 사용하기 힘든 상황에서도 음성 명령만으로 유튜브에서 레시피 영상을 찾아볼 수 있다.

또 '오픈 갤러리 벽장'은 벽면을 가득 채우지 않아 공간을 넓어 보이게 하고 컵, 접시 등 식기류를 전시할 수 있다. 아일랜드 식탁과 함께 배치하면 홈카페나 와인바 같은 공간을 꾸밀 수 있다. '팬트리장'과 '유리 자바라장'을 활용하면 다양한 식료품과 소형 가전기기 등을 깔끔하게 수납할 수 있다.

한샘 관계자는 "한샘 '유로' 부엌 시리즈는 최신 트렌드를 반영한 합리적인 가격의 제품으로 월 1만 세트 이상 판매되는 등 많은 고객들의 사랑을 받고 있다"며 "고급 인테리어 트렌드를 반영한 '블랙 앤 화이트' 컨셉의 부엌을 출시했으니 많은 관심 바란다"고 말했다.

출처: 대경일보, 2019년 7월 8일

이와 같은 공동창조의 사례는 레고와 나이키에서도 사용중인 방법이다.

두 번째 목표는 여러 가지 아이디어 중에서 좋은 아이디어를 선별하는 것이다. 좋은 아이디어인지 아닌지를 판별하는 첫 번째 기준은 본질적인 가치이고, 두 번째는 회사가 개발해서 마켓에서 선두 제품이 될지이고, 마지막으로 회사가 신제품을 개발할 만큼의 가치가 있는지이다.

2) 컨셉 제품 개발과 컨셉 테스트(Concept Development and Testing)

세부적으로 들어가기 이전에 선행 학습과 같이 재무, 기술적인 부분과 실행 가능성에 대해 확인하는 단계이다. 그리고 앞선 단계의 아이디어를 정교화시켜 제품 개발의 초석을 다져 나가도록 한다. 좋은 아이디어로 선정된 것은 우선 컨셉 제품으로 발전시킨다. 제품 컨셉은 주로 추상적이며 구체척이지 않지만 이 새로운 제품이 가지고 있는 본질적인 가치와 소비자들로 하여금 관심과 호감을 불러일으키는 요소들을 가지고 있다. 자동차의 경우 상용화된 모델이 나오기 전에 컨셉카를 오토쇼에서 선보이고 소비자들의 반응을 살펴서 자동차의 구체적인 디자인을 수정한다든가 주요 제품 구성요소들을 균형잡힌 구성으로 마무리 하기도 한다. 예컨대, 2011년도 제네시스 컨셉카의 경우 앞면 그릴 부분의 디자인이 혹평을 받아 상용화된 버전에서는 좀 더 세련된 디자인으로 수정된 사례가 있다. 학문적으로는 이러한 컨셉 단계의 데모가 이런 신제품 제조 회사의 주식 가격에 어떠한 영향이 있는지를 밝히기도 한다 (김태완, Mazumdar, 2016).

3) 시제품 개발(Prototyping)

선행 두 단계에서의 검증이 이루어진 후에 실질적으로 제품화하는 단계로서 이 단계에서의 완성품은 일종의 시제품(prototype product)으로서 적어도 부분적으로라도 소비자의 검증을 통한 것이어야 한다. 때에 따라서는 여러 단계에 걸쳐서 개발과 검증이 이루어지기도 하는데 기술적 환경이 급속하게 변하는 시장상황에서 더욱 그러하다. 시제품 개발 및 검증 단계에서의 시간과 비용을 최소화하기 위해서는 기업은 다음 사항들에 대한 원칙을 가지고 있어야 한다.

- 처음에 제대로 하라(Do it right the first time)
- 선행과제와 정의를 명확히 하라(Make homework and definition clear)
- 권한위양이 된 다기능 팀을 구성하라(Organize a multifunctional team with empowerment)
- 필요한 과정을 동시에 수행하라(Parallel processing)
- 우선순위를 정하고 집중적으로 수행하라(Prioritize and focus)

모바일 액세서리 제조 및 유통 전문 기업 씨앤에스파워(CNS Power, 대표 조용각), 클립형 무선 미니 선풍기 'CMF-329' 출시

안정감을 더했다.

특히 공기역학 구조로 설계된 5개의 윙 블레이드는 바람의 직진성을 향상시켜 먼 곳까지 풍량을 느낄 수 있도록 디자인됐다. 또한 분리 가능한 안전망 설계로 청소 및 관리가 쉬울 뿐만 아니라 성능, 내구성, 효율면에서 월등한 BLDC 모터를 장착해 일반 모터 대비 장시간 사용 시에도 정숙하고 일관된 성능을 제공한다.

출처: G밸리뉴스, 2019년 7월 8일

CMF-329는 심플하고 모던한 디자인에 부드러운 마감 처리가 이뤄져 있으며 스탠드 · 클립 · 걸이형 등 총 3가지 방식으로 사용이 가능하다. 298g의 초경량으로 제작돼 휴대성에 중점을 뒀다. 클립형으로 사용 시 최대 4cm의 두께까지 거치가 가능해 모니터, 유모차, 차량, 화장실 등 원하는 곳 어디든 공간의 제약 없이 설치 사용이 가능하다.

색상은 베이비 핑크, 민트, 그레이, 차콜 4가지 파스텔톤 색상에 고급스러움을 더하는 무광 바디로 소비자의 선택 폭을 한층 넓혔다.

커네틱 CMF-329는 작고 귀여운 외관을 지니면서 선풍기 본연의 기능 또한 역시 놓치지 않았다. 휴대용 미니 선풍기임에도 3단계 풍속 조절을 지원 상황에 맞게 풍속을 선택할 수 있으며 360도 회전이 가능해 다양한 환경에서 활용이 가능하다. 또한 미끄럼 및 스크래치 방지를 위해 클립형 안쪽이 고무 패드로 처리돼

시제품 설계는 크게 세 가지로 구분된다. 소비자 니즈 분석, 경쟁 분석 및 수요예측, 그리고 신상품 제품 개발이다. 먼저, 소비자 니즈는 기능적 니즈 (Utilitarian needs)와 감성적 니즈 (Hedonic needs)로 나뉜다(Dhar and Wertenbroch, 2000; Chitturi, Raghunathan, and Mahajan, 2008). 이 두 가지 필요에서 출발하여 소비자들이 원하는 또는 아직은 원하지 않고 있지만 잠재적으로 원하게 될 신상품의 가치를 디자인하는 것이다. 다음으로 기존 시장의 경쟁기업들의 제품 특성들, 제품 가격, 생산비용, 기술, 매출량, 그리고 마케팅 전략 등을 분석한다. 경쟁 분석과 함께 구상중인 신제품 컨셉을 위한 마케팅 전략은 세 가지로 구성된다. 첫째, 출시 후 1~2년 동안을 위한 타깃 고객군, 포지셔닝 전략 등의 STP (STP: Segmentation, Targeting, Positioning Strategy) 마케팅 전략이 필요하다. 둘째, 신제품 출시 후 첫 한두 해를 위한 가격, 판촉과 유통전략, 셋째, 지속가능한 장기적인 마케팅 믹스 전략이 필요하다. 이런 마케팅 전략을 기반으로 신제품이 출시된 후에 수요를 예측하는 부분도 중요하다.

4) 시장 시험(Test Market)

제품설계 단계에서 사업성 평가는 이미 통과하였지만 이번 시장 시험 단계에서는 이 신제품이 출시된 후에 시장에서 어떤 반응을 보일지에 대한 실험이다. 신제품을 위한 거의 모든 마케팅 전략, 즉 가격, 제품 성능, 제품 디자인, 광고, 판촉, 유통, 상품명, 브랜드 전략 등을 실험해 볼 수 있다. 전국적 또는 국제적으로 출시되는 데에 따른 위험을 최소화하기 위한 목적으로 행해진다. 전국적인 출시를 앞두고 신상품을 전국의 평균 소비자군과 비슷한 한두 도시에 출시해 반응을 살펴보는 과정이다. 이를 통해 기업은 신제품의 예상 시장점유율, 예상 소비자 반응, 예상 채택률 등의 정보를 얻을 수 있다(Narashiman and Sen, 1983). 예컨대, 스타벅스사의 인스턴트 커피(VIA)는 이 기업입장에서 가장 위험하고 규모가 큰 신제품이었다. 이 신제품 또한 출시 이전에 테스트 마케팅을 통해 시장의 반응을 살피고 정교하게 수정하여 제품을 출시하여 크게 성공한 예이다(Berfield, 2011).

시장 시험은 신제품을 위한 마케팅전략 전반에 대한 피드백을 얻을 수 있어 좀 더 효과적이고 보다 구체적인 마케팅 전략으로 수정할 수 있게 해주는 큰 장점이 있다. 또 다른 장점은, 전국 혹은 국제적 동시 출시에 비해 실패에 따르는 손실을 큰 폭으로 줄여준다는 점이다. 반면 단점으로는 동시에 많은 비용과 시간이 소요된다는 점이다. 평균적으로 9개월에서 1년의 시간이 소요되는데 이 시간 동안 경쟁사에서 유사 제품을 출시할 가능성도 존재한다. 그래서 신제품 개발비용이 낮거나 경영진들이 신제품에 아주 자신이 있을 경우에는 시장 시험 단계를 생략하기도 한다. 그리고, 좀 더 빠르게 출시하여 더 큰 반향을 일으키고자 할 때에도 시장 시험을 생략할 수 있다.

이런 방식의 대규모 실제 시장에서 벌어지는 테스트 마케팅은 필드 연구(Field experiment)에 가깝지만 통제된 시장 시험 (controlled test market)도 가능하다. 예컨대, LG생활건강은 자사가 가지고 있는 소비자 패널을 활용하여 신제품의 반응을 측정하기도 한다. 테스트 마케팅을 이용할 경우에 소비재 회사는 통상 표준 테스트 마켓, 통제된 테스트 마켓, 모의 테스트 마켓이 있다.

· **표준시험 시장법**: 대다수의 시장 내 시험에서 주로 쓰인다. 상점 감사, 소비자와 유통업자 대상 설문조사 등 다양한 측정방법을 이용한다. 단점은 기간과 비용이 많이 든다는 점이다.

· **제시험 시장법**: TV 시청에서 상점 계산대에 이르기까지 신제품에 대한 소비자 개인의 행동을 추적한다. 표준 테스트 마켓보다 비용이 적게 든다. 그리고 표준 테스트 마켓보다 훨씬 빠르게 완료될 수 있다. 하지만 자사제품의 시장이나 목표 소비자를 대표하지 못한다는 문제점을 제시하기도 한다.

· **모의시험 시장법**: 사전시험 시장법이라는 이름으로 광범위하게 사용되고 있다. 컴퓨터 기반의 복잡한 통계 모형을 이용하여 모의 테스트 마켓의 결과를 전 지역으로 확대하여 전국 판매량을 예측한다.

5) 출시(launching)

테스트 마케팅을 통과한 신제품은 시장에서 출시되어 시장에 선보이게 된다. 신제품 개발을 상업화하고 전체 생산과 광고 판매를 시작하는 신제품 개발의 최종 단계이다. 신제품을 본격적으로 시장에 도입하면서 투자와 위험 수준이 보통 이 단계에서 가장 높다. 생산과 유통 및 마케팅지원에 소요되는 투자 규모가 이 단계에서 가장 크다. 기업이 신제품 출시를 성공적으로 완수하기 위해서는 소비자 수용과 도입시기 결정에 대한 이해가 요구된다.

● ● ● 그림1 철저한 사후-출시 검토 실행(Copper, 2011)

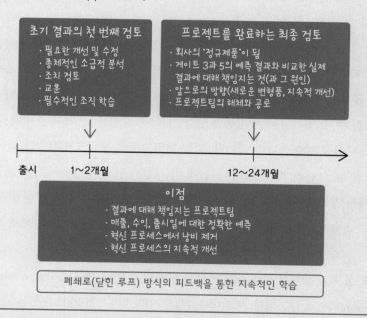

출처: 신제품 개발 바이블, 2016 로버트 쿠퍼, 진성북스 p.236

마지막 단계에서는 실제 이 신제품의 생산, 운영, 판매, 마케팅 등을 시작하게 된다. 생산 설비 투자가 시작되고 실제 신제품의 생산이 시작된다. 물류(Supply Chain) 시스템 또한 갖추어져 가동된다. 소매상에게 신제품이 전달되고 비로소 이 단계에서 소비자들이 신제품을 구입, 경험, 평가하게 된다. 어떤 경우는 체계적인 사후 출시 감사를 진행하기도 한다. 예컨대, 에머슨 일렉트릭은 신제품 출시 1~2개월 후에 그리고 12~24개월 후에 검토를 한다. 전자는 출시 단계를 검토해서 더 나은 전략으로 수정하기 위해서고, 후자는 성과를 측정하고 다른 신제품 프로젝트에 활용하기도 한다(Copper 2011, 2016) <그림 1> 참조.

일단 시장에 출시하기로 결정하면 지금까지 거쳐 온 어떤 단계보다도 많은 비용을 투자하여야 한다. 신제품의 출시 단계에서는 다음과 같은 네 가지 사항에 관한 의사결정을 내려야 한다.

· **시기**: 우선 신제품의 시장 도입에 적당한 타이밍을 선정하는 것이 필요하다. 개발된 신제품이 자사의 기존 제품 판매 감소를 가져올 것으로 예상되면 신제품과 기존제품의 상호 관계 혹은 포지셔닝에 관한 전략적 분석을 하여 신제품 도입 시기에 관한 의사결정을 하여야 한다. 즉, 신제품과 기존제품을 공존시켜 시장점유율 향상을 도모하거나, 신제품 출시와 더불어 기존제품을 시장에서 서서히 퇴출시키거나 아니면 신제품으로 기존제품을 완전히 대체하는 의사결정을 하여야 한다. 또한 신제품을 시장에 출시할 경우, 시장에 진입하는 시기를 결정하는 변수들인 일반적인 경제상황, 경쟁자의 예상되는 반응, 소비자의 신제품에 대한 인식 및 적응정도 등을 고려하여 적절한 시기를 결정해야 한다. 애플이 처음 스마트폰을 출시하였을 때 시기적으로 소비자들이 적응하기에 약간 빠른 감이 있었고, 또한 초기에 소비자들을 적응시키기 위해 많은 마케팅 비용이 소모되었다.

· **장소**: 출시를 어떤 곳에서부터 할 것인가라는 문제는 시기 결정과 함께 매우 중요한 의사결정 포인트이다. 출시 범위를 한 지역으로 할 것인가 아니면 몇 개의 지역으로 제한할 것인가 또는 국내시장과 국제시장으로 구분할 것인가를 결정해야 한다. 일시에 신제품을 본격적으로 유통시킬 만한 자본 및 능력을 보유한 기업을 제외하고는 대다수 기업들이 확장계획에 따라 지역별, 기간별로 확장시켜 나간다. 특히 중소기업은 하나의 도시를 선정하여 침투하고 다시 다른 도시로 침투하는 방법을 쓰는 경우가 많다. 대기업의 경우에도 지역별로 순차적으로 도입하는 방법을 쓰는 기업이 많다. 대규모 자동차 회사처럼 전국적 유통망을 가진 회사라면 신형차를 일시에 도입시킬 수도 있을 것이다. 하지만 최근 인터넷과 소셜 미디어의 발전으로 지역적인 한계는 없는 것 같다. 하지만 여전히 나라별로 검토하여 그 나라에 출시할 것인가에 대해서 의사결정을 해야 하는 경우가 많다.

스타벅스 VIA 인스턴트 커피

스타벅스가 스타벅스 '비아 레디 브루'(이하 비아·사진)를 내세워 국내 인스턴트 커피 시장에 본격 진출한다. 연간 1조 1,000억원 규모인 국내 인스턴트 커피 시장은 약 80%를 차지한 동서식품에 맞서, 지난해 새로  시장에 진출한 남양유업과 롯데칠성이 치열한 경쟁을 벌이는 곳이다. 스타벅스는 15일 기자간담회를 열어 유럽, 일본, 중국, 홍콩 등에 이어 세계 12번째로 비아를 한국 시장에 내놓는다고 밝혔다. 비아는 이탈리아어로 '길'이라는 뜻으로, 커피 원두를 미세하게 갈아 스타벅스 매장에서 직접 뽑은 커피의 맛과 유사하다고 스타벅스는 밝혔다. 믹스 커피와 달리 크림은 들어 있지 않다. 왕진룽 스타벅스 아시아·태평양 담당 사장은 비아의 한국 시장 진출 계기에 대해 "1995년 이후 스타벅스코리아가 빠른 속도로 성장하는 등 잠재력이 크기 때문에 한국을 중요한 시장으로 생각하고 있다"며 "5년 내에 기존 점포 수를 2배로 확대할 방침"이라고 밝혔다. 왕 사장은 이어 "백화점이나 편의점 등의 유통 경로를 통해서도 판매할 의향은 있지만 당분간은 스타벅스 매장에서만 비아를 판매할 방침"이라고 밝혔다. 이석구 스타벅스코리아 대표는 "원두 그 자체를 미세분쇄해서 만든 비아는 원액을 추출해 건조한 기존의 인스턴트 커피와는 완전히 다른 개념의 제품"이라고 말했다.

업계에서는 비아가 출시돼도 당장 국내 인스턴트 커피의 대명사인 커피믹스 시장에 미치는 영향은 제한적일 것으로 보고 있다. 3개들이 세트가 3500원, 12개들이 세트가 1만 2,800원으로, 개당 가격이 1,000원을 넘는 고가제품이기 때문이다. 개당 가격으로 치면 커피믹스의 10배에 이른다. 업계 관계자는 "현재 커피믹스 절반가량은 사무실에 소비되는 것으로 보이는데, 개당 1,000원이 넘는 비아를 사무실에서 놓고 마시기는 부담스러울 것"이라고 말했다.

하지만 비아 출시로 커피믹스를 포함한 전체 인스턴트 커피 시장은 확대될 전망이다. 특히 스타벅스가 비아를 기존 스타벅스 매장뿐만 아니라 편의점과 대형마트 등의 유통채널을 통해서도 판매하게 되면 인스턴트 커피 시장 전체 경쟁 구도에도 적잖은 변화를 몰고 올 것으로 보인다.

출처: 한겨레, 2011년 9월 15일

할리우드 영화 배급사들은 어떤 나라에서 가장 먼저 영화를 개봉할 것인가에 대해서 전략적인 의사결정을 한다. 최근 마블 영화의 경우 우리나라에서 가장 먼저 개봉하고, 일본, 중국, 미국 순으로 시차에 따른 개봉을 하였다. 한국은 지리적으로 국토 면적이 작고, 소비자들의 구매력이 높고, SNS를 통한 영화의 피드백이 빠른 국가여서 많은 기업들의 시험 시장으로 매우 적합한 국가이다.

- **표적시장**: 선정된 지역시장 내에서도 유통과 판매촉진을 예상고객 집단에 맞추어야 한다. 시험시장 단계를 통하여 주요 예상고객의 윤곽은 파악되어 있다고 볼 수 있다. 일반적으로 초기수용자(early adopter), 의견선도자(opinion leader)로서 호의적 태도를 가진 사람, 저렴한 비용으로 접촉 가능한 사람들이 이 범주에 들게 된다. 표적 시장은 일단 제품 출시가 되면 가장 집중해야 할 시장이다.
- **도입**: 신제품을 목표시장으로 선정된 지역시장에 도입하기 위한 집행계획을 수립해야 한다. 마케팅믹스의 구성요소별로 예산을 책정하고 제반활동의 순서도 정해야 한다. 모든 마케팅의 핵심은 표적 시장의 소비자들이 원하는 제품, 기꺼이 지불할 수 있는 가격, 쉽게 접근할 수 있는 유통, 그리고 효과적으로 소통할 수 있는 판촉 등의 마케팅 믹스가 구성되어야 한다.

3

NPD Process의 발전 및 최신 신제품 개발 과정

신제품 개발 과정에서 매우 중요한 것은 소비자들과 끊임없는 교감을 통해서 소비자들의 의견을 적극적으로 수집 분석하여 신제품 개발 단계마다 적용하여 신제품을 보완, 개발하는 것이다. 본서의 서두에서 언급하였듯이 고객가치에 기반을 두지 않고 신제품을 개발하는 것은 과거에는 가능했지만 지금은 실패의 가장 큰 원인이 될 수 있다. 최근 신제품 개발 과정의 큰 변화는 각 기업들이 정해져있는 신제품 개발 과정 방식을 따르기보다는 각 기업, 그리고 각 신제품에 맞게 그때 그때 다르게 신제품 개발 방식과 일정을 달리하는 등 최적화하여 적용하고 활용하는 경향이 있다. 그리고 또 다른 특징은 <그림 2>에서 볼 수 있듯이 모든 단계에서 소비자들과 접촉하여 신제품의 의견을 듣고 끊임없이 수정 보완해 나가는 모습이다.

신제품 개발 과정을 얼마나 효율적으로 수행하는가 하는 것이 신제품의 시장성 공정도와 관련이 있으므로 신제품 개발 과정을 이해하는 것이 신제품 개발 기업에게는 아주 중요하다. 신제품 개발 과정을 이해하기 위해서는 신제품 개발 과정에 포함된 활동들을 이해해야 한다.

신제품 개발 과정에 포함된 활동은 수년간에 걸쳐 학계와 기업 모두에서 연구되고 논의되어 왔다. 신제품 성공 및 실패와 조직간 통합을 연구한 학자들뿐만 아니라, 다른 많은 학자들도 특히 신제품 개발 과정에 초점을 맞추어 왔다.

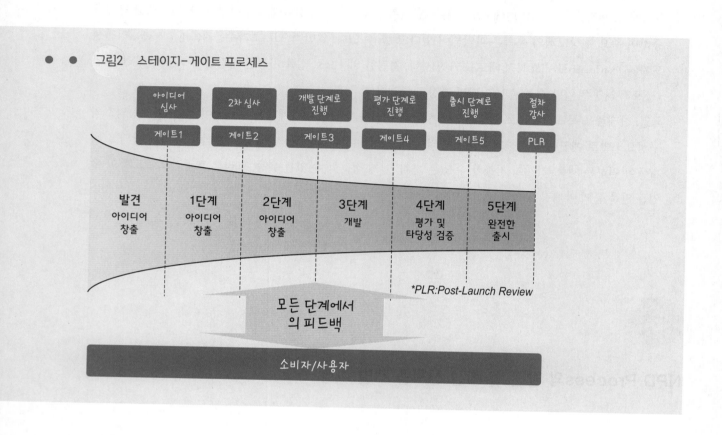

그림2　스테이지-게이트 프로세스

혁신과정을 연구한 초기의 학자들은 신제품 개발 및 혁신이 단지 몇 개의 단계를 포함하는 것으로 생각했다. Knight(1967)는 혁신이 두 개의 단계(아이디어 생성과 아이디어 채택)를 포함하는 것으로 기술했고, Sheppard(1967)는 세 개의 단계(아이디어 생성, 채택, 실행)를 포함하는 것으로 기술했다. 최근의 연구는 신제품 개발 과정이 보다 많은 단계를 포함하는 것으로 기술하고 있을 뿐만 아니라(Cooper & Kleinschmidt, 1988), 신제품 개발시 이러한 단계를 순차적으로 수행하는 것보다 병행해서 수행할 경우 더 높은 성과를 보인다고 주장한다(Cooper, 1994). 또한 신제품 연구의 대가인 Cooper(1988)는 조사대상의 많은 기업들이 신제품 개발 과정상의 모든 활동을 다 능숙하게 수행하고 있지 않고 있고 이는 기업의 성과에 부정적인 영향을 미치는 것을 밝혀냈다.

Booz, Allen & Hamilton(1968)사의 연구원들은 신제품 개발 과정의 공통적인 과정을 발견하려고 시도한 결과,

일련의 6개 단계가 있음을 밝혀냈다. 그 6단계는 신제품 탐험(new product exploration), 선별, 사업성분석, 개발, 시험, 상업화이다. 그 후 이 연구집단은 많은 기업이 자신들의 신제품 개발 과정에 새로운 단계를 추가하고 있다는 사실을 발견하고, 신제품 개발이 신제품 전략개발, 아이디어창출, 아이디어선별 및 평가, 사업성분석, 제품개발, 시험, 상업화와 같은 7단계를 거친다고 주장하였다(Booz, Allen & Hamilton, 1982).

그 후 Cooper와 Kleinschmidt(1986)는 13단계를 포함하는 신제품 개발 과정을 제시했다. 13개의 활동은 최초선별, 사전시장평가, 사전기술평가(설계 및 제조가능성), 세부시장연구/시장조사, 사업성/재무분석, 제품개발(제품원형 형성 및 시제품 개발), 기업내 제품시험(in-house product testing), 고객 제품시험(customer product testing), 시험시장/시험판매, 시험생산, 상업화전 사업성분석, 생산개시, 시장출시 등이다. Cooper와 Kleinschmidt(1986)에 의해 제시된 신제품 개발활동은 그 후 많은 신제품 관련 연구자들에 의해 이용되어 오고 있다. 이에 덧붙여 다른 학자들은 신제품원천의 확인과 아이디어원천으로부터 신제품 개념을 얻기 위한 방법의 선정 역시 신제품 개발 동안에 발생하는 중요한 활동이라고 지적했다.

Mahajan과 Wind(1992)는 Fortune 500대 기업 중 69개 기업을 대상으로 한 연구에서 이들 기업이 신제품 개발 과정과 관련해서 전형적으로 행하는 활동으로 신제품 아이디어 창출, 신제품 개념선별, 개념개발시험을 위한 세부시장연구, 시장확인, 포지셔닝, 전략을 위한 세부시장연구, 사업성/재무분석, 시제품 개발, 제품고객시험, 시제품을 이용한 사전시장규모예측, 시장 시험/시험판매, 출시계획수립 등을 들고 있다. 또한 이들은 모든 기업이 이러한 신제품 개발활동을 다 수행하는 것은 아니지만 시제품 개발과 사업성분석은 거의 모든 사업단위에서 사용하고 있음을 알았다.

Barczak(1995)는 신제품 개발 과정을 신제품 아이디어 창출, 아이디어 선별, 기술적 가능성의 검토, 제품 개념 정의 및 시험, 사업성분석, 시제품 개발, 기업내부에서의 시제품 시험, 고객을 대상으로 한 시제품 시험, 시장 시험, 출시 등 10개의 활동으로 제시하고 있다.

Urban과 Hauser(1993)는 통신산업을 대상으로 한 연구에서 신제품 개발활동의 기본적인 과정(기회파악-설계-테스트-도입-수명주기관리)이 다양한 제품유형의 혁신에 광범위하게 적용할 수 있기 때문에 일반적인 것이라고 주장한다. Crawford(1991)는 이와 유사한 주장을 하는 것 같지만 일반적인 시스템을 사용하는 경영자는 자신이 처한 상황에 맞게 그것을 적합시켜야 한다고 강조하고 있다. 이와 관련하여 Cooper(1983)는 다음과 같은 사항들을 지적하고 있다. 첫째, 신제품 개발 과정에는 무수히 많은 활동사항과 의사결정내용이 포함된다. 둘째, 이러한 과정을 개념화하여 하나의 연속된 흐름으로 파악하는 것은 매우 유용하고 합리적인 기초를 제공한다. 셋째, 신제품 개발 과정의 단계나 순서가 모든 제품개발에 있어서 공통적인 것은 아니며 각 단계의 상대적 중요성도 경우에 따라 달라진다. 넷째, 따라서 신제품 개발 과정모형은 상황에 따라 다른 모형을 사용하는 것이 유용할 것이다. 이와 같이 신제품 개발 과정은 산업에 따라 또는 동종 산업 내에서도 기업들간에 다양함을 요구한다.

이상에서 살펴보았듯이, 신제품 개발 과정은 제품을 아이디어로부터 출시까지 움직이게 하는 일련의 활동으로 인식되어 있다. 이에 따라 많은 학자들이 신제품 개발 과정의 규범적이고 기술적인 모델을 개발해 왔다. 기술적 모델은 제품특성, 기업의 유형, 산업의 종류 등에 따라 실제로 신제품 개발이 어떠한 과정과 내용을 따르고 있는가에 대한 기술적 모형을 제시하는 것이며, 규범적 모델은 보다 효과적인 제품개발단계를 제시하기 위한 연구로서 제품개발 단계에는 어떠한 활동들이 포함되어야 하고, 이러한 활동의 순서는 어떤 때 가장 합리적인 가에 대한 모형을 제시한 것이다. 그런데 이러한 모델에 내재하고 있는 기본적인 가정은 신제품 개발이 1단계에서 그 다음 단계로 순차적으로 나아간다는 것이다. 이 모델을 따르면 신제품 개발이 계획대로 진행될 것이라는 인상을 준다. 그러나 불행하게도 신제품 개발은 본질적으로 복잡하고 한마디로 정의하기 어려운 것이다 (Barclay & Benson, 1990).

신제품 개발을 기술하는 데 사용된 말들을 살펴보면, 복잡한 일련의 활동, 다기능적, 불확실, 반복적 또는 동태적, 비선형적 등으로 표현되고 있다. 이러한 단어들은 많은 신제품 개발 과정모델에 의해 지지되고 있는 순차적 방법에 내재하고 있는 가정에 의문을 제기한다.

따라서 본서에서는 신제품 개발 과정을 순차적인 일련의 단계로 이해하기보다는 신제품 개발 과정상의 활동들로 이해하기로 하고, 그 활동은 신제품 아이디어 창출, 아이디어 선별, 기술적 가능성의 검토, 제품 개념정의 및 개발(사업성분석 포함), 시제품 개발, 시험단계(기업내부에서의 시제품 시험, 고객을 대상으로 한 시제품 시험, 시장 시험 등), 그리고 출시 등으로 구분하여서 설명하였다.

신제품 개발 과정에서의 마케팅의 역할

최근 들어서 고객의 니즈는 다양화되고 또한 매우 복잡해지고 있다. 이러한 고객의 니즈는 명확히 정의하기 힘들며 또 정의했다고 해서 계속해서 지속되는 것도 아니다. 따라서 기업은 고객의 지속적으로 변화되는 니즈를 충족시키기 위해 계속해서 신제품을 개발하는 것이다. 경영환경이 다양해지고 경쟁이 치열해짐에 따라 고객들의 니즈가 점점 더 다양해지고 세분화되어 가고 있고, 이런 변화에 적응하기 위해서 고객과의 소통의 접점에 있는 마케터의 중요성이 대두되고 있다. 마케팅의 범위 또한 고객의 정보수집 및 지식 수준 향상에 맞추어,

보다 긴 안목과 전략적 접근을 통해 조직 내부 프로세스와 연계시키는 마케터들의 능력을 필요로 하는 관리자들이 많이 늘어나고 있다. 이는 학습을 통한 시장 및 고객, 자사에 대한 이해능력 이외에 사내 마케팅부서와 타 부서간의 인터페이스적 역량을 함께 갖춤으로써, 보다 고객 접점에서의 적응능력에 영향을 줄 수 있고, 또한 소속된 조직이 시장지향적 조직으로 나아가는 데에 중요한 역할을 담당할 수 있다. 따라서 신제품 개발 과정에서의 마케팅 부서의 역할은 매우 중요하고, 핵심적인 역할을 담당해야 한다. 우선 신제품 개발 과정에서의 마케팅 부서의 역할에 대해서 알아보자.

첫 번째 단계인 아이디어 개발에서 아이디어의 원천을 우선적으로 고객으로부터 확보할 수 있다. 신제품의 아이디어는 기존 제품이 충족하지 못하는 혹은 부족한 부분을 충족시키는 것에서 시작된다. 따라서 마케팅은 소비자를 아이디어의 원천으로 사용할 수도 있고, 아이디어를 평가하는 평가자로서도 사용할 수 있다.

두 번째 단계인 컨셉개발에서도 소비자의 역할은 중요하다. 제품 컨셉은 제품의 기능적인 측면과 디자인적인 측면으로 구성되는데 기능은 소비자가 원하는 기능으로 구성되어야 하고, 디자인도 소비자가 선호하는 디자인으로 구성되어야 한다. 따라서 마케터는 소비자와의 지속적인 소통을 통해 이 부분에 대해서도 피드백을 받아야 한다.

세 번째 단계인 시제품 개발은 소비자에게 실제 보여주는 제품을 만들어서 평가를 받는 단계이다. 이 과정에서도 끊임없는 소비자와의 소통을 통해 부족한 부분을 피드백을 받고 소비자가 원하는 제품을 개발해야 할 것이다.

네 번째 단계인 시험 시장은 말 그대로 실질적인 상황에서 소비자의 반응을 살펴보는 것이다. 실제 상황과 가장 유사한 상황에서 소비자들의 제품에 대한 반응을 보고, 최종적으로 점검을 하는 것이다. 마케터는 목표 고객을 잘 설정하여 목표 고객이 실제 제품을 만나는 상황을 잘 통제하여 시험 시장을 진행하여야 한다.

마지막 단계인 출시는 제품의 출시이기도 하고 마케팅 전략에 따른 마케팅 프로그램을 출시하는 것이다. 즉, 연구개발의 최종 산물인 제품과 기획단계에서부터 시작된 마케팅의 계획이 동시에 실행되는 것이다. 이 과정에서 마케팅 부서가 예산과 계획을 효과적으로 사용-실행하지 못하면 신제품은 곧바로 실패에 직면한다. 최종 출시 상황에서의 마케팅의 역할은 실질적으로 신제품의 성공과 실패에 직접적인 영향을 미친다.

이렇게 신제품의 개발 과정에서도 마케팅은 시작과 끝까지 깊숙이 관여를 해야 하고, 또한 타 부서들과 지속적인 협업을 하는 것이 매우 중요하다. 관련부문간의 팀플레이가 활성화되어야 하고, 도움을 받고 도움을 주어야 한다. 디자인 역량이 아무리 뛰어나더라도 마케팅, 생산 등 관련부문의 역량이 뒤떨어지거나 원활한 협조가 뒷받침되지 않으면 신제품 개발 프로젝트의 성공을 보장하기는 어렵다는 것이다. 다시 말해 신제품 개발 과정에 관련된 부서 간 활동들은 상호의존적인 관계를 맺고 있어 서로 간 적극적인 협력이 필요하다. 만약 부서 간 활동의 조정이 이루어지지 않으면 상호간에 갈등이 발생할 수 있다. 신제품 개발에 참여하는 부서들은 상이한 부문 목표를 지니고 업무에 대한 지식에도 차이가 있기 때문에 마케터들은 타 부서, 즉 내부고객을 잘 설득

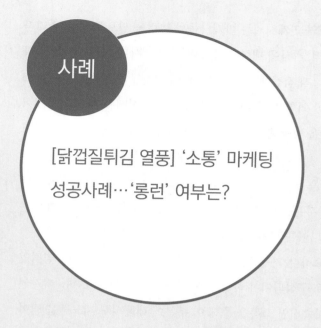

[닭껍질튀김 열풍] '소통' 마케팅 성공사례…'롱런' 여부는?

어찌됐든 이번 KFC의 '닭껍질튀김'은 성공적인 마케팅 사례로 남게 될 것으로 보인다. 특히 이번 사례는 SNS 등을 통한 소비자들의 요청을 빠르게 확인하고 실천으로 옮겼을 때 마케팅 효과를 극대화할 수 있음을 보여줬다. 즉, 온라인상에서 인기 있는 내용만 파악해도 소비자가 원하는 것이 무엇인지 알 수 있고 이를 잘

활용한다면 마케팅 성공은 물론, 제품 흥행으로 이어지는 길이 된다는 것이다.

벌써부터 일각에서는 '제2의 허니버터칩'이라는 별명까지 붙이고 있다. 지난 2014년 8월 출시된 해태 '허니버터칩'은 SNS 입소문을 바탕으로 한때 생산량이 판매량을 따라가지 못할 정도로 선풍적인 유행의 아이콘이었다. 선풍적인 인기를 끈 '허니버터칩'은 출시 27개월 만에 매출 2,000억원을 돌파했다. 당시 허니버터칩을 시중에서 구하지 못한 소비자들은 온라인을 통해 한 봉지당 본래 가격에 몇배, 혹은 몇십배까지 줘가며 제품을 구입하는 '진풍경'이 벌어지기도 했다. 또 다른 사례로 '꼬꼬면'도 있다. 지난 2011년 8월 출시된 팔도 '꼬꼬면'은 출시된 해에만 8,000만개 이상 팔리며 한때 라면 시장점유율 20%를 차지하며 흰 국물 라면 열풍을 일으킨 바 있다.

한편, '닭껍질튀김' 열풍 속에 관련 업계에서 유사 제품이 잇달아 나오면서 제품 유행 수명이 크게 짧아질 것이라는 우려도 나온다. 기업들이 비용을 들여 연구·개발을 통해 신제품을 출시, 유행을 선도해보지만 단기적인 이익창출에 끝나고 마는 것이다.

이 같은 현상에는 기존 인기에 편승한 경쟁업체들의 미투 상품 난립이 영향을 끼치고 있다는 지적이다. 미투 상품은 1위 브랜드나 인기 브랜드 또는 경쟁 관계에 있는 스타 브랜드를 모방해 그 브랜드의 인기에 편승해 자사 제품을 판매할 목적으로 만든 제품을 말한다.

건국대학교 상경대학 소비자정보학과 이승신 교수는 "기업들의 과도한 미투 상품 출시는 결과적으로 유행의 수명을 짧게 만든다고 본다. 처음에는 소비자들도 관심을 보여서 시장 자체가 확대되지만 이는 잠시 현혹되는 수준일 뿐"이라고 지적했다.

이어 "IT기기나 가전제품들도 그렇지만 식품도 PLC(제품 라이프사이클)가 상당히 짧다. 정상적으로 자리 잡기 전에 비슷비슷한 제품들이 쏟아져 나온다면 소비자들의 관심은 금방 식을 수밖에 없다"며 "기업들 역시 눈앞에 매출 상승에만 연연하지 말고 장기적인 안목을 가지고 소비자를 위한 상품을 개발하는 자세가 필요하다"고 덧붙였다.

출처: 메디컬투데이, 2019년 7월 8일

하여 소비자의 니즈와 의견을 제대로 전달해야 한다. 예컨대, 본사의 마케터들의 지식은 실제 시장현장에서 느끼는 것과 차이가 있으며 종종 서베이 등의 정량조사의 결과값은 왜곡되어 해석될 수도 있다. 화장품 개발 연구소는 화장품에 대한 경험과 지식이 많기 때문에 소비자의 의견을 수용하는 태도에서 신제품 기획을 하는 마케터와 차이가 있을 수 있다. 마케터는 이렇게 상이한 입장을 지닌 타 부서를 설득하기 위해 제품의 기능, 효용 가치를 숙지함으로써 커뮤니케이션을 원활하게 하고 정보를 왜곡하지 않으며 잘 설득할 수 있어야 한다. 이를 위해 마케터는 고객과 시장에 대한 지식뿐만 아니라 공학적인·기술적인 지식도 많아야 한다. 또한 마케터는 고객의 제품 사용 실태와 효용가치를 파악하여 이를 내부의 신제품 개발 관련 타부서에 제대로 전달하는 것과 외부적으로 고객에게 제품의 컨셉을 고객의 언어로 전달하는 것이 필요하다. 즉 다양한 부서가 협업하는 신제품 개발 프로세스에서 연구소에서 나오는 소구점들을 고객의 용어로 바꿔서 전달하는 것이 마케터의 역할이다. 예컨대, 연비 자동차를 구입할 시에 차에 들어 있는 두꺼운 매뉴얼을 고객은 보지 않는다. 왜냐하면 모두 엔지니어들이 사용하는 용어로 설명하기 때문에 이해가 어렵다. 그래서 고객은 따로 비치되어 있는 간편매뉴얼을 본다. 이것은 마케터가 쉬운 고객의 용어로 작성을 했기 때문이다. 즉, 고객이 보다 공감할 수 있는 메시지로 전달해야 한다. 이처럼 마케팅의 신제품 개발 과정에서의 주요역할은 매우 다양하다. 이를 요약하면 다음 4가지로 요약할 수 있다.

첫째, 마케터는 고객의 요청(needs)을 만족시키는 시장의 중요성을 인식하고 이를 제품의 사양

신제품 연구의 대가
로버트 쿠퍼와의 대화

5단계 검증 거쳐야 성공하는 신제품 나온다

기업이 성장하는 가장 좋은 방법은 누가 뭐래도 시장이 깜짝 놀랄 신제품을 내놓는 것이다. 아이디어 말고는 아무것도 없는 스타트업도, 든든한 캐시카우를 보유한 대기업도 항상 신제품 개발에 골몰하는 이유가 여기 있다. 하지만 경쟁이 치열한 비즈니스 세계에서 성공적인 신제품 개발은 갈수록 어려워지고 있다. 성공 사례들을 분석해 신제품 개발 가이드를 만들 수는 없을까? 이런 문제의식 속에서 탄생한 것이 로버트 쿠퍼(Robert Cooper) 박사의 '스테이지-게이트 프로세스(Stage-Gate Process)'다.

1980년대부터 신제품 사례들을 연구해온 쿠퍼 박사는 성공 요소들을 담아 하나의 프로세스를 개발했다. 이렇게 스테이지 게이트 프로세스를 개발한 쿠퍼 박사는 이를 정리해 '신제품 개발 바이블(원제 Winning at New Products)'이라는 책으로 펴냈다. 1990년 처음 출시된 스테이지-게이트 프로세스는 오늘날에도 많은 기업의 신제품 개발 지침으로 사용되고 있다. 엑손, 듀폰, GE 등이 스테이지-게이트 프로세스를 사용했다. 비교적 단순했던 초기 시스템을 발전시켜 현재는 스테이지-게이트 3세대 시스템까지 나왔다. 쿠퍼 박사는 신제품을 개발하는 기업들에 무엇보다 사전 조사를 철저히 할 것을 주문했다. 고객이 무엇을 원하는지 정확히 알지 못하면서 본격적인 제품 개발에 착수하는 기업이 많다는 지적이다. 다음은 쿠퍼 박사가 말하는 신제품 개발 과정의 핵심 포인트이다.

신제품이 실패하는 원인

가장 큰 원인은 제품 자체가 탁월하지 못하다는 것이다. 기업들은 정말 새로운 제품을 개발하는 것이 아니라 기존 제품을 모방해 '신제품'으로 내놓는 경우가 많다. 그러면 경쟁업체 제품과 비슷한, 지루한 제품을 내놓게 된다. 이런 기업들은 신제품 개발에 필요한 시장 연구, 재무 분석 등을 대충하거나 전혀 하지 않는다. 생각보다 많은 기업들이 고객이 무엇을 원하는지 조사하지 않고, 조사를 해도 몇몇 소수의 고객만을 대상으로 한다.

스테이지-게이트 프로세스의 핵심과 5단계

스테이지-게이트 프로세스는 아이디어부터 제품 출시까지 신제품 개발 프로젝트를 체계적으로 만든 시스템이다. 요리책처럼 하나의 지침이 되는 모델이라고 보면 된다. 프로세스는 이름 그대로 스테이지와 게이트로 구성된다. 스테이지에서는 프로젝트팀이 정보를 수집·분석하고, 이를 바탕으로 개발 업무를 실행한다. 게이트에서는 스테이지 활동을 평가하고 그대로 진행할지, 투자를 얼마나 할지 등을 결정한다. 게이트를 통과하면 다음 스테이지로 넘어간다.

먼저 사업 기회를 아이디어로 발전시키는 단계가 있다. 게이트1에서 시장의 규모, 기술적 타당성 등을 기준으로 이 아이디어를 심사한다. 여기서 프로젝트가 탄생한다고 볼 수 있다. 게이트1을 통과하면 스테이지1로 넘어간다. 스테이지 1단계에서는 예비 시장 조사를 한다. 인터넷, 책 등을 통해 간단한 조사를 하는 과정이다. 스테이지2에서는 제품을 정의하고 프로젝트 계획을 짠다. 목표로 하는 시장을 정의하고, 제품의 포지셔닝과 속성을 명확히 한다. 스테이지3에서는 본격적으로 제품을 개발하고, 4단계에서 마케팅, 생산 등을 시험·검증한다. 마지막 5단계에서 제품을 출시한다.

성공적인 신제품을 만들기 위한 핵심 요소

제품 개발에 본격적으로 착수하기 전 사전 작업을 제대로 하는 것이 성공의 열쇠다. 고객 조사, 시장 조사, 컨셉 평가, 재무 분석 등 예비 작업이 필요하다. 고객의 필요(Wants)가 아니라 욕구(Needs)를 파악해야 한다. 고객이 필요로 하는 것을 알아내기란 어렵지 않다. 하지만 충족되지 않은 욕구를 알아낸다는 것은 상당히 어렵다. 이 욕구를 알아낸다면 혁신적인 신제품을 만들어낼 수 있다. 많은 기업들이 제품 개발을 마친 후 마지막 단계에서 고객에게 제품을 보여주고 평가를 받는데 이러면 잘못된 점을 고치기가 어렵다. 처음부터 제품 개발 방향이 잘못됐을 수도 있고 제품을 만드는 동안 시장에 변화가 생겼을 수도 있다. 제품 개발 초기부터 고객과 접촉해 피드백을 받아야 한다.

신제품 개발 과정에 적합한 조직 문화

먼저 기업가 정신을 강조하는 문화일수록 스테이지-게이트 프로세스에 적합하다. 또 신제품 개발 프로젝트 팀이 존중받고 팀원들에게 성과에 상응하는 보상이 돌아가야 한다. 마지막으로 위계질서가 엄격하지 않을수록, 부서 간 칸막이가 적을수록 신제품 개발 과정이 원활하게 진행된다.

신제품 개발 과정에서의 불확실성 관리

불확실성이 높은 상황에서는 일단 투자 비용을 낮게 유지해야 한다. 확실한 정보를 모아 불확실성을 줄인 후 투자를 늘리는 것이 좋다. 프로젝트의 불확실성 수준을 확실하게 알려주는 지표는 없다. 하지만 몇몇 기법들은 참고해볼 만하다. 예컨대, 민감도 분석(sensitivity analysis)이라는 금융 기법이 있다. 어떤 수준의 투자를 했을 때 기대 이익과 비용이 어느 정도인지 측정하는 방법이다.

스테이지-게이트 프로세스에서 5가지 스테이지의 완전한 실행

반드시 그렇게 해야 하는 것은 아니다. 어떤 스테이지는 건너뛸 수도 있고 게이트 과정이 필요 없을 수도 있다. 선형적인 시스템이 아니기 때문에 어떤 활동들은 동시다발적으로 이뤄진다. 회사들은 각자의 사정에 맞게 프로세스를 수정해 그들만의 스테이지-게이트 시스템을 개발하기도 한다. 하지만 완전한 실행을 한 기업과 그렇지 않은 기업의 성과의 차이는 분명히 존재한다.

출처: 매일경제, 2016년 12월 16일

(specification)으로 변경하여 시장에서 원하는 고품질의 제품을 기획하고 개발해야 한다. 즉 시장과 제품을 연결하는 한 부분이 되겠다. 아무리 좋고 혁신적인 제품을 개발하더라도 시장에서 필요로 하지 않으면 아무 소용이 없는 것이다. 또한 신제품 연구의 대가인 Cooper는 신제품 개발의 핵심 성공요인을 시장의 이해와 마케팅 능력에 그 무게를 두고 있다. 즉 아무 제품이나 개발해서는 성공할 수 없다. 시장 지배제품을 만들어 내기 위해서는 시장의 이해를 근간으로 한 마케팅과 연계를 해야 한다. 또한 선택과 집중을 통한 연구개발의 성과가 극대화되어야 한다.

둘째, 이러한 제품을 개발하기 위해서는 협업조직(cross functional team) 등 어떠한 제품 개발 프로세스로 시간을 단축할 것인가 하는 부분을 모두 강조를 하고 있다. 신제품은 기술만 잘 아는 엔지니어들만이 개발해서도 안 되고 또한 기술을 전혀 모르고 소비자만 아는 마케터만 해서도 안 된다. 서로 모르는 부분을 채워주고 빠르게 진행할 수 있는 협업조직을 구축하여 신속히 진행하도록 하는 것이 중요하다.

셋째, 고객 가치는 가격 경쟁력이 매우 중요하다. 고객은 자신이 얻는 혜택과 자신이 희생해야 하는 비용(가격적인 측면)을 고려해서 혜택이 더 클 때 가치를 느낀다. 이를 위해서는 제품 개발에 들어가는 비용을 절감해야 한다. 제품 개발 초기부터 제품의 원가를 절감하여 이익을 극대화하는 것이다. 이러한 부분을 마케터는 초기부터 수익성 분석과 비용 분석을 철저하게 하여 소비자가 느끼는 가치를 극대화시켜야 한다.

마지막으로 마케터가 외부 고객인 사용자와 내부 고객인 직원 사이에서 소통의 연결고리 역할을 해야 한다. 외부 고객에게는 제품의 컨셉을 그들의 언어로 전달해야 하는 동시에 내부 고객에게는 외부 고객의 입장을 전달해야 하는데, 이것이 상품의 컨셉을 선정하는 것만큼 신제품 개발에 중요한 영향을 미친다. 서로 연결하는 역할을 하는 내, 외부 프로세스 협업 그리고 조직과 조직 간의 역할 및 각 조직 간의 의사소통(communication) 방법 등을 잘 할 수 있는 마케팅 역량을 높이는 것이 신제품 개발 성공에 큰 영향을 미친다.

Further Discussions

FD1 신제품 개발 과정에 있어 각 단계별로 중요한 요소에는 어떠한 것이 있는가에 대해서 토론해보자.

FD2 신제품 개발 과정에 관한 연구에서 기존의 gate keeping process와 폭포수 이론의 차이점에 대해서 구분해보자.

FD3 현재 기술적·사회적 변화가 매우 빨리 진행되는 세대에 있어, 과거 신제품 개발 과정이 어떻게 발전할 수 있을까를 고려해보자. 뿐만 아니라 전통적인 신제품 개발 과정에 있어 어떤 과정이 생략되고 어떤 부분이 개선되어야 할지를 생각해보자.

FD4 신제품 개발에 있어 각각의 단계에서 소비자의 피드백이 언제 필요하고 어떻게 어떤 점이 고려되어야 하는지를 논의해보자.

FD5 신제품 개발 과정에서의 마케팅의 역할에 대해서 생각해보자.

References

Armstrong, Gary and Philip Kotler(2017), Marketing An Introduction, Pearson, 13e

Barclay, Ian and Mark Benson(1990), "Success in New Product Development: The Lessons from the Past," *Leadership and Organization Development Journal*, 11(6), 4-12.

Barczak, Gloria(1995), "New Product Strategy, Structure, Process, and Performance in the Telecommunication Industry," *Journal of Product Innovation Management*, 12, 224-234.

Booz, Allen, and Hamilton(1968), Management of New Products, New York: Booz, Allen, & Hamilton.

Booz, Allen, and Hamilton(1982), New Products Management for the 1980s, New York: Booz, Allen, Hamilton.

Chitturi, Ravindra, Rajagopal Raghunathan, and Vijay Mahajan(2008), "Delight by Design: The Role of Hedonic versus Utilitarian Benefits," *Journal of Marketing*, 72(3), 48-63.

Coffey, Betty Smith(1993), "Reengineering New Product Development: Macro Ends and Micro Means of Improved Cross-Functional Integration," Ph. D. Dissertation, The University of Tennessee.

Cooper, Robert G.(1983), "The New Product Process: An Empirically-Based Classification Scheme," *R&D Management*, 13, 1-13.

Cooper, Robert G.(1988), "Predevelopment Activities Determine New Product Success," *Industrial Marketing Management*, 17, 237-247.

Cooper, Robert G.(1994), "Third-Generation New Product Processes," *Journal of Product Innovation Management*, 11, 3-14.

Copper, Robert G.(2011), Winning at New Products, Perseus Books.

Cooper, Robert G.(2019), "The drivers of success in new-product development," *Industrial Marketing Management*, 76, 36-47.

Cooper, Robert G. and Elko J. Kleinschmidt(1986), "An Investigation into the New Product Process: Steps, Deficiencies, and Impact," *Journal of Product Innovation Management*, 3, 71-85.

Craig, Angie and Susan Hart(1992), "Where to Now in New Product Development Research?," *European Journal of Marketing*, 26(11), 3-49.

Dhar, Ravi, and Klaus Wertenbroch(2000), "Consumer Choice between Hedonic and Utilitarian Goods," *Journal of Marketing Research*, 37(1), 60–71.

Dwyer, Larry and Robert Mellor(1991), "New product process activities and project outcomes," *R&D Management*, 21(1), 31-42.

Hauser, John, Gerard J. Tellis, and Abbie Griffin(2006), "Research on Innovation: A Review and Agenda for Marketing Science," *Marketing Science*, 25(6), 687-717.

Kim, Taewan, and Tridib Mazumdar(2016), "Product Concept Demonstrations in Trade Shows and Firm Value." *Journal of Marketing*, 80(4), 90–108.

Knight, Kenneth E.(1967), "A Descriptive Model of the Intra-Firm Innovation Process," *Journal of Business*, 40, 478-496.

Mahajan, Vijay and Jerry Wind(1992), "New Product Models: Practice, Shortcomings and Desired Improvements," *Journal of Product Innovation Management*, 9, 128-139.

Narasimhan, Chakravarthi and Subrata K. Sen(1983), "New Product Models for Test Market Data," *Journal of Marketing*, 47(Winter), 11-24.

Royce, Winston W.(1970), Managing the Development of Large Software Systems.

Sheppard, H. A.(1967), "Innovation-Resisting and Innovation-Producing Organizations," *Journal of Business*, 40, 470-477.

Urban, Glen L. and John R. Hauser(1993), Design and Marketing of New Products, Englewood Cliffs, NJ., Prentice-Hall.

PART2

시장기회의
파악

CHAPTER 03

신제품확산 이론과 소비자니즈분석

Learning Objectives

LO1 제품 수명주기의 장단점 및 한계점을 이해하고 이를 이용한 제품 수명주기별 신제품 마케팅 전략을 구체적으로 수립할 수 있도록 한다.

LO2 혁신확산을 이해하고 혁신확산상의 고객과 제품수명주기와의 통합 이해를 바탕으로 한 마케팅 전략을 구체적으로 작성할 수 있도록 한다.

LO3 최신의 혁신 확산 연구를 살펴보고 여러 상황 속에서 혁신확산에 영향을 주는 요소들을 이해하고 적용해 볼 수 있도록 한다.

LO4 혁신확산 모형을 통한 수요예측을 실제 적용하여 중요성을 설명할 수 있도록 한다.

LO5 소비자의 문제로부터 출발하여 욕구, 필요의 분석을 통한 신제품 개발의 방법을 이해하고 구조화할 수 있도록 한다.

국경 넘은 '입소문'…
대문 두드리는 해외직구 화장품들

직장인 김모 씨(32)는 최근 평소 해외 직구(직접 구매)를 통해 사용하던 유명 브랜드의 화장품을 뷰티 편집숍에서 구매했다. 김 씨는 "다른 화장품을 사러 갔다가 평소에 직구로 구매했던 브랜드가 입점 돼 있는 것을 보고 샀다"며 "쓰던 브랜드의 다른 라인의 제품을 사용해 보고 싶었지만 평소 피부가 예민한 편이라 테스트 해볼 수 없어 선뜻 구매하지 못하고 있었는데, 이렇게 매장에서 직접 사용해보고 구매할 수 있어 좋았다"고 말했다. 최근 헬스&뷰티(H&B)스토어 또는 프리미엄 편집숍에 해외 유명 브랜드 상품이 활발하게 입점되고 있다. 이들 매장의 주요 고객이 2030세대인 만큼, 젊은이들의 다양한 욕구를 충족시키기 위해 해외직구를 통해 구매할 수 있었던 유명 화장품 브랜드들이 속속 매장에 들어서고 있다. 28일 화장품 업계에 따르면 최근 해외 직구 인기 아이템 중 하나인 독일 자연주

의 화장품 안네마리보린이 롯데백화점의 뷰티 편집숍인 온앤더뷰티에 입점됐다. 온앤더뷰티는 롯데백화점이 10대 후반부터 30대 초반의 젊은 소비자층을 만족시키기 위해 론칭한 프리미엄 편집숍이다.

안네마리보린은 독일의 청정지역인 블랙포레스트의 암반수와 순수 자연 방식으로 추출한 식물성 추출물로 제품을 만드는 회사다. '먹을 수 없는 것은 바를 수 없다'는 기업 철학을 바탕으로 동물성 원료를 사용하지 않은 제품만을 선보이고 있다. 최근 온라인 커뮤니티, 블로그 등을 통해 독일 여행에서 꼭 사와야 할 쇼핑 리스트로 꼽히고 있는 화장품 브랜드다. 그동안 국내에서는 엠에스코 공식몰과 홈쇼핑 채널을 통해 판매돼 왔으나 이번 온앤더뷰티 입점을 통해 오프라인 매장까지 유통 채널을 확장했다.

미국 자연주의 화장품 브랜드 파머시도 최근 아리따움 라이브 강남점에 입점했다. 파머시의 멀티 클렌징 밤 '그린 클린'은 프랑스 대표 화장품 전문매장인 세포라에서 클렌징 밤 부문 판매 1위를 차지할 정도로 인기 상품으로 유명하다. 이외에도 허니 라인 제품 중 '허니 포션'과 '허니 드랍'도 소비자들의 뜨거운 관심을 받고 있다.

미국 메이크업 브랜드 오프라 코스메틱 역시 최근 롯데백화점의 온앤더뷰티에 입점했다. 오프라 코스메틱은 해외 유명 뷰티 유튜버 및 메이크업 아티스트와 활발한 콜라보레이션을 진행해 시즌별로 가장 트렌디하고 독보적인 메이크업 제품들을 선보이는 것으로 유명하다. 이스라엘 국민 화장품 브랜드 아하바(AHAVA)은 시코르와 부츠 매장을 중심으로 국내에서 판로를 확대하고 있다. 이스라엘과 요르단에 걸쳐 있는 사해의 미네랄을 담은 독특한 성분으로 화제를

일으키며 지난해 국내 상륙했다.

이처럼 '직구 화장품'이 잇따라 국내 시장에 진출하는 이유는 최근 소비자들의 해외 제품 수요가 증가하고 있기 때문이다. 소셜네트워크서비스(SNS)를 활용해 다양한 신상품을 발빠르게 찾아 구매하는 '얼리어답터(조기 수용자)'가 많아지면서 이들 눈길을 사로잡기 위해 다양한 해외 화장품 브랜드들이 국내 시장에 문을 두드리고 있는 추세다.

안네마리보린 관계자는 "스킨케어 화장품의 경우 피부에 맞는 제품을 사용하는 것이 중요하기 때문에 직구보다는 직접 테스트를 통해 부작용이 없는지 확인한 후 구매하려는 소비자들이 많다"며 "이에 해외 브랜드의 오프라인 매장 입점이 늘어나고 있는 것으로 보인다"고 말했다.

출처: 한국경제신문, 2018년 12월 28일

신제품 개발에 있어서 제품이 시장에 출시 이전부터 출시 그리고 시장의 철수까지 일련의 모든 과정에 대해 마케터들은 매우 용의주도하게 마케팅을 해야 할 것이다. 본 장에서는 제품수명주기, 혁신확산이론 그리고 비즈니스분석(PNW 분석)에 대해 이론적으로 살펴본 후 실제 적용할 수 있는 방안을 보다 상세히 서술한다.

제품수명주기에 따른 제품관리

하나의 제품은 새롭게 시장에 도입(태어난 후)된 후 소비자들에게 환대를 받다가 일정시간이 지나면 관심 밖으로 나가게 되며 결국 시장에서 사라지게 된다. 물론 제품마다 시장에서 살아남는 기간은 상이하다. 어떤 제품은 시장에 출시되자 마자 사라지기도 하고 어떤 제품은 오랫동안 고객의 사랑을 받으면서 시장에 생존하게 된다. 이렇게 한 제품이 시장에 도입된 후 사라질때까지의 생애를 제품수명주기(PLC: Product Life Cycle)라고 한다.

1) 수명주기 원인

(1) 소비자 욕구

소비자의 욕구는 끊임없이 변한다. 소비자는 좋아하던 제품도 어느 정도 기간이 지나면 싫증을 느끼게 되기도 하고 새로운 것이라는 이유만으로도 선호하는 경향도 있다. 어떠한 제품은 새로운 경험으로서 제품을 선호하기도 하기도 한다.

(2) 자사의 마케팅활동

기업은 판매량을 늘리기 위해 마케팅 노력을 기울이게 된다. 그러나 기업이 마케팅을 실행하기 위해서는 많은 비용이 발생하므로 모든 제품을 모두 무한정 지원하기 어렵다. 그러므로 신제품 출시 초기에는 적극적으로 마케팅 활동을 하던 제품도 어느정도 기간이 지나면 마케팅 노력을 다른 제품으로 옮겨가기도 한다.

(3) 경쟁사의 마케팅 활동

한 기업의 시장에서의 위치는 상대적이다. 즉, 경쟁자가 우리 것에 비해 얼마나 좋은 제품을 만들고 적극적으로 마케팅하느냐에 따라 경쟁적 위치가 형성된다. 경쟁사의 제품과 마케팅활동이 우세할수록 자사 제품의 판매량은 상대적으로 저조하게 마련이고 더 나아가서 우리 제품의 수명을 단축시킬 가능성이 커지게 된다.

(4) 기술개발

기술개발을 바탕으로 소재, 기능, 스타일 등에서 보다 나은 제품이 출현하면 이제품은 기존제품을 대체하는 결과를 초래한다. 그렇기 때문에 경쟁을 기술개발에 크게 의존하는 현대의 기업상황을 감안하면 평균 제품 수명이 단축되어 가는 이유를 짐작할 수 있을 것이다.

(5) 기타 환경요인의 변화

법적, 정치적, 사회적인 요구로 특정제품이나 소재의 사용을 금지하거나 제한하는 조치를 내릴 수 있다. 때로는 법적인 환경의 변화로 판매의 감소가 생기기도 한다.

2) 제품수명주기

제품 하나하나에 고유의 수명주기가 있고 한 제품이 수명주기를 거치는 동안 판매와 수익은 변한다. 제품 수명주기는 각각 독특한 특징의 다섯 가지 단계로 구분된다. 경우마다 제품 수명주기 컨셉은 다르게 적용된다. 초기 제품개발의사결정이 되고 나면 기업은 신제품 아이디어를 발견하고 개발시키는 것으로 출발한다. 제품개발 중에는 매출은 없고, 기업의 투자 금액은 늘어난다. <그림 1>의 4개 단계별로 투자와 고려사항 등을 중심으로 신제품에 관한 전략이 실행된다.

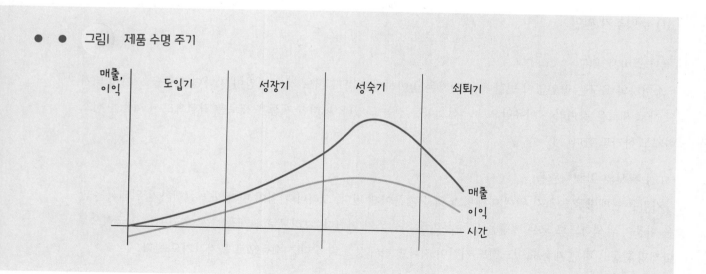

● ● ● 그림| 제품 수명 주기

제품수명주기는 제품이 시장에 출시되어 매출이 어느 정도의 성장을 누리고, 그 정점에 도달한 후, 성장률이 둔화되고, 마지막으로는 매출액이 감소하여 종국에는 시장에서 사라지는 과정을 마치 살아 있는 유기체(organism)의 일생(수명주기)에 비유하여 나타낸 개념이다. <그림 1>에서도 보듯이 시간의 함수로 나타낸 매출액의 변화이며, 따라서 공급 측면의 개념이라고 할 수 있다. 아래는 각 주기별 주요 내용을 정리한 것이다.

제품수명주기는 한 제품이 수명주기를 거치는 동안 판매와 수익이 변화를 겪게되는데 일반적으로 도입기, 성장기, 성숙기 그리고 쇠퇴기로 S자형태를 보인다.

기업이 일반적으로 신제품을 개발할 때 쇠퇴기에 이르러서 신제품 개발을 하면 기업의 수익성은 상당히 어려워질 수 있다. <그림 2>처럼 제품 수명주기가 끝난 후 신제품 개발이 시작되면 기업의 수익구조는 매우 어렵다. 그러므로 기업은 <그림 2>처럼 항상 도입기 이후에도 지속적인 신제품 개발을 하여 기업의 수익이 꾸준히 유지되도록 신제품 개발을 해야 할 것이다.

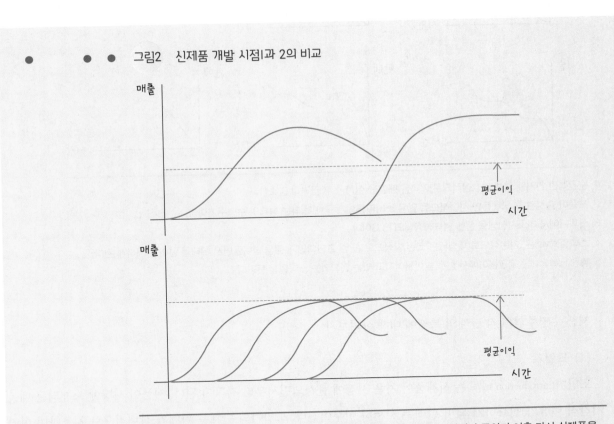

그림2 신제품 개발 시점1과 2의 비교

제품수명 주기가 쇠퇴기 때 신제품을 개발하면 매출규모 및 이익은 적어지지만 도입기 이후 다시 신제품을 개발하는 패턴을 가질 때는 안정적인 매출규모 및 이익을 달성할 수 있다.

한편 제품수명주기는 일반적으로는 S형태이나 <그림 3>에서 보듯이 다양한 형태를 가질 수 있다. 일시적 유행(fads), 패션(fashion), 스타일(style) , 트렌드(trend) 로 나눌 수도 있다. 트렌드는 아주 오랫동안 지속된다. 트렌드는 이러한 유행이나 스타일이 지속적인 성향을 찾을 때 나타난다. 기본적으로 기업에 있어서는 유행과 패션을 쫓아가기보다는 스타일과 트렌드를 예측하여 그들의 제품정책을 운용해야지 안정적이라 할 수 있다.

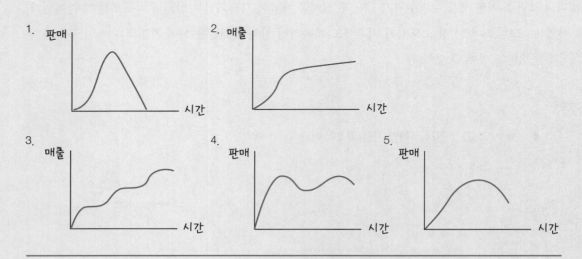

● ● ● 그림3   제품수명주기의 다양한 형태

1. 순간적인 인기에 의해 비정상적으로 가파른 매출을 실현한 후 급격히 감소한다.
2. 제품이 출시된 후 오랫동안 지속적으로 많은 소비자들에게 구매가 되는 형태의 수명주기이다.
3. 쇠퇴기에서 리포지셔닝을 통핸 연속성장형의 PLC이다.
4. 스타일(style)은 기본적으로 특생있는 표현 방식으로 한 번 고안되면 유행을 넘나들면서 세대를 넘어 존재하게 된다.
5. 패션(Fashion)은 특정분야에서 현재 받아들여지고 있는 인기있는 스타일을 뜻한다.

제품 수명주기의 각 단계의 특징에 대해 살펴보자.

(1) 도입기

도입기(introduction stage)는 신제품이 처음 시장에 출시되면서부터 시작이 된다. 제품이 시장에 소개되는 데는 시간적 여유가 필요하게 되며 판매는 서서히 이루어진다. 도입기의 단계는 판매가 상대적으로 저조하며 여러 마케팅비용, 즉 유통 및 커뮤니케이션 비용으로 인해 순이익은 적자이거나 매우 낮은 수준이다. 기업 역시 제품을 기본적 기능을 중심으로 출시하며 구매가능한 소비자를 대상으로 소비자에게 판매를 하게 된다. 시장개척자(market pioneer)의 마케팅활동 및 제품 등이 향후 소비자들에게는 준거가 될 확률이 높다.

(2) 성장기

성장기(growth stage)에 접어들면 제품의 매출은 급격히 늘어나게 된다. 비교적 성장기 초기에 제품수명주기상 초기수용자(early adopters)가 구매하기 시작하여 뒤따라 일반 소비자들이 구매하기 시작하는데 이때는 구전은 매우 중요한 역할을 한다. 이러한 초기 수용자에게 마케팅 의견선도자가 존재할 경우가 많다.

(3) 성숙기

성숙기(maturity stage)에 접어들면 제품의 매출성장률이 둔화되기 시작된다. 성숙기에 있어서 판매량의 절대적 크기는 증가하지만 증가율은 감소하게 된다. 또한 이때 가장 높은 매출이 실현된다. 경쟁기업들은 가격을 인하하고 판매촉진을 경쟁적으로 실시하는 공격적 마케팅을 하게 되고 고급스럽고 우수한 제품개발을 위해 R&D비용을 증대시키기 때문에 실제적인 이익은 감소하는 현상이 발생한다. 일반적으로 성숙기에서는 취약한 경쟁제품들은 시장에서 도태되고 경쟁구조가 재조정되기 때문에 많은 기업들이 시장개발, 제품 개선 등의 마케팅 믹스 수정의 적극적인 전략이 요구된다.

(4) 쇠퇴기

대다수의 제품은 성숙기를 지나 절대적 판매량이 감소하는 쇠퇴기에 접어들게 되는데 그 속도는 제품에 따라 느릴 수도 있고 급격히 진행될 수도 있다. 쇠퇴기로 들어가는 이유는 여러 가지가 있을 수 있다. 시장수요의 포화, 신기술 혹은 대체재의 출현, 사회의 가치관의 변화, 고객욕구의 변화 등이 주요한 원인이 될 수 있다.

쇠퇴기(decline stage)에는 판매량과 이익이 감소하게 되는데 이에 많은 기업들이 자사의 제품을 시장에서 철수를 하는 전략을 사용하게 된다. 시장에 남아있는 기업들은 경쟁력이 취약한 제품을 제거하는 등 제품의 수를 축소시키고 시장규모가 적은 세분시장과 성과가 낮은 중간상들과 결별을 하고 판매촉진 예산도 애호도가 높은 고객들만 유지하는 수준으로 줄이고 가격도 계속 인하를 한다.

쇠퇴기에 들어선 제품을 보유하고 있는 기업은 여러 가지 부정적인 면을 가질 수 있다. 먼저 쇠퇴기에 있는 제품을 유지하는 것은 기업평판에 부정적인 영향을 미치며 소비자들은 경쟁력이 있는 제품조차도 부정적인 평가를 내릴 수도 있다. 둘째 쇠퇴기에 투입되는 마케팅력(광고비와 판매원등)을 낭비할 수 있다. 그러므로 오히려 다른 수명주기에 있는 제품의 마케팅활동을 집중하는 것이 더 효과적이다. 그러므로 기업은 각 제품의 판매량, 비용, 이익 등을 정기적으로 검토하여 쇠퇴기에 들어선 제품을 파악해야 하며 이에 대해 적절한 의사결정을 해야 한다.

3) 관리점 및 한계

제품수명주기는 마케팅전략에 매우 유익한 전략을 제시하고 있지만 실무에 적용하기에 한계도 있다.

(1) 관리시사점

제품의 각 단계에 따라 아래와 같이 다양한 전략이 수행될 수 있다.

● ● ● 표ㅣ   제품수명 주기별 마케팅전략

특징 \ 단계	도입기	성장기	성숙기	쇠퇴기
판매량	낮음	고성장	저성장으로 극대점 도달	쇠퇴
원가	높음	평균	낮음	낮음
이익	손해	점점 높아짐	높은이익	감소
고객층	혁신층	조기수용층	중기다수층	후기수용층
고객당비용	높음	평균	낮음	낮음
경쟁사	소수	증가	다수(감소시작)	감소
마케팅목표	제품인지도증가와 사용을 통한 구매창출	시장점유율 최대화	기존점유율 유지 및 이윤극대화	비용절감 및 수확
제품 및 브랜드전략	기본형태의 제품 브랜드구축	브랜드강화전략	브랜드 재활성화전략	
가격전략	이익가산원가전략	시장침투가격 (저가격)	경쟁사대응가격	저가격
광고전략	조기구매자와 중간상에게 제품인지도 형성	일반소비자에게 인지도와 관심 구축	브랜드 차별화와 편익차이를 강조	핵심적인 충성고객을 유지할 정도
판매촉진전략	사용구매를 유도하기 위한 강력한 판매촉진	수요 급성장에 따라 판촉비중감소	자사브랜드전환유도를 위한 판촉증가	최저수준으로 감소
유통전략	선택적 유통 (좁은 경로 커버리지)	집중적 유통 (경로 커버리지 확대)	더 많은 집중적 유통 (경로 커버리지 최대화)	선택적 유통 (수익성 낮은 경로 철수)

(2) 한계점

변화가 빠른 시장에서 제품수명주기는 마케터에게 제품과 시장이 어떻게 변화하는지를 설명하는 주요한 프레임워크가 된다. 이러한 제품수명주기를 잘 활용하면 각단계별로 좋은 마케팅 전략의 개발 지침이 될 수 있다.

그러나 제품수명주기는 현재 이전의 시점은 설명해주지만 다음 시점은 어디인지를 알 수 없다. 얼마나 머무르게 될 것인가에 대해서도 명쾌하게 답을 내려주는 것은 아니다. 모두 S모양을 갖는 것이 아니다.

따라서 마케터는 자기의 제품 및 서비스가 전통적인 단계를 거칠 것이라는 전제에서 마케팅 전략을 수립하고 맹목적으로 이행하는 것은 없어야 한다. 또한 제품범주나 제품형태수준에서 사용해야 하지만 브랜드 수준에서 사용하는 것은 적절치 않다. 예컨대 디젤차의 수명주기나 준준형차의 수명주기를 말하는 것은 적절하나 BMW, 그랜저의 제품수명주기를 거론하는 것은 적절하지 않다. 브랜드의 수명은 제품범주와 제품 현재수준보다 더욱 길어질 수도 있고 기업명이 개별브랜드와 동일시되는 경우도 존재한다. 그러므로 수명주기를 브랜드에 적용시키면 기업의 중요한 브랜드자산을 상실하게 된다.

혁신확산의 개념과 혁신확산 이론

1) 혁신확산 개념

혁신 확산은 혁신성이 높은 고객들, 즉 신제품을 다른 소비자들보다 먼저 사용하고자 하는 욕구가 높은 소비자들이 신제품을 일찍 구매한 다음 구전효과 등을 통해서 다른 사람들도 구매하도록 영향을 주는 현상을 의미한다. Peres, Muller, and Mahajan (2010)에서는 혁신 확산을 다음과 같이 정의한다:

"혁신 확산은 신제품 또는 새로운 서비스가 사회적 영향으로 인해 일어나는 시장 침투의 과정이다. 이 사회적 영향은 외부적으로도 뚜렷한 지식이 있든 없든 시장의 구성원들 사이에서 일어나는 일련의 상호의존적인 성향을 포함한다."

소비자가 신제품에 대해 처음으로 학습하고 이를 수용할지에 대한 결정을 내리는 과정을 혁신수용과정이라고 하며 이러한 혁신수용과정은 <그림 4>와 같이 인지, 관심 평가, 시용, 수용의 과정을 갖게 된다.

그림4　소비자의 혁신수용과정

인지 → 관심 → 평가 → 시용 → 수용

법망 밖에서 줄타기 인플루언서 마케팅; 인플루언서 마케팅 부작용 급증

인스타그램에서 24만명의 팔로어(구독자)를 보유한 A씨는 매일 10~20초짜리 짧은 영상을 올린다. 여행을 가거나 맛있는 걸 먹는 등 일상을 보여준다. 평범한 영상이지만 반응은 폭발적이다. 영상 속에서 A씨가 입은 옷에 대한 문의 댓글은 순식간에 수십개가 달리기도 한다. 문의 댓글로 옷을 판매하던 A씨는 구독자가 점차 늘자 온라인 쇼핑몰까지 열었다. 단골이 늘면서 생산공장을 끼고 자체 제작 상품까지 선보이고 있다.

'임블리 사태'로 '인플루언서(influencer) 마케팅'이 논란의 중심에 섰다. 인플루언서는 SNS에서 작게는 수십명에서 많게는 수백만명에 이르는 구독자를 보유한다. 일반인이지만 유명인 못지않은 영향력을 뽐낸다. 문제는 인플루언서의 인기가 높아지면서 상품 거래가 오가는 시장이 조성되고 있다는 점이다. 현행법은 6개월 내 20회 이상 또는 1,200만원 이상 통신판매를 하면 사업자 신고를 하도록 규정한다. 하지만 일부는 미신고 상태에서 개인 계정을 통해 댓글 또는 쪽지로 상품을 팔고 있다. 그렇다고 개인 계정을 일일이 감시하는 건 사생활 침해 논란을 부를 수 있다. '인플루언서 시장'이 관리·감독의 사각지대에 놓여 있는 이유다.

인플루언서는 세계적 현상이다. 지난해 미국 실리콘밸리에선 인플루언서 마케팅을 주력으로 하는 스타트업만 300개 넘게 등장했다. 인플루언서의 장점은 친근함이다. 구독자들은 SNS에서 이들과 일상을 공유하며 공감대를 형성한다. 자연스럽게 인플루언서들이 쓰는 제품에 신뢰를 갖게 되고, '개인 간 문의·거래→본격적 온라인 판매' 식으로 발전하고 있다. 임지현 부건에프엔씨 상무(임블리)도 비슷한 경우다. 임씨의 사랑과 결혼, 도전, 성공 등을 담은 일상은 인스타그램에서 중계됐다. 임씨의 인스타그램 구독자는 80만명이 넘었고, 온라인 쇼핑몰 창업으로 이어져 연매출 1,000억원 신화를 탄생시켰다.

그러나 인플루언서의 '사업가 변신'에는 그늘도 있다. 이들이 일반인으로서의 개인 간 거래, 사업자로서의 판매자·소비자 거래 사이를 아슬아슬하게 줄타기하기 때문이다. 임블리 사태도 임씨가 판매한 호박즙에 문제가 생겼지만 반품과 환불 등에 대한 절차를 제대로 지키지 않으면서 촉발됐다. 그나마 임씨는 사업자 신고를 한 상태라 정부의 조사가 가능할 것으로 보인다. 현행 '전자상거래 등에서의 소비자 보호에 관한 법률'은 온라인 판매에서 거짓·과장 광고, 환불 거부 등이 발생하면 과징금, 영업중지 등으로 제재할 수 있도록 한다.

반면 미신고 인플루언서는 법망 밖에 서 있다. 이들 가운데 일부는 개인 계정에서 댓글 또는 쪽지로 상품을 거래한다. 전자상거래법 적용이 어렵다. 현행법으로 일정 기준 이상(최근 6개월 거래 횟수 20회, 규모 1,200

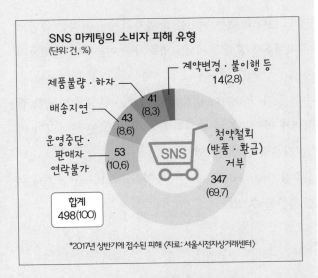

SNS 마케팅의 소비자 피해 유형
(단위: 건, %)

- 제품불량 · 하자 41 (8.3)
- 계약변경 · 불이행 등 14 (2.8)
- 배송지연 43 (8.6)
- 운영중단 · 판매자 연락불가 53 (10.6)
- 청약철회 (반품 · 환급) 거부 347 (69.7)

합계 498 (100)

*2017년 상반기에 접수된 피해 〈자료: 서울시전자상거래센터〉

만원)이면 사업자 신고를 강제하지만 정부가 SNS의 개인 계정에서 일어나는 거래량을 정확하게 파악하기는 불가능하다. 그렇다고 개인 계정을 일일이 감시하는 건 사생활 침해 논란이 따라붙는다.

마땅한 수단이 없다 보니 'SNS 마켓' '인플루언서 마케팅'을 두고 정부나 SNS 플랫폼 운영 업체 모두 골머리를 앓고 있다. 공정거래위원회 관계자는 29일 "인플루언서가 통신판매업 신고를 하지 않으면 전자상거래법 적용이 쉽지 않다"고 말했다. 인스타그램 관계자는 "사생활 침해 가능성 때문에 정부와 운영 업체가 SNS 계정을 일일이 감시하기 어려운 상황"이라며 "이들을 양성화하는 방안을 고민하고 있다"고 밝혔다.

출처: 국민일보, 2019년 5월 30일

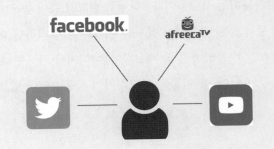

첫 단계인 인지(awareness)단계는 소비자들이 제품 · 서비스의 존재를 알기 시작할 때이다. 이때는 사람들은 제품에 대한 정보는 거의 없고 그러한 정보를 얻으려고 하는 대는 관심이 없다. 소비자들은 다음 단계인 관심(interest)단계에 들어서야 비로소 제품의 특성, 용도 등 다양한 정보를 얻으려는 동기가 유발된다. 이때 소비자는 정보를 찾아나서고 제품에 대한 학습을 받아들인다. 평가(evaluation)단계에서는 개인들이 제품이 특정 욕구를 충족시키는 데 결정적인 어떤 기준을 만족시킬지 여부를 고려한다. 구체적으로 소비자는 제품의 편익을 고려하고 구매여부를 결정한다. 시용(trial)단계에서는 소비자는 제품이 자신의 욕구를 충족시킬수 있는지 여부를 결정하기 위해 제품을 테스트하거나 혹은 시용한다. 소비자들은 가능하면 소량으로 구매하며 무료샘플을 이용하거나 타인에게 빌려서 제품에 대한 경험을 한다. 소비자들은 일반적 타입의 제품을 필요로 할 때 특정제품을 선택해서 수용(adaption)단계로 옮겨간다. 수용단계에 진입했다는 것은 소비자들이 최종적으로 신제품을 수용할 것이라는 것을 의미하는 것은 아니다. 수용단계를 포함한 어떤 단계에서도 소비자들은 거절(저항)을 할 수 있다. 이러한 수용이나 거절은 일시적일 수도 있고 영속적일 수도 있다.

기업이 신제품을 도입할 때 소비자들은 동시에 수용과정을 시작하지 않거나 같은 속도로 수용과정을 거치지 않는다. 최종적으로 제품을 수용하는 사람들 중에서 일부는 비교적 빨리 수용과정에 진입하는 반면, 다른 소비자들은 상대적으로 천천히 시작한다. 대부분 제품의 경우 수용과정을 시작도 하지 않는 비수용자도 있을 수 있다.

앞서 살펴본 제품수명주기는 일반적으로 S자 형태를 갖고 있다고 했는데 이를 소비자의 수용이라는 측면으로 누적적 관점이라면 이를 확산곡선이기도 할 수 있다. 이처럼 S자 형태의 제품수명주기를 이용하여 신제품의 수요를 예측할 수 있다.

미국의 로저스(Rogers)는 아이오와주에서 신품종의 옥수수 종자가 농가에서 채택해 나가는 현상을 연구한 결과 혁신을 채택하는 데 걸리는 시간을 기준으로 소비자를 5개 카테고리로 분류하였다. 누적적인 관점의 소비자 수용을 시간이라는 관점으로 제품을 채택해 나가는 소비자유형을 발견하였다.

<그림 5>에서 보듯이 수용층에 따라 소비자들을 혁신수용자(innovators), 조기수용자(early adapter), 조기다수(early majority), 후기다수(late majority), 지각수용자(laggards)로 분류할 수 있다.

● ● ● 그림5 수용자의 분류

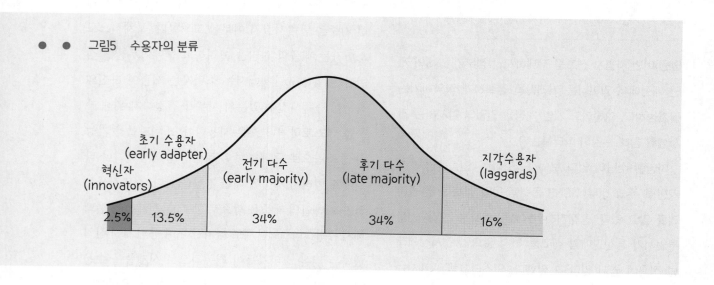

2) 수용자 분류

(1) 혁신수용자

혁신수용자(Innovator)는 전체 시장의 약 2.5%를 구성하는 소비자로 모험심이 강하고 혁신에 대한 경제적 · 사회적 위험을 감수하며 누구보다 혁신 기술 및 제품을 먼저 받아들이는 사람들이다. 대체로 젊고 소득이 높으며 광범위한 대인관계를 갖고 있다. 주로 전문잡지나 커뮤니티 등을 통해 전문적인 정보를 수집한다. 정리하면 혁신수용자에는 모험적인 성향을 갖고 이들은 위험을 적극적으로 수용하며 항상 새로운 아이디어를 사용한다. 이들의 준거집단은 주로 역외에 있어 역외지향적인 성격을 갖고 있다. 즉 이들은 사교적이며 활동영역이 넓으며 다중매체도 폭넓게 접하므로 정보망이 활달하다.

(2) 조기수용자

전체 시장의 약 2.5%를 차지하는 소비자층으로 초기에 혁신적인 기술과 제품을 수용하기 때문에 조기수용자(Early Adoptor)라고 불린다. 사회나 집단에서 존경받는 의견선도자(Opinion Leader)들로 새로운 아이디어를 조기에 수용하지만 선별적으로 받아들인다. 소비자들에 대한 영향력이 크기 때문에 매우 신중한 고객관리가 필요한 집단이다. 조기수용자에는 존중을 기반으로 행동하며 여론선도자이면서 새로운 아이디어를 조기에 수용하지만 신중하게 선택한다. 마케팅 관련 의견선도자(Opinion Leader)가 이 층에 존재한다. 일반적인 사회시스템의 의견선도자와는 상이하다. 일반적인 사회시스템에서의 의견선도자는 교수, 의사, 법조인 등과 같은 사회의 책임계층을 의미하지만 마케팅에서의 의견선도자는 그렇지 않다. 특정 제품의 카테고리내에서만의 의견 선도자이기에 타 제품카테고리에서는 지각수용자일 수도 있다. 예컨대 패션에 있어서는 의견선도자(혁신수용자)이지만 스마트디바이스에서는 지참자일 수도 있다.

(3) 전기 혹은 조기 다수자

전체 시장의 약 34%를 구성하는 전기 혹은 조기다수자(Early Majority)는 사회적 리더는 아니지만 구매에 신중하며 일반 소비자들보다 앞서 혁신적인 기술과 제품을 수용한다. 이들은 구매에 신중한 만큼 확실하게 제품을 평가하고 자신의 의사를 표현하기 때문에 집중적인 고객관리가 필요한 중요한 집단이다. 조기다수는 신중한(deliberate) 성향을 갖고 있다. 이들은 리더는 아니지만 일반적인 사람보다는 빨리 새로운 아이디어나 제품을 수용한다. 조기채택자의 뒤를 이어 신제품을 수용하고 이들은 매사에 신중을 기하는 심사숙고(considerate)형이다.

(4) 후기 다수자

후기 다수자(Later Majority)는 조기 다수자와 같은 전체 시장의 약 34%를 차지하는 많은 수의 소비자층을 대표한다. 이들의 특징은 이미 대다수가 사용하고 있는 것을 관찰하고 인지한 뒤 구매를 하는 소비자이다. 이들은 혁신적인 기술과 제품에 대해 다소 회의적인 태도를 가지고 있다. 즉, 후기 다수(late majority)는 의심이 많고(skeptical), 이들은 대다수가 사용(채택)하고 난 후 새로운 것을 수용한다. 따라서 이들에 대해서는 광고 및 구전을 통해 호의적인 태도로 전환시키는 것이 매우 중요하다.

그림6   확산과정의 수용자의 특성

혁신자 (innovators)	초기 수용자 (early adopters)	전기 다수 (early majority)	후기 다수 (late majority)	지각수용자 (laggards)
• 전체 구매자의 초기 2.5%에 해당 • 고소득, 고학력 • 범세계적 성향, 가정 외에서 활발함 • 집단 규범에 의존하지 않음 • 정보의 원천은 전문적, 적은 수의 잡지	• 혁신자 이후 구매하는 13.5%의 고객 • 집단 규범에 의존함, 범우주적 성향 적음 • 사회 지향성이 높음 • 의견선도자일 가능성이 높음 • 많은 구전을 함	• 초기 수용자 이후 34%의 고객 • 구매를 조심스럽게 고려함 • 정보 수집이 많음 • 많은 수의 대안을 평가함 • 제품의 구매 기간이 김	• 전기 다수 이후의 34%의 고객 • 신제품에 대하여 매우 회의적인 태도 • 노년층 고객, 평균 이하의 소득과 교육 • 집단의 규범이나 가치에 의존적임 • 집단이나 사회의 압력에 의하여 구매	• 마지막 16%의 고객 • 집단의 규범에 의존하지 않음 • 전통적인 가치관 • 신제품에 대하여 매우 의심쩍은 태도 • 사회로부터 소외된 계층, 기술의 발달을 도외시함

(5) 지각수용자

전체 시장의 약 16%를 차지하는 지각수용자들(Laggards)의 주요 특성은 매우 전통지향적이며 유행에 둔감하고 혁신을 마지막으로 수용하는 집단이다. 전통적인 것을 선호하는 이들은 변화를 의심하고 혁신이 전통이 된 후에만 수용한다. 이들이 수용을 할 때는 이미 신제품이 아닐 가능성이 매우 높다. 주로 노인층과 사회적으로 소득이 낮은 사람들이 대부분 지각수용자에 해당한다. 혁신기술이나 제품에 대해 매우 회의적이기 때문에 마케팅 노력이 큰 효과가 없는 소비자층이다. 따라서 비용측면에서는 이들에 대한 마케팅을 하지 않는 것이 시간과 노력을 절감할 수 있다.

한편 하이테크 분야에 있어서는 초기시장인 혁신수용층, 조기수용자와 나머지 시장인 조기 다수층, 후기 다수층, 지각수용자 사이에는 큰 갭(gap)이 있다고 하며 이를 지질학 용어인 캐즘(Chasm)이라고 한다. 이 이론에 의하면 초기시장(혁신수용층과 조기 수용자층)에는 소비자들은 기술에 대해 잘 알고 있고 타인과는 상이해 보이기 위해 위험을 기꺼이 감수할 용의가 있는 성향의 소비자인 반면, 이후 시장의 소비자들은 기술을 잘 모르고 위험을 최소화하고 싶어서 남과 비슷하게 하기를 원한다. 그러므로 하이테크 기업의 경우 초기시장에서의 성공방법을 그대로 유지하여 이후의 시장에 적용하려 한다면 캐즘에 빠져서 실패를 하게 된다. 그러므로 기술을 중심으로 시장에 나서기보다는 소비자의 문제를 완벽히 해결할 수 있는 솔루션(solution)을 제공해야 한다.

LG전자 "올레드 TV 캐즘 넘었다" :
올해 전체 판매량 규모
3,600만대 예상

세계 올레드(OLED) TV 시장에서 절반 이상을 생산하고 있는 LG전자가 올레드 TV 시장은 '캐즘(Chasm)'을 넘어 성장 단계에 진입하고 있다고 밝혔다. 캐즘은 새로운 기술이나 제품이 시장에 출시돼 처음에는 잘 팔리다가 대중적으로 보급되기까지 수요가 정체되는 시기를 뜻하는 말이다. 다른 말로는 죽음의 계속(Death Valley)이라고도 호칭된다.

올레드 TV 5년 만에 600배 이상 성장

이정석 LG전자 HE마케팅커뮤니케이션 상무는 14일 LG전자 구미 A3공장에서 "세계 올레드 TV의 성장률을 보면 2013년에 비해 올해 1,000배 이상 성장한 것으로 파악되는데 2013년 이래 초기 3~4년의 캐즘은 뛰어넘었다고 생각한다"면서 "1차 관문은 넘어섰고 올레드 TV의 판매량이 생산 수량과 거의 비슷하다는 점에서 만들면 다 팔리는 제품이 올레드 TV다"라고 말했다.

그는 이어 "2021년부터 파주 LG디스플레이에서 10.5세대 올레드 패널이 생산되면 올레드 TV점유율을 더 끌어올릴 수 있을 것으로 기대한다"면서 "가격 측면에서도 현재는 프리미엄 가격이 유지되지만 조금 더 메인스트림으로 가려면 가격 경쟁력을 더 확보해야 하고 수율 역시 신경써야 한다"고 덧붙였다.

시장조사업체 IHS마킷에 따르면 전 세계 올레드 TV 판매량 증가세는 2013년 4,000대에서 2018년 251만 4,000대로 600배 이상 성장했다. IHS마킷은 세계 올레드 TV 판매량을 올해 360만, 내년 700만대, 2021년에는 1,000만대가 될 것으로 전망됐다. LG전자의 올레드 TV 출하량도 2013년 4,000대에서 2018년 156만 5,000대로 성장했다.

세계 올레드 TV 판매량 추이

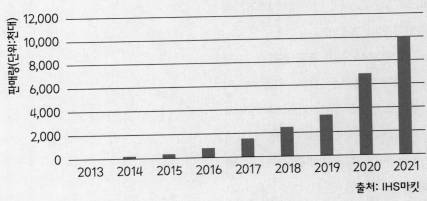

출처: IHS마킷

LG전자는 8K시대가 될수록 올레드 TV가 더 유리하다고 설명했다. 이희영 LG전자 TV상품기획2팀장은 "현재 4K와 8K는 TFT기반으로 해상도가 올라가면서 올레드에서도 8K TV를 준비하고 있다"면서 "8K에서도 4K와 마찬가지로 차원이 다른 디스플레이로 평가받을 수 있을 것이라고 생각한다"고 밝혔다. 이정석 상무는 "화질을 해상도와 같다고 볼 수 없다"면서 "올레드 TV 4K의 화질이 LCD TV 8K보다 낮다는 평가도 있는 만큼 올레드 TV의 경쟁력이 뛰어나다고 본다"고 말했다.

LG전자는 세계 최초 8K 올레드 TV를 올해 하반기 이른 시기에 출시할 예정이다. CES 2019에서 선보인 롤러블 올레드 TV인 'LG 시그니처 올레드 TV R'도 올해 하반기 후반부쯤에 출시할 예정이다.

중국과의 기술 격차는 2~3년 정도

LG전자는 올레드 TV시장에서 무섭게 추격하고 있는 중국 업체들과의 기술 격차를 2~3년 정도로 보고 있다고 밝혔다. 이희영 팀장은 "중국 업체들도 올레드를 준비한다는 이야기를 듣고 있는데 LG디스플레이의 올레드 패널을 사용한 중국 업체의 TV를 보면 미세한 부분에서 품질의 차이가 느껴지는 등 2~3년 정도의 기술 격차가 있는 것으로 파악하고 있다"면서 "생각보다 중국이 빠르게 따라오고는 있지만 양산에서 제대로 될 수 있는지는 지켜봐야 한다"고 말했다.

이정석 상무는 "하이센스와 같은 중국 올레드 TV제작사의 가격파괴 전략에 대해서는 언제나 위협을 느끼고 있다"면서도 "올레드 TV 프로세싱 기술에서 우리가 2년 정도 앞선다고 자평하고 있기에 그 격차를 유지하면서 폼팩터 혁신, 월페이퍼, 롤러블과 같은 혁신이 바탕이 된 제품으로 올레드 TV에서 경쟁력을 키워 나가

겠다"고 말했다.

이 상무는 올레드 TV만의 장점에 대해서도 강조했다. 이 상무는 "올레드 TV의 가장 큰 장점은 퍼펙트 블랙이 가능하다는 점"이라면서 "백라이트를 사용하는 LCD TV에서는 뒤에 백라이트(LED광원)를 사용해 블랙이 떠버려 대비효과(콘트라스트)가 떨어진다는 단점이 존재한다"고 말했다.

55인치 이하 올레드 TV 제품 제작에 대해서는 '검토 중'이라고 LG전자는 밝혔다. 이희영 팀장은 "대형 올레드 TV보다 가격이 낮은 소형 올레드 TV를 위한 준비는 매번 하고 있는데 LCD TV가 55인치 이하 시장에서는 가격 경쟁력이 너무 좋다"면서 "올레드 TV를 55인치 이하서 만들게 되면 얼만큼의 시장 수요가 있는지 점검을 하고 있는 중"이라고 밝혔다.

출처: 이코노믹 리뷰, 2019년 5월 15일

3) 혁신확산모형

신제품의 매출을 예측할 때 이와 같은 혁신확산을 고려하지 않으면 장기적인 매출을 과소 혹은 과대평가할 오류가 있다. 그러나 현실적으로는 신제품이 아직 개발단계에 있을 때는 혁신확산현상의 강도를 예측하기 어려운 점이 있다. 그러므로 동종 혹은 유사한 제품의 과거매출 자료를 토대로 신제품의 매출을 추정하는 방법이 일반적으로 많이 사용되고 어떠한 경우에는 출시 직전에 잠재고객을 대상으로 측정한 자료를 가지고 예측하기도 한다.

일반적으로 계량적인 모형이나 통계적 기법을 많이 사용하여 시장을 예측하는데 대표적인 예가 Bass의 혁신확산 모형이다. 혁신의 확산모델은 소비자 조사를 통하여 혁신계수(innovation coefficient) 및 잠재 수요규모를 추정하고, 이어서 신상품의 모방계수(imitation coefficient)를 유사제품의 모방계수로 대체함으로써 신제품의 수요를 예측하는 방법이다. 또한 이 모형은 특정 브랜드의 매출을 예측하는 것이 아니라 어떤 제품류 전체 매출을 예측하는 방법이다.

Bass는 제품의 과거 매출실적을 기초로 하여 한 제품의 미래 매출을 예측한다. 어떤 시기의 최초구매 확률은 그 구매시점 이전까지 구매자들 총수의 선형함수라는 가정에 근거한다.

초기에는 구매확률이 혁신자에게 달려 있지만 구매자수가 증가함에 따라 시간에 비례하여 증가한다. 이 모형에 의하면 구매율은 혁신자로 인한 초기값과 구전의 영향을 반영하는 합과 일치한다. 두 번째 항은 이미 그 상품을 구매한 고객의 비율에 상수를 곱해준 것이다.

$$P_{(t)} = p_{(0)} + q\left[Y_{(t-1)}/m\right] \quad \text{❶}$$

$P_{(t)}$ =구매확률
$p_{(0)}$ =이전까지 구매한 사람이 없을 때 구매가 일어날 확률
$Y_{(t-1)}$ = $t-1$ 기간말까지 구매한 사람의 총수
m =제품의 잠재 구매자의 총 수
q =확산률 계수

이 모형은 더 많은 소비자들이 제품을 구매함에 따라서 미구매자의 압력이 커지게 되는 사회적 상호작용을 반영하고 있다.

기간별 매출 $S(t)$는 아직 구매하지 않은 사람의 수와 구매확률과의 곱으로 이루어지며 아래와 같은 <식 2>로 표시할 수 있다.

$$S_{(t)} = \left[m - Y_{(t-1)}\right]P_{(t)} \quad \text{❷}$$

<식 2>에 <식 1>을 식에 대입하면 아래와 같은 <식 3>이 도출된다.

$$S_{(t)} = p_{(0)}m + [q - p_{(0)}]Y_{(t-1)} - (q/m)Y^2_{(t-1)} \cdots\cdots\cdots\cdots\cdots\cdots\cdots\cdots\cdots\cdots\cdots\cdots\cdots\cdots ❸$$

이 모형을 이용하여 신제품의 시장규모를 예측하려 하려면 먼저 미지의 계수인 $p(0)$, q 그리고 m값을 추정해야 된다. 만일 과거의 매출자료를 갖고 있다면 계수의 값을 쉽게 추정할 수 있으나, 아직 출시되지 않은 신제품일 경우에는 불가능하다. 이 경우에는 다음과 같은 방법으로 계수의 값을 추정할 수 있다.

첫째, $p(0)$를 추정하기 위해서는 표적시장 내의 혁신자의 비율과 이들이 신제품을 구매할 확률을 구하여 곱하면 된다. 혁신성이 높은 사람들의 인구통계학적 특성이나 사용상황 특성을 파악하면 알 수 있을 것이다. 이후 혁신자들을 대상으로 컨셉 테스트를 실시하여 이들의 신제품에 대한 선호와 구매의도를 측정한 후 구매확률로 변환시키면 될 것이다.

둘째, q의 경우는 신제품을 출시하기 전에는 그 값을 추정하기가 어렵다. 따라서 어떤 하나의 값으로 추정하기보다는 q가 취할 수 있는 범위를 설정하여 그 범위 내에서 민감도 분석(sensitivity analysis)을 하는 것이 바람직할 것이다. q의 범위는 관련된 제품들의 경우를 참고할 수 있을 것이다. 예컨대, 가정용무선청소기 대한 q를 구하고자 한다면 일반가전청소기의 q값을 참조할 수 있을 것이다.

마지막으로 m은 신제품이 전혀 새로운 것일 때는 그 값을 추정하기가 매우 어려운 계수이다. 그러므로 단일 추정치를 구하기보다는 잠재고객들의 선호와 구매의도를 기초로 하여 m의 범위를 설정하는 것이 바람직하다. 소비자의 선호와 구매의도를 구할 때 조심해야 할 점은 잠재고객들에게 제품에 대한 완전한 정보를 주지 않는다면 m이 과소평가될 가능성이 매우 높다. 그러므로 신제품에 대한 완전한 정보를 제공한 후에 선호도와 구매의도를 측정해야 할 것이다.

Bass 모형은 몇 가지의 한계점을 가지고 있다. 먼저 적용대상이 내구재에 한정하고 있으며 확산이 단지 시간에만 영향을 받는다는 단편적인 점에서 한계가 있다. 둘째, 마케팅관련 변수를 포함하고 있지 않기 때문에 마케팅 전략에 적용되기에는 문제가 있다. 셋째, 잠재 고객수가 상수로 간주되고 확산 파라메타도 상수로 가정된다는 점에서 문제점을 내포하고 있다. 넷째, 고객의 심리·인지적인 측면도 간과하고 있다. 마지막으로 Bass모형은 특정 브랜드의 매출을 예측하는 것이 아니라 어떤 종류의 제품전체의 시장규모를 예측하는 모형이기에 개별 브랜드에 적용하기에는 무리가 있다고 하겠다.

3

혁신 확산의 최근 연구

앞에서 살펴본 혁신 확산 모델은 Bass(1969)가 이론적인 발전시켜 기틀을 마련하였다. 외부적인 요인에 따라서 매 시기마다 광고나 기타 여러 가지 다양한 회사가 만들어낸 커뮤니케이션 툴을 통해 영향받은 새로운 수용자(new adoptors)들이 생겨난다. 동시에 내부적 요인으로 이 새로운 수용자들과 잠재적인 수용자들 사이의 상호작용에 의해 모방자(imitators)들이 혁신 제품을 수용하게 된다. 그러나 최근 새롭게 알려진 정보, 예능, 그리고 제품과 서비스에 대한 커뮤니케이션, 그리고 국제화와 같은 트랜드 등의 발전으로 기존 고전적인 독점상황에서 내구제와 소비자들은 모두 획일적인 사회시스템과는 달리 복잡해지고 다양해졌다.

● ● ● ● **표2** 혁신확산 연구 주제의 변화된 흐름

과거 연구의 중심 주제	최신 보완된 주제들
입소문	소비자들 사이의 상호 의존도
단조롭게 증가하는 침투	변곡점과 비정규적인 침투 곡선
일시적	지리적
산업별 분석	브랜드별 분석
통합 또는 그룹별 모델	소비자 단위 모델
완벽하게 연결된 네트워크	부분적으로 연결되거나 작은 네트워크
제품들	서비스들
예측	경영 진단
이익가산원가전략	시장침투가격(저가격)
조기구매자와 중간상에게 제품인지도 형성	일반소비자에게 인지도와 관심 구축
사용구매를 유도하기 위한 강력한 판매촉진	수요 급성장에 따라 판촉비중감소
선택적 유통 (좁은 경로 커버리지)	집중적 유통 (경로 커버리지 확대)

1) 최신 연구의 두 사회적 영향

Peres et. al.(2010)는 최신 연구에서 추가적인 사회적 영향들을 소개하였다. 두 가지 종류의 사회적 영향은 네트워크 외부효과와 사회적 신호다.

(1) 네트워크 외부효과

네트워크 외부성은 신제품을 채택해서 사용하는 소비자들의 수가 커짐에 따라 그 신제품을 소유함으로써 일어나는 효용이 증가할 때 의미가 생겨 난다(Rohlf, 2001). 예컨대, 전화기, 팩스, 이메일을 사용하는 사람의 수가 늘어갈 때마다 이 네트워크 외부효과는 커진다. 예컨대, 최근 Play Station 4의 사용자가 늘어날수록 P2P로 게임을 즐기는 유저들의 효용은 더욱 커지고 있는데 이러한 효과가 좋은 예이다. 또한 보완재의 수가 늘어감에 따라 간접적으로 네트워크 외부효과에 의해 효용이 증가할 수 있다. 이러한 현상은 다양한 분야에 나타난다. 가령 DVD player를 구입한 소비자는 DVD 컨텐츠가 늘어감에 따라 더욱 다양하고 새로운 DVD를 즐길 수 있게 되어 이를 통해 얻는 효용이 간접적으로 증가하게 된다. 뿐만 아니라 2010년도에 출시된 Instagram 소셜 미디어 앱은 2012년에 8,000만명의 사용자를 기록했으며, 2014년 12월에는 세계 월간 활동자의 수가 3억명을 돌파했다. 이렇게 사용자들의 수가 늘어남에 따라 주위에 이미 알고 있는 사람이 SNS를 이용하게 되는 경우가 늘어나고 그에 따라 직접적인 네트워크 외부효과가 사용자들의 효용을 증가시킨다. 또한 간접적으로도 모르는 사람들과의 상호작용뿐만 아니라 사회적으로 인지도 있는 유명인사, 예컨대, 운동선수, 모델, 가수, 텔런트 등의 사람들이 인스타그램을 이용하면서 누리는 효용 또한 증가하여 외부효과가 더욱 커지게 된다.

(2) 사회적 신호

사회적 신호란 타인이 혁신제품을 수용한 것으로부터 나오는 사회적인 정보들을 말한다. 구매한 혁신제품으로 개인은 사회적인 차별성과 특정 그룹의 아이덴티티를 표현할 수 있다. 이러한 사회적 신호는 수직과 수평 두 가지로 작동하게 된다. 수직적 신호는 수용자들의 사회적 지위를 나타낼 때 쓰이고, 수평적 신호는 수용자 그룹의 아이덴티티나 소속감 등을 표출할 때 쓰인다. Berger & Heath(2007)에 따르면, 사람들로 하여금 수용된 혁신제품이 어떤 그룹에 따라서는 수용하고 싶게 만들기도 하지만 다른 그룹에게는 그 그룹과 차별화하기 위해 그 제품을 수용하지 않도록 하는 유인을 제공하기도 한다고 밝혔다.

또 한편 사회적 확산의 주된 원인을 소비자들 사이의 상호작용 대신에 소비자 개개인의 차이에서 기인한다고 믿는 부류도 있다. 소비자들의 다양성은 혁신 정도나 가격 민감도, 필요, 그리고 혁신을 받아들이는 정도의 차이를 설명할 수 있다. Song & Chintagunta(2003)은 혁신가(innovators)들이 가장 참을성 없이 혁신제품을 수용했고, 지각수용자(Laggards)들은 제일 참을성이 많아 가장 나중에 혁신 제품을 수용한다고 주장하였다.

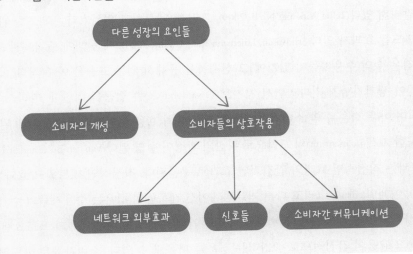

● ● ● ● 그림7 혁신확산을 이끄는 시장 요인들

2) 하나의 시장에서 확산에 미치는 소비자들의 영향

(1) 사회적 네트워크

사회적 네트워크에서 가장 기본적인 연구 주제는 어떻게 사회적 네트워크 구조가 상품 확산을 키우는가이다. 모델링적인 관점에서 기본적인 질문은 이러한 사회적 네트워크가 확산 모형에 어떻게 적용되는가이다. Bass 모형에서 기본적인 가정은 사회 시스템은 개개인의 소비자들은 모두 균일하고 모두 서로가 완벽하게 연결되어 있다는 점이다. 그렇기 때문에, 확산 과정은 누적된(aggregate) 모형으로 표현하는 것이 어쩌면 자연스러울 수 있다. 이런 누적된 수준의 모형은 장점과 단점을 모두 갖는다. 장점으로는, 누적된 수준의 모형은 아주 단순하고 효과적이며 그리고 계수 추정과 예측에 필요로 하는 데이터가 아주 적다. 반면 단점으로는 어떻게 소비자 개개인들의 상호작용이 전체적인 시장 행동에 연결이 되는지에 대해서는 시사점이 거의 없다고 볼 수 있다.

이러한 측면에서 Goldberg, Libai, and Muller(2001)는 소비자 수준(level) 데이터로 전형적인 개인에 근거한(agent-based) 모형을 분석하였다. 이 모형은 누적된 수준 확장 모형의 단점들을 여러 측면에서 극복했다. 첫째로, 개인 수준과 누적 수준 효과들 간의 관계를 적립했다. 둘째로, 이 접근은 상호의존도 사이의 관계를 구분할 수 있게 되었다. 마지막으로, 이 모형은 소비자 개개인의 차이점들을 허용함으로써 개개인의 수용성들이 다른 소비자들과 다양한 관계와 영향들을 모델링하였다. 구체적인 예로 Goldberg et al.(2009)는 사회적 네트워크에서 개인의 역할을 허브, 연결자, 전문가로 구분하여 확산을 연구하였다.

(2) 네트워크의 외부효과

일반적인 상식으로 네트워크 외부효과는 확산의 과정 속에서 효용이 증가하기 때문에 시장의 확산을 더욱 빠르게 한다고 알려져 있다(Tellis, Yin, and Niraj, 2009). 그러나, 네트워크 외부효과는 과도한 관성의 힘으로 시장 확산을 더디게 만드는 효과가 있다(Srinivasan, Lilien and Rangaswany, 2004). 제품 생애 주기에서 초기에는 대다수 소비자들이 아주 적은 수의 수용자들이 있기에 그 신제품을 통해서 얻는 효용은 아주 작다. 그래서 소비자들은 더 많은 수용자들이 생기기까지 기다리면서 지켜보자(wait-and-see)는 접근을 취한다. 따라서, 확산 초기에는 아주 느리게 진행되며 아주 적은 수의 소비자들만이 그 신제품의 효용을 인정해서 수용하게 된다. 종합적으로 과도한 관성과 과도한 기세(momentum)의 조합으로 확산의 과정이 설명 된다(Van den Bulte and Stremersch, 2006).

네트워크 효과는 직접적인 효과와 간접적인 효과로 구분된다. 직접적인 네트워크 효과를 먼저 살펴보자. 예컨대, 팩스(Fax), 이메일(email), 그리고 다른 커뮤티케이션 제품들의 경우는 수용자들의 수가 늘어감에 직접적으로 수용자 한 사람의 효용이 증가한다. 반대로 간접적인 네트워크 효과는 컴퓨터 프로그램의 경우 호환성이 높으면 높을수록 그 효용이 간접적으로 증가하는 경우를 떠올릴 수 있다. 소비자들은 하드웨어를 구매하기 전에 충분한 소프트웨어가 있는지를 확인하는 경향이 있다.

(3) 이륙과 안장점

제품 생애 주기 중에 초기의 두 단계는 이륙점과 안장점의 두 가지 변곡점이 있다(그림 8 참조).

Golder and Tellis(1997)는 초기와 성장기의 제품생애 주기에서 아주 극적으로 판매가 증가하는 시간을 이륙시간으로 정의했다. 여기서 중요한 점은 아주 빠른 판매량의 증가를 위해서 시간이 아주 많이 필요하고 미리 준비

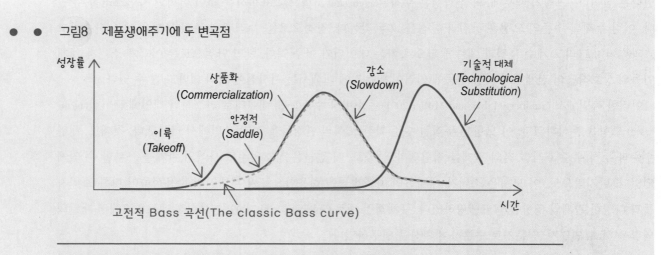

그림8　제품생애주기에 두 변곡점

성장률, 이륙, 안장점(saddle), 상품화, 감소, 기술대체, 시간, 고전적인 Bass 커브

를 해두어야 하는 생산, 물류, 그리고 마케팅을 위한 상당한 양의 투자가 필요하다는 점이다. 이 이륙 현상은 소비자들 사이의 상호작용을 전제로 하지 않지만 소비자의 가격 민감성과 위험에 대한 선호에 따라 결정된다. 혁신 제품의 가격이 하락하면 혁신 제품 수용에 따른 위험이 감소하는 것으로 느끼고 제품의 매출은 이륙하게 된다. 그러므로, 만약 소비자 개인의 차이와 마케팅 커뮤티케이션 모두의 영향을 고려한다면 이 이륙 현상은 이 둘 사이의 아주 좋은 예가 된다. 소비자의 개인 차이는 이륙 이전에 지배적이고 이륙이 시작된 후에는 소비자들 사이의 상호작용이 즉각적으로 주된 요인이 된다.

Moore(1991)가 캐즘(Chasm)이라고 불렀고 Goldberg et al.(2002)가 안장점이라고 부른 이 현상은 생애주기에서 초기 하나의 봉우리를 만들고 다시 감소 추세로 접어들었다가 이후에는 증가추세로 초기의 봉우리보다 더 큰 봉우리를 만드는 현상을 말한다. 이는 거시경제학적인 사건이나 기술진보에 큰 변화가 생겼을 때 나타나며 소비자들의 상호작용으로 설명될 수도 있다. Chandrasekaran and Tellis(2006)은 이 안장점 현상을 정보의 연쇄반응 이론으로 설명한다. 작은 경제적 불황이 일시적으로 수용도를 떨어뜨리면 이 감소폭이 정보의 연쇄작용으로 증폭되는 것이다. 이 안장점 현상의 다른 설명으로는 소비자들이 제품 수용에 있어서 각각 다르고 두 부류로 나뉜다. 이 두 그룹이 수용하는 속도가 다르면 판매 속도가 줄어들어 이 안장점 현상이 잠시 나타날 수 있다는 설명이다(Van den Bulte and Joshi, 2007). 이륙 현상과 안장점 현상 모두 고전적인 종 모양의 판매 곡선이 얼마나 잘 맞지 않은 것인지 반증하고 있다.

(4) 기술 대체

Stremersch et al.(2010)은 기술 대체를 소비자들이 인지된 특성이 비슷한 일련의 제품군이라 정의한다. 이륙하는 데 걸리는 시간은 줄어들어서 빨라지는 경향이 있지만 기술 대체가 변하는 시간은 줄어들거나 변화하지 않는다는 것을 보였다. Goldberg and Oreg(2007)은 제품생애 주기의 마지막 그룹인 느림보 그룹이 이전 기술 대체에서는 지각수용자(Laggards)였지만 다음 기술 대체에서는 도약하여(leapfrogging) 혁신가(innovators) 그룹이 될 수 있다고 주장한다. 예컨대, MP3 혁명시대 초창기에 빠른 수용자 그룹은 카세트 플레이어를 사용하던 느림보 그룹이였던 소비자도 있을 수 있다. 이들은 중간에 CD 플레이어를 사용하지 않고 바로 다음 기술 세대인 MP3로 이동했기 때문이다. 중국의 금융 시스템의 경우도 비슷한 면을 찾을 수 있다. 국가적으로 신용카드가 보급되기 전에 바로 다음 세대 금융 기술인 QR 코드 결제 시스템이 보급되어 거의 모든 소비자가 최신의 결제 방식을 수용한 경우다.

3) 여러 시장과 브랜드를 고려한 확산 모델

최근 가장 중요한 연구 분야로 국가간 영향, 국가별 성장 확산의 차이, 그리고 성장에서의 경쟁 효과에 대해 알아 본다.

(1) 국가간 영향

다른 국가의 혁신 확산과 그 외의 나라의 혁신 확산은 다른 경향이 있다. 특별히, 혁신 제품의 시장 진입 순서에 따라 어떤 하나의 주어진 혁신이 조금 늦게 소개가 된 국가에서 혁신 확산의 속도가 좀 더 빠른 경향이 있고, 제품생애주기 모형에서 이륙 단계까지 더 짧은 시간이 걸린다(Tellis et al. 2003; Van Everdingen, Fok and Stremersch; 2009). Van Everdingen, Aghina, and Fok(2005)는 다음과 같이 일반적인 국가간 영향을 모형화하였다.

$$\frac{dx_i(t)}{dt} = \left(p_i + q_i x_i(t) + \sum_{j \neq i} \delta_{ij} x_j(t) \right) (1 - x_i(t)) \cdots\cdots\cdots\cdots\cdots\cdots\cdots\cdots\cdots ❹$$

여기서 $x_i(t)$ 는 i 번째 국가의 수용자들의 비율이다. 여기서 δ_{ij}가 i 번째 국가와 j 번째 국가 사이의 효과이다.

국가간 효과는 약한 연결과 신호들로 구분할 수 있다. 약한 연결은 한 국가의 수용자가 다른 나라에 있는 비수용자와 의사소통 하는 것을 의미한다. 이 둘 간의 의사소통이 없더라도 이 국가들 사이의 효과는 성립한다. 한 국가의 수용도가 다른 나라의 소비자들에게 위험도를 줄이고 신제품 사용에 대한 당위성을 제공함으로써 신호 역할을 한다.

(2) 국가별 성장 확산의 차이

국가들 사이에 확산 과정은 매우 큰 차이를 보인다. 심지어 같은 대륙에서 동일한 제품이 출시되었을 때에도 이러한 국가들 사이에 차이는 뚜렷하다. 국가별 확산 과정의 차이는 문화적인 원인과 경제적 원인으로 크게 두 가지로 볼 수 있다. 문화적 원인은 문화의 특성과 가치와 연관이 되어 있다. 경제적 원인들 중에서 국민총생산으로 측정되는 국가의 부가 클수록 혁신 제품의 확산에 긍정적인 영향을 준다(Desiraju et al., 2004). 두 번째 경제적인 원인으로는 대중매체에 접근 가능한 점은 모델에서 p 변수(new adoption)에 긍정적인 영향을 준다(Stremersch and Tellis, 2004).

(3) 성장에서의 경쟁 효과

경쟁이 존재할 경우 회사와 소비자들의 상호작용만 영향을 주는 것이 아니라 소비자들 사이에서 동적인 상호작용이 또한 영향을 준다. 예컨대, 입소문과 같이 독점시장에서는 존재하지 않았던 다양한 범위의 소비자들 사이의 상호의존도가 이제는 브랜드 안에서, 브랜드 사이에서, 그리고 호환성의 정도가 커지고 네트워크 외부효과는 작아지고 새로운 경쟁자가 진입하는 것이 제품의 품질을 나타내주는 신호가 되기도 한다. 종합적으로 경쟁은 혁신 확산에 긍정적인 영향을 준다(Kauffman and Techatassanasoontorn, 2005).

4

소비자 니즈 분석

최근 주류업계의 화두는 하이트진로가 출시한 청정라거 '테라'다. 테라는 출시 한 달여 만에 약 3200만 병 (330mL 기준) 판매를 돌파한 데 이어 출시 50일(5월 10일) 만에 3,900만 병 판매를 기록했다. 1초에 약 9.5병이 판매된 셈이다. 그동안의 맥주 신제품 중 출시 초 최대 판매 기록으로, 예상치를 훌쩍 뛰어넘는 역대급 판매량이다. 그동안 하이트진로가 출시한 '하이트', '맥스', '드라이피니시d' 등의 첫 달 판매량이 20~50만 상자 수준인 것을 감안하면 기존 맥주의 3~4배 수준에 이르는 폭발적인 초기 반응이다.

하이트진로는 빠르게 시장에 안착한 테라의 수요를 맞추기 위해 출시 보름 만에 전체 판매 목표를 조정하고 2배 이상 생산량을 늘렸고 생맥주 등의 제품군은 출시 일정을 미뤘다. 그럼에도 예상 수요를 크게 뛰어넘는 폭발적인 인기 때문에 일부 품목의 물량 공급에 차질이 발생해 5월 14일 전국 주류 도매사에 테라의 공급 지연과 조기 정상화에 대한 안내문을 발송하기까지 했다. 5월 말부터 물량 공급은 정상화됐다.

신제품 개발을 위해 소비자 니즈 파악을 위한 PNW(Problem-Needs-Wants) 분석

신제품 개발을 위해 최우선적으로 해야 할 일이 소비자의 잠재적 니즈를 파악하는 것이다. 이를 위한 방법으로 정성적인 방법과 정량적인 방법이 있다. 이중 정서적 방법론 중 최근 많이 언급이 되는 것이 PNW 분석이다. 이를 위해서는 우선 간략하게 고객의 구매행동 의사결정과정에 대해서 이해를 해야 한다. 고객은 일반적으로 마케팅자극에 의해 노출되었을 때 자신이 처한 환경에 영향을 받아 정보를 처리하고 의사결정을 내리며 이를 바탕으로 구매행동을 하게 된다. 이러한 과정에서 신제품 개발자가 알아야 할 고객과 관련된 정보를 알아내는 것이 고객행동분석이다. 신제품관리자는 고객행동분석을 통해 고객의 니즈를 파악할 수 있고, 이를 기준으로 고객을 몇 개의 세분시장으로 분류할 수 있고 이 중에서 표적시장을 선정하여 효율적인 마케팅전략을 수립할 수 있다.

고객행동을 분석하는 요인으로는 문화적 요인, 사회적 요인, 인구통계적 요인, 심리적 요인이 있다. 가장 거시적인 영향을 미치는 문화적 요인은 한 사회가 가지는 특유의 삶의 방식을 의미한다. 사회적 요인에는 사회계층, 준거집단, 가족, 라이프스타일 등이 포함되며 인구통계적 요인으로는 연령, 성별, 소득, 교육, 계층의식, 직업이 있다. 또한 심리적 요인에는 욕구, 동기, 태도, 학습, 개성이 포함된다.

고객이 제품을 구매할 때 위의 요인들은 고객이 노출된 정보를 처리하는 정보처리과정과 고객이 구매를 결정하는 과정인 구매의사결정과정에 영향을 미친다. 고객의 정보처리과정은 마케팅자극에 감각기관이 노출된 후, 노출된 자극에 주목하는 주의과정을 거쳐 고객이 주어진 자극을 지각하게 되고 이 자극에 반응하는 과정을 거치게 된다. 최종적으로는 그 자극이 고객의 기억 속에 기억 및 저장되는 과정을 거친다. 소비자의 구매의사결정과정은 문제인식, 정보탐색, 선택대안의 평가, 구매, 구매 후 행동으로 이루어진다. 문제인식이란 자신이 처한 실제 상태와 이상적인 상태에 차이가 있다고 생각하고 이를 해결하려는 욕구를 말한다. 정보탐색이란 문제해결을 위하여 필요한 정보를 자신의 기억(내적 탐색) 혹은 외부로부터(외적 탐색) 얻고자 하는 것을 말하며 선택대안의 평가란 정보탐색을 통해 입수한 정보를 이용해 고객이 평가기준과 평가방식을 결정하여 비교하는 것을 말한다. 고객은 이러한 평가를 통하여 제품을 구매하게 되고, 구매 후에는 자신의 구매에 대한 만족과 불만족을 평가하여 다음 번 구매의 참고로 삼게 된다. 구매의사결정과정에서 주어진 상황이나 특정대상에 대한 개인의 중요성에 대한 지각 정도나 관심, 혹은 개인의 관련성 정도를 나타내는 관여도는 각 구매의사결정단계에서 중요한 역할을 한다.

1) 구매의사결정과정분석

고객은 자신의 욕구를 충족시키기 위하여 제품을 구매한다. 제품구매를 결정하고 나면 고객은 구체적인 의사결정과정을 거친다. 이러한 구매의사결정과정은 문제인식 → 정보탐색 → 선택대안의 평가 → 구매 → 구매 후 행동의 다섯 단계로 나누어 볼 수 있다.

일상생활에서 우리는 수많은 의사결정을 하고, 그중에서도 많은 부분이 제품의 구매에 관한 의사결정이다. 대학생의 예컨대,보자. 올해 대학교 2학년인 박군은 아침에 일어나서 집에서 아침은 먹지 않고 학교로 갈 준비를 한다. 집에서 나와 어떤 대중교통 수단을 이용할 것인지를 스마트폰으로 실시간 체크하여 가장 빨리 갈 수 있는 지하철을 선택하고 지하철 도착시간에 맞춰서 집을 나선다. 학교에 도착해서 오전 수업이 끝난 뒤 아침을 먹지 않아 배가 고파서 친구들과 점심을 먹으러 간다. 점심은 어떤 식당에서 어떤 음식을 먹을 것인지를 친구들과 상의해서 중식당에서 짜장면과 군만두를 먹는다. 그리고 오후 수업에 들어가기 전 스타벅스에서 아이스 아메리카노를 한잔 픽업해서 수업시간에 들어간다. 수업이 끝난 뒤 친구들이랑 저녁시간을 같이 보낼 구상을 한다.

여기서 배가 고프다는 것이 문제인식 단계이다. 배고픔을 해결하기 위하여 어떠한 메뉴로 점심을 먹을 것인가는 바로 정보탐색의 단계이며, 여러 가지 대안 중에서 학교 정문 앞의 중식당에서 중국음식을 먹고자 하는 것이 바로 선택대안의 평가과정이다. 실제로 점심을 먹고 대금을 지불하는 과정이 구매이고, 친구들과 음식의 맛이나 서비스에 대하여 평가하는 과정이 구매 후 행동이 될 것이다. 이러한 구매의사결정에는 여러 가지 요인들이 복합적으로 영향을 미치게 된다. 특히 관여도(involvement)는 각 구매의사결정단계에 중요한 영향을 미친다. 관여도는 주어진 상황에서 특정대상에 대한 개인의 중요성에 대한 지각 정도나 관심도, 혹은 주어진 상황에서 특정대상에 대한 개인의 관련성 정도를 말한다. 이러한 관여도는 개인, 제품 및 상황에 따라 다르다.

마케팅관리자는 각 단계별로 나타나는 고객행동의 특징을 바탕으로 마케팅믹스를 개발할 수 있다. 예컨대, 관여수준이 높은 고가의 제품을 구매하는 경우에 고객은 보다 많은 정보를 수집하려고 하며 구체적인 기준을 이용하여 브랜드를 평가하려 한다. 이때 자사의 제품이 고관여 제품이라면 고객에게 정보제공 시에 구체적인 제품설명을 하며 보다 다양한 매체를 이용하여 광고하는 것이 효과적이다. 만약 자사제품이 저관여 제품일 경우에는 판매촉진의 효과가 높으므로 이를 이용한 마케팅전략을 수립하고 실행하면 효과적이다.

2) PNW 분석

여기서 소비자가 문제를 인식하는 것이 구매의사결정의 시작이고, 문제인식으로부터 문제를 해결할 구체적인 니즈가 생기고, 이 니즈를 충족시키는 대안을 찾는 것이 대안평가이고, 실질적으로 구매행동과 연결이 된다. 이러한 구매과정에 착안하여 처음 문제에서 시작하여 문제를 이해하고, 문제와 연결되는 니즈를 분석하고, 이를 충

그림9 PNW 분석의 구조

배가 고프다(Problems)
뭔가 먹어야겠다(Needs)
일식? 중식? 한식?(Wants)

족할 대안들을 구체화시켜 소비자의 제품이나 서비스에 대한 신제품 니즈를 찾아내는 방법이 PNW(Problem Needs Wants) 분석이다.

<그림 9>에서도 보듯이 문제는 '배고프다' 라는 물리적으로 육체가 밥을 먹어야 하는 것을 느끼고 몸의 균형이 깨진 상태를 의미한다. 문제를 인식하고 나서 '무언가를 먹어야겠다'라고 느끼게 되면 니즈가 형성된다. 그런데 많은 마케터들이 보통 니즈를 파악하려고 하는데 니즈를 촉발시킨 문제를 알지 못하면 정확한 니즈를 파악하는 것은 불가능하다. 문제로 돌아가서 다시 정확한 문제를 파악해보자. 배고프다는 것이 아침을 먹지 않아서 많이 배가 고픈 것인지, 또는 현재 다이어트를 하고 있는 상황에서 밥을 먹어야 하는 상황인지, 당뇨 등으로 건강이 안 좋아져서 먹는 음식을 조심해야 하는 상황인지, 구체적으로 문제가 어떤 것인가를 알지 못하고, 그냥 표면적으로 나타나는 뭘 먹어야겠다만 가지고 먹는 것을 충족시키는 다양한 음식을 구체적인 대안으로 제시한다면 아마도 그 마케터는 이 고객의 문제를 해결하지 못하고, 니즈를 충족시킬 수 없을 것이다. 이때 다이어트 등을 하고 있다면 참거나 열량이 낮은 음식 등을 고객은 고려할 것이다.

(1) 문제인식

어느 특정 시점에서 고객은 자신이 현재 처해 있는 실제 상태와 바람직한 상태 사이의 차이가 있다고 생각되면 이를 해결하려는 욕구를 느끼게 된다. 고객이 해결해야 할 욕구가 있다고 인식하는 것을 문제인식이라고 하며, 이것이 의사결정을 거쳐 구매로 이어지기 위해서는 실제상태와 바라는 상태의 차이가 크고, 발생된 문제가 매우 중요한 경우라야 한다. 또한 금전 및 시간과 노력 등의 비용도 문제인식이 구매로 연결되는 데 영향을 준다. 이러한 문제는 일반적으로 매일 소비하는 식품이나 가정용품이 떨어져 구입해야 하는 것은 일상적인 문제이고, 갑자기 사고가 발생하여 의료용품을 사야 하는 것은 긴급적 문제가 된다. 또한 문제는 피곤하다, 배고프다 등의 물리적인 문제와 스트레스, 희노애락 등의 심리적인 문제가 있다.

(2) 필요, 욕구 그리고 수요

필요(needs)는 어떤 기본적인 만족이 결핍된 상태를 말한다. 배가 고플 때 이를 해결하고자 음식을 찾고 추위를 피하고자 따뜻한 쉴 곳을 가지고 싶은 것 등이 필요에 해당된다. 필요는 사회나 마케팅자극에 의해 영향을 받는 것이 아니라 인간의 생물학적 특성에 의해 자연스럽게 생겨난다. 욕구(wants)란 필요를 만족시켜 주는 수단에 대한 구체적 바람을 의미한다. 배가 고플 때 음식을 찾는 것은 필요이지만 빵, 불고기, 비빔밥 등의 특정한 것을 먹고 싶은 것의 욕구에 해당되며, 목이 마를 때 갈증을 해결하고자 마실 것을 찾게 되는 것은 필요이지만, 마실 것 중에서 물, 콜라, 우유 등이 먹고 싶은 것은 욕구이다. 필요는 시간과 공간에 관계없이 기본적으로 존재하는 반면 욕구는 인구통계적 특성이나 사회 환경의 변화에 따라 변화한다.

사람이 가지고 있는 욕구에는 여러 가지가 있다. 특히, 매슬로우(Abraham Maslow)는 <그림 10>과 같이 욕구단계설(hierarchy of needs)을 통해서 사람들의 욕구를 다섯 단계로 구분하였다. 의식주를 해결하고자 하는 욕구인 생리적 욕구(physiological needs)와 신체적, 감정적 안전을 추구하는 욕구인 안전 욕구(safety needs), 소속감과 애정욕구(belongingness and love needs)인 집단 속에 소속되어 인정받고 싶은 사회적 욕구로 나누었다. 다음으로는 내적 성취감(예 : 자기만족), 외적 성취감(예 : 타인 인정과 존경)의 욕구와 집단 내에서 뛰어나고자 하는 욕구인 존경 욕구(esteem needs), 그리고 지속적인 자기계발을 통한 자기발전, 자아완성의 욕구인 마지막 단계의 자아실현욕구(Self-actualization needs)로 나누고 있다. 매슬로우는 필요한 욕구에 있어 최초의 단계인 생리적인 욕구가 가장 중요하고 가장 절박한 욕구이며 자아실현의 욕구로 갈수록 절박성과 중요성이 덜해진다고 하였다. 이러한 욕구는 계층적 특성을 가지고 있어 전 단계의 욕구가 충족되지 않으면, 다음 단계에 대한 욕구는 약해지며, 전 단계의 욕구가 충족되면 다음 단계의 욕구가 강해진다.

마지막으로 수요(Demand)는 욕구를 충족시킬 수 있는 능력을 고려한 것이다. 즉, 필요를 느끼고 어떤 제품을 사고 싶다는 욕구가 생겨도 그 욕구를 충족시킬 수 있는 능력이 소비자가 어느 정도를 가지고 있느냐에 따라 구체적인 욕구는 달라질 것이다. 예컨대, 서울에서 부산으로 여행을 가고자 하는 소비자가 있다고 가정해보자. 우선적으로 고려해야 할 것이 교통수단이다. 부산까지 가고 싶다는 것이 필요이고, 어떤 교통수단을 고려해야 하는가(버스, 기차, 비행기, 자가용 등)에 관한 것이 욕구이고, 비용측면에서 볼 때 가장 비싼 비행기를 타고 간다고 할 때 이 비용을 지불할 능력을 감안한 것이 수요이다.

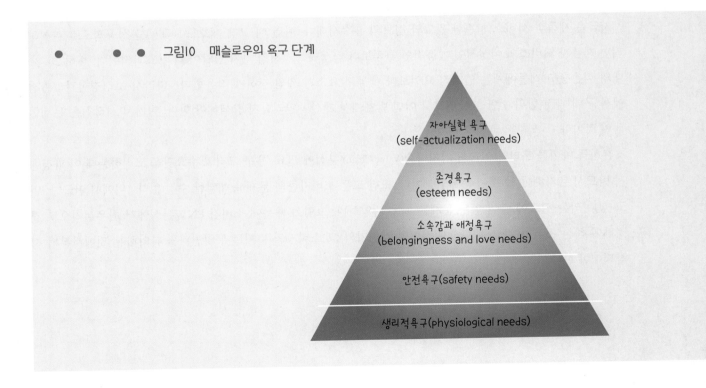

그림10   매슬로우의 욕구 단계

4차 산업혁명은 모든 분야와 산업에서 큰 변화를 주도하는 주요 트렌드가 됐다. 디지털 혁명으로 인해 대면 및 비대면 접점에서 새로운 고객경험의 종류와 채널이 생성됐다. 이런 시대에 고객 경험을 개선하기 위해서는 고객 니즈와 행동을 분석하고 실제 고객 여정(Customer Journey)을 체계적으로 관리해 이에 맞는 서비스를 제공하되 '효과성' '편리함' '고객 감성' 등을 고려해야 한다. 이러한 키워드를 충족시키는 새로운 경험을 고객에게 전달해주지 못하는 기업은 시장에서 잊혀지게 될 것이다.

저성장과 좋지 않은 경제적 상황에서 성장뿐만 아니라 생존을 위해서도 기업은 소비자가 구매의사를 가진 단계에서 차별화된 고객 경험을 제공해 신규 구매 또는 재구매에 긍정적 영향을 미칠 수 있는 활동을 찾아야 한다. 자사 상품과 서비스에 관심과 구매 니즈를 보이는 고객에게 차별적 경험을 제공함으로써 구매로 연결되게 해야 한다. 또 한 번 구매한 고객에게도 고객경험 흐름 중 효과적 시점에서 적절한 소통으로 고객만족도를 높이고 재구매의 단초를 제공해 성장과 수익 창출로 연결시켜야 한다.

자사와 접한 고객에게 차별적으로 독특한 경험을 제공하기 위해서는 고객 여정의 각 단계에서 발생하는 고객의 소리(VOC)를 수집·분석하고, 이를 상품과 서비스 개발에 반영하고, 고객 중심적으로 프로세스를 혁신하고, 접점의 서비스 품질을 높이고, 문제가 발생하면 고객 관점에서 적극 대응해야 한다. 고객만족경영의 목표가 고객만족 제공으로 자사가 지속해서 선택받아 기업의 성장과 직원 만족으로 연결시키는 선순환이라 한다면 차별적 고객경험 제공은 이를 촉진하는 좋은 방편이다.

지금은 제품과 서비스에 관한 광고와 정보의 홍수시대다. 이런 때 고객 애호도(Loyalty)를 성공적으로 관리하려면 제품과 서비스의 이성적인 기능적인 가치보다 감성적·정서적 가치 전달이 더욱 효과적이다. 특히 20~30대의 젊은층 고객들에게는 인지적 요인보다 행동적 요소가 훨씬 강하게 작용한다. 따라서 고객경험관리관점에서 구매 과정 범위 전반을 살펴보고 어떤 단계에서 개선·관리할지 탐색해야 한다. 여기서 시작점은 문제인식인 것이다.

흔히들 마이클 포터가 언급한 가치사슬(Value Chain) 분석에 필요, 욕구 그리고 수요만을 고려하는데 이 과정에서 반드시 추가해야 할 것이 문제인식이다. 또한 모든 소비자들의 문제를 해결할 수는 없다. 위에서 언급한 "먹고 싶다"라는 필요에 숨어 있는 문제는 매우 다양하다. 그렇기 때문에 소비자 PNW분석에서 최우선적으로 결정해야 하는 것은 어떤 소비자에게 집중할 것인가와 그 소비자의 문제는 무엇인가를 파악하는 것에서부터 시작되어야 한다.

사례

고객 니즈에서 기업 성장세포를 찾아라

세계적인 식품 회사인 다농(DANONE)의 성장 플랫폼 구축은 고객에 대한 통찰에서 시작됐다. '건강한 아침 식사'에 대한 소비자들의 관심이 점차 높아지는 반면, 이들을 위한 아침 식사메뉴가 우유에 탄 시리얼이나 토스트 등으로 극히 한정되어 있다는 점을 간파했다.

다농은 그동안 주로 간식용으로 소비되던 요구르트에 영양 성분과 소화 효소를 강화하고 시리얼과 함께 포장을 해서 아침 식사용으로 출시했다. 소비자의 니즈를 정확히 간파한 이 시도는 제품의 시장을 확대할 수 있는 길을 열어 주었고, 한 번 형성된 식습관을 잘 바꾸지 않는 소비자의 특성과 맞물려 지속적인 매출 성장을 가져다주었다.

다농은 이렇게 얻어진 고객에 대한 통찰을 기반으로 자사의 비스킷 제품 또한 아침 식사용으로 용도를 확장하여 또 한 번의 성공을 이루었다. 결국 다농의 매출 증대의 핵심 기반, 성장 플랫폼은 아침 식사 시장에 대한

깊이 있는 통찰이었다. 이 역시 신기술과 신제품 개발이 아니라 시장에 대한 통찰이 성장의 기반이 될 수 있음을 보여주는 사례다.

이처럼 다농의 사례는 기업이 고객의 니즈와 그 이면에 존재하는 트렌드를 깊게 이해함으로써 앞서의 사업 경험이 그 다음 사업 기회의 기반을 제공하는 견고한 성장의 기반을 구축할 수 있음을 보여주고 있다.

이는 애플이 MP3플레이어인 '아이팟'(iPod)과 디지털 음악을 관리하는 '아이튠스'(iTunes)를 결합한 비즈니스 모델을 구축한 사례, 식품 회사의 3분 요리 시리즈, 즉석 스파게티, 즉석 샐러드 등 가정 대용식을 개발해 공급하는 사례도 해당한다.

출처: 매일경제, 2010년 6월 4일

Further Discussions

FD1 제품수명주기와 혁신확산곡선과의 관계는 어떠한 관계가 있으며 관련성에 대해 설명해보자.

FD2 콘텐츠를 생산하는 크리에이터이자 정보와 재화를 유통하는 유통채널로서 인플루언서와 의견선도자와는 어떠한 차이가 나는지를 밝혀보자.

FD3 리포지셔닝으로 제품수명주기를 연장한 사례를 찾아보고 그 사례에서의 주요한 마케팅 시사점은 무엇인가를 논해보자.

FD4 특정 제품의 판매량과 누적판매량을 조사하여 향후의 판매량을 Bass 모형을 이용하여 예측해보자.

FD5 최신의 혁신 확산 모델에서 다뤄지지 않은 부분 중에서 앞으로 추가적 고려사항이 있는 것은 어떠한 것이 있는가를 논의해보자.

FD6 전통적인 제품영역과 서비스 분야에 있어 혁신확산모델은 어떠한 차이가 있을까? 특히 최근 K-pop을 위시로 한 한국문화의 확산은 어떻게 진행될 것이며 한국 문화는 혁신 확산 모델에 어떻게 조정될 수 있는가를 탐색해보자.

FD7 다양한 형태의 기술혁신이 진행되고 있는바, 최근 기술 혁신과 관련된 제품 중에서 가장 짧은 혁신 확산 주기는 어떠한 예가 있는가를 탐구해보자.

References

Bass, F. M.(1969), "A New Product Growth Model for Consumer Durables," *Management Science*, 15(Jan.), 215-227.

Bass, F. M.(1980), "The Relationship Between Diffusion Rates, Experience Curve, Demand Elasticities for Consumer Durable Technological Innovations," *The Journal of Business*, 53(3), 51-67.

Berger, J., and C. Heath(2007), "When consumers diverge from others. Identity signaling and product domains," *Journal of Consumer Research*, 34(2), 121-134.

Chandrasekaran, D., and G. J. Tellis(2006), Getting a grip on the saddle: Cycles, chasms, or cascades? PDMA Research Forum, Atlanta, 21–22 October.

Desiraju, R., H. Nair and P. Chintagunta(2004), "Diffusion of new pharmaceutical drugs in developing and developed nations," *Journal of Business Research*, 21(4), 341-357.

Goldenberg, J., and S. Oreg(2007), "Laggards in disguise: Resistance to adopt and the leapfrogging effect," *Technological Forecasting and Social Change*, 74(8), 1272-1281.

Goldenberg, J., B. Libaiv and E. Muller(2001), "Talk of the network: A complex system look at the underlying process of word of mouth," *Marketing Letters*, 12(3), 211-223.

Goldenberg, J., B. Libaiv and E. Muller(2002), "Riding the saddle: How cross-market communications can create a major slump in sales," *Journal of Marketing*, 66(2), 1-16.

Goldenberg, J., S. Han, D. R. Lehmann and J. W. Hong(2009), "The role of hubs in adoption processes," *Journal of Marketing*, 73(2), 1-13.

Golder, P. N., and G. J. Tellis(1997), "Will it ever fly? Modeling the takeoff of really new consumer durables," *Marketing Science*, 16(3), 256-270.

Jiang, Zhengrui, Frank M. Bass and Portia Isaacson Bass(2006), "Virtual Bass Model and the left-hand data-truncation bias in diffusion of innovation studies," *International Journal of Research in Marketing*, 23(1), 93-106.

Kauffman, R. J., and A. A. Techatassanasoontorn(2005), "International diffusion of digital mobile technology: A coupled-hazard state-based approach," *Information Technology and Management*, 6(2–3), 253-292.

Lillien, G., P. Kotler and K. Moorthy(1992), Marketing Models, Prentice-Hall.

Mahajan, Vijay, Eitan Muller and Frank M. Bass(1990), "New Product Diffusion Models in Marketing: A Review and Directions for Research," *Journal of Marketing*, 54(Jan), 1-26.

Moore, G. A.(1991), Crossing the chasm. New York: Harper Business.

Peres, R., Muller E. and V. Mahajan(2010), "Innovation diffusion and new product growth models: A critical review and research directions," *Journal of Business Research*, 27, 91-106.

Rogers, Everett M.(1983), Diffusion of Innovations, The Free Press, NY.

Rohlf, J.(2001). Bandwagon effects in high-technology industries. Cambridge, MA: MIT Press.

Song, I., and P. K. Chintagunta(2003), "A micromodel of new product adoption with heterogeneous and forward-looking consumers," *Quantitative Marketing and Economics*, 1(4), 371-407.

Srinivasan, R., G. L. Lilien and A. Rangaswamy(2004), "First in, first out? The surprising effects of network externalities on pioneer survival," *Journal of Marketing*, 68(1), 41-58.

Stremersch, S., and G. J. Tellis(2004), "Understanding and managing international growth of new products," *International Journal of Research in Marketing*, 21(4), 421-438.

Stremersch, S., E. Muller and R. Peres(2010), "Does new product growth accelerate across technology generations?," *Journal of Marketing*, 21(2), 103-120.

Tellis, G. J., E. Yin and R. Niraj(2009), "Does quality win? Network effects versus quality in high-tech markets," *Journal of Marketing Research*, 46(2), 135-149.

Tellis, G. J., S. Stremersch and E. Yin(2003), "The international takeoff of new products: the role of economics, culture, and country innovativeness," *Marketing Science*, 22(2), 188-208.

Urban, G., P. Johnson and J. Hauser(1984), "Testing Competitive Market Structures," *Marketing Science, 3*(2), 83-112.

Van den Bulte, C., and S. Stremersch(2006), "Contrasting early and late new product diffusion: speed across time, products, and countries," Working paper: Erasmus University.

Van den Bulte, C., and S. Wuyts(2007). Social networks and marketing, MSI relevant knowledge series. Cambridge, MA: Marketing Science Institute

Van Everdingen, Y. M., D. Fok and S. Stremersch(2009), "Modeling global spill-over in new product takeoff," *Journal of Marketing Research*, 46(5), 637-652.

Van Everdingen, Y. M., W. B. Aghina and D. Fok(2005), "Forecasting cross-population innovation diffusion: A Bayesian approach," *International Journal of Research in Marketing*, 22(3), 293-308.

CHAPTER 04

신제품
수요예측

Learning Objectives

LO1 마케팅 분야에 있어 수요예측의 의미를 이해하고 설명할 수 있도록 한다.

LO2 마케팅, 특히 신제품분야에 있어 수요예측의 다양한 방법들을 이해하고 구별할 수 있고 이를 마케팅 전략 수립에 작성 할 수 있도록 한다.

LO3 계략적 접근의 수요예측 방법들의 장단점을 이해하고 신제품의 수요예측에 적용할 수 있도록 한다.

수요예측 실패사례

: 없어 못 팔던 허니버터칩, 매출 '반토막' 위기

한때 '없어서 못 팔던' 해태제과 '허니버터칩'의 인기가 급속히 사그라지면서 관련 예상 매출이 반토막 날 위기에 놓였다.

19일 업계에 따르면 허니버터칩이 정확한 시장 예측 실패로 생산시설 증설과 동시에 인기가 추락했던

팔도 꼬꼬면의 전철을 밟는 게 아니냐는 전망이 나오고 있다. 해태제과가 지난 5월 증권거래소 상장을 앞두고 허니버터칩 생산시설 증설 효과를 지나치게 과장해 결과적으로 투자자들에게 큰 피해와 혼란을 줬다는 지적도 있다.

해태제과는 상장을 불과 하루 앞둔 지난 5월 10일, 강원도 원주시 문막읍 허니버터칩 제2공장 준공 사실을 보도자료 등을 통해 대대적으로 홍보했다. 당시 보도자료에서 해태는 "품귀 현상이 여전한 허니버터칩 공급에 숨통이 트였다"며 "풀(100%) 가동되면 허니버터칩 공급량은 1일 1만 5,000박스에서 3만 박스로, 월 생산량도 75억원에서 150억원으로 두 배가 된다"고 설명했다. 이와 함께 올해와 2017년 허니버터칩 매출 예상 값을 각각 1,400억원, 1,800억원으로 제시했다. 1,800억 원은 2015년(900억 원대) 매출의 거의 2배에 이르는 규모다. 아울러 "공장 증설로 단숨에 연 매출 2,000억 원에 육박하는 초대형 브랜드로 올라설 것"이라고도 언급했다.

하지만 이후 5개월여가 지난 지금, 허니버터칩의 현실은 해태의 기대와 큰 차이를 보이고 있다. 해태에 따르면 현재 1, 2공장에서 생산하는 허니버터칩의 월 매출은 1공장만 가동했을 때(75억원)보다 4~5억원 안팎 늘었다. 현재 허니버터칩의 월 매출을 최대 80억원으로 보고 내년에도 현재 수준의 수요는 유지된다고 긍정적으로 가정해도, 내년 전체 허니버터칩 매출은 960억원 정도에 그칠 전망이다. 해태가 5월에 내놓은 2017년 매출 목표(1,800억 원)의 거의 절반에 불과하다.

한때 품귀 현상까지 보이던 허니버터칩에 대한 소비자의 관심이 크게 줄었기 때문이다. 시중 소매 현

장, 개별 유통 채널에서는 허니버터칩 매출이 급감했다. 3대 편의점 중 하나인 A 편의점에서 지난 9월 허니버터칩 월 매출은 2015년 6월 최고 매출의 43% 수준에 불과했다. 1년여 만에 무려 60%나 허니버터칩 수요가 축소됐다는 얘기다. B 슈퍼마켓 체인에서도 허니버터칩 매출은 2015년 6월을 정점으로 줄어 올해 9월에는 2015년 6월보다 41%나 적은 것으로 집계됐다.

이처럼 해태제과가 주식 상장에 앞서 강조했던 허니버터칩 증설 효과가 기대에 미치지 못하자, 실망이 주가에 그대로 반영되고 있다. 허니버터칩 증설 홍보 등에 힘입어 해태제과(상장 종목명 해태제과식품) 주가는 5월 11일 상장 후 7일 만에 공모가(1만 5,100원)의 4.5배에 이르는 6만 8,000원까지 치솟았다. 하지만 이후 계속 내리막을 달려 18일 종가 기준 1만 9,600원까지 추락했다. 불과 5개월 만에 주가가 71%나 빠져 무려 1조 4,000억원의 시가총액이 날아간 셈이다.

증권업계의 시각도 해태와는 달리 대체로 부정적이다. 한국투자증권은 지난 7월 보고서에서 "제2공장 증설로 기대되는 허니버터칩 매출액은 지난해 500억원대(공장도가격 기준)에서 올해 600~700억 원으로 전망되나 이전과 같은 시장 파급력을 보여줄 수 있을지 의문"이라고 내다봤다.

허니버터칩 수요가 생각보다 늘지 않자, 현재 해태제과는 허니버터칩 증산 목적으로 지은 문막 제2공장의 잉여 설비를 통해 '생생칩' 등 다른 감자 스낵 제품도 생산하는 것으로 알려졌다.

출처: 한국일보, 2016년 10월 19일

기업이 성과를 창출하여 지속적인 성장을 하기 위해서는 당연히 신제품 개발을 성공해야 할 것이다. 그러나 성공적인 신제품 수요예측은 시장수용, 기술적 타당성, 기업의 자원등과 관련된 불확실성으로 매우 어렵고 때로는 도외시 하기도 한다.

신제품이나 신서비스 개발성공의 필요충분조건은 이들의 수요를 정확하게 예측하는 시장매력성(market attractiveness)을 파악한 후 이에 대한 전략을 수립하는 것이다. 실제로 이러한 시장의 매력성을 알 수 있는 수요예측이 실패시에는 많은 노력들이 헛수고가 될 뿐 아니라 기업에게도 매우 심각한 타격을 주게 된다.

기본적으로 수요예측이란 미래의 일정기간에 대한 기업의 제품 · 서비스에 대한 소비자들에게 판매될 수 있는 매출규모나 수용 등을 예측하는 것이다. 이러한 신제품의 적절한 매출규모나 소비자의 수용에 확신이 있을 때 기업은 그들의 성공을 지각할 수 있을 것이다.

본장에 있어서는 신제품의 성공을 위해 수요예측의 마케팅적 의의와 방법에 대해서 살펴본다. 이후 예측방법으로 정성적 방법과 정량적 방법에서의 구체적인 내용에 대해서 소개하기로 한다. 이렇게 다양한 예측방법을 소개하는 이유는 미래에 대한 수요예측과 의사결정은 단하나의 예측보다는 예측 범위를 알고 이에 근거한 전략수립 및 집행이 필요하기 때문이다.

수요예측의 의미

신제품 개발에서 또 하나의 중요한 부분은 신제품이 시장에 출시된 후 얼마나 소비자들에 의해 얼마만큼의 판매량이 나올지 즉, 신제품의 수요가 얼마일지 예측하는 것이다. 거시 경제 상황과 소비성향의 변화, 경쟁사 제품과의 경쟁구도 등 불확실한 시장 환경으로 수요예측이 더욱 중요해 지고 있다. 위의 사례에서 볼 수 있듯이 소비자들이 더 많이 사고 싶어도 살 수 없는 상황은 제조업체 입장에서는 너무나 안타까운 일이 아닐 수 없다. 반대로 신제품에 대한 시장 반응을 지나치게 낙관적으로 예상하여 많은 수량을 제조해도 물류비용이 증가하여 기업에 큰 손실을 가져올 수도 있다.

수요예측 방법

1) 정성적 방법

정성적 방법의 대표적인 예는 전문가적 판단을 활용하는 델파이 기법이다. 마케터는 신제품이 출시되기 전에 신제품의 잠재수요나 수요를 델파이 기법(Delphi Method)을 활용하여 수집, 평가할 수 있다. 특별히 장기적이거나 불연속적일 때 전문가의 의견을 수집해 잠재적 기술 개발의 성공여부를 예측하기도 한다. 델파이 기법은 여러 단계의 설문을 거쳐서 완성이 된다. 우선, 15명에서 20여 명의 전문가로 패널을 구성하여 1차 설문을 보낸다. 설문은 각 전문가가 익명으로 이 신제품의 성공여부를 예측한 후 분석, 종합하여 결과를 다른 그룹의 전문가들에게 전달하게 된다. 이 1차 결과를 보낼 때 추가로 다른 자료들을 다음 전문가 집단에게 보낸다. 두 번째 전문가 그룹에서 예상한 결과를 다시 종합하여 다음 그룹에 보내는 이 과정을 여러 차례 반복한다. 이 과정에서 전원 합의가 이루어지면 그때 이 과정을 종료하고 통일된 의견으로 정리한다. 이 델파이 기법의 특징은 한 전문가의 독단적인 의견에 영향을 많이 받아 큰 편향을 갖는 예측이 되지 않게 되기 위해 여러 차례 설문이 반복 진행된다는 점이다.

이 델파이 기법은 장점과 단점을 모두 가지고 있다. 좋은 예로, 건설업에서 잠재적 기술개발의 성공을 예측했을 때 델파이 기법을 활용하여 매출액을 예측한 결과 3% 내외의 오차로 근접하게 예측했었다. 회귀분석의 예측에 비해 매우 뛰어난 예측력을 보여줬다. 반면에, Dalkey(1969)에 따르면 정답이 알려진 실험의 경우 델파이 기법으로 얻어진 예측이 1차 설문 답의 중간값에 가까웠다. 기타 방법으로는 컨조인트 분석[1]과, 인덱스 분석 등이 있다.

● ● ● **표I**   **수요 예측 기법의 종류와 특징**

구분		적합한 환경	특징
정성적	전문가 의견 활용	· 과거와 같은 데이터 수집이 불가능한 상황 · 해당 제품 또는 유사 제품 시장에 대한 경험과 지식을 보유한 전문가 확보 가능	· 적합한 전문가 확보가 관건
	컨조인트 분석	· 제품의 기능이나 속성별 니즈를 파악 · 신제품/기능의 시장 반응을 예측	· 정확도가 높아 기업에서 널리 사용 · 고비용의 소비자 서베이 필요
	인덱스 분석	· 공산품보다 부동산, 프로젝트 등 희소제품의 선택 가능성 예측에 적합	· 선택 가능성에 대한 다수의 사전 연구가 필요
정량적	회귀분석	· 분석 대상의 데이터 확보 여부가 중요 · 인과관계 파악이 필요한 모든 분야	· 변수의 민감도 파악이 용이 · 엑셀 등에서도 쉽게 추정
	시계열분석	· 과거 데이터 수집이 용이한 분야 · 다양한 변수, 시차 등 복잡한 인과관계 모형화 가능	· 예측 목적으로 개발된 전형적 모형 · 충격에 의한 미래 장기 영향을 파악
	확산모형	· 신제품이나 신기술에 대한 수요 예측 · 과거 데이터 수집이 불가능하거나 초기 데이터만 활용 가능한 상황	· 신제품이 구성원들 사이에서 퍼져나가는 과정을 모델링 · 대중매체와 구전효과를 반영
시스템	정보 예측 시장	· 제품 또는 주변 상황에 대해 장기적으로 실시간 변화를 파악하고자 할 때 적합	· 큰 비용이 들지 않는 장점 · 시장 참여자가 많아야 의미 있는 정보 추출이 가능
	시스템 다이내믹스	· 수요가 산업 내적인 요인에 의해 주로 영향을 받는 경우	· 산업의 동태적 변화를 산업의 구조에 기반하여 이해
	인공신경망	· 인과관계가 복잡하고 많은 데이터 분석이 필요한 예측 문제에 적합 · 미래 고객을 발굴하는 마케팅 문제에도 활용	· 사전 시직이 없어도 일정한 알고리즘을 활용하여 최적화된 결과를 도출 · 인과관계에 대한 설명 부족

출처: 삼성경제연구소

---

1 컨조인트에 대해서는 9장을 참조.

2) 정량적 방법들

(1) 로짓 모형

선택(로짓) 모형은 고객의 선호와 선택 확률간의 관계를 계량적으로 만든 것이다. 소비자 선택은 다양한 의사결정 상황에서 고려할 수 있다. 예컨대, 신제품을 구입할지 말지, 새로운 시스템을 도입할지 말지, 새로운 버전의 제품을 구입할지 말지, 그리고 새로운 기술을 수용할지 말지 등의 결정들을 생각해 볼 수 있다. 또한 로짓 모델을 활용하여 어떤 브랜드를 선택할지와 동시에 이 제품군에서 구매를 할지 말지를 동시에 고려한 모델을 추정할 수도 있다.

로짓 모형은 소비자가 제품을 구매하기로 결정했을 때 어떤 요인들이 얼마나 영향을 주었는지를 분석할 수 있다. 예를 들어, 가격, 프로모션, 광고 등의 마케팅 전략중에서 어느 요인이 가장 크게 영향을 주었는지를 파악함으로써 기업은 그 요소에 더욱 집중해서 마케팅 전략을 조정할 수 있다.

우선 브랜드를 선택하는 확률은 다음과 같다.

$$\Pr(y_{kj'}) = \frac{\exp(x'_j \beta_h)}{\sum_{j=1}^{J} \exp(x'_j \beta_h)} \quad \dots\dots\dots\dots\dots\dots\dots\dots\dots\dots\dots ❶$$

β는 제품 속성의 민감도를 나타낸다. J 개수의 브랜드 중에서 j' 의 선택된 상대적 확률로 표현이 되었다. 다음으로 이 제품군에서 구매를 할지 안 할지에 대한 선택은 다음과 같다.

$$\Pr(B|j') = \Pr(x'_j \beta_h + \epsilon_{kj'} > \gamma_h) \quad \dots\dots\dots\dots\dots\dots\dots\dots\dots\dots ❷$$

여기에서 γ는 이 제품군을 구매할 최소 임계치를 의미한다. $\epsilon_{kj'}$ 는 독립적이고 동분산을 갖는 검벨 (Gumbel) 분포를 따르는 극단적인 값(extreme value)을 갖는다. 최종적으로 이 두 가지 선택이 동시에 일어나면

$$\Pr(j,B) = \Pr(j) \times \Pr(B|j) \quad \dots\dots\dots\dots\dots\dots\dots\dots\dots\dots\dots ❸$$

최종 모델은 위와 같다. 이 모델에서 β 값을 추정하는 방법은 최우추정법(maximum likelihood estimation)을 사용한다. 최우추정치는 일관성(consistency)과 최소분산성 등의 통계적 특성을 가지며 정규분포를 띠고 데이터의 수가 조금 작은 편이어도 상당히 정확하다고 한다(Glen and Hauser, 1995).

선택 모델(Choice model)에서는 종속변수가 1 아니면 0으로 구매하기로 선택하면 1 아니면 0을 갖게 된다. 그래서 로짓 모델이 신제품의 수요를 예측할 때 아주 적절한 모델이 되는 것이다. 로짓 모델의 장점은 누구나 손쉽게 통계 프로그램을 활용하여 간편하게 추정을 할 수 있다는 점이다. 소비자 수준의 자료만 있으면 어떠한 마케

팅적인 요소가 개개인의 소비자로 하여금 선택을 하도록 만들었는지를 알 수 있게 해주는 매우 효과적이고 직관적인 통계 모델이라고 할 수 있다. 위 모델에서 x가 여러 가지 마케팅 변수들을 포함하고 있는데 신제품의 가격, 성능, 디자인, 색상, 다른 제품과의 호환성, 혁신성 등등을 선택 모델로 추정할 수 있다. 뿐만 아니라, 로짓모델은 선호와 구매확률을 연결 시키기 때문에 what if 의 능력을 갖추고 있다.

(2) 시계열 분석(Time Series Analysis)

시계열이란 일정 시간 간격으로 측정되거나 배치된 데이터들을 말한다. 시계열 데이터는 변수들을 위한 데이터가 시간의 흐름에 따라 일정한 시간 간격으로 순차적으로 정리되어 있다. 시계열 자료의 해석은 미래를 예측하는 데에 중요한 도구가 될 수 있다. 동일제품이나 유사 제품의 과거 시계열 자료가 존재할 경우 사용되는 방법으로 자료의 시계열이 길면 길수록 예측치가 시계열 과정의 평균에 수렴하는 경향이 있다. 특별히 과거 유사제품들이 출시된 후의 시계열 자료를 활용하여 출시될 유사한 제품의 수요를 예측한다면 매우 근접한 결과를 예측할 수 있게 된다. 다시 말해서, 시계열 수요 예측기법은 과거 수요 데이터를 활용해 미래 수요를 예측하는 방법이다. 과거의 수요 데이터만 수집하면 되기에 비교적 준비가 간단하다. 그러나 수요변화가 예상되거나 장기간 수요 예측에는 적절하지 않다.

시계열 자료에 영향을 주는 변동에는 순환, 경향, 계절, 우연 등으로 나누어진다.

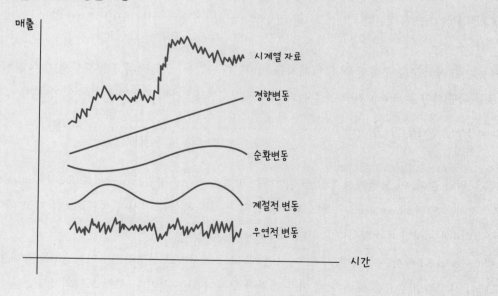

● ● ● 그림| 시계열 자료의 다양한 유형

① **순환 변동 요인**: 사회, 정치, 경제등으로 인한 장기적인 수요의 순환적 변화를 말한다.

② **경향 변동 요인**: 장기적인 수요 변화의 전반적 경향을 의미하며 증가나 감소하는 전반적인 추세를 나타낸다.

③ **계정 변동 요인**: 1년을 주기로 계절이 바뀔 때 마다 수요의 변화를 말한다.

④ **우연 변동 요인**: 예상되지 않고 우연히 또는 돌발적으로 일어나는 변화를 말한다.

이 네 가지 요인들은 동시에 복합적으로 시계열 변동에 영향을 주기 때문에 시계열 분석기법은 각각의 요인들에 대한 분석을 포함한다. 이러한 요인들은 <그림 1>에 나타나 있다.

본서에서는 일반적으로 많이 사용되는 시계열 모델에는 자기상관(autoregressive (AR)) 모델, 이동평균(moving average) 모델 두 가지를 살펴보고자 한다.

① 자기상관(autoregressive (AR)) 모형

자기상관 모형의 기본적인 특징은 현시점의 자료는 과거의 상태 또는 위치에 영향을 받는다는 점이다. 가장 간단한 $AR(1)$을 설명한다. 무조건적 기댓값이 0이 아닌 일반적인 경우 $AR(1)$은 다음과 같다.

$$Y_t - \mu = \phi(Y_{t-1} - \mu) + e_t \quad\text{..} ❹$$

그리고 시간이 $t+1$이면 다음과 같다.

$$Y_{t+1} = \phi(Y_t - \mu) + e_{t+1} + \mu \quad\text{..} ❺$$

Y_{t+1}을 t 시점에서 예측한 값을 $\hat{Y}_t(1)$이라고 하자. 이 값은 현제시점 까지 정보를 조건으로 하는 기댓값이다.

$$\hat{Y}_t(1) = E[Y_{t+1} \, Y_1, Y_2, Y_3, ..., Y_t] \quad\text{........................} ❻$$

이 식을 조건부 기댓값의 성질을 이용하여 다음과 같이 정리할 수 있다.

$$\hat{Y}_t(1) = \phi(Y_t - \mu) + \mu \quad\text{..} ❼$$

무조건부 기댓값 μ에서 현재 값 Y_t이 떨어진 값에 ϕ를 곱한 만큼 μ에서 멀어진 값이 된다. $AR(1)$모형에서는 $\phi < 1$이므로 예측값은 μ에 더 가까워진다.

② 이동평균(Moving Average) 모형

시간이 지날수록 어떤 확률변수의 평균값이 지속적으로 증가하거나 감소하는 경향이 있을 수 있다. 예컨대,

봄에서 여름으로 계절이 바뀌면서 가정의 일반 전기 수요는 늘어가고 여름에서 가을을 지나 겨울로 갈수록 전기 수요가 줄어드는 걸 생각해 볼 수 있다. 신제품의 예컨대, 초반에 소수의 사람들만이 신제품을 구입했을 때에는 수요가 작다가 점점 더 많은 사람들이 신제품을 사용하면 더욱 많은 사람들이 구매하는 경우를 생각할 수 있다. 이때 평균이 증가하는 시계열 모형으로 추정한다면 높은 설명력을 보일 수 있다. 가장 기본적인 1차 이동평균 모형을 설명한다. 1차 MA(1)의 현재값 Y_t는 평균이 0이고 분산은 σ_e^2인 노이즈와 1기 전의 노이즈와의 합이다.

$$Y_t = e_t + \theta e_{t-1} \quad \cdots\cdots\cdots\cdots\cdots\cdots\cdots\cdots\cdots\cdots\cdots\cdots\cdots\cdots\cdots\cdots\cdots\cdots\cdots\cdots\cdots \quad ❽$$

$MA(1)$ 모형의 기댓값은 μ, 분산 γ_0, 자기공분산 γ_1은 다음과 같다.

$$\mu = E[Y_t] = 0 \quad \cdots\cdots\cdots\cdots\cdots\cdots\cdots\cdots\cdots\cdots\cdots\cdots\cdots\cdots\cdots\cdots\cdots\cdots\cdots\cdots \quad ❾$$
$$\gamma_0 = Var[Y_t] = \sigma_e^2(1 + \theta^2)$$
$$\gamma_1 = Cov[Y_t, Y_{t-1}] = \theta\sigma_e^2$$
$$\gamma_1 = 0 \text{ for } l > 1$$

(3) 계량적 모형

계량경제모형(Econometric Model)은 예측하고자 하는 수요와 이에 영향을 주는 독립변수들 사이의 상관관계를 선형적 모델로 추정하여 신제품이 출시된 후 수요를 예측하는 방법이다(임종인 · 오형식, 1992). 고전적으로 가장 단순하며 손쉽게 추정할 수 있는 장점이 있지만 독립변수들 사이에 선형적인 관계가 깊으면 다중공선성의 문제가 발생할 수 있고, 누락된 독립변수의 문제, 그리고 내생성 등의 여러 가지 문제점들이 추정치 자체를 의미 없이 만드는 위험 또한 존재한다. 로짓모델과의 차이점으로는 계량적 모델은 주로 누적된 자료들로 분석하는 경향이 있다. 회귀분석(Regression Analysis)에는 단순회귀분석과 다중회귀분석이 있는데 다중회귀분석이 가장 많이 쓰인다. 회귀분석의 표준가정은 다음과 같다.

① 오차항은 모든 독립변수 값에 대하여 동일한 분산을 갖는다.

② 오차항의 기댓값(평균)은 0이다.

③ 수집된 데이터의 분포는 정규분포를 이루고 있다.

④ 독립변수 사이에는 상관관계가 없거나 약해야 한다. 그렇지 않으면 다중공선성문제가 발생한다.

⑤ 시간에 따라 수집한 데이터들은 잡음의 영향을 받지 않아야 한다.

사례

인공신경망 기술들
활용의 예

이 기업은 과거 자료를 바탕으로 향후 1주 뒤에 발생할 미래 수요에 대한 예측을 하고 싶어 한다. 아래는 그들이 보유한 데이터 자료다.

	Variable name	Type	Use
1	Day Of Week	Discrete	Input
2	Month	Discrete	Input
3	Day Of Month	Continiuous	Input
4	Promo	Binary	Input
5	Previous Day Promo1	Binary	Input
6	State Holidays	Continiuous	Input
7	School Holidays	Continiuous	Input
8	Previous Day Sales1	Continiuous	Input
9	Previous Day Sales2	Continiuous	Input
10	Previous Day Sales3	Continiuous	Input
11	Previous Day Sales4	Continiuous	Input
12	Previous Day Sales5	Continiuous	Input
13	Previous Day Sales6	Continiuous	Input
14	Previous Day Sales7	Continiuous	Input
15	Sales 7 days	Continiuous	Target

이세돌 9단과 알파고의 대국 덕분으로 우리는 인공지능의 위력을 체감할 수 있었으며, 이 기술에 대해 많은 관심을 가지게 되었다. 알파고가 가진 능력은 딥러닝(Deep Learning) 기술이다. 이 딥러닝 기술의 원천 기술은 인공신경망이다. 인공신경망 기술로 활용 가능한 사례를 소개한다. 다음 차트는 K 소매 기업의 2년간의 A 상품에 대한 판매 개수 자료다.

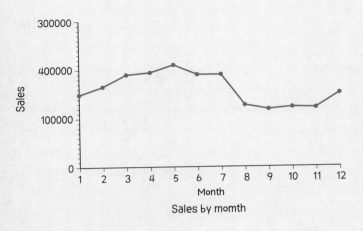

Sales by momth

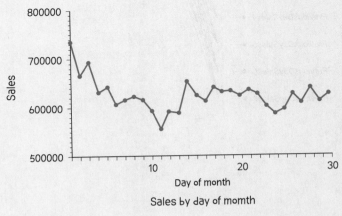

Sales by day of momth

14개의 입력변수와 1개의 목표변수가 있다. 인공신경망과 회귀분석의 공통점과 차이점이 있다. 공통점은 입력변수를 통하여 목표 변수를 예측하는 것이고, 차이점은 인공신경망은 통계적 모형에 기반을 두기보다는 학습(training) 모형을 통하여 알고리즘을 형성하는 것이다. 인공신경망 모형을 찾는 과정은 아래 그림과 같으며, 중간에서 처리하는 노드(node)의 개수가 얼마나 복잡하고 정교한지에 따라 그 예측 능력이 좌우된다. 참고로, 알파고의 딥러닝 방식은 이 노드의 개수가 매우 복잡하며 연산처리 기법이 진화된 것이다.

아래 그림은 인공신경망 과정을 마친 그 결과 값 그래프이다.

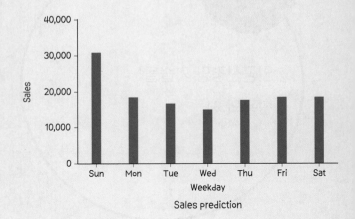

Sales prediction

인공신경망은 과거에는 인정을 받지 못했다. 왜냐하면 처리하는 프로세스 자체가 블랙박스와 같기 때문이다. 기본적인 학습 방법은 있지만 이것이 어떻게 학습이 되었는지를 통계학적으로 설명할 수 있는 근거가 약했기 때문이다. 하지만 지금은 알고리즘과 하드웨어의 발전으로 그 능력을 증명하였으며 그렇기 때문에 최근에 인공지능 서비스들이 상용화되고 있는 것이다.

출처: 인공지능(인공신경망)으로 수요 예측하기

사례

국내 와인시장 수요 예측

2015년도 와인시장의 규모를 시계열 예측을 기반(Time Series Model)으로 예측하였다. 2014년 예상 수입금액은 9월까지의 자료를 바탕으로 10월, 11월, 12월 까지의 자료를 예측하였는데, 이러한 차이 때문에 당해연도 수입금액 부분에서 약간의 오차가 있을 수 있음을 사전에 알린다. 이 부분을 개선하고자 두 가지 다른 기초 자료를 나누어서 분석하였는데, 2014년 10월 27일, 관세청 자료를 기준으로, 아래의 두 가지 자료들이 Raw Data로 사용되었다.

1) 2000년 1월 부터 2014년 9월까지의 자료

구분	보수적 예측		중도적 예측		낙관적 예측		평균치	
예측기법	Winters 기법		회귀분석		ARIMA			
연도	수입금액	증감%	수입금액	증감%	수입금액	증감%	수입금액	증감%
2014	180,802	5.22%	180,686	5.15%	182,964	6.47%	181,484	5.61%
2015	184,740	2.18%	194,359	7.57%	200,773	9.73%	193,291	6.51%
2016	196,003	6.10%	206,100	6.04%	228,145	13.63%	210,083	8.69%
2017	207,262	5.74%	217,841	5.70%	264,517	15.94%	229,873	9.42%
2018	218,524	5.43%	229,582	5.39%	314,199	18.78%	254,102	10.54%
2019	229,784	5.15%	241,323	5.11%	383,909	22.19%	285,005	12.16%
2020	241,045	4.90%	253,064	4.87%	484,517	26.21%	326,209	14.46%

MAPE=15.957   MAPE=46.074   MAPE=15.388

1) 번 예측에 근거하면, 2015년 한국 와인시장의 규모는 2014년에 비해 최소 2.18%, 최대 9.73% 증가할 것으로 예측된다. "평균 6.51%" 앞으로 5년 뒤인 2020년도에는 2014년도에 비해 최소 33.32%, 최대 164.82% 증가할 것으로 예측된다. "평균 79.75%"

2) Raw Data: 2010년 1월부터 2014년 9월까지의 자료

구분	보수적 예측		중도적 예측		낙관적 예측		평균치	
예측기법	Winters 기법		회귀분석		ARIMA			
연도	수입금액	증감%	수입금액	증감%	수입금액	증감%	수입금액	증감%
2014	181,951	5.88%	184,672	7.47%	190,013	10.58%	185,575	7.98%
2015	203,361	11.77%	204,326	10.64%	225,943	18.91%	211,210	13.83%
2016	221,413	8.88%	222,685	8.99%	268,373	18.78%	237,490	12.44%
2017	239,465	8.15%	241,042	8.24%	317,308	18.23%	265,938	11.98%
2018	257,518	7.54%	259,402	7.62%	372,744	17.47%	296,555	11.51%
2019	275,570	7.01%	277,758	7.08%	434,685	16.62%	329,338	11.05%
2020	293,622	6.55%	296,118	6.61%	503,123	15.74%	364,288	10.61%

MAPE=8.67	MAPE=8.615	MAPE=16.353

2) 번 예측에 근거하면, 2015년 한국 와인시장의 규모는 전가014년에 비해 최소 11.77%, 최대 18.91% 증가할 것으로 예측된다. "평균 13.83 %"
앞으로 5년 뒤인 2020년도에는 2014년도에 비해 최소 61.37%, 최대 164.78% 증가할 것으로 예측된다. "평균 96.33%

ARIMA 예측 그래프

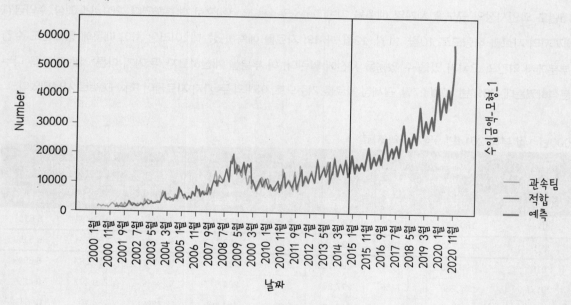

회귀분석 예측 그래프

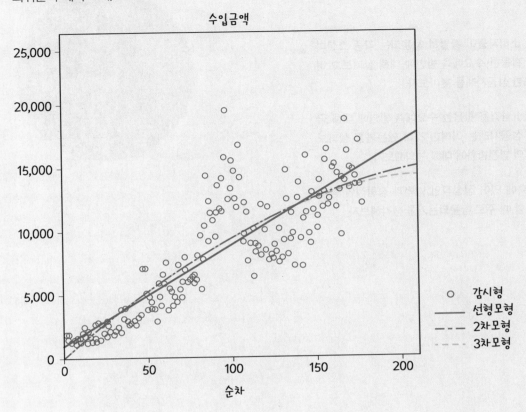

수입금액

1)의 자료는 2008~2009년 경제 위기의 여파가 녹아있는 자료이기 때문에, 그 시점의 수입금액 감소 패턴의 강하게 반영되어, 단기 예측에는 적절하지 않다고 판단된다. 2)의 자료는 2010년 이후의 자료이기 때문에 와인시장의 전반적으로 계속 성장할 것이라는 Assumption 이 바탕이다. 그러므로 단기 예측에는 2번의 자료가, 중장기 예측에는 1번의 자료를 사용함이 타당할 것으로 보인다.

결론적으로 국내 와인시장의 수요예측 결과는 2015년의 한국 와인시장은 2014년보다 10% 이상 늘어날 것으로 보이며, 2020년의 한국 와인시장 규모는 2014년 보다 165%(2.65배) 성장할 것으로 보여진다.

MAPE 값은 관측값과 적합값 간의 차이를 토대로 계산되며, 계산되면 MAPE 값은 다음과 같이 해석될 수 있다(Lewis, 1982).

- 0% <= MAPE <10% : 매우 정확한 예측
- 10% <= MAPE <20% : 비교적 정확한 예측
- 2% <= MAPE <50% : 매우 합리적 예측
- MAPE >= 50% : 부정확한 예측

출처: 2015년과 2020년까지의 국내 와인시장 수요(수입금액) 예측

Further Discussions

FD1 최근에 소비자들이 활발히 사용되는 각종 소셜미
디어를 활용한 수요예측 방안에 대해 살펴보고 이
를 활용한 성공사례를 찾아보자.

FD2 옴니채널 환경을 활용한 수요예측 방안에 대해 국
내외의 성공사례는 어떠한 것이 있는가를 살펴보
고 향후의 발전방향에 대해 논의해보자.

FD3 수요예측에 있어 정성적인 방법과 정량적인 방법
은 어떠할 때 주로 활용되는가를 생각해보자.

References

김재환 외 8인(2017), 마케팅의 미래준비, 비앤엠북스.

박성배(2012), 효과적 수요 예측 방법과 사례, SERI 이슈페이퍼.

임종인 · 오형식(1992), "신제품 수요예측 방법론 연구," *Journal of the Korean Institute of Industrial Engineering*, 18(2), 51-63.

Dalkey, N.(1969) The Delphi Method: An Experimental Study of Group Opinion, Rand Report RM-5888-PR.

Glen, Urban, John Hauser(1995), Design and Marketing of New Products, 2nd Edition, Prentice-Hall

Train, Kenneth(2009), Discrete Choice Methods with Simulation, 2nd Edition, Cambridge University Press.

CHAPTER 05

시장경쟁 구조분석

Learning Objectives

LO1 마케터로서 제품이 시장에서 어떠한 구조로 이루어지고 있는지에 대한 이해도를 높인다.

LO2 시장구조분석과 시장세분화와의 차이점에 대해 구별하고 설명할 수 있도록 한다.

LO3 신제품 개발 시에 진입해야 하거나 창출된 시장이 어떠해야 하는지를 예상할 수 있도록 한다.

LO4 계량적 시장구조분석을 직접 수행하여 계량에 의거한 신제품 개발 의사결정전략을 수행할 수 있도록 한다.

LO5 위계적 시장과 경쟁에 대한 이해를 바탕으로 신제품 개발 전략에 대해 구조화할 수 있도록 한다.

LO6 시장의 독과점 등을 바탕으로 신제품 개발 전략을 수립할 수 있도록 한다.

'라면 1등' 놓칠 수 없다

국내 라면시장 1위의 농심이 시장 재장악에 나섰다. 오뚜기, 삼양식품 등 2~3위 회사들에 시장점유율을 빼앗기자 신제품을 잇따라 쏟아내고 있다. 시장에선 "해외 시장에 올인하던 농심이 라인업을 모두 갖추면서 국내 시장 수성에 본격 나선 것"이라고 분석한다. 오뚜기, 삼양식품 등도 맞대응하면서 라면시장 경쟁이 모처럼 달아오르는 분위기다.

농심, 경쟁사의 주력 제품 겨냥

농심은 20일 도토리쫄쫄면, 냉라면, 미역듬뿍초장비빔면 등 3종의 신제품을 출시한다고 밝혔다. 올 여름을 겨냥한 제품이다. 통상 여름용 신제품은 4~5월께 출시되는 점을 고려하면 빠른 제품 출시라는 분석이다.

농심이 올 들어 새로 내놓은 라면은 지난달 신라면 건면과 해피라면 등을 포함해 총 8개로 늘었다. 농심이 2016년부터 지난해까지 1분기에 내놓은 제품을 모두 합해도 4개에 불과했다. 업계 관계자는 "신라면과 안성탕면, 너구리 등 베스트셀러를 갖고 있는 농심으로선 기존 라면을 업그레이드하는 전략을 써왔다"며 "이 같은 신제품 출시는 이례적"이라고 말했다.

농심의 신제품들은 경쟁사 주력 모델을 겨냥하고 있다. 해피라면은 오뚜기 진라면을 겨냥한 것이다. 유통업계 관계자는 "해외에서도 많이 팔리는 신라면은 국내 가격만 낮추기 힘든 구조"라며 "10년째 가격을 동결한 진라면과의 가격 경쟁을 위해 저가용으로 내놓은 게 해피라면"이라고 말했다. 해피라면의 소비자 가격은 700원으로 진라면(750원)보다 싸다. 신라면 건면은 건면시장에서 선전하고 있는 풀무원을 타깃으로 잡았고, 도토리쫄쫄면과 냉라면 비빔면 등은 팔도와 삼양식품을 겨냥했다는 설명이다. 라면업계 관계자는 "월등한 공급능력을 갖춘 농심이 '종류별로 다 준비했으니 농심 안에서 골라봐'라고 하는 느낌"이라며 "공격이 최고의 방어라는 말이 떠올랐다"고 전했다.

라면시장 부흥할 수 있을까

농심의 공격적인 행보에 경쟁사들도 곧바로 대응에 나서고 있다. 최근 충북 음성의 건면 공장 생산 능력을 두 배 이상 증설했다고 발표한 풀무원은 농심과 오뚜기를 겨냥한 광고도 시작했다. 서울 시내버스 정류장에 "신나면(신라면) 건면의 출시로 대한민국 라면시장이 기름에 튀기지 않은 생라면으로 이동하고 있습니다. 이제 오뚝이(오뚜기)가 함께하실 차례입니다. 국가대표 생라면 풀무원 생면식감으로부터"라는 문구를 걸어놨다. 동종업계 얘기를 자제하는 국내 식품 광고 문화를 고려하면 파격적이란 평가다.

오뚜기는 편의점의 자체상표(PB)를 늘리며 틈새시장을 확대하고 있다. 오뚜기가 올 들어 편의점 등에 공급한 PB 라면은 청양고추라면, 오모리참치찌개라면, 옥수수치즈탕면, 제주해녀해물맛라면, 진짬뽕참치, 부산어묵탕라면 등 14개에 이른다. 삼양식품도 이 달 들어서만 왕갈비볶음면, 튀김쫄면 등을 내놓고 매운 볶음라면 시장 수성에 나섰다.

출처: 한국경제신문, 3월 20일

시장 구조분석은 매우 중요한 부분이다. 현재의 시장이 어떻게 구성되어 있는가에 따라 마케터들은 자사에게 유리하도록 시장을 변경하거나 그 시장에 적합한 제품을 출시해야 할 것이다. 시장구조분석은 시장세분화 전략수립 이전에 현재의 시장이 어떻게 형성되어 있는가를 알아보는 것이며 이러한 시장구조분석을 통해 향후의 STP의 방향을 설정하는 매우 유용한 방법이다. 이러한 분석을 통해 향후에 시장자기 잠식과 시장실패를 미리 예방할 수 있을 것이다.

1

시장 경쟁구조 분석

시장의 경쟁분석에는 다양한 방법이 사용하고 있다. 우선 일반적으로 사용되는 방법론이 유사도에 의한 방법이다. 이 방법은 지각도를 이용하여 소비자들의 인식 속에 각 제품이 어떠한 위치를 갖는지, 경쟁은 실제적으로 어떠한 제품과 하는지를 발견하는 방법이다. 물론 시장세분화와 표적시장 선정 후 포지셔닝을 할 때도 지각도를 사용하지만 현재 자사의 제품 혹은 서비스의 경쟁시장을 정의하는 방법이다.

지각도를 통해 경쟁시장구조를 분석하는 방법은 다차원척도법(Muiltidimentional scaling), 요인분석(factor anaysis) 등을 이용하여 다양하게 규명할 수 있다. 이 중 다차원 척도법이란 브랜드를 비롯하여 제품이 갖는 속성이나 응답자의 이상점과 같은 자극점들(stimuli) 간의 복잡한 다차원 관계를 저차원인 2차원 평면이나 3차원 공간상에 단순한 구조로 시각화하여 나타내는 기법이다. 특히 평가차원에서 자사브랜드의 위치와 경쟁브랜드를 파악할 수 있다. 인지도상 가까이 위치한 브랜드들은 서로 이미지가 비슷하여 서로간 경쟁이 심한 반면 멀리 떨어져 있는 브랜드는 서로 크게 상이하여 경쟁이 미약하다고 판단할 수 있다.

이러한 MDS 의 방법은 자극점들의 포지셔닝을 맵을 그리는 용도로 KYST나 ALSCAL 혹은 PROXSCAL이 있으며 자극점들의 포지셔닝 맵에 속성벡터 혹은 응답자의 선호벡터를 그리는 방법으로 PROFIT, 자극점들의 포지셔닝 맵에 응답자의 이상점이나 선호벡터 혹은 속성의 속성점이나 속성벡터를 그리는 방법의 PREFMAP 그리고 서열자료(ordinary data)만으로 자극점들의 좌표와 함께 속성벡터나 응답자의 이상점들의 좌표를 동시에 구하는 방법인 MDPREF가 있다. 여러 방법 중에서 ALSCAL 즉, 유사성에 의한 MDS를 통한 시장구조분석을 예컨대, 살펴보자.

우선 데이터를 얻기 위해서 설문지를 작성해야 한다. 아래의 표와 같은 등간척도(inteval scale)로 데이터를 얻는다.

● ● ● ● **표ㅣ 유사성분석을 통한 지각도 작성 수행 설문의 예**

※ 두 아웃도어브랜드간의 이미지가 얼마나 유사한지를 평가해주시기 바랍니다.

"트렉스타"							
	매우 유사하지 않다			보통이다			매우 유사하다
	①	②	③	④	⑤	⑥	⑦
K2							
레드페이스							
노스페이스							
블랙야크							
네파							
머렐							
컬럼비아							
캠프라인							

이러한 설문지를 통해 데이터를 표적소비자로부터 얻고 난 후 코딩을 한다. 이후 SPSS를 이용하여 MDS를 분석하는 과정은 다음과 같다.

우선 데이터를 불러온 다음, [분석(A)→[척도분석(A)→[다차원척도법(ALSCAL)(M)...]을 실행하면 대화상자가 열린다. 옵션을 클릭하면 <그림 1>은 다차원 척도법 모형처럼 구간척도, 유클리디안 거리로 선택하고 계속한 후 실행하면 된다.

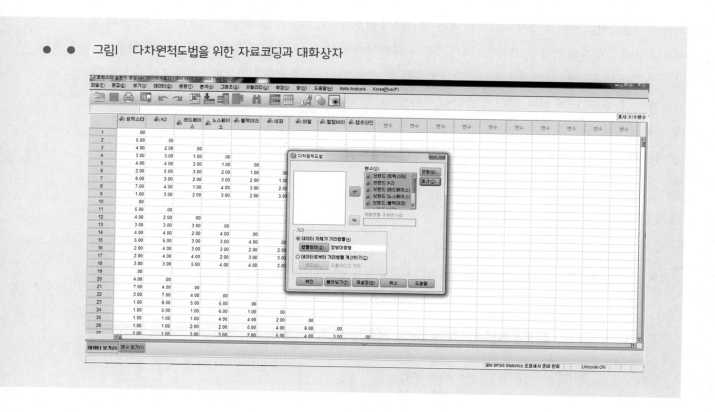

그림| 다차원척도법을 위한 자료코딩과 대화상자

본 예는 데이터를 구성하는 행렬의 각 셀들은 데이터의 행과 열을 구성하는 요소들 각 쌍간의 유사성 정도를 나타내므로 데이터 자체가 거리행렬이므로 이를 선택한다. 또한 정방대칭형을 선택을 한다. 모형대화상자에서 맞는 것을 선택한다. 본서의 구간척도로 구현하였다. 참고로 구간척도는 자료가 간격척도인 경우를 의미한다.

· 데이터자체가 거리행렬(a): 데이터를 구성하는 행렬의 각 셀들은 데이터의 행과 열을 구성하는 요소들 각 쌍간의 유사성 정도를 나타내므로 데이터 자체가 거리행렬이다. 여기서 거리행렬은 간격척도로 측정한 자료의 행렬을 의미한다.

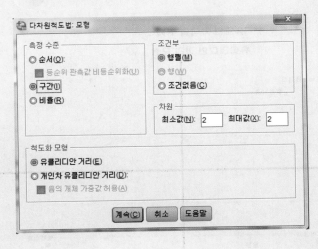

그림2   다차원 척도법 모형

· **데이터로부터 거리행렬 계산하기(c)**: 비유사성 자료가 아닌 다른 자료를 사용하여 분석하는 경우에 해당한다. 만약, 입력된 데이터가 비유사성 거리척도가 아니면 이 옵션을 지정하여 데이터로부터 분석을 위한 거리행력을 만들어야 한다.

MDS분석에서 대상들의 상대적인 거리의 적합도를 높이기 위해서 최적 결과를 구할 때까지 계산을 반복하게 되는데 스트레스 값을 통해 적합도를 알 수 있다. 스트레스값이란 MDS 모형에 의해서 설명되지 않는 분산의 불일치 정도로서 대상들간의 실제거리와 추정된 거리 사이의 오차를 의미한다. 스테레스 값은 0과 1 사이의 값을 갖게 되며 추정거리와 실제거리가 완전히 일치하면 0이 된다. 그러므로 스트레스 값이 적을수록 추정거리의 적합도는 높다.

<그림 3>은 아웃도어에 대한 응답자들의 인식상의 차이점과 그 구별기준을 파악하기 위해 이들간의 유사성 정도를 측정하여 다차원 척도법으로 분석하였다. 그 결과를 이용하여 <그림 3>과 같이 2차원 평면상에 포지셔닝 맵을 그릴 수 있다. 이 지각도에서 브랜드들간의 거리는 추정된 유클리디언 거리를 나타내며 이 그림상의 좌표들은 각각의 유사성 응답치들을 0으로 기준으로 표준화시킨 값이다.

그림3 분석결과에 따른 지각도

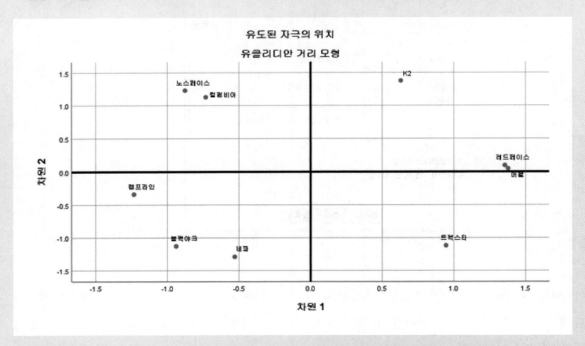

분석결과는 이미지가 비슷한 것끼리 서로 가깝게 위치하고 있다. 동일선상에 위치한 것들은 응답자들에게 서로 유사하게 인식됨으로써 서로 경쟁적인 위치에 있다고 할 수 있을 것이다. 예컨대 노스페이스와 컬럼비아는 유사하게 소비자들에게 지각되고 있고 레드페이스와 머렐도 유사하게 지각되고 있는 것으로 나타났다.

여기서 분석결과에 따른 각 차원에 대한 이름을 설정해주어야 하는데 예컨대, 차원1은 가격으로 차원2는 사용자 이미지로 해석할 수도 있을 것이다.

2

위계적 시장

위계적 시장이란 제품의 대체가능성을 바탕으로 전체시장을 소비자의 인식에 근거하여 몇 개의 하위시장으로 나눈 후 다시 직접적인 경쟁상태에 있는 제품군으로 분류한 뒤 다시 하위시장을 정의하는 것을 의미한다. 이러한 위계적인 시장을 파악하기 위해서는 여러 가지 방법이 존재한다. 이하에서는 Hendry System, Urban, Johnson and Hauser Model, 브랜드 전환매트릭스의 방법을 이용하여 시장구조를 분석하는 방법을 살펴보자.

1) Hendry System

브랜드를 중심으로 구매 전환행동을 하는 시장구조가 형성되느냐 아니면 제품 형태를 중심으로 소비자 구매 전환행동이 일어나는가는 마케터가 반드시 확인해야 하는 것이다. 이러한 시장구조를 파악하는 방법 중 하나가 Hendry System이다.

Hendry System은 소비자 행동의 관점에서 브랜드 전환을 통한 시장의 하위구조를 파악한 것이다. 이러한 Hendry System을 이해하기 위해서는 Ehrenberg(1972)의 개념을 이해할 필요가 있다.

소비자가 연속적인 구매상황에서 제품 i와 j를 구매할 확률인 P_{ij}를 Ehrenberg(1972)는 제품교체상수(K)와 제품 i와 j의 시장점유율의 곱으로 다음 <식 1>과 같이 나타냈다.

$$P_{ij} = K m_i m_j \quad \text{··} ❶$$

소비자가 제품 i를 연속으로 구매할 확률인 P_{ii}는 <식 1>을 이용하여 다음의 <식 2>로 나타낼 수 있다.

$$P_{ii} = \text{제품 } i\text{의 시장점유율} - \text{제품교체율} \quad \text{··················} ❷$$
$$= m_i - \sum_{j=1} K m_i m_j$$
$$= m_i - K m_i (1 - m_i)$$

위 식을 모든 제품 i에 대해 합산을 한 후 K로 정리를 하면 아래 식과 같이 된다.

$$k = \frac{1 - \sum_i P_{ii}}{1 - \sum_i m_i^2} \quad \text{··································} ❸$$

교체상수는 두 기간 동안의 연속적인 구매확률과 시장점유율을 활용하여 도출한다. Kalwani and Morrison(1977)은 엔트로피(entropy)라는 개념을 이용하여 제품 교체상수를 아래의 식과 같이 제시하였는데 제품의 시장점유율(m_i) 만으로 교체상수를 도출하였다.[1]

$$K_w = \frac{\sum_i \dfrac{-m_i^2 \ln(m_i)}{1 - m_i \ln(m_i)}}{\sum_i m_i (1 - m_i)} \quad \cdots\cdots\cdots\cdots\cdots\cdots\cdots\cdots\cdots\cdots\cdots\cdots\cdots\cdots\cdots\cdots\cdots\cdots\cdots\cdots ❹$$

이러한 교체상수를 이용하여 시장구조를 파악해 보자. 우선 3개의 브랜드에 대한 구매자와 시장점유율 등을 통해 아래의 <표 2>를 완성할 수 있으며 아울러 교체상수 K_w를 구할 수 있을 것이다.

● ● ● **표2   가상적인 전환상수계산표**

브랜드 (i)	구매자수 N_i	시장점유율 m_i	$\dfrac{-m_i^2 \ln(m_i)}{1 - m_i \ln(m_i)}$	$m_i(1 - m_i)$
브랜드 A	500	0.5	0.12968	0.25
브랜드 B	300	0.3	0.07960	0.21
브랜드 C	200	0.2	0.04870	0.09
합계 ($\sum$)	1,000	1.0	0.25699	0.64

위의 표를 이용해 전환상수인 $K_w = \dfrac{0.25699}{0.64} = 0.4145$을 구할 수 있다.

다음으로 전환상수를 이용하여 각각의 브랜드의 반복구매 및 전환구매에 대한 수식을 구할 수 있을 것이다. 먼저 전환구매자의 값을 구해보자 .

브랜드 A의 전환구매자

$= NK_w m_a (1 - m_i)$

= 브랜드 B로부터 온 전환구매자+브랜드 C로부터 온 전환구매자

$= NK_w m_A m_B + NK_w m_A m_C$

$= 1,000(0.4145)(0.5)(0.3) + 1,000(0.4145)(0.5)(0.2)$

$= 103.62$

---

1 구체적인 도출과정은 klaiwani, M. U. and Morrison, D. G. (1977), "A Parsimonious Description of the Hendry System," *Management Science*, 23(5), 121-135를 참조하기 바란다.

같은 방법으로 브랜드 B의 전환구매자를 계산하면 87.05, 브랜드 C의 전환구매자를 계산하면를 계산하면 66.32의 값을 구할 수 있다.

이제 브랜드 A의 반복구매자를 계산해보자.

<표 2> 가상적인 전환상수계산표에 보면 브랜드 A의 구매자인 500명에서 위에서 얻은 교체소비자 103.62를 제외하면 된다. 즉, 500-103.62=396.38인데 이는 재구매자의 수이다. 같은 방법으로 브랜드 B의 재구매자를 계산하면 212.95, 브랜드 C의 재구매자를 계산하면 133.68의 값을 얻을 수 있다. 다음으로 각 브랜드의 제품전환 수를 구해보자. 그런데 A와 B의 제품전환 A와 C, 마지막으로 브랜드 B와 브랜드C의 전환수는 이미 전환구매에서 구한 바가 있다.

표3   Hendry System에 의한 반복 및 전환의 이론적인 구매자수 추정

	총구매자	재구매자	전환구매자
브랜드 A	500	396.37	103.63
브랜드 B	300	212.95	87.05
브랜드 C	200	133.68	66.32
브랜드 A와 브랜드 B의 제품전환 $= NK_w m_A m_B$		62.18	
브랜드 A와 브랜드 C의 제품전환 $= NK_w m_A m_C$		41.45	
브랜드 B와 브랜드 C의 제품전환 $= NK_w m_B m_C$		24.87	

위의 표를 도식화 하면 다음 <그림 4>와 같이 표현할 수 있다.

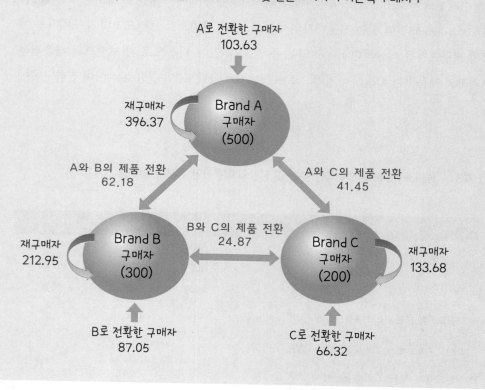

그림4　Hendry System에 의한 재구매소비자 및 전환소비자의 이론적 구매자수

이러한 이론적 값을 우리가 찾을 수 있는데 만약 이론적 값과 실제 값의 차이를 비교하여 만일 차이가 작을 경우에는 브랜드 A, B, C는 직접적인 경쟁관계에 있는 상태이며 차이가 클 경우에는 직접적인 경쟁관계가 없다고 할 수 있다. 간편커피시장에 대해 설명해보자. 간편커피시장에 있어서 소비자의 구매행동으로부터 두 가지의 가상적인 시장구조를 발견하였다고 가정해보자. 어떠한 시장구조가 맞는지를 보기 위해서는 전환상수를 구하여 이론적 값과 실제적 값의 제품교체데이터를 비교하여 경쟁구조를 파악해야 한다.

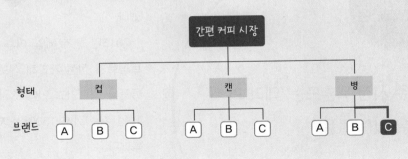

● ● ● 그림5 간편커피시장의 가상적인 경쟁구조I

● ● ● 그림6 간편커피시장 가상적인 경쟁구조2

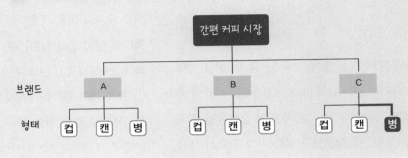

예컨대 간편커피시장의 경쟁구조가 1과 같이 형성되어 있다면, 이러한 경우 브랜드 C는 병형의 신제품을 개발하여 출시하는 것이 바람직하다. 그런데 만약 경쟁구조가 2와 같은 형태에 해당이 된다면 브랜드 C의 경우에 병형을 출시하는 것이 시장자기잠식을 초래하기 때문에 바람직하지 않다. 그러므로 브랜드 전환행동이 제품의 형태에 의해 이루어지는가 아니면 브랜드에 따라 이루어지는가를 파악한 후 마케팅 전략을 수립해야 할 것이다.

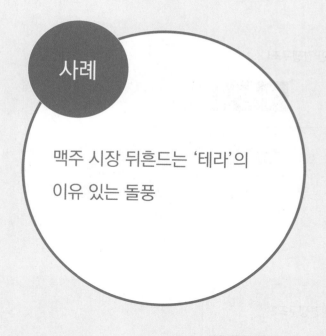

사례

맥주 시장 뒤흔드는 '테라'의 이유 있는 돌풍

"신제품 맥주 '테라'의 밀려드는 주문을 더 이상 감당할 수 없었습니다." 하이트진로는 5월 14일 전국 주류 도매상들에게 테라의 '공급 지연과 조기 정상화'를 약속하는 '긴급 안내문'을 발송했다. 테라가 시중에서 예상을 뛰어넘는 인기를 끌면서 급기야 수요가 공급을 넘어섰기 때문이다. 현재 하이트진로는 테라의 수요를 맞추

기 위해 당초 물량보다 2배 이상 생산량을 늘리고 5월로 예정했던 테라 생맥주의 출시 일정까지 6월로 연기했다.

2013년 '퀸즈 에일' 이후 6년 만에(발포주 제외) 하이트진로가 직접 개발해 선보인 청정 라거 테라가 판매 돌풍을 일으키고 있다. 3월 21일 출시 이후 현재(5월 10일 기준)까지 130만 상자라는 '역대급' 판매량을 기록했다.

출시 초반 상황만 놓고 본다면 그간 하이트진로가 내놓은 맥주 신제품 중 최다 판매 기록이다. 기존 제품인 '하이트', '맥스', '드라이피니시d' 등은 첫 달 판매량이 20만~30만 상자 수준이었다. 시장에서도 최근 출시한 맥주 중 테라만큼 폭발적인 반응을 일으켰던 제품은 없었다는 얘기다. 하이트진로 관계자는 "기존 맥주의 4배가 넘는 폭발적인 판매량은 내부에서도 예상하지 못했던 결과"라며 "오랜 기간에 걸쳐 진행한 제품 컨셉 구성, 최적의 맛을 위한 연구ㆍ개발(R&D) 등 만반의 준비를 하고 출시한 것이 시장에서 좋은 반응을 얻고 있는 주된 배경"이라고 분석했다. 그의 말처럼 테라가 시중에 출시되기까지 과정은 결코 녹록하지 않았다. 제품명ㆍ원재료ㆍ맛까지 하나하나 까다로운 작업을 거쳐 탄생했다.

"시대적 요구까지 반영한 맥주"

출발은 5년 전으로 거슬러 올라간다. 경쟁자인 오비맥주 카스의 인기 상승과 수입 맥주의 거센 공세 등으로 하이트진로의 실적은 내리막을 걷는 상황이었다. 내부적으로 실적 반등을 위해 맥주 시장의 판세를 뒤집을 '작품'을 만들어야 한다는 공감대가 모아졌고 맥주 시장의 판세를 뒤집을 제품을 만들어 보자는 결론을 내렸다.

이렇게 테라가 만들어지기 위한 논의가 시작됐고 어떤 맥주를 만들지에 대한 고민이 이어졌다. 논의 끝에 '많은 사람의 취향을 만족시키는 레귤러 맥주'를 출시하기로 결정했다. 이 과정에서 소비자들이 가장 선호하는 맛을 실현하는 것만으로는 맥주 시장의 판을 뒤집기에 한계가 있을 수 있다는 의견이 나왔다. 맛도 중요하지만 시대적 요구까지 제품에 반영할 필요가 있다는 지적이 제기됐고 그렇게 '청정 라거'를 전면에 내세워 제품을 내놓기로 했다. 하이트진로 관계자는 "어느 순간부터 미세먼지가 삶에 큰 위협이 됐다. 맛은 기본이고 이런 문제들까지 '위로'할 수 있는 제품을 만들기로 했다"고 설명했다. 제품 컨셉가 완성되면서 내부에서 맥주 R&D를 담당하는 직원들이 세계 곳곳을 돌기 시작했다. 제품 컨셉에 걸맞은 깨끗한 원료를 찾기 위해서다. 발품을 팔며 지구촌을 누빈 끝에 전 세계 공기 질 부문 1위를 차지한 호주, 그중에서도 청정 지역으로 유명한 '골든트라이앵글' 지역의 맥아를 주원료로 사용하기로 했다.

필라이트 출시도 테라 성공을 위한 전략

비옥한 '검은 토양(black soil)'이 특징인 골든트라이앵글 지역은 호주 내에서도 깨끗한 공기, 풍부한 수자원, 보리 생육에 최적의 일조량과 강수량으로 유명하다. 라틴어로 흙·대지·지구를 뜻하는 '테라' 제품명 역시 골든트라이앵글 지역의 이미지와 청정·자연주의를 반영해 결정했다. 테라 외에도 프레시(fresh : 신선한)의 최상급이라는 뜻인 '프레스트(frest)', 통통 튀고 신선하다는 의미의 '바운스(bauns)' 등도 한때 제품명 후보로 거론됐다. 하지만 이들 중에서 '테라'가 주원료 생산지인 골든트라이앵글 지역의 깨끗함을 강조하는

동시에 소비자들의 상상력을 자극할 것으로 판단돼 최종 발탁하게 된 것이다.

청정 라거에 걸맞게 원재료뿐만 아니라 맥주에 주입되는 탄산 역시 발효 공정에서 자연적으로 발생하는 '리얼 탄산'을 100% 사용했다. 이를 위해 인위적으로 주입하지 않는 리얼 탄산 공법을 연구했고 이를 별도로 저장하는 기술과 장비를 새롭게 도입하는 등 최선의 주질을 개발했다. 하이트진로가 개발한 리얼 탄산 공법은 라거 특유의 청량감을 강화하고 거품이 조밀하고 탄산이 오래 유지된다는 강점이 있다는 설명이다. 오랜 시간에 걸쳐 출시한 야심작인 만큼 테라에 대한 하이트진로의 기대는 남다르다.

"가성비를 강조하며 2017년과 2018년 각각 내놓은 발포주 '필라이트'와 '필라이트 후레쉬' 역시 레귤러 맥주인 테라를 내놓기 전 일종의 전략적 선택이었어요. 계속되는 수입 맥주의 강세 속에서 하이트진로라는 브랜드 입지를 다져 놓자는 데 의미를 둔 출시였죠. 테라는 달라요. 개발 과정부터 국내 맥주 시장을 잡기 위한 목표로 기획된 만큼 의미가 매우 큰 제품입니다." 하이트진로 관계자의 설명이다. 다행히 출시 직후 테라 판매가 호조를 보이면서 최근 내부 분위기도 한껏 고무된 모습이다. 테라의 성공을 위해 노사도 함께 뜻을 모으고 있다. 올해 임금 단체협상까지 8월 이후로 연기하기로 결정했다. 물론 아직 넘어야 할 산도 만만치 않다. 여전히 테라를 맛볼 수 없는 음식점이나 주점들이 아직 많다. 서울에서 주류 소비가 가장 많은 강남만 놓고 보더라도 테라의 입점률은 현재까지 약 50% 정도에 불과하다. 이와 관련해 하이트진로 관계자는 "이런 약점을 보완하기 위해 다양한 매체 광고와 프로모션 등을 진행하는 등 공격적으로 마케팅을 펼치고 있다"고 말했

다. 다만 그는 "출시 약 두 달 만에 강남 지역에서 입점률이 50%를 넘은 것 역시 과거 사례와 비교할 때 매우 긍정적인 모습"이라며 "향후 입점률 증가를 통해 올해 국내 맥주 시장에서 반드시 두 자릿수의 점유율을 차지할 것"이라고 말했다.

자료원 :한경비즈니스 제1226호(2019/5)

2) Urban, Johnson and Hauser Model

경쟁구도를 정확하게 이해하는 것은 신제품 전략을 비롯한 많은 마케팅 전략을 수립하기 위해서 매우 중요하다. 조금 더 구체적으로, 신제품 출시를 앞두거나 제품을 새롭게 재정립할 때나 제품의 위치선정을 위한 의사결정에 있어서 전략가들은 경쟁구도에 있는 어느 경쟁사가 어떻게 반응할지를 알고 싶어 한다. Urban, Johnson, and Hauser(1984)는 이와 같은 시장 구조를 파악하기 위한 기준을 제안하고 실무적인 문제들에 대해 다룬다.

<그림 7>을 보면 자동차를 구분짓는 여러 가지 기준에 의해 시장이 분류되는 것을 볼 수 있다. 먼저, 사용하는 유류의 종류에 따라 가솔린과 디젤 자동차로 나뉘고, 동력이 전달되는 방식에 따라 전륜구동과 후륜구동으로 나누어진다. 전륜구동 자동차 중에서 목적에 따라 소형차, 가족세단, 스포츠세단, 럭셔리세단으로 구분된다. 가족세단에는 네 가지 브랜드에 따른 각 자동차 모델, 다지 아리스, 폰티엑 피닉스, 포드 퓨트라, 그리고 AMC 콩코드가 있다. 이런 시장 경쟁 구조에서 Chevy Cavalier는 가족세단으로 포지셔닝해야 할지 아니면 스포츠 세단으로 포지셔닝해야 할지 정해야 하고 그에 따른 고객의 필요와 원하는 것들을 잘 만족시키는 상품을 디자인·개발해야 한다.

Aggregate Constant Ratio Model(ACRM)에 따라 시장에 총 j개의 제품이 존재하고 각각을 평가한 측정치 m_i 가 존재한다. 하부 시장은 A, 하부 시장에서 제품에 대한 시장점유율은 다음과 같다.

그림7　자동차 시장에서 가상의 경쟁구조

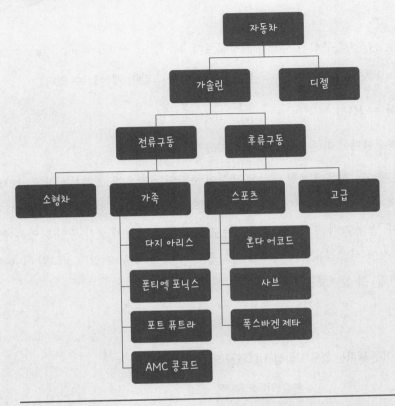

출처: Urban, Glen L., et al(1984). "Testing Competitive Market Structures," *Marketing Science*, 3, (2), 86.

$$P(j \mid A) = \frac{m_j}{\displaystyle\sum_{k \in A} m_j}$$ ·· ❺

여기서 A가 전체 시장, T이면 $\displaystyle\sum_{k \in A} m_j = 1$이 되고 m_j 는 시장점유율이 된다. 그리고, $P_i(j)$는 i 번째 제품의 생산이 중단되었을 때 제품 j의 전체 시장점유율이 되고, S는 하부시장 제품들의 집합이다. 그러면 $P_i(S)$는 i 번째 제품의 생산이 중단되었을 때 전체시장에 대한 하부시장 S의 점유율이 된다. 시장점유율과 이들의 정의에 따라 다음과 같은 식을 얻게 된다.

$$P_i(j) = \frac{m_j}{\displaystyle\sum_{k \in A,\, k \neq i} m_k} = \frac{m_j}{1 - m_j}$$ ································ ❻

$$P_i(S) = \sum_{j \in S, j \neq i} P_i(j) = \frac{\sum_{j \in S, j \neq i} m_j}{1 - m} \quad \cdots\cdots\cdots\cdots\cdots\cdots\cdots\cdots\cdots\cdots\cdots \text{❼}$$

예컨대, 제품 1,2,3,4,5로 구성된 시장을 상상해보자. $m_1 = m_2 = m_3 = m_4 = m_5 = 0.2$ 이라고 할 때 제품 5가 생산이 중단이 되면 $P_i(j) = \frac{m_j}{1 - m_j}$ 을 활용하여 다음과 같이 계산할 수 있다.

$$P_5(1) = P_5(2) = P_5(3) = P_5(4) = \frac{0.2}{1 - 0.2} = 0.25$$

이는 직접적 경쟁관계에 따른 시장점유율 변화를 살펴본 예이다.

하부시장이 존재하는 경우에는 한 제품의 생산이 중단되는 경우에 그 하부시장에 남아서 다른 제품을 구매하는 경우가 많아져서 같은 하부시장에 남아있는 제품의 시장점유율은 하부시장이 존재하지 않는 경우에 비해서 증가폭이 더 크다. 반대로 다른 하부시장에 있는 제품들은 한 제품이 생산 중단 되었음에도 불구하고 전이효과(spill over effect)가 작아 시장점유율의 변화가 거의 없거나 아주 작을 수 있다. <그림 6> 하부시장이 존재하는 경우 시장점유율 변화>를 살펴보자.

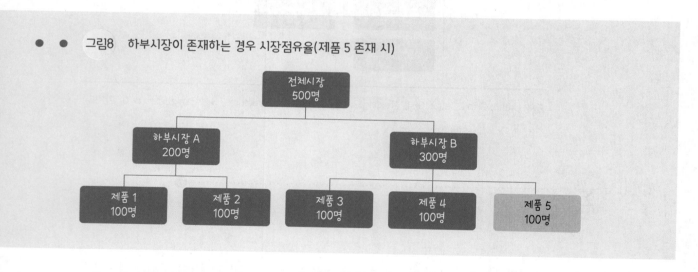

그림8　하부시장이 존재하는 경우 시장점유율(제품 5 존재 시)

위 그림에서 제품 5가 생산이 중단되었을 경우 하부시장 B에 있는 제품 3과 제품 4의 시장점유율은 증가해 각각 145명이 구매하여 시장점유율은 29%가 된다. 이는 하부시장이 존재하지 않을 때와 비교하면 25%에서 29%로 증가한 것을 알 수 있다. 위계적인 시장 구조가 존재할 때에는 전체시장에서 일정비율로 늘어나는 것을 계산하는 것보다 하부시장을 고려하여 계산하는 것이 더 정확하다 (Urban and Hauser, 1984).

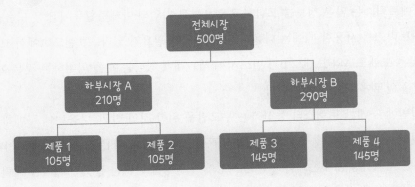

그림8   하부시장이 존재하는 경우 시장점유율 변화(제품 5 생산중단)

이와 같이 하부 시장으로 세분화하는 방식이 세분화 되지 않은 시장보다 기업가들이 소비자 행동을 더욱 명쾌하게 이해하고 설명하는 것을 알 수 있다.

3

상표전환매트릭스를 통한 시장분석

상표전환매트릭스(brand switching matrix)는 기본적으로 고객의 행동에 기초한다. 기본적으로 고객의 입장에서 어떤 제품이 타 제품과 유사하게 느껴지면 이 고객은 두 제품을 바꾸면서 소비를 하기도한다. 예컨대 지난번엔 신라면을 구매했던 소비자가 이번엔 진라면을 구매하게 되는 경우가 있는데 마케팅에서 이러한 현상을 상표전환이라고 한다.

이러한 상표전환은 시장점유율을 통한 시장의 경쟁구도 분석과 이를 활용한 전략에 매우 유용하게 사용된다. 상표전환매트릭스는 고객들이 과거, 즉 이전에 구매한 상표와 현재 구매한 상표를 비교해서 선호하는 상표를 전환하거나 유지한 고객의 빈도를 나타낸다. 이러한 상표전환매트릭스를 사용하게 되면 시장점유율 예측과 고객의 애호도(loyalty) 분석으로 전체적인 시장의 구조를 파악할 수 있을 뿐 아니라 향후의 시장구조의 변화에도 주요한 시사점을 제공하는 방법론이다. 즉, 상표전환매트릭스는 시장의 구조를 파악하고 이를 통한 마케팅 전략수립에 유용한 틀을 제공하는 방법론이다.

상표전환 매트릭스는 많은 정보를 포함하고 있으므로 기업의 마케팅활동에 많은 도움을 준다. 그러나 이러한 상표전환 매트릭스를 사용할 때에는 다음과 같이 주의할 필요가 있다. 브랜드 A에서 브랜드 B로 전환할 의도가 있다는 것은 브랜드 A와 브랜드 B가 반드시 대체관계에 있다는 것을 의미하는 것은 아니다. 즉, 상황에 따라 다르다는 것을 염두에 두어야 할 것이다.

예컨대, 이번에 구매한 트렉스타 등산화는 부모님을 위한 것인 반면, 다음번에 구매하려는 노스페이스 등산화는 자기 것일 수 있기 때문에 구체적인 사용자 혹은 사용상황에 따른 질문을 통해 조사하는 것이 바람직하다. 그렇지 않으면 대체가능성이 존재하여 같은 시장에서 경쟁을 한다는 잘못된 해석을 내릴 수 있기 때문이다. 즉, 같은 구매자인데 사용자 혹은 상황에 따라 달라진다는 것을 반드시 명심해야 할 것이다. 이러한 상표전환매트릭스는 실무적으로 유용하게 사용이 될 수 있지만 왜 대체관계가 형성되는지에 대해 알기에는 한계점이 있다.

1) 분석방법

우선 소비자들에게 설문지를 배포해야 하며 설문지 배포는 다음과 같이 할 수 있다. 본서에는 기본적으로 많은 브랜드 보다는 3개의 브랜드만 가지고 예컨대, 설명한다.

※ 다음은 귀하의 아웃도어활동에 있어서 착용하는 신발 구매에 대한 질문입니다.

1. 현재 귀하께서 사용하고 계시는 아웃도어용 신발브랜드는 무엇입니까?
   ① A브랜드　　　　　② B브랜드　　　　　③ C브랜드

2. 다음에 귀하께서 아웃도어용 신발브랜드를 구매한다면 다음 중 어느 브랜드를 구매하시겠습니까?
   ① A브랜드　　　　　② B브랜드　　　　　③ C브랜드

(3가지 브랜드만 예컨대, 설명한다)

위와 같은 설문지로 먼저 고객조사를 한 다음 그 자료를 바탕으로 상표전환빈도행렬을 만든다. 다음 상표전환확률 행렬표를 제작한다. 구체적으로 우선 아웃도어 스포츠화를 사용하는 소비자들을 대상으로 현재 사용하고 있는 아웃도어 스포츠화와 향후 다시 구매할 때에 구매하고자 하는 아웃도어 스포츠화 브랜드를 조사하여 아웃도어 스포츠화 브랜드간의 상표전환빈도행렬표를 만든다. 이후 상표전환빈도행렬표를 이용하여 를 작성한다.

● ● ● ● **표4** 상표전환빈도행렬

현재(T) 사용 브랜드		다음 (T1기)에 구매(선택)할 브랜드				
		A	B	C	합계	현재(t)시장점유율
	A	20	11	9	40	0.4
	B	5	9	11	25	0.25
	C	8	14	13	35	0.35

● ● ● ● **표5** 상표전환확률표

현재(T) 사용브랜드		다음(T1기)에 구매(선택)할 브랜드		
		A	B	C
	A	0.5 (=20/40)	0.28 (=11/40)	0.23 (=9/40)
	B	0.2 (=5/25)	0.36 (=9/25)	0.44 (=11/25)
	C	0.23 (=8/35)	0.4 (=14/35)	0.37 (=13/35)

현재 A브랜드의 사용자가 향후에는 B 브랜드로 전환할 확률

$$\frac{\text{현재 Brand A를 구매했으나 다음기에는 Brand B를 구매할 확률}}{\text{현재 Brand A를 구매한 고객수}} = \frac{11}{40} = 0.275$$

현재 사용하고 있는 개별 아웃도어 스포츠화의 브랜드의 비율을 산출하여 현재 시장점유율을 각각 계산한다. 현재의 시장점유율에 상표전환 확률행렬을 곱하면 다음 기의 시장점유율이 도출된다.

이를 구체적으로 실행하며 <표 1>에서 현재시장점유율={0.40 0.25   0.35} 와 <표 2>에서의 상표전환확률표를 곱한다.

		A	B	C
브랜드 A, 브랜드 B, 브랜드 C	A	0.5	0.28	0.23
현재시장점유율행(M_0)=(0.40 0.25 0.35), P^1	B	0.2	0.36	0.44
	C	0.23	0.4	0.37

향후 T_1기의 아웃도어 스포츠화 시장점유율(M_1)

$=M_0 \times P' =$ ((0.40×0.5+0.25×0.2+0.35×0.23) (0.40×0.28+0.25×0.36+0.35×0.4) (0.40×0.23+0.25×0.44+0.35×0.37))

그러므로 다음 t_1기의 아웃도어 스포츠화 시장점유율은 다음과 같이 예측이 된다.

브랜드 A,	브랜드 B,	브랜드 C
= (0.33	0.34	0.33)

T_2기의 시장점유율은 위의 상표전환확률표를 제곱을 하면 된다.

제곱을 하면 다음과 같은 행렬을 구할 수 있다.[2]

· 향후 t_2기의 상표전환 확률표

$$\begin{bmatrix} 0.3589 & 0.3328 & 0.3233 \\ 0.2732 & 0.3616 & 0.3672 \\ 0.2801 & 0.3564 & 0.3658 \end{bmatrix}$$

현재시장점유율행(M_0)=(0.40 0.25 0.35) × $\begin{bmatrix} 0.3589 & 0.3328 & 0.3233 \\ 0.2732 & 0.3616 & 0.3672 \\ 0.2801 & 0.3564 & 0.3658 \end{bmatrix}$

= 브랜드 A, 브랜드 B, 브랜드 C

= (0.31   0.35   0.35) 로 향후 T_2기의 시장점유율을 예측할 수 있다.

향후 t_3기의 상표전환확률표는 t_1기의 상표전환확률표와 t_2기의 상표전환확률표를 곱한다.
그러면 아래와 같은 행렬이 나온다.

· 향후 t_3기의 상표전환 확률표

$$\begin{bmatrix} 0.320369 & 0.34962 & 0.3486 \\ 0.293376 & 0.353552 & 0.357804 \\ 0.295464 & 0.353052 & 0.356585 \end{bmatrix}$$

---

2 Excel에서 함수식 MMULT을 사용하면 손쉽게 계산할 수 있다.

여기서 얻어진 상표전환확률표에 현재의 시장점유율을 곱하면 향후 t_3기의 시장점유율을 예측할 수 있다.

$$\text{현재시장점유율행}(M_0) = (\ 0.40\ \ 0.25\ \ 0.35\ ) \times \begin{bmatrix} 0.320369 & 0.34962 & 0.3486 \\ 0.293376 & 0.353552 & 0.357804 \\ 0.295464 & 0.353052 & 0.356585 \end{bmatrix}$$

= 브랜드 A, 브랜드 B, 브랜드 C

= (0.30   0.35   0.35) 로 향후 T_3기의 시장점유율을 예측할 수 있다.

이러한 결과에 의거해서 만일 브랜드A의 마케팅 담당자는 향후 자사의 제품이 지속적으로 점유율 감소가 예상되므로 제품개선 등의 마케팅 전략을 적극적으로 수행하지 않으면 안 됨을 의미한다. 또한 위의 방식에 의하면 일반적으로 t_4기 때부터는 시장점유율이 변화하지는 않는다.

Further Discussions

FD1 주의에 관심 있는 제품·서비스를 선정하여 소비자의 지각상에 존재하는 경쟁브랜드를 조사하여 상표전환매트릭스를 작성해보자.

FD2 특정 제품군을 선택하여 시장구매자수와 시장점유율을 조사하여 시장구조분석을 수행해보자.

FD3 포지셔닝 지도상에 나타내고자 하는 내용이 상표점과 속성벡터일 경우에는 회귀분석을 사용할 수 있는데 실제로 실시해보자.

FD4 특정 제품군의 경우 브랜드 중심의 시장구조가 형성되어 있는지 제품형태 중심으로 시장구조가 형성되어 있는지 분석해 보자.

References

박홍수 · 하영원 · 강성호(2018), 신제품 마케팅 전략, 박영사.

Ehrenberg, A. S. C.(1972), Repeat-Buying: Theory and Applications, Amsterdam: North Holland.

Glen L. Urban, Philip L. Johnson and John R. Hauser(1984), "Testing Competitive Market Structures," *Marketing Science*, 3(2), 83–112.

Griffith, DavidA and Robert F. Lusch(2007), "Getting Marketers to Invest in Firm Specific Capital," *Journal of Marketing*, 71(1) 129-145.

Grover, R. and V. Srinivasn(1987), "A Simultaneous Approach to Market Segmentation and Market Structuring," *Journal of Marketing Research*, 24, 139-153.

Kalwani, M. U. and D. G. Morrision(1977), "A Parsimonious Description of the Hendry System," *Management Science*, 23(5), 121-135.

Lilien, Gary L., Philip Kotler and K. Sridhar Moorthy(1992), Marketing Models, Prentice-Hall.

Urban, G. L., J. R. Hauser and N. Dholakia(1987), Essentials of New Product Management, Prentice Hall, NJ.

Urban, G. L., P. L. Johnson and J. R. Hauser(1984), "Testing Competitive Market Structures," *Markeing Science*, 3(2), 83-112.

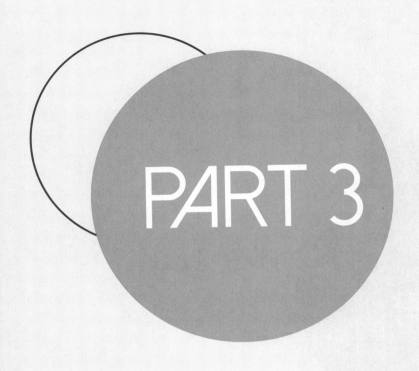

PART 3

신제품
개발 과정

CHAPTER 06

신제품 STP전략

Learning Objectives

LO1 마케팅 전략인 STP전략의 중요성을 알아보고 실제 신제품 개발 과정에서의 활용방법 등에 대해 구조화할 수 있도록 한다.

LO2 시장을 구분하는 시장세분화의 과정에 대해서 알아보고, 시장세분화의 조건 및 기준 등에 대해서도 설계할 수 있도록 한다.

LO3 목표시장 선정을 위해 세분시장 평가 방법을 찾아낼 수 있도록 하고, 이를 기본으로 신제품 개발에서의 적용과정에 대해서도 구조화할 수 있도록 한다.

LO4 포지셔닝 전략에 대해서 학습하고, 포지셔닝 맵의 작성 방법 및 유용성에 대해서 이해하고 이를 적용할 수 있도록 한다.

BTS의 차별화

: 홍보가 아닌 소통, BTS란 종합 디지털콘텐츠 판 것

BTS(방탄소년단)가 해외 진출에 성공한 것은 유튜브(YouTube)와 트위터(Twitter) 등 SNS(소셜 네트워크 서비스)를 통해 솔직·담백한 모습을 노출하는 '유튜브 모델'을 잘 활용한 덕분이라는 분석이 나왔다. 공연 외에는 자신을 알릴 수단이 적었던 원더걸스와 강남스타일로 원 히트 원더(한 곡만 흥행한 가수)에 그친 싸이와는 다른 모델이라는 것.

현대경제연구원이 발표한 'BTS의 성공요인 분석과 활용 방안' 보고서에 따르면 BTS가 지난 4월 발표한 '작은 것들을 위한 시'는 발표 37시간 37분 만에 유튜브 조회수 1억뷰를 달성했다. 전세계 최단기록이다. 유튜브 검색량 지수도 BTS가 데뷔한 2013년 6월, 2에서

지난 4월 100으로 50배 상승했다. 같은 기간 전 세계 유튜브 사용자들의 K-팝 검색량 지수는 5에서 13으로 올랐다.

노출수단 없었던 원더걸스, 강남스타일 성공에 그친 싸이

BTS가 이룬 성공은 한 그룹가수의 성공이 아닌 '유튜브 모델'의 구축으로 평가받는다. 언어·인종적 한계로 세계 음악계에서 변방에 속했던 아시아가 글로벌 시장으로 진출하는 방법을 제시하고 있는 것이다. 원더걸스는 2009년 한국과 아시아에서 거둔 성공을 바탕으로 미국시장에 진출했다. 'Nobody' 앨범으로 빌보드 '핫(HOT) 100'에 오르는 성과를 거두기도 했으나 미풍에 그쳤다. 공연과 방송출연, 앨범판매 등 고전적 방법으로는 언어·인종적 장벽을 깨기 어려웠다. K-팝에 대한 저변도 부족했다. 한국 음악시장보다 약 20배(2016년 기준) 큰 미국시장에 진출하겠다는 판단은 타당했으나 전략이 부족했다.

싸이는 2012년 12월 강남스타일로 유튜브 최초 10억뷰 달성이라는 대기록을 세웠다. '한국에 있던 싸

이가 미국으로 소환됐다'는 말도 나왔다. 2010년대 초반 유튜브 성장세와 맞물리며 얻은 성과다. 강남스타일의 성공은 굳이 다른 나라에 가지 않아도 해외에 진출할 수 있다는 새로운 가능성을 열었다. 그러나 강남스타일이 거둔 성공이 가수 싸이의 성공으로 이어지지는 못했다. 세계시장 기준으로는 원 히트 원더에 머물렀다.

BTS 자체가 종합 디지털콘텐츠, 유튜브로 세계장벽 부숴

BTS는 시작부터 달랐다. SNS를 통해 특정 곡이 아닌, 가수 BTS를 노출시켰다. 유튜브에는 뮤직비디오나 공연영상 외에도 연습영상, 일상 등이 올라왔다. 언어장벽은 자막으로 해결했다. 트위터로 해외팬들과 대화를 나누기도 했다. 이 같은 활동은 해외에서 BTS 팬클럽 아미(ARMY)가 자생하는 데 큰 역할을 했다.

원더걸스와 싸이가 각각 '미국진출'과 '유튜브 마케팅'의 선구자였다면 BTS는 이를 결합해 '유튜브 해외진출 성공모델'을 만든 셈이다. 현재는 트와이스 등 다른 한국 가수들도 BTS가 취한 전략을 따르고 있다. 박용정 현대경제연 선임연구원은 "유튜브와 트위터 등을 통해 솔직하고 담백한 모습을 데뷔초부터 꾸준하게 노출시킨 것이 주효했다. 신곡 발표기간에만 영상이 올라오는 다른 가수들과는 달리 소통을 했다"며 "유튜브 영상과 공연영상, 디지털 음원 등 BTS라는 종합 디지털콘텐츠를 판 것"이라고 설명했다. 이어 "국내 기업들이 BTS를 활용한 마케팅으로 인지도를 높이고 관광산업에도 도움이 될 것으로 보인다. 가장 큰 영향은 방송 등 서비스업이다"라고 덧붙였다. BTS 소속사 빅히트 엔터테인먼트 기업가치는 2조원을 넘는 것으로 추산되고 있다. 빅히트 엔터 내 다른 인기가수가 없다는 점을 고려하면 사실상 BTS의 경제적 가치다.

출처: 머니투데이, 2019년 6월 6일

본장에서는 신제품 개발의 첫 번째인 시장의 니즈를 파악하여 시장을 세분화하고, 목표시장을 선택하고, 목표시장 고객의 선호에 맞는 가치를 창출하는 마케팅전략의 핵심인 STP(Segmentation, Targeting, Positioning) 전략과 신제품 개발 과정의 첫 번째인 아이디어 발굴 및 컨셉 개발에서부터 마지막 단계인 상업화과정까지를 알아보도록 하겠다.

1

마케팅 전략의 하이라이트: STP

단일 제품으로 불특정 다수의 고객의 욕구를 충족시켰던 대중 마케팅(mass marketing)의 시대는 이제 지나가고 있다. 한정된 범위의 소비욕구만을 충족시키는 제품은 이제 다양한 소비욕구를 충족하고자 하는 고객들로 구성된 시장에서는 더 이상 발붙일 곳이 없게 되었다. 고객들의 욕구를 정확히 파악하고 그 유형들을 분류하고 그들의 욕구에 따라 적절한 제품을 제공하는 기업만이 살아남는 새로운 마케팅시대에 들어선 것이다.

STP 전략은 이러한 시장여건의 변화에 따라 도입된 마케팅전략의 개념이다. 이는 시장을 먼저 몇 개의 기준들을 사용하여 다수의 시장으로 분류(Segmentation)하고, 세분화된 여러 시장 중에서 자사의 능력과 경쟁 등을 고려하여 가치가 있는 표적시장을 선택한(Targeting) 다음에, 그 선택된 시장에서 제품속성이나 다양한 마케팅믹스 요인을 이용하여 자사제품을 고객의 마음 속에 심어 주는(Positioning) 과정을 말한다.

이러한 STP전략은 마케팅환경이 급속하게 고객 중심적으로 바뀌면서 일대일 마케팅(one-to-one marketing) 혹은 개인 마케팅(individual marketing)과 같은 극단적인 시장세분화 전략으로 발전하고 있다. 까다로운 고객들의 다양한 욕구를 충족시키기 위해서는 단순한 몇 개의 기준들만을 가지고 선정된 세분시장에 집중하는 것만으로는 부족하기 때문이다. 이러한 극단적인 STP전략에서는 고객들과의 직접적인 커뮤니케이션이 중요하고, 고객들과 일대일로 직접 접촉할 수 있는 수단들이 이용되기 때문에 직접마케팅(direct marketing)이라고 불리기도 한다.

신제품을 통한 고객 가치 창출 과정에서 STP는 기업에게 새롭고 독특한 기회를 제공해주고, 고객과 가치를 함께 만들어가고 공감하는 과정에서 매우 중요한 마케팅 활동이다. STP야 말로 진정한 마케팅의 시작이고 마케팅 과정의 핵심이라고 할 수 있다(Dibb and Simkin, 1991). 위 BTS의 사례에서 중요한 것은 결국은 확실한 차별화를 바탕으로 한 마케팅 전략과 목표 고객인 아미(BTS 팬그룹)를 대상으로 다양하고, 독특한 소통을 통해 항상 팬들과의 대화를 열어놓고 있었다는 것이다. 이러한 과정이야말로 신제품의 STP 전략의 핵심을 보여주는 것이다. STP에서 결정한 목표 세분시장과 이미지는 STP 이후의 마케팅 과정과 활동에서 기본적인 지침이 되어야 하고 마케팅의 목표에 영향을 주며 성과달성과정에서도 매우 큰 역할을 담당한다. 즉, STP에서 결정한 세분시장의 고객 가치는 신제품 개발과 신제품의 출시에 관련된 모든 마케팅 활동의 목적이 되는 것이다.

1) STP의 중요성

라면 시장에서 항상 후발 주자였던 팔도는 라면 시장 전체에서 고객의 가치를 파악하던 중 빨강 국물의 라면에 대해 지루해 하는 고객 가치를 발견한다. 그러던 중 한 연예 프로그램을 통해 이경규의 꼬꼬면을 발견하고 이를 중심으로 라면 시장에서의 니치인 하얀 국물 시장을 개척한다. 모든 마케팅 자원을 집중하여 하얀 국물이라는 개념을 고객의 마음 속에 심어주는 것에 성공하였다. 마침 삼양라면의 나가사끼 짬뽕이라는 제품이 출시되고 이 두 하얀 국물은 라면시장의 트랜드로 자리를 잡는 데 성공한다. 하지만 그 이후 하얀 국물이라는 시장을 벗어나 지속적인 가치를 이루는 것에 실패하여 주춤하고 있는 상황이다.

이 사례에서 보듯이 팔도는 고객시장을 제품 특성과 고객 욕구에 초점을 맞추어서 하얀 국물시장에 선택과 집중을 하여 성공을 하였지만, 지속적인 시장 유지에 실패하여 다시 라면 시장에서의 점유율이 내려가고 있다. STP는 일시적인 것이 아니고, 계속해서 시장에서의 고객 가치를 감지하고 확인하여 지속적인 변화를 추구해야 하는데 한시적인 것으로 끝나버려 지속적인 시장가치 창출에 실패를 한 것이다.

마케팅의 하이라이트라고 할 수 있는 부분이 STP전략이다. 신제품 개발에 있어서도 우선적으로 시행되어야 하는 부분이 시장을 선택하는 것이다. 시장을 선택하기에 앞서서 우선 전체시장을 특정 기준으로 세분화를 하고, 세분시장의 특성을 프로파일링하는 것이 STP의 첫 번째 단계인 시장세분화이다. 두 번째 목표시장 선정 (Targeting)은 각 세분시장의 매력도를 평가하고, 자사와의 적합성을 평가하여 기업이 추구해야 할 목표시장을 선정하는 것이다. 마지막 포지셔닝은 선정된 목표시장의 고객의 마음 속에 자사 제품의 상대적인 이미지를 위치시키는 것이다(Dibb and Simkin, 1991). 상대적이라는 것은 경쟁사와 대비해서 경쟁사와는 차별적이라는 것을 의미한다.

STP가 마케팅의 꽃이라는 가장 큰 이유는 공급자 중심으로 소비자가 수용하던 단순화된 수요 패턴이 점점 다양화되고 세분화되었기 때문이다. 공급자 위주의 시장에서 고객은 단지 구매자로서 기업이 만드는 제품에 모든 수요 패턴이 정형화되어 있었다. 기업, 즉 공급자는 수요를 단순화시키고 대량 생산체제를 갖추어서 비용을 낮추고 대량 판매를 통해서 이익을 만들어 갔다. 하지만 경쟁이 점점 더 치열해지고 경쟁사들은 타 기업보다 독특한 차별적인 다양한 제품을 만들어 가기 시작하였고, 고객들 또한 이들에 자극을 받아 다양한 수요를 표출하고 다양한 제품에 대한 요구가 늘어나기 시작한 것이다.

사례

양날의 검
메가히트의 비밀

2014년 8월 전국을 강타한 '허니 열풍'을 기억하는가. 짠맛 일색이던 감자칩 시장에서 버터와 꿀을 이용한 해태제과의 '허니버터칩'은 '단짠'이라는 새로운 영역을 개척했다. 당시 허니버터칩은 일부러 생산량을 조절한다는 풍문이 돌 만큼 품귀현상을 빚었다. '수미칩 허니머스타드(농심)' '포카칩 스윗치즈맛(오리온)' 등 미투제품이 쏟아졌고, '허니버터치킨' '허니버터팩'에서 보듯 다른 업종도 허니열풍에 편승했다. 그렇게 5년, 해태제과의 또다른 히트작 소식은 잠잠하다. 그나마 새우 과자인 '빠새(2017년 출시)'가 누적매출 280억원을 달성했지만, 메가히트작으로 이어지진 못했다.

해태제과의 히트작 출시 여부에 관심이 쏠리는 건 곳곳에서 포착되는 위기 시그널 때문이다. 2016년 5월, 허니버터칩의 성공에 힘입어 해태제과는 15년 만에 증권시장에 복귀했다. 주가는 2만 4,600원으로 시작해

한때 6만원까지 치솟았다. 하지만 이내 하락세를 탔고, 지난해 말엔 1만원 선조차 깨졌다(2018년 11월 2일 9,630원). 현재 해태제과의 주가는 1만 250원에 머물러 있다.

실적도 악화일로를 걷고 있다. 2015년 7,884억원까지 늘었던 매출은 지난해 7,064억원으로 줄었다. 영업이익은 같은 기간 471억원에서 215억원으로 반토막이 났다. 당기순이익도 133억원에서 40억원으로 급감했다. 허니버터칩 효과가 고작 1년에 그친 셈이다.

장대련 연세대(경영학) 교수는 "히트상품이 반드시 좋은 것만은 아니다"면서 "히트상품은 빠르게 뜬 만큼 빠르게 진다"고 꼬집었다. 대표 사례는 팔도가 내놨던 '꼬꼬면'이다. 2011년 8월 출시된 꼬꼬면은 하얀 국물 라면 붐을 일으켰다. 론칭 직후 단숨에 라면류 소매점 매출 3위에 올랐다(식품산업통계정보·닐슨코리아 기준). 인기는 금세 떨어졌다. 지난해 3분기엔 미투제품인 '나가사키 짬뽕(삼양)'의 소매점매출(10억 6,900만원)이 꼬꼬면(3억 8,900만원)보다 많았을 정도다.

이처럼 메가히트작은 '양날의 검'이다. '빵' 떴을 땐 실적과 브랜드 가치를 한껏 끌어올리지만, 식으면 애물단지로 전락하는 경우가 많다. 메가히트작을 '스테디셀러'로 만드는 게 무엇보다 중요한 이유가 바로 여기에 있다.

장대련 교수는 "히트상품과 스테디셀러는 구분해야 한다"면서 "앞으로 히트상품이 스테디셀러 반열에 오르기는 더욱 어려워질 것"이라고 짚었다. 식품업계의 한 관계자는 "메가히트작을 만드는 건 갈수록 어려워진다"며 "소비자의 공감을 얻어야 히트상품이 되는데, 트렌드 변화 주기가 점점 빨라져 소비자 마음을 파악하기 쉽지 않다"고 토로했다.

실제로 최근 출시된 제과업계 히트상품 중에서 스테디셀러에 오른 제품은 거의 없다. 지난해 1~3분기 스낵류 소매점 누적매출 순위를 분석해보면, 상위 15개 중 12개가 꼬깔콘(롯데)·새우깡(농심)·포카칩(오리온)·맛동산(해태)·오징어땅콩(오리온) 등 장수브랜드다. 2000년대 이후 출시된 제품은 '꼬북칩(오리온·2017년 출시)' '허니버터칩' 단 두 개다. 화제가 된 제품은 숱하게 많았지만 스테디셀러로 자리를 잡는 덴 실패했다는 것이다.

그렇다고 스테디셀러가 '능사'라는 건 아니다. 허니버터칩처럼 스테디셀러로 자리를 잡았더라도 회사의 실적과 브랜드 가치에 별 영향을 미치지 못하는 경우도 숱하다. 전문가들이 히트상품의 정체성(아이덴티티)을 유지하면서 팔색조처럼 변신해야 한다고 주문하는 이유다.

장대련 교수는 "소비습관이 군중심리를 따르는 데서 개성심리를 중시하는 쪽으로 바뀌고 있다"며 "다변화된 소비자 취향에 맞춰 마이크로 마케팅을 해야 한다"고 말했다. 그는 "앞으로는 작은 히트상품 여러 개를 개발해 이를 잘 관리하는 것이 중요해질 것이다"면서 "하나의 히트상품에 의존해선 살아남기 힘들다"고 조언했다.

출처: 더스쿠프, 2019년 5월 13일

이처럼 다양한 시장에서의 수요를 기업은 왜 다 충족시켜주지 못하는 것일까? 그것은 기업의 자원과 능력이 제한적이기 때문이다. 코카콜라가 꿈꾸는 수요 현상 중 하나는 15억의 모든 중국인들이 하루에 1병씩 콜라를 마시는 것이다. 이것이 가능할까? 하루에 15억병의 콜라를 어떻게 만들 수 있을까? 설사 그렇게 된다고 하더라도 코카콜라의 자원과 능력이 뒷받침 해주지 못할 것이다. 그렇다면 제한적인 자원과 능력을 가진 기업은 이 자원을 효율적으로 사용하고 효과적으로 경쟁을 하여 가진 자원과 시장 범위 안에서 경쟁사보다 더 잘 혹은 차별적으로 경쟁을 해야 시장에서 생존하고 성장할 수 있는 것이다.

2) STP의 과정

STP 과정은 <그림 1>과 같은 과정으로 구성된다. 우선 첫 번째 과정은 소비자의 기준으로 시장을 몇 개의 세분시장으로 구분(Segmentation)하는 것이다. 두 번째 과정은 각 세분시장의 매력도 즉, 고객 가치의 중요성과 시장성을 평가하고 이를 자사가 가진 기업 가치와 일치되는 시장을 찾아내는 목표시장선택(Targeting) 과정이다. 그 다음이 세부적인 마케팅 활동을 통해 고객의 마음 속에 이미지를 만들어서 인지(Positioning)시키는 과정이다. 마지막 과정은 이러한 STP과정을 처음부터 끝까지 평가하여 목표 고객의 마음 속에 이미지가 잘 형성되어서 기업의 마케팅 성과가 잘 나타나는지를 평가하여 이를 유지 및 재구성화하는 과정이다. 이러한 과정이 반복적으로 정기적으로, 수행되어서 변화하는 시장의 요구에 맞추어 나가는 과정으로 시스템화되어야 할 것이다. 이 STP 과정을 다음과 같이 세 가지 가치 구현에 관한 의사결정 과정으로 구분할 수 있다.

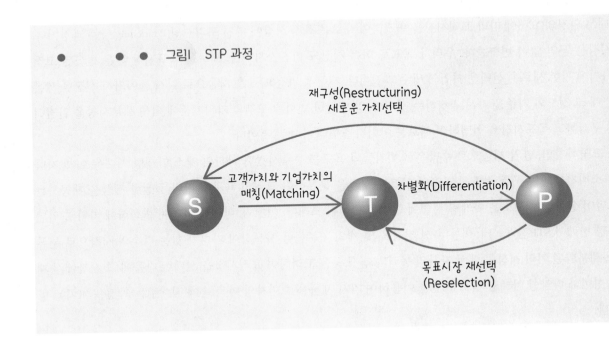

그림| STP 과정

첫 번째 의사결정은 고객가치의 일치화(Matching)이다. 일치화 과정(S→T)은 고객의 다양한 니즈와 자사의 자원, 능력 및 장기적 목표를 매칭시켜 기업이 고객 가치에 가까이 다가갈 수 있고, 기업 이윤을 최대화할 수 있는 가치를 전달할 시장 선택하는 것이다. 이 과정에서 중요한 것은 목표로 하는 시장 이외의 세분시장을 포기하는 것이다. 즉 선택도 중요하지만 포기는 더욱 중요하다. 목표시장 이외의 시장을 주변 시장이라 할 수 있다. 핵심 시장에 초점을 맞추고 주변 시장을 포기하면 역설적으로 주변 시장의 고객들을 끌어당길 수 있다. 하지만 핵심 시장을 선택하고도 주변 시장을 포기하지 않고 이들에게도 자원을 배분하면 목표시장도 와해되고 주변 시장 고객들도 끌어들일 수가 없다. 따라서 선택과 집중은 다른 말로 타 시장을 포기하는 과정이다.

두 번째 의사결정은 선택한 목표시장에서 차별적 이미지를 만드는 것(Differentiation)이다. 이를 차별화 과정이라 한다. 차별화 과정(T→P)에서는 선택한 각 시장의 니즈에 따라 차별화 전략을 세우는 것이다. 즉 경쟁 기업과 비교하여 목표 고객의 자사에 관한 인식에 다르게 위치하고자 하는 것이다. 이 의사결정에서 중요한 것은 기업의 고유성(Singularity)과 독창성(Uniqueness)을 만들어내는 것이다. 고객의 마음 속에 자사 제품의 이미지를 어떻게 차별적으로 만들어서 인식시키고 기억하게 만드는가가 중요한 임무이다. 최근 기업들의 제품과 마케팅 활동을 보면 너무나도 유사하다. 즉, 기업의 고유성도 없고, 차별적인 요소가 매우 약하기 때문에 고객들의 애호도(Loyalty)도 약화되고 재구매율이 낮아지는 것이다. 차별화 전략은 단기적인 마케팅 활동으로는 달성할 수 없다. 장기적인 계획하에 체계적이고 집중된 마케팅을 통해서 분명하고 다르게 인식되는 이미지를 만들어 내야 하는 것이다.

마지막 과정은 재선택(Reselection)과 재구성(Restructuring)에 관한 것이다. 재선택과정(P→T)은 시장의 변화나 외부, 내부 환경의 요구에 따라 표적시장을 변경하여 새로운 표적 시장에 다시 포지셔닝(Positioning)하는 과정이다. 즉 시장은 끊임 없이 변화한다. 우리가 목표로 하는 시장도 마찬가지이다. 새로운 목표시장 혹은 변화된 고객의 가치에 관한 새로운 선택은 기업의 필수 과정이다. 재구성 과정(P→S)은 처음으로 다시 돌아가서 시장을 세분화할 때 그 정도와 기준을 다시 결정하는 것이다. 앞서 말한 변화된 고객의 가치기준에 의해 세분시장을 완전히 다시 구성하고 목표시장을 선택하여 새로운 이미지를 만들어 내는 것이다.

즉 요약하자면, 단일 제품으로 수많은 소비자들의 욕구를 충족시켰던 과거의 매스 마케팅 시대는 이제 지나가고 소비자들의 욕구를 정확히 파악하고 그 유형들을 분류하여 그들의 욕구에 따라 적절한 제품을 제공하는 기업만이 살아남는 새로운 마케팅 시대에 들어선지 이미 오래다. 이처럼, 마케팅 환경이 변화함에 따라 도입된 마케팅 전략이 STP전략인데, 이는 우선 시장을 몇 개의 기준들을 사용하여 가치가 있는 다수의 시장으로 분류하고, 세분화된 여러 시장 중에서 자사의 능력과 경쟁 등을 고려하여 표적시장을 선택한 다음에 그 시장에서 제품 속성이나 다양한 마케팅 믹스 요인을 이용하여 자사 제품을 소비자의 마음 속에 심어주는 과정을 거치는 방법이다.

과거사례에서 배우는 교훈
: 현대자동차의 STP 전략

IMF 이후 자동차 산업은 다른 어느 산업분야보다도 더 힘들다 못해 빈사 상태라 해도 과언이 아니었다. IMF 이후의 승용차 월별 판매동향을 보면 '구매 위축'이란 표현보다는 '구매 빙하기'라는 표현이 더 적절했다. 이는 이제 차는 가질 만한 사람들이 거의 소유하고 있으며 크게 결함이 없다면 계속 탈 수 있을 만큼 품질에도 문제가 없다는 제품 포화기 상태라는 의미였다. 상향 지향 구매패턴도 감소하고 교체주기도 연장되고 있으며, 무엇보다 IMF시대에 경차는 주목받고 있었다.

하지만 자동차 산업의 전체적인 면을 고려해 보면 문제가 있음을 알 수 있다. 경차가 인기 있는 것이 소비자의 트렌드가 급격히 변화하고 있다기보다는 모두 현실에 적응해서 살아가는 것이기 때문이었다. 그러나, 자동차 시장이 전반적으로 IMF의 영향으로 크게 위축된 것과는 달리 중형차 시장은 IMF영향이 극에 달했던 시기보다 확대되고 있다. 이는 경기가 조금씩 회복되면서

중형차에 대한 수요가 늘어났고, 여러 사회적 요인으로 주 고객층이 다양해졌다. 이러한 중형차 시장의 변화는 기업에게 시장확대라는 기회를 제공해 주기도 하고 중형차가 주는 사회적 지위의 상징성이 약화되어 중형차의 수요가 줄어드는 위협 요인으로 작용할 수 있음에 주목하여야 한다.

자동차 시장이 확대되고 주 고객층이 다양해지면서 중형차를 소유하는 사람들이 많아지게 되자, 과거 중형차가 주는 사회적 지위의 상징성이 약화되면서 소비자들은 기존 중형차에 대해 매력을 점점 잃어버렸고 중형차만의 사회적 지위를 요구하게 되었다. 소비자들의 중형차에 대한 인식의 변화는 소나타에 대한 인식의 변화와 함께 하였다. 과거 소나타는 중형차로서의 중후함과 품격으로 소비자들에게 인식되었던 것이 소나타 II는 많은 소비자들에게 대중적인 이미지로 친근하게 인식되었고 소나타 III는 중형차 전반에 대한 위상이 낮아지면서 소비자들에게 가벼운 느낌으로 인식되었다.

따라서 중형차에 대한 소비자들의 욕구변화에 대응하기 위하여 현대 자동차가 EF소나타를 출시한 것을 포함해 많은 경쟁사들도 새로운 중형차를 개발하여 중형차 시장은 매우 과열되게 되었는데, 이것은 현대 자동차에게 새로운 위협으로 작용되었다. 즉, 중형차의 위상이 전반적으로 낮아지고 특유의 사회적 지위의 상징성이 낮아짐에 따라 소나타의 상대적인 위상이 약화되는 것을 틈타 레간자와 SM5의 적극적인 시장 도전이 이루어졌기 때문이다. 레간자는 대형차와 같이 저소음이라는 점을 부각시켜 소비자들에게 레간자를 기존의 중형차와 차별화시켰고, SM5는 중대형 프리미엄으로 소비자들에게 중형차로서의 사회적 지위의 상징성을 부각시키면서 중형시장 주도권 경쟁은 심화되었다.

이러한 상황에서 현대 자동차의 기존의 아성은 점차 흔들리기 시작했고, 빨리 손을 쓰지 않으면 점점 더 시장을 뺏길 우려가 많았다. 이에 현대자동차는 아래와 같은 시장세분화 분석을 타기팅과 포지셔닝을 보다 공격적으로 실행하였다.

시장조사 결과, 기존 자동차 시장에서는 40,50대 남성이 주 고객층이었으나 고학력의 많은 여성들이 전문직에 종사하게 되면서 경제적 자립과 함께 자동차를 구입하게 되어 여성과 20대의 젊은층이 자동차 시장의 주요고객으로 등장하게 되었다. 중형차 시장의 소비자를 분석해 보면 한 가지 재미있는 점을 발견할 수 있는데, 94년과 97년을 비교해 볼 때 남자보다 여자의 중형차 구입비율이 많게는 3배 이상 높다는 점이었다. 즉, 94년에 남자는 6%가 중형차를 구입했고 97년에는 9%가 중형차를 구입하여 3%의 증가율을 보이지만 여자의 경우 94년에는 1% 정도만이 중형차를 구입했던 것이 97년에는 8%로 급증하고 있음을 알 수 있다. 40,50대 남자의 경우, 94년에 비해 97년에는 오히려 중형차 구입률이 줄어드는 양상을 보이는데 이는 과거 중형차를 구입했던 사람들이 다시 중형차를 구입하기보다는 대형차를 구입하게 되었고 과거 소형차를 구입하였던 사람들은 97년에 IMF를 맞아 중형차로 자동차를 교환하지 못했기 때문으로 분석되었다.

현대자동차는 우선 자동차 이용과 관련된 소비자들의 라이프 스타일을 기준으로 자동차 시장을 세분화하였다. 이는 자동차 이용과 관련된 소비자들의 라이프 스타일에 따라 각각이 요구하는 자동차도 다르기 때문에 이것이 소비자들의 욕구를 파악하기에 매우 중요한 기준으로 사용될 수 있기 때문이었다. 그 결과, 자동차 잡지 읽기를 좋아하고 모터쇼는 빠짐없이 가서 본다거

나 자신의 자동차를 자신이 직접 수리하는 라이프 스타일을 보이는 사람처럼 자동차에 대한 관심과 지식 정도가 매우 높은 시장, 자동차가 갖는 기능이나 성능보다는 차량의 스타일, 색상, 옵션 등과 같은 외형에 관심을 갖는 소비자층, 자동차가 자신의 신분을 나타내는 수단이 된다고 생각하는 소비자층 등으로 세분화하였다.

또한 자동차를 구입하는 데 있어 가장 민감하게 반응하는 부분을 기준으로 가격, 안전성, 유지비, 운전 편리성 등을 가장 민감하게 여기는 사람으로 세분화하기도 하였다. 이 밖에 인구통계나 소득수준, 학력 등과 같이 다양한 기준을 근거로 시장을 세분화하였는데 현대자동차는 이를 바탕으로 EF소나타가 목표로 해야 하는 소비자층을 선택하고 그들에게 가장 잘 포지셔닝하기 위하여 마케팅 믹스를 구상하였다.

현대자동차는 소비자들이 중형차를 통해 소형차와는 다른 사회적 위상을 얻고자 한다는 점과 여성의 사회진출이 늘어남에 따라 기존의 주 고객 층이었던 40~50대 남성과 더불어 30~50대 여성도 중형차의 주요 고객으로 성장하였다는 점을 인식하고 이들을 EF소나타의 목표시장으로 선정하였다. 현대자동차는 이미 중형차 시장에서 높은 점유율을 보유하고 있었기 때문에 기존의 소비자를 포용하고 새롭게 주고객 층으로 등장하게 된 전문직 중년여성을 목표고객으로 하는데 회사의 자원이나 기술등에 별 무리가 없었고 IMF여파로 경쟁사가 부도나는 등 경쟁요인 역시 긍정적으로 작용하였다.

결국, 전문직 30~50대 여성과 자영업을 하는 40대 남성을 목표시장으로 하여 목표시장에 EF소나타가 효과적으로 침투하기 위하여 EF소나타가 기존 소나타보다 현대적이고 개방적이며 개성적이라는 점을 부각시키면서 포지셔닝하였다. 이는 경쟁 제품인 크레도스가

보수적이고 고품격을 지향하나 현대적인 세련된 느낌이 부족한 것과 차별화된 포지셔닝이었다.

즉, 최첨단 안전사양과 세계 명차 수준(캠리, 포지셔닝 어코드)의 승차감, 여유 있는 파워 그리고, 30년 이상 자동차를 만들었다는 기술력에서 차별화하였고, EF 소나타는 기존의 소나타의 이미지가 아닌 고급지향의 차별화된 이미지로 자리매김하는 성공을 거두었다.

출처: 맥스 경영컨설팅(주) 컨설팅 리포트

시장세분화

1) 시장세분화에 대한 이해

일반적으로 시장은 이질적 욕구를 가진 다양한 고객들의 집합으로 구성된다. 그러나 고객들 개개인은 모두 상이하지만 특정 제품군에 대한 태도, 의견, 구매행동 등에서 비슷한 고객 집단들이 존재하고 있다. 이러한 비슷한 성향을 가진 사람들을 다른 성향을 가진 소비자 집단과 구별하여 하나의 집단으로 묶는 과정을 시장세분화라고 한다. 따라서 세분시장 상호간에는 이질성(heterogeneity)이 극대화되어야 하고, 세분시장 내에서는 동질성(homogeneity)이 극대화되어야 바람직하다.

시장세분화를 하기 위해서 마케터가 해야 할 질문은 다음과 같다. 첫째, 시장을 구분할 필요가 있는가? 둘째, 시장 내 고객들이 얼마나 이질적인가? 여기에 '아니오'라는 대답이 나오면 시장을 세분화할 필요가 없고, STP의 의미도 없어진다. 하지만 대부분의 시장을 보면 많은 시장에서 이 두 질문에 '그렇다'라는 대답을 할 것이다(Kotler, 2008).

사례

과거사례에서 배우는 교훈
: 에이스 침대의 시장세분화 전략

지어 이 광고 때문에 국민학교 저학년 학생들 중 침대는 정말 가구가 아닌 것으로 혼동하는 학생들이 많아 서울시 교육청에서 광고 문안의 변경을 요청하는 사건까지 벌어지게 되었다. 그러나 이 광고가 이렇게 성공을 거두게 된 배경에는 철저한 세분시장 분석이 있었다는 사실을 알고 있는 사람은 많지 않다. 침대 전문업체인 에이스 침대는 1990년 초반부터 종합 가구업체들이 가구시장의 불황 타개책으로 침대시장에 대한 공략을 강화하자 시장점유율이 계속 하락하는 어려운 상황을 맞이하게 되었다. 이러한 상황을 극복할 수 있는 새로운 마케팅 전략을 수립하기 위해서 에이스 침대에서는 침대 시장의 고객들이 추구하는 편익을 기준으로 시장세분화를 실시하고, 각 세분시장에 속한 고객들의 특성을 파악하기로 했다. 그 결과 다음과 같은 3개의 세분시장을 구분할 수 있었다.

〈세분시장 1〉은 다양한 구색과 정통 침대 업체의 이미지를 중시하는 집단으로 에이스 침대의 점유율이 높은 시장이었다.

〈세분시장 2〉는 침대의 기능(인체공학적)을 중요시 하지만 가격도 중요시하기 때문에 상대적으로 고가의 에이스 침대는 종합가구업체에 비해 열세에 놓여 있었다.

〈세분시장 3〉은 주로 혼수시장에 해당하는데 다른 가구와 세트 구매가 많이 일어나므로, 침대전문업체인 에이스 침대는 고전할 수밖에 없었다.

이러한 고객 조사를 토대로, 에이스 침대의 마케팅 부서는 〈세분시장 2〉에서 점유율을 높이기로 하고, 이를 성취할 수 있는 방법을 모색하기 시작하였다.

이 시장의 고객들이 에이스 침대를 구매하도록 하는데 가장 큰 장애요인은 가격이었으므로, 가격을 인하하는 것도 한 가지 방안이 될 수 있었을 터였다. 그러나,

"침대는 가구가 아닙니다. 침대는 과학입니다. 에이스 침대"라는 슬로건을 내세운 에이스 침대의 광고는 1993년과 1994년에 가장 성공한 광고 중의 하나로 꼽히기에 충분하였다. 1992년 에이스 침대의 매출이 1991년에 비하여 14.7% 성장하였지만, 이 광고가 실시된 첫 해인 1993년 80.4%나 성장하였고, 시장점유율도 1992년의 18.3% 에서 27.8%로 신장하였다. 심

에이스가 가격을 인하하면 종합가구 업체들도 바로 인하할 것이 분명하므로, 가격인하는 고려 대상에서 제외되었다.

가격을 인하하지 않고, 〈세분시장 2〉에서 에이스 침대의 점유율을 높일 수 있는 방법을 무엇이 될 수 있을까? 그 해답이 바로 "침대는 가구가 아닙니다. 침대는 과학입니다. 에이스 침대"라는 슬로건이었다. 즉, 구매자들로 하여금 에이스의 강점인 침대의 기능(즉 ,인체공학적 특성)에 상대적으로 더 높은 중요도를 부여하도록 만들자는 것이다. 이렇게 하면, 자연히 가격에 부여하는 상대적 중요도는 떨어지게 되므로, 종합가구업체에 비하여 에이스가 상대적으로 우위에 설 수 있게 될 것이라고 예측했다. 이러한 예상은 바로 맞아 떨어져, 침대 구매 시에 기능성을 중요시하는 구매자들의 비율이 현격하게 높아지게 되었다. 특히, 이 광고 캠페인의 주요 표적이 아니었던 〈세분시장 3〉에서 조차도 기능성을 가장 중요시하는 사람들의 비율이 22%에서 43%로 늘어나서 다른 어떤 편익보다도 가장 중요한 요인으로 자리잡게 되었다. 그리고 이러한 구매자의 태도 변화가 에이스 침대의 매출액과 시장점유율의 급신장으로 연결되어 성공을 거두게 되었다.

출처: 월간 마케팅, 1994년 8월호(pp.37-41)

시장세분화는 전체 시장 내에 존재하는 잠재적인 구매자들을 ① 공통된 혹은 유사한 니즈를 가진 그리고 ② 기업의 marketing action에 유사하게 반응하는 몇 개의 세분시장으로 구분하는 것을 의미한다. 즉, 시장세분화는 비슷한 성향을 가진 잠재고객들을 다른 성향을 가진 사람들과 분리하여 하나의 집단으로 묶는 과정이다. 시장세분화의 결과 세분시장 간의 차이점이 극명하게 드러나야 하고 세분시장 내에서는 동질성이 극대화되어야 한다. 시장세분화가 필요한 이유는 기업이 가지고 있는 자원이 유한하기 때문이다. 시장을 세분화시켜서 마케팅을 진행하여 최소의 마케팅 비용으로 최대의 효과를 달성하는 것이 목적이다. 시장세분화를 통해서 마케팅 비용을 줄일 뿐만 아니라 타사에 비해서 경쟁우위를 확보할 수 있고 차별화를 통해 가격 경쟁을 완화시킬 수도 있다. 또한 시장을 세분화하는 과정에서 마케팅의 기회를 새롭게 발견할 수도 있다. 주의해야 할 점은 잘못된 시장세분화나 단순히 임의적 기준에 의해 시장을 분할하는 것은 기업의 자원과 노력을 헛되이 소진시키고 심한 경우 우량기업을 회생불능의 상태로 만들 수도 있다는 것이다. 이를 위해 시장세분화 기준을 선택하고, 세분화를 시행하고, 세분시장별 프로파일을 작성하는 것이 시장세분화과정이다.

● ● 그림2　시장세분화 과정

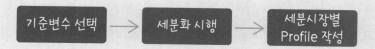

2) 세분시장의 조건

시장세분화를 하기에 앞서서 우리가 확인해보아야 하는 조건은 네 가지가 있다. 첫째, 측정가능성(measurability)은 마케팅을 담당하는 관리자가 각 세분시장에 있는 고객들의 규모와 구매력을 측정할 수 있는지 확인하라는 의미이다. 둘째, 규모(substantiality)는 세분시장의 수요가 기업이 소요하는 비용 이상의 이익을 제공해줄 수 있는지에 대한 문제이다. 셋째, 접근가능성(accessibility)은 마케팅 노력을 통해 세분 시장에 접근할 수 있는 적절한 수단의 존재 유무에 대한 확인이 필요하다는 의미다. 넷째, 차별적 반응(differentiability)은 각각의 세분시장은 마케팅 믹스에 대해서 서로 다른 반응을 보여줘야 한다는 것이다. 같은 반응을 보이는 경우에는 시장을 세분화하는 의미가 없어지기 때문이다. 즉, 시장을 세분화할 때는 세분시장이 위 네 가지 정량적인 조건을 만족시키는지 확인할 필요가 있다. 우리 기업의 그 시장을 공략했을 때 재무적인 요건에 부합하는지 검토해야 한다.

● ● 그림3　세분시장의 요건

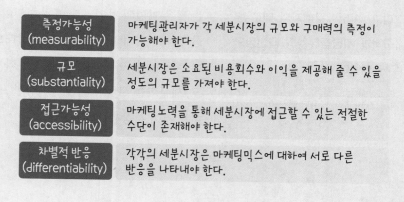

3) 시장세분화 기준 변수와 프로파일 작성

시장을 나눌 때 기준이 될 수 있는 변수는 고정적인 것이 아니라 기업의 상황과 필요에 따라 다양하게 적용될 수 있다(Kotler, 2008). 하지만 B2C와 B2B시장 모두에서 통용될 수 있는 세분시장 기준변수는 크게 기본변수

(Bases)와 서술변수(Descriptors)로 구분된다. 세분시장의 이질성과 마케팅에 대한 차별적 반응을 고려해 볼 때 이 기본변수로는 먼저 고객의 욕구(Needs)와 요구(Wants)변수가 반드시 포함되어야 한다. 또 다른 기본 변수로는 시장의 수요(Demand)와 고객이 추구하고자 하는 효용(Benefits) 변수가 포함되어야 한다.

● ● ● ● 표| 욕구, 요구, 효용 그리고 수요의 정의

	정의	예
욕구 (Needs)	소비와 구매를 촉진시키는 기본적인 동기와 이유. 고객이 되고자 하는 상태(Desired)와 현재(Perceived Current) 상태의 차이. 요구에는 사회적, 물리적, 안전추구적, 자아실현에 관한 욕구 등이 포함된다.	갈증
요구 (Wants)	고객이 욕구를 충족시키기 위해 표현하는 구체적인 형태(Specific Form). 이러한 욕구는 문화, 경험, 상황 그리고 기업의 마케팅 활동에 영향을 받는다.	물, 사이다, 콜라, 샴페인
효용 (Benefits)	구매와 소비를 유발한 제품을 소비하고 난 뒤의 결과물. 효용은 제품과 제품 속성을 사용한 뒤에 느끼는 산출물이다.	갈증해소, 편안함, 맛
시장 수요 (Demand)	구매자의 구매 능력과 연계된 기본적인 욕구. 즉, 제품을 살 수 있는 시간과 돈을 포함하는 고객의 자원을 바탕으로 하는 구매에 대한 요구를 나타냄.	비싼 샴페인과 고급 음료를 구매할 돈이 있고 갈증이 나는 고객

세분시장을 구분하는 것도 중요하지만 앞서 말한 세분시장을 묘사하고 서술하는 것도 매우 중요한 일이다. 이러한 세분시장의 서술과 관련된 변수들이 세분시장 서술변수이다(Shepard, 2003). 이 세분시장 서술변수로는 지리적 변수, 인구통계학적 변수, 그리고 고객의 구매 특성을 나타내는 고객 애호도, 고객 수익성 등의 변수들이 있다.

즉, 시장세분화를 하려면 먼저 고객행동변수와 고객특성변수에 대한 데이터가 필요하다. 고객행동변수란 고객의 구매행동과 밀접하게 관련되어 있는 변수들을 의미한다. 예컨대, 추구하는 편익, 사용상황, 브랜드 애호도, 사용량 등이 여기에 해당된다. 또한 고객특성변수란 고객이 누구인가를 나타내는 변수로 인구통계학적 변수(연령, 성별, 직업 등)와 심리적 변수(라이프스타일, 성격)가 그것이다. 다음은 다양하게 활용될 수 있는 시장세분화 변수이다.[1]

① 지리적 변수(geographic variable)

나라, 지역, 도시 등의 서로 다른 지리적 단위를 의미한다. 기업은 하나 또는 여러 개의 지리적 구역에서 사업을 할 것인지, 또는 모든 지역에서 사업을 할 것인지에 대한 의사결정을 해야 한다. 또한 지리적 특성을 고려해서 고객들의 요구와 욕구가 달라진다는 것을 염두에 두어야 할 것이다. 우리나라의 경우(굳이 구분하자면) 도시

---

1 세분시장을 효율적·효과적으로 수행하기 위해서는 먼저 고객행동변수를 이용하여 시장을 세분화한 다음 고객 특성변수로 고객프로파일을 만드는 것이 일반적이다.

와 농촌 지역 또는 서울의 강남, 강북, 신도시, 호남과 영남, 내륙과 해안지방 등에 따라서 문화의 차이와 이에 따른 고객 행동 및 특성에 차이가 있음을 인지하여야 한다. 실제로, 강남과 강북의 학생 교복의 가격을 다르게 책정하는 등 지역별 시장세분화 전략을 수행했던 적이 있다. 미국의 지역별 시장세분화 사례를 살펴보면 다음과 같다. Maxwell house 커피는 제품을 전국적으로 판매하고 있으나 맛은 지역적으로 다르게 하고 있다. 즉, 강한 커피를 좋아하는 서부지역에는 진한 커피를 팔고, 동부지역에는 그보다 약한 커피를 판매하는 전략을 가지고 있다.

② 인구통계적 변수
(demographic variable)

연령, 성별, 가족크기, 가족생애주기, 소득, 직업, 교육수준, 종교, 인종, 세대, 국적 등과 같은 변수들이다. 가장 보편적이면서 가장 구분하기 쉬운 세분화 변수들이다. 인구통계적 변수의 장점은 동일한 변수를 이용하여 각 세분시장의 특성을 묘사할 수 있기 때문에 세분시장의 규명과 이들에 대한 묘사가 동시에 이루어진다는 것이다. 따라서 제반 마케팅전략 수립에 매우 유용하게 활용될 수 있다. 소비자의 욕구는 나이에 따라 달라진다. 따라서 같은 제품이라 하더라도 나이에 따라 변형된 제품을 제공해야 하며 마케팅 방법도 달리하여야 한다. 비타민을 만드는 모제약회사는 비타민을 나이에 따라 어린이용, 십대 청소년용, 성인 남자용, 성인 여자용으로 구분하여 네 가지로 만든다. 또한 맥도널드 햄버거 회사는 어린이용, 십대 청소년용, 어른용, 노인용에 따라 광고방법을 달리한다. 즉, 십대용 광고는 댄스음악을 효과음

사례

과거 사례에서 배우는 교훈
: 인구통계학적 변수에 의한
시장세분화

인구통계학적 변수에 의한 시장세분화는 과거에는 매우 많이 활용되었지만 현재는 시장의 성숙화와 더불어 잘 사용되지 않고 있다. 하지만 여전히 강력한 시장세분화의 기준 변수로 시장을 명확하게 구분할 수 있다는 장점이 있다.

성별에 의한 세분화

성에 의하여 많이 좌우되는 상품은 의류, 화장품, 잡지 등이다. 미국에서 1,2위를 다투는 장남감회사는 '매텔사'와 '해즈브로사'의 경우 80년대 한때 해즈브로사가 1위를 차지했으나, 90년대 1위를 매텔에 내주었다. 텔레토비 인형의 폭발적인 인기를 얻고 있는 해즈브로의 추격이 매서웠다. 매텔사의 주요제품은 배추인형, 바비인형 등 여자아이들이 좋아하는 인형인 반면, 해즈브로사는 '지 아이 조(G I Joe), 트랜스포머, 퍼비인형' 등 남자아이들을 위한 인형을 주무기로 삼고 있다. 즉, 각각

타킷 마켓을 각기 다르게 잡고 있는 것이다.

나이에 의한 세분화

소비자의 욕구는 나이에 따라 달라진다. 따라서 같은 제품이라 하더라도 나이에 따라 변형된 제품을 제공해야 하며 마케팅 방법도 달리하여야 한다.

우리나라의 경우도, 10대 전용 화장품과 30대 전용 화장품을 구분하여 광고하고 있는 것을 많이 목격할 수 있다.

또한, 99년 2월에 문을 연 두산타워는 기존의 동대문 재래 시장이 타깃으로 잡아온 20~40대가 아니라, Y세대인 10들을 표적으로 한 마케팅 전략의 성공적으로 이끌며, IMF경제체제를 비웃기라도 하듯이 연일 대성황을 이루고 있다.

두산타워를 찾는 고객은 하루 평균 4만여 명이며 그중 10대가 차지하는 비중을 전체의 30%를 넘어서고 있다. 한편, 밀리오레도 패션의 주고객인 젊은이들의 시선을 끄는데 온갖 마케팅 활동을 집중시켰다. 연예인들을 초청, 상가 앞 광장에서 쇼를 벌이기도 하고 우주선 탑승 이벤트를 열기도 하였으며 고객들에게 1만원짜리 상품권을 나눠주기도 했다.

가정 라이프 사이클에 의한 분류

가정의 라이프 사이클에 의한 시장세분화도 많이 이용되고 있다. 이 방법은 다음과 같이 7단계로 구분할 수 있다. 즉 미혼단계, 결혼 후 자녀가 없는 단계, 자녀가 생기는 단계, 자녀성장 단계, 학교를 졸업한 자녀가 있는 단계, 자녀 결혼 후 노부부 단계, 퇴직 후 노부부 단계이다.

각 단계마다 필요한 상품·기호는 각기 다르다. 예를 들면 어린자녀가 있는 가정은 세탁기, 아이용 식품·분유, 귀저귀, 인형·장난감 등이 필요할 것이며 자녀가 결혼한 노부부 가정에서는 여행도구, 고급상품, 여가선용 등의 상품의 더 필요할 것이다. 따라서 가정 라이프 사이클을 분석하여, 필요한 니즈를 세분화하는 것이 성공의 지름길일 것이다.

가족 수에 의한 세분화

가족의 수에 따라 시장을 세분화하는 이유는 여러 명이 함께 사느냐, 아니면 혼자 사느냐에 따라 소비패턴이 다르기 때문이다. 예를 들면 혼자 사는 여성들은 혼자 사는 남자들보다 병원출입이나 약의 사용, 건강 보험을 위해 두 배 정도 더 소비한다고 한다. 그리고 선물을 많이 사며 교회 등 자선 단체에 남자들 보다 3배 이상의 돈을 쓴다고 한다. 그러나 혼자 사는 남성들은 여성들보다 더 자주 외식을 하여, 외식비용은 여성보다 2배 정도를 쓰고, 세탁 및 기타 외부 활동 비용에 더 많이 소비할 것이다.

으로 넣고 모험적인 광고장면이 빨리 바뀌는 형식을 취하며, 노인용 광고는 부드럽고 감상적인 광고를 하고 있다.

③ 생활양식에 의한 세분화(Psychographic Segmentation)

예전에 미국의 스프 전문 회사 Campbell은 종류가 단순하고 값싼 스프만을 생산하였다. 이에 따라 Campbell은 스프시장의 대부분을 점유하면서도 값싼 제품이 많기 때문에 높은 이익을 올리지는 못했다. 그러나 이 회사는 점차 생활양식의 변화를 깨달았고, 그 변화에 알맞은 시장세분화 전략을 통해, 다양한 여러 제품을 생산하여 크게 성공하였다.

과거에는 6시 정각에 모든 가족들이 모여 손을 씻고 식탁에 앉아 규칙적인 식사를 하였고 아버지는 일하고 어머니는 가정을 돌보며 아이들은 보통 두 명 정도 있었다. 그러나 지금은 생활 양식이 크게 변하여 간식을 많이 먹으며 50% 이상의 가정이 식구가 2명 이하이고, 혼자 사는 경우도 많이 늘고 있다. 이러한 생활 패턴을 읽은 Campbell사는 스프시장을 세분화하여 1980년과 1985년의 6년 동안 고객 각각에게 알맞은 334개의 신제품을 내놓아 큰 성공을 거두었다. 이처럼, 생활 패턴에 따른 시장세분화는 시간과 환경의 변화에 의해 이루어지므로, 기업의 입장에서는 재빨리 감지해야 성공할 수 있다.

④ 구매관련 고객특성 변수(customer characteristic variables)

구매자의 사회계층, 개성 그리고 제품에 대한 태도 및 소비 패턴 등과 관련된 특징을 근거로 하는 변수들이다. 같은 인구통계적 집단에 속하는 사람이라고 해도 생활 양식이 다르고 다른 생활 양식에 따라 구매 행동 또한 달라질 수밖에 없다. 또한 사회계층에 따라 소비 행태가 다르게 나타날 수 있다. 특히 자동차, 옷, 가전제품, 여가선용 등에서 계층간의 소비는 현저하게 차이가 난다. 돈이 없는 의사, 변호사도 있겠지만, 의사, 변호사가 저급 자동차를 타고 다니지는 않을 것이다. 그 이유는 동료들이나 이웃들(Reference group; 준거집단)에 대한 체면 때문이라고 생각된다. 구매관련 고객특성 변수는 시간과 환경의 변화에 의해 이루어지므로, 기업의 입장에서는 재빨리 감지해야 성공할 수 있다. 즉, 주, 월, 분기, 년 등의 시간 단위로 고객의 구매 특성을 분석하고, 시장을 세분화 해보는 전략이 필요한 것이다. 구매 관련 고객특성 변수로 많이 사용되는 변수는 라이프 스타일, 제품사용, 고객 애호도, 고객 수익성과 관련된 평생가치 등이 있다. 라이프 스타일은 개인의 욕구, 동기, 태도, 생각들의 복합체이다. General Food의 카페인 없는 커피 Sanka는 이 라이프 스타일을 이용해 카페인이 있는 커피와 차별화 하여 또 다른 커피시장을 차지(Reposition)하게 되었다. 또한 리복 운동화는 건강하고 날렵한 몸매를 위해 에어로빅을 하는 여성에 초점을 맞추어 크게 성공하였다. 소비자의 성격은 제품을 개발하는 데 많은 영향을 끼친다. 전형적인 예로 여성들의 화장품, 담배, 보석, 술 등이 이에 속한다. 따라서, 소비자들의 성격도 세분화하여 제공한다면 보다 근접하게 니즈에 충족할 수 있다.

⑤ 상품으로부터 얻는 이익(Benefit)에 의한 세분화

시장세분화의 방법 중에 소비자가 제품을 구입함으로써 얻게 되는 이익에 따라 시장을 세분화하는 방법도 있는데, 이러한 방법의 성공 사례는 다음과 같다.

시계업체가 비싼 시계를 금은방에서 팔고 있을 당시 Daniel Yankelovich라는 사람은 시계업체가 소비자들이 시계를 구입함으로써 얻게 되는 이익을 전혀 무시하고 있다는 것을 알게 되었다. Yankelovich의 조사에 따르면 시계를 구입하는 소비자의 1/3은 값싼 시계를 원하며 다른 46%의 소비자는 오래 사용할 수 있는 고가인 시계를 원하고 있다. 이에 부응하여 Timex시계는 값싼 제품을 만들어 값싼 상품을 취급하는 소매상에서 판매하였고 그 결과 세계 최대의 시계회사가 되었다.

또한, Lever Brother 회사는 옷에 자기 체취가 남아있는 것을 염려하는 소비자들을 겨냥하였다. 미국인들은 운동을 많이 하고 또 인조 합성섬유로 된 옷을 많이 입기 때문에 옷에 체취가 오랫동안 남아 있었다.여기에 초점을 맞춘 Lever Brother회사는 이 체취를 제거하는 세제인 Surf를 개발하여 미국에서 두 번째로 잘 팔리는 세제가 되었다.

이와 같은 기본변수와 서술변수를 활용하여 세분시장에 관한 특성을 <표 2>와 같이 작성할 수 있다. 세분시장 기본변수를 바탕으로 시장을 구분하고, 서술변수를 사용하여 세분시장을 서술할 수가 있다. 이를 통해 마케터는 한눈에 세분시장의 특성을 파악할 수 있는 유용한 표이다.

● ● ● 표2　시장세분화 특성 파악을 위한 양식

		서술변수				
		나이	수입	거주지역	애호도	수익성
기본 (니즈기반)	명성(Prestige)					
	품질(quality)					
	경제성(Economy)					
	성능(Performance)					
	신뢰성(Reliability)					
	적법성(Conformance)					

목표시장선정

1) 목표시장에 대한 이해

목표시장은 세분시장 중에서 자사의 경쟁우위요소와 기업환경을 고려했을 때 자사에 가장 유리한 시장기회를 제공할 수 있는 특화된 시장을 말한다. 목표시장이 결정되면 기업은 해당 시장에 가장 적합한 마케팅믹스를 개발하여 실행한다(Kotler, 2008). 즉, 기업이 가진 모든 마케팅 자원을 목표시장에 집중시키고 목표시장 내 고객을 만족시키기 위해 최선을 다해야 한다. 목표시장의 결정을 위해 마케팅관리자들은 주로 <표 2>와 같은 시장세분화 매트릭스를 이용한다. 기본변수와 서술변수로 구성된 시장세분화 매트릭스를 통해 마케팅관리자들은 시장을 잠재적 목표시장과 비잠재목표시장으로 쉽게 구분할 수 있다. 여러 격자 중에서 비잠재고객을 제거한 다음 가장 좋은 시장기회를 잠재고객 격자를 찾는 과정으로 이루어진다. 즉 목표시장 선정은 앞서도 언급하였듯이 자사에 가장 적합한 시장을 선택하고 나머지 시장을 포기하는 과정이다. 즉 선택과 집중의 과정이 목표시장 선정의 핵심이라고 할 수 있다.

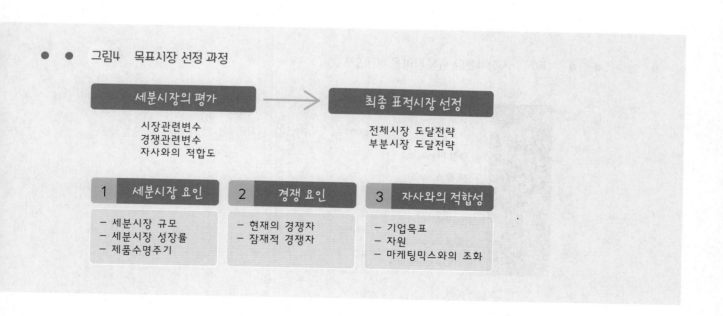

그림4 목표시장 선정 과정

고객은 독특한 요구와 욕구를 가지고 있다. 각 구매자를 서로 다른 목표시장으로 볼 수 있으나 결국에는 너무 많은 수의 작은 규모의 고객집단에 직면하게 된다. 이렇게 되면 그 집단을 통해 이익을 얻는 것이 용이하지 않다. 기업은 더 넓은 세분시장을 탐색하도록 해야 한다. 따라서 기업은 기업 내-외부의 여러 요소들을 총체적으로 고려하여 목표시장 선정에 매우 신중을 가해야 한다. <그림 4>는 목표시장 선정 절차를 보여주고 있다.

2) 세분시장 평가 및 선정

서로 다른 세분시장을 평가한 후, 기업은 어떤, 그리고 얼마나 많은 세분시장을 공략해야 할지 결정해야 한다. 목표시장은 기업이 만족시키고자 하는 공통된 욕구와 특징을 공유하는 고객 집합으로 구성된다. 목표시장 선정전략을 선택함에 있어서 많은 요인을 고려할 필요가 있다(Kotler, Armstrong, Saunders and Wong, 1999). 어떤 전략이 가장 좋은가는 회사의 자원에 달려 있다. 그리고 가장 좋은 전략은 제품의 가변성에 달려있다. 또 다른 요인은 시장의 가변성이다. 마지막으로 경쟁사의 전략도 중요하다. 이처럼 목표시장 선정은 우선 시장변수, 경쟁변수, 그리고 자사와의 적합성을 고려하여 평가하여야 하고 목표시장 선정 후에는 어떻게 목표시장에 도달할 것인가에 관한 전략을 선정하여야 한다.

(1) 세분시장 요인

① 세분시장 규모 평가

세분시장의 규모는 세분시장 평가의 중요한 요소 중의 하나이고 시장의 상대적 · 절대적 크기를 말한다. 즉 얼마나 많은 고객이 세분시장 내에 존재하는가에 관한 것이다. 따라서 기업의 규모를 고려하여 적합하다고 판단되는 시장에 진출해야 한다. 일반적으로 시장의 규모가 클수록 기업의 이윤획득이 용이하다고 생각하기 쉬우나, 규모가 큰 시장이 기업의 수익을 보장하여 주지는 않는다. 이렇게 큰 시장이 높은 수익을 보장하여 준다고 생각하는 것을 다수의 오류라고 한다.

② 세분시장 성장률 평가

세분시장의 성장률과 미래의 잠재력에 관한 평가를 하는 것이다. 기업들은 매출과 이윤의 지속적인 성장을 원하고 있기 때문에 세분시장의 높은 성장률은 바람직한 세분시장의 특성으로 받아들여지고 있다. 그러나 동시에 세분시장의 높은 성장률은 산업 내의 모든 기업들에게 매력적인 요소로 작용하기 때문에 세분시장 내에서 격렬한 경쟁이 야기되기 쉽다. 표적시장을 선택할 때는 세분시장의 성장률과 이에 따른 미래의 경쟁상황을 연관시켜 의사결정을 하여야 한다. 즉, 미래의 경쟁상황 가능성을 동시에 고려하여 자사의 능력에 적합한 시장성장률을 가진 세분시장을 선정해야 한다.

일동후디스 건강식품 대박비결
: 새로운 소비 트랜드에 맞는
차별화와 목표시장 선정

'샐러리맨의 신화' '살아 있는 전설'. 이금기 일동후디스 회장에게 붙어다니는 수식어다. 그는 1960년 일동제약에 입사해 국민 비타민 '아로나민'을 개발해 히트시켰고, 1984년부터 2010년까지 자그마치 26년간 일동제약 대표를 맡았다. 지금은 일동후디스 대주주이자 대표이사로 여전히 활발하게 신제품 개발에 참여하고 있다. 이 회장은 최근 소비자들이 건강한 식품을 추구하는 것이 일동후디스에 기회라고 강조했다. 그는 "일동후디스는 가격 경쟁력이 높은 편은 아니지만 몸에 좋은 성분이 들어 있고, 첨가물을 넣지 않는다는 점이 소비자들에게 어필하고 있다"고 말했다. 그는 "좋은 제품을 만들려면 지식·기술·양심이 있어야 하기 때문에 우리는 단순히 건강해 보이는 이미지만이 아니라 실제 효과가 날 수 있는 제품을 내놓고 있다"고 강조했다.

이런 철학에서 최근 나온 제품이 어린이 식품 '키요'와 건강커피 '노블'이다. '키요'는 3~9세를 위한 어린이 식품이다. 국내 영유아식 제품의 경우 분유, 이유식 등 0~2세 영아를 위한 식품은 있는 데 반해 3세 이상 아이들을 위한 식품 시장은 크지 않았다. 그러나 최근 부모들은 인공첨가물이 없고 맵거나 짜지 않은, 아이를 위한 식품을 찾고 있다. '키요'는 이런 고객을 타깃으로 리소토 소스, 과자, 요거트 젤리 등을 3월 출시해 판매 중이다.

'노블'은 항산화 성분인 폴리페놀이 함유돼 있고 경화유지가 아닌 코코넛오일과 1A등급 우유를 사용해 건강을 전면에 내세운 커피다. 커피믹스와 같은 인스턴트 커피 제품으로 판매되고 있다.

이 회장은 "커피믹스의 건강 논란은 크림과 설탕 때문인데 우리는 크림에 경화유지를 쓰지 않는다"면서 "실제 구매가격 기준으로 경쟁 제품에 비해 50% 정도 비싼 이유"라고 말했다. 그러나 식품업을 둘러싼 최근의 변화는 '마케팅의 달인'이라고 할 수 있는 이금기 회장에게도 쉽지 않은 상황이다.

이 회장은 "아로나민골드 등이 성공할 수 있었던 것은 공격적인 광고(마케팅)의 결과였다"면서 "하지만 지금은 과거처럼 광고 효과가 강하지 않다"고 말했다. 1970년대 이금기 회장이 진행했던 '의지의 한국인' '체력은 국력' 광고는 아직도 많은 이들의 기억 속에 남아 있다.

하지만 과거와 달리 TV의 영향력이 약해지고 인터넷, 모바일, 소셜미디어 등 소비자들이 접하는 매체가 세분화됐다. 그는 "광고 효과는 떨어졌는데 유통업체들은 신제품의 초기 반응이 좋지 않으면 바로 매대에서 빼버린다"면

서 "우리와 같은 크지 않은 기업들에는 불리하다"고 말했다. 일동후디스는 올해 새로운 제품도 계속 출시한다. 우선 성인용 분유 시장에 진출한다. 이 회장은 "나이를 먹으면 근육이 없어지는데, 이를 막아주는 복합아미노산제를 준비하고 있다"면서 "아직 우리나라는 노인 시장이 크지 않지만 미래를 위해 내놓는 제품"이라고 밝혔다. 이미 경쟁 업체가 제품을 먼저 내놨지만 차별화된 제품을 준비 중이다.

이 회장은 "저출산은 우리와 같은 분유회사에는 비상 상황"이라며 "유아식과 노인식이 거의 같은 특성을 갖는 제품이라는 것을 생각해 보면 결국 노인식으로 가야 할 수밖에 없다"고 설명했다. 그는 "일본은 개호식품이라고 해서 노인식 시장이 크지만 한국은 아직 초기 단계"라고 덧붙였다. 일동후디스는 프로바이오틱스 제품도 준비 중이다. 일동제약이 유산균 제품을 판매하고 있었기 때문에 그동안 일동후디스도 프로바이오틱스 제품을 내놓지 못했다. 하지만 관계가 완전히 정리되면서 프로바이오틱스 제품을 준비하고 있다. 이 밖에도 콜라겐을 함유한 그릭 요구르트 등도 나올 예정이다.

일동후디스는 중소 식품회사지만 국내에서 최초로 만든 제품을 많이 가지고 있다. 대표적으로 산양분유, 초유를 넣은 분유, 그릭 요구르트, 카카오닙스차 등이 있다. 카카오닙스차의 경우 이처럼 액상차 형태로 만들어 판매하는 것은 전 세계에서 최초다. 산양분유는 이 시장에서 점유율 80%를 차지하고 있는 1등 제품이다. 이처럼 높은 품질의 제품을 내는 것이 식품업계에 '미

투' 제품에 대응하는 이금기 회장의 전략이다. 그는 "아로나민이 성공했을 때도 미투 제품이 10개나 나왔다"면서 "광고를 하더라도 품질이 좋아야 광고 효과가 있기 때문에 좋은 제품을 내놓는 것이 가장 중요하다고 생각한다"고 강조했다.

출처: 매일경제, 2019년 6월 16일

③ 제품수명주기 평가

제품수명주기 분석을 통한 시장규모 및 경쟁강도를 파악한다. 일반적으로 수명주기는 성장기와 성숙기에 경쟁이 매우 치열하며 도입기와 쇠퇴기가 되면 경쟁이 약화된다. 또한 고객의 욕구도 도입기와 쇠퇴기에는 기본적인 제품에 대한 욕구가 있고, 성장기와 성숙기에는 고객의 매우 다양한 욕구가 시장 내에 존재한다. 규모면에서 기업이 진입하려고 하는 세분시장이 제품수명주기 상에서 도입기나 성장기라면 빠른 시장성장률과 상대적으로 작은 규모의 시장을 의미한다. 성숙기라면 낮은 시장성장률과 상대적으로 규모가 큰 시장을 의미하며, 쇠퇴기라면 시장의 규모가 감소되는 추세를 보인다. 따라서 기업은 세분시장 평가 시에 제품이 현재 어떤 수명주기 단계에 있는가를 파악하여야 한다.

(2) 경쟁요인

① 현재의 경쟁자

현재의 경쟁강도 및 자사의 경쟁우위를 파악한다. 세분시장 내의 경쟁강도가 클수록 이 세분시장에 참여하고 있는 기업들은 경쟁에서 이기기 위해 보다 많은 마케팅비용을 지불해야 하고, 가격 경쟁이 벌어질 경우 손실을 감수할 수 있어야 한다.

② 잠재적 경쟁자

잠재적 진입 기업에 대한 대비책 마련해야 한다. 해당시장의 진입장벽이 낮고 이익이 클수록 잠재적 경쟁자는 시장으로 진입하고자 할 것이다. 따라서 어떻게 진입장벽을 높일 수 있는지에 대한 방안을 마련해야 한다.

(3) 자사와의 적합성

① 기업의 전략적 목표

목표시장 선정 시 많은 기업들이 간과하는 부분이다. 아무리 매력적인 세분시장이라도 기업의 목표와 일치하지 않으면 선택할 수 없다. 즉 이익을 추구하려고 기업의 전략적 목표와 부합하지 않는 시장을 선정하면 매우 큰 실패를 경험할 수 있다. 웅진 그룹의 경우가 그러하다. 가정용 생활용품을 판매하던 웅진은 건설이라는 매력적인 시장에 들어간다. 하지만 웅진의 전략적 목표와 건설 시장은 맞지 않는다. 결국 웅진은 구조조정을 신청하게 되었다.

- **기업의 자원**: 목표시장 선정 시 기업이 고려하지 않는 또 다른 중요한 요소이다. 기업은 자사의 자원상황을 정확하게 파악하고 이를 효율적으로 사용할 수 있는 시장에 진입하여야 한다. 능력과 자원을 보유하고 있더라도 경쟁사에 비해 경쟁적 우위를 확보하고 있어야 효과적인 세분시장을 공략할 수 있다.

② 마케팅믹스와의 조화

기업이 보유하고 있는 기존 제품의 마케팅믹스와 시너지 효과 및 부작용 파악해야 한다. 특정 세분시장이 매력적이라 하더라도 기업이 목표로 하고 있는 다른 세분시장의 수익을 감소시킨다면 목표세분시장으로서의 가치가 없을 것이다.

3) 목표시장 도달 전략

목표시장 도달 전략은 앞서 언급한 기업의 자원과 능력 그리고 마케팅 자원 등을 고려하여 결정하여야 한다. 즉, 마케팅관리자는 각 세분시장을 평가한 후, 진입할 가치가 있는 시장 및 그 범위를 결정하고, 선정한 표적시장에 대한 제품 포지셔닝을 결정해야 한다. 마케팅관리자는 세분시장의 매력도 평가를 통해 매력적인 세분시장을 발견할 수 있는데, 이때 어느 세분시장에 또는 얼마나 많은 세분시장에 진출할 것인지를 결정하여야 한다. 기업이 진입할 세분시장과 그 범위를 결정하는 방법은 전체시장 도달전략과 부분시장 도달전략으로 구분되며 다음과 같이 여섯 가지 형태가 있다.

(1) 전체시장 도달전략

이 전략은 모든 시장을 공략대상으로 선택하는 것을 의미하며, 다양한 제품을 가지고 모든 고객집단의 욕구를 충족시키기 위한 전략과 단일제품으로 모든 시장을 소구하는 전략유형이 있다. 이 전략은 자원이 풍부한 대규모 기업들만이 선택할 수 있다.

① 단일제품 전체시장 도달전략

시장을 하나로 파악하여 모든 계층의 고객으로부터 공통적인 욕구를 발견하여 소구 가능한 강력한 이미지에 목표를 두고 단일제품과 단일 마케팅프로그램으로 전체시장을 공략하는 전략이다.

이 전략은 마케팅관리자가 시장이 동질적인 선호성을 지니고 있다고 파악하거나, 선호성이 분리되어 있다 하더라도 완전히 분산된 선호성으로 파악할 때 선택되는 전략이다. 동질적 선호성을 가진 시장인 경우에는 하나의 제품으로 전체시장을 소구하는 전략을 사용하는 데 문제점이 없으나, 분산된 선호성을 가진 시장인 경우에 모든 고객의 욕구를 충족시키기 위해서는 극단적으로 전체고객의 수만큼의 제품이 개발되어야 하고 이는 막대한 비용이 수반된다. 따라서 마케팅관리자는 고객들의 가장 공통적인 욕구를 추출하여 하나의 제품으로 전체시장에 소구함으로써 마케팅비용 절감을 시도한다. 이 전략의 근거는 대량유통경로, 대량광고매체 및 대량생산체제의 이용을 통해 마케팅비용의 경제성을 추구하는 데 있으며, 표준화를 통해 최소의 비용과 최저의 가격을 책정하여 대량의 잠재시장을 개발하는 것이다. 따라서 이 전략은 경쟁전략에서 원가우위전략과 상당히 유사한 면을 보이고 있다.

단일제품에 의한 전체시장 도달전략은 제품수명주기상의 도입기에서 주로 선택되는 전략으로, 도입기는 시장이 완전히 개발되지 않았고 고객들의 욕구가 세분되지 않았기 때문에 단일제품에 의한 전체시장의 소구가 효율적이다. 처음 휴대폰이 시장에 도입될 당시에는 소비자의 휴대폰에 대한 욕구는 휴대에 따른 편리성이었다. 이에 모토로라는 처음 시장을 장악하였지만 이후의 시장 변화와 소비자 욕구변화에 효과적으로 대응하지 못해 시장세분화가 시작되고 차별화를 달성한 삼성전자와 같은 후발주자에게 뒤처지게 되었다. 이처럼 이 전략을 시행하는 기업은 대체로 변화하는 고객의 욕구파악을 경시함으로써 시장변화를 예측하지 못하거나 경쟁자가 시장세분화를 통한 차별화 전략을 사용할 경우 대응능력이 떨어지는 문제점이 발생할 수 있다. 즉, 하나의 제품이나 하나의 브랜드를 이용하여 모든 사람에게 만족을 제공하기는 어렵다. 따라서 경쟁자가 많은 경우 시장의 경쟁상태가 격화되기 때문에 차별화나 집중화 전략이 더 효율적이 되기가 쉽다.

② 다수제품 전체시장 도달전략

다수제품 전체시장 도달전략은 시장을 세분화한 후 모든 세분시장을 표적시장으로 선정하여 각 세분시장에 적합한 제품과 마케팅믹스를 투입하는 형태의 전략이다. 이 전략을 선택하는 마케팅관리자는 시장이 밀집선호성으로 구성되어 있어 고객들의 욕구가 몇 개의 소집단으로 분리될 수 있고, 이들 소집단 각각의 욕구에 적합하고 고객의 가치를 증진시킬 수 있는 제품과 마케팅프로그램 개발이 가능하다고 보는 관점이다.

이 전략은 자원이 풍부한 대기업이 선택할 수 있는 전략으로서 일반적으로 고객들의 요구가 분리되기 시작하고 경쟁이 격화되어가는 제품수명주기상의 성장후기나 성숙기에 사용되는 전략이다. 우리나라의 경우 가전시장에서는 LG전자와 삼성전자, 혹은 자동차시장에서는 현대·기아자동차와 GM대우자동차와 같이 과점시장을 이끌어가는 대기업들이 풍부한 자원을 가지고 다양한 브랜드로 각각의 제품시장에서 이러한 전략을 동시에 구사하고 있다. 이 전략은 단일제품의 전체시장 도달전략에 비해 각각의 세분시장에서 그 시장에 적합한 제품으로 고객들에게 소구하므로 판매량을 증대시킬 수 있어 총매출의 증가 가능성이 크다. 그러나 이 전략을 잘못 사용하면 자기잠식(cannibalization) 현상이 벌어지게 되거나, 관리능력을 초과하는 방만한 제품구성으로 인하여 생산비, 재고관리비, 유통관리비, 촉진비용 등이 과다하게 지출되어 전체적으로 매출은 증가하지만 이익률은 떨어질 수 있는 단점이 있다.

Procter & Gamble은 10가지의 다른 상표 세제를 (Tide, Cheer, Gain, Dash, Bold 3, Dreft, Ivory Snow, Oxydol, Solo 등) 생산하고 있다. 비누는 7가지, 샴푸 6가지, 식기 세제 4가지, 치약 4가지, 화장실용 화장지 4가지를 생산, 판매한다. 이에 더하여 이들 상표는 각기 서너 가지 종류의 크기가 다른 포장이 있으며 가루로 된 것, 액체로 된 것, 향기가 있는 것 또는 없는 것 등으로 또다시 그 종류가 나누어진다.

그 이유는 앞서 말한 바와 같이 소비자의 층이 다양하고, 각 소비자층마다 욕구도 다르기 때문이다. 예컨대, 소비자가 세제를 살 때는 경제적인 세제, 표백이 잘 되는 것, 천을 부드럽게 하는 것, 냄새가 산뜻한 것 그리고 강한 세제, 약한 세제 등의 특징에 따라 각자가 원하는 것을 사기 때문이다. 결국, 10가지 세제를 만드는 이유는 각기 다른 소비자들의 그룹이 그 제품을 원하기 때문이라고 할 수 있다.

결국 10가지 세제를 만드는 이유는 각기 다른 소비자들의 그룹이 그 제품을 원하기 때문인 것이라고 할 수 있다. P&G는 이렇듯 시장을 세분화하여 각 고객층의 욕구를 만족하게 해 준 결과 세제 시장을 50% 이상이나 점유하게 되었다. 하나의 단독 상표로 50% 이상의 시장점유율을 차지한다는 것은 대단한 성과이지만 이렇게 전체 시장을 대상으로 마케팅활동을 하는 것은 1위 기업만이 할 수 있는 대표적인 전략이다. 1개 브랜드도 제대로 키우기 어려운 시장에서 여러 개의 브랜드를 인지시키고 선호도를 높이고 판촉을 하고 구매를 유도하면서 구매 후의 불만까지 해결해 줘야 한다면 그 비용은 놀랄 만한 수준이 되기 때문이다.

(2) 부분시장 도달전략

부분시장 도달전략은 시장을 세분화한 후에 모든 세분시장에 진출하지 않고 일부분의 세분시장만을 표적시장으로 선정하는 전략을 의미한다. 부분시장 도달전략은 단일제품으로 단일세분시장만을 선택하는 전략, 단일제품으로 여러 세분시장을 선택하는 제품전문화 전략, 여러 제품으로 몇 개의 세분시장을 소구하는 선택적 전문화 전략 및 여러 제품을 단일시장에 제시하는 시장전문화의 네 가지 유형이 있다.

① 단일시장 집중화 전략

이 전략은 기업이 단일제품으로 단일세분시장에 속하는 단순한 형태의 전략이다. 이 전략은 주로 기업의 자금 및 능력이 제한되어 있는 중소기업에 적합한 전략이다. 또는 기업이 새로운 시장에 진입할 때 추가적인 세분시장의 확장을 위한 교두보로 특정한 세분시장을 사용하려고 할 때 이용된다. 이 전략을 이용하는 기업은 집중화된 마케팅을 통해 세분시장의 욕구에 대한 많은 지식과 특별한 명성을 기반으로 세분시장에서 강력한 지위를 확보할 수 있다. 또한 생산, 유통, 촉진의 전문화를 통해 높은 경제성을 추구할 수 있고 경쟁자가 없는 니치시장(niche market)이라면 높은 투자수익률도 얻을 수 있다. 그러나 하나의 단일시장만을 소구하므로 표적세분시장에서 고객의 욕구가 변화되거나 그 시장에 강력한 새로운 경쟁자가 진입하게 되면 위험분산이 되지 않아 상당한 위험이 수반된다.

- **틈새시장 전략**(Niche Market Strategy): 틈새시장은 시장세분화의 추가적인 전략 중의 하나이다. 기존의 시장을 시장세분화를 통해 분석해 본 결과 매력이 높은 시장을 발견하였으나, 이미 경쟁이 포화상태가 되어 자사가 진입하면 실패할 것이 확실하다면 어떻게 할 것인가? 이때 나오는 것이 틈새시장이다(Marshal, 2007). 기존의 메이저 기업들이 미처 생각하지 못한 작지만 효과적인 시장을 찾아내고, 진입한다면 성공 할 수 있다. 전자게임업체인 일본의 닌텐도는 당시 아무도 관심을 보이지 않았던 컴퓨터게임기 시장에 뛰어들어 세계적인 기업으로 성장했다. 화투나 트럼프 등 전통적 오락기구로 겨우 명맥을 유지해 오던 닌텐도는 어린이들의 장난감으로나 여기던 컴퓨터게임기 시장에 눈길을 돌려 성공을 거둘 수 있었다. 국내의 대표적 반도체장비회사인 미래산업 역시 틈새시장 전략의 위력을 보여주는 대표적 사례라고 할 수 있다. 미

래산업은 대기업들이 반도체 개발에 정진할 때 반도체생산장비 시장에 뛰어들어 크게 성공했다. 반도체 생산장비는 고도의 기술력이 필요하면서도 소량 주문생산이 주류를 이루어 대기업이 접근하기 어려운 업종이었다. 미래 산업은 이러한 점을 제대로 공략한 것이다.

② 시장전문화 전략

이는 특정 고객집단의 다양한 욕구를 충족시키기 위해 다양한 제품을 판매하기 위한 전략이다. 예컨대, 패션 시장에서 20대를 표적고객으로 하여 20대에 적합한 의류, 구두, 액세서리 등을 전문적으로 생산·판매하는 전략을 들 수 있다. 이 전략을 선택하는 기업은 특정 고객집단에 있어 강력한 명성을 획득할 수 있다. 그러나 소구하고 있는 특정 고객집단의 구매가 갑작스럽게 감소하는 경우 위험분산이 되지 않는 단점이 있다.

③ 제품전문화 전략

이 전략은 다양한 세분시장에 단일제품으로 소구하는 유형이다. 이때 제품은 단일제품이지만 품목이나 디자인 및 색상을 다양하게 하여 고객에 대한 선택의 폭을 넓힐 수 있다. 이 전략을 이용하는 기업은 특정제품 영역에서 강력한 명성을 얻을 수 있지만, 만약 현재의 기술을 완전히 대체할 수 있는 혁신적인 기술이 개발되었을 때는 심각한 위험이 발생하게 된다.

④ 선택적 전문화 전략

이 전략은 세분시장 중에서 매력적이고 기업목표에 적합한 몇 개의 세분시장에 진입하는 전략을 의미한다. 이 전략은 소구하고자 하는 각 세분시장마다 제품 및 전략이 상이하기 때문에 시너지 효과가 낮으며 상당한 제품개발 및 마케팅비용이 수반되기도 한다. 이 전략의 선택근거는 순수하게 위험을 분산시키려는 의도이다. 따라서 이 전략은 위험을 분산시킨 복수의 단일시장 집중화 전략의 의미를 갖는다. 예를 들면 다목적 스포츠 차량(SUV : Sport Utility Vehicle)시장에 특화되어 있던 쌍용자동차는 부가가치가 큰 대형승용차 시장에 진출하였다. 최근 어려움을 겪었지만 티볼리라는 소형 SUV 차량을 개발하여 다시 한 번 도약의 발판을 마련하였다. 이렇게 자신들의 제품군을 SUV라는 새로운 개념을 개발하고 SUV 차량종류를 다양화함으로써 단독품목 생산에 따른 위험을 분산시킬 수 있었다.

목표시장이란 세분시장 중에서 자사의 경쟁우위와 경쟁상황을 고려했을 때 자사에 가장 좋은 시장기회를 제공해 줄 수 있는 특화된 시장을 의미한다. 목표시장의 선정은 자사의 경쟁우위가 어느 세분시장에서 확보될 수 있는가를 평가하여 상대적으로 경쟁우위가 있는 세분시장을 선택하는 것을 말한다. 일반적으로 마케팅관리자들이 목표시장을 선정하기 위해 가장 많이 사용하는 방법은 세분화 변수가 둘 이상일 때 사용하는 시장세분화 매트릭스이다.

쌍용차 부활 이끈 티볼리, 새롭게 태어나다

쌍용자동차의 부활과 국내 소형SUV 시장의 성장을 이끈 티볼리가 새롭게 태어났다. 대폭 향상된 디자인 및 성능, 상품성을 앞세워 쌍용차의 내수시장 3위 수성에 상당한 기여를 할 전망이다.

쌍용차는 4일 동대문디자인 플라자에서 '베리 뉴 티볼리'를 공식 출시했다. 2015년 첫 출시 이후 4년 만에 페이스리프트(부분변경) 모델을 선보인 것이다.

티볼리는 국내 자동차업계 역사에 한 획을 그었다 해도 과언이 아니다. 출시 전부터 많은 화제와 관심을 불러일으키더니, 기대 이상의 판매실적을 이어갔다. 출시 첫해부터 4만 5,000여 대의 판매실적을 기록했고, 이듬해 티볼리 에어까지 출시하며 5만 7,000여 대로 판매실적을 끌어올렸다. 코나 등 경쟁모델이 대거 등장한 이후에도 2017년 5만 5,000여 대, 지난해 4만 4,000여 대의 판매실적으로 존재감을 빼앗기지 않았다.

티볼리의 이 같은 성공은 오랜 시간 어려운 상황에 놓여있던 쌍용차에게 '부활의 신호탄' 역할을 했다. 길었던 적자에서 탈출해 흑자전환에 성공했고, 해고자 복직으로 지난날의 아픔을 치유할 수 있었다.

아울러 티볼리의 성공은 쌍용차가 나아갈 길을 제기하는 역할도 했다. 티볼리가 출시될 시점만 해도 국내 소형SUV 시장은 그리 주목받지 못했다. 하지만 티볼리가 뛰어난 상품성과 가성비를 앞세워 소비자들의 니즈를 개척했고, 이후 소형SUV 시장은 급성장했다. 이후 쌍용차는 대형SUV G4 렉스턴과 픽업트럭 형태의 렉스턴 스포츠 등 새로운 시장을 공략하며 성공가도를 이어갔다. 또한 플래그십 세단을 내려놓고, 'SUV 명가 재건'에 나서기도 했다.

이처럼 여러모로 큰 의미를 지니는 티볼리는 '베리 뉴 티볼리'로 거듭나며 상품성을 대폭 향상시켰다. 외관은 특유의 젊은 감각을 유지하는 한편 스포티함과 강렬한 인상을 강조했고, 새로 개발한 1.5리터 터보 가솔린 엔진을 최초 적용했다. 다양한 최신 안전사양도 동급 최다 수준으로 만나볼 수 있다.

쌍용차는 이처럼 새로 태어난 티볼리를 통해 소형SUV 시장의 터줏대감 자리를 지켜나간다는 계획이다. 아울러 한국지엠과 르노삼성의 극심한 내수부진 속에 내수시장 3위 자리를 수성하는 데 상당한 기여를 할 것으로 기대된다.

출처: 시사위크, 2019년 6월 4일

국내에 러시아까지 양날개 단 '팔도''… '도시락' 파워 여전

러시아에서 판매되고 있는 '도시락'

한국야쿠르트에서 법인 분리한 팔도의 상승세가 꺾일 줄 모른다. 지난해 매출이 소폭 하락하긴 했지만 4000억대를 지켜냈고, 영업이익은 상승했다. 여기에 '국민라면'이 된 러시아 사업까지 상승세가 이어지면서, '도시락 파워'가 여전히 건재함을 입증해냈다.

10일 금융감독원 전자공시시스템에 등록된 팔도 감사보고서(개별 기준)에 따르면 지난해 팔도의 매출액은 4,086억 7,740만원으로, 전년(4,114억 3,669만원) 대비 소폭(0.67%) 하락했다.

영업이익은 136억 5,418만원으로, 같은 기간 110억 4,994만원에서 23.56% 상승했다. 팔도의 상승세는 기존 장수 제품들의 리뉴얼 작업 등 마케팅 강화와 함께 신제품 개발에도 힘을 써왔기 때문으로 분석된다. 팔도는 '팔도비빔면', '비락식혜' 등의 대표 식품들에 대한 다양한 변화를 시도해왔다.

팔도비빔면의 소스를 따로 판매하는 '만능 비빔장' 출시에 이어 팔도비빔면의 양을 소량 늘린 '팔도비빔면 1.2'를 내놨다. 이어 '팔도비빔밥 산채나물'과 '팔도비빔밥 진짜짜장' 등으로 트렌드 잡기에 나섰고, 올해는 '팔도네넴띤'을 한정판으로 선보이며 쐐기를 박았다.

비락식혜 역시 아이스크림바 형태의 '얼음동동 식혜바'와 휴대가 간편한 스틱형 '비락식혜 스틱'을 선보이는 등 변화를 모색했다. 비락식혜 어벤져스 스페셜 패키지를 출시하는 등 패키지 한정판 출시에도 공을 들이고 있다.

팔도의 현지화 전략

오래된 제품들이지만 변화를 거듭하면서 젊은 소비자층의 마음까지 사로잡은 것으로 분석된다. 팔도는 이외에도 면 시장과 키즈 음료 시장을 적극 공략하는 행보를 보이고 있다.

팔도의 기세에 양날개를 달아준 러시아 법인 실적 역시 쾌속질주 중이다. 팔도의 러시아 법인 '코야(KOYA)'는 지난해 794억 2,554만원의 매출액을 올려, 전년(640억 1,865만원)보다 상승했고, 당기순이익 역시 같은 기간 20억 120만원에서 20억 9,344만원으로 늘었다.

코야의 주력 상품은 '도시락'이다. 국내에서는 장수 컵라면 브랜드 중 하나로만 알려져 있지만 러시아에서 도시락은 식품 문화로 자리잡았다. 러시아 용기면 시장 점유율의 절반 이상을 굳건하게 차지하는 '국민라면'이 되면서 판매되고 있는 제품만 20여 종이 넘는다.

팔도 측은 도시락의 러시아 성공 요인으로 '현지화'를 꼽는다. 팔도 관계자는 "도시락은 한국에서의 제품 맛과 많이 다른 편"이라며 "우리(한국)가 얼큰한 맛이라면 러시아는 부드러운 맛을 구현했다"고 설명했다.

이 관계자는 "러시아 법인은 완전히 독립되어 있기 때문에 국내 제품과 별개로 상품 개발에 나서고 있다"며 "팔도의 국내 판매 제품과 코야를 통해 러시아에서 판매되는 제품은 완전히 다르다"고 덧붙였다.

팔도는 1991년 러시아에 처음 도시락을 수출한 이후 독특한 사각 용기와 러시아 전통 수프와 비슷한 칼칼한 맛 덕분에 빠르게 러시아 시장을 장악할 수 있었다. 1997년 블라디보스토크의 사업소를 열며 본격적으로 러시아 사업을 시작했고, 러시아인의 입맛을 고려한 현지화가 이때 진행됐다. 닭육수 베이스의 하얀 국물 라면과 버섯, 새우 등 다양한 맛의 도시락이 출시됐다.

도시락의 인기는 점점 높아졌고 팔도는 러시아 현지에 라면 공장을 만들고 법인을 세운다. 이때가 2005년이다. 이때 세워진 러시아 모스크바 인근 라멘스코예시 9만 9,174㎡(3만 평) 부지의 코야 공장에서 도시락이 만들어지고 있다.

코야는 현재 도시락 제품과 함께 퓨레 제품 등 러시아 현지 제품 생산, 판매 중이다. 팔도는 국내에서도 '도시락 봉지면'을 출시하는 등 도시락 제품 라인업 확장에 나서기도 했다. 향후 브랜드 강화와 사업 다각화 등을 통해 종합 식품 유통 기업으로 도약하겠다는 목표를 세운 팔도의 행보에 업계 이목이 쏠리는 이유다.

팔도 관계자는 "도시락은 색다른 용기와 진하고 깔끔한 맛으로 국내뿐 아니라 해외 30여 개국에서 꾸준히 사랑받고 있다"며 "앞으로도 '도시락' 브랜드의 제품 확장을 지속해 고객에게 오랫동안 사랑받는 브랜드로 육성해 나가겠다"고 말했다.

출처: 뉴데일리, 2019년 6월 10일

목표시장을 선정하기 위해 마케팅관리자는 세분시장에 대한 평가를 선행해야 한다. 세분시장의 평가는 세분시장규모, 세분시장 성장률 및 제품수명주기를 고려하는 세분시장 요인 평가와 현재의 경쟁자 및 잠재적 경쟁자를 파악하는 경쟁요인 평가, 기업의 목표와 자원 및 기존시장과 마케팅믹스와의 조화를 평가하는 자사와의 적합성 평가의 세 가지 차원에서 이루어진다. 이를 통해 마케팅관리자는 각 세분시장의 매력도를 파악하게 된다.

세분시장에 대한 평가가 끝나면 마케팅관리자는 어느 세분시장에 그리고 얼마나 많은 세분시장에 진출할 것인지를 결정해야 한다. 기업이 진입할 세분시장과 그 범위를 결정하는 방법은 전체시장 도달전략과 부분시장 도달전략으로 구분할 수 있다. 흔히 자원이 풍부한 대규모 기업에서 사용하는 전체시장 도달전략은 모든 시장을 소구대상으로 선택하는 것을 의미한다. 구체적으로는 시장을 하나로 파악하여 모든 계층의 고객에게 동일한 제품과 마케팅프로그램으로 전체시장을 공략하는 단일제품 전체시장 도달전략과, 시장을 세분화한 후 모든 세분시장을 표적시장으로 선정하여 각 부문에 적합한 제품과 마케팅믹스를 투입하는 다수제품 전체시장 도달전략이 있다. 부분시장 도달전략은 시장을 세분화한 후에 모든 세분시장에 진출하지 않고 일부분의 세분시장만을 표적시장으로 선정하는 전략을 의미하는 것으로 단일시장 집중화 전략, 시장전문화 전략, 제품전문화 전략 및 선택적 전문화 전략으로 나누어진다. 단일시장 집중화 전략은 기업자금과 능력이 부족할 때 단일제품으로 단일시장을 공략하는 전략이며, 시장전문화 전략은 단일 세분시장에 다양한 제품으로 소구하는 전략이다. 제품전문화 전략은 다양한 세분시장에 단일제품으로 소구하는 방식이며 선택적 전문화 전략은 몇 개의 매력적인 세분시장에 진입하는 전략을 의미한다.

시장은 고객으로 구성되고 고객은 여러 가지 가치 측면에서 다른 욕구를 가지고 있다. 시장세분화를 통하여 기업은 전체 시장을 적정한 규모를 가진 여러 세분시장으로 나눔으로써, 각 세분시장의 독특한 욕구에 맞는 제품과 서비스로 더 효율적이고 효과적으로 세분시장에 도달할 수 있다. 시장세분화는 시장을 서로 다른 제품과 마케팅 믹스를 요구하는 독특한 욕구, 특징과 행동을 갖는 더 작은 고객 집단으로 나누고 이 세분시장에 효과적으로 도달하기 위한 전략을 수립하고 실행하는 것이다.

4

포지셔닝 전략

1) 포지셔닝의 의미

포지셔닝은 목표시장 고객의 마음 속에 경쟁기업들과 효과적으로 경쟁하고, 차별적인 "위치"를 차지하도록 기업과 제품의 이미지를 만드는 활동이다. 즉 포지셔닝은 고객의 마음 속에 존재하는 제품 시장에서 자사의 독특하고, 가치 있고, 방어할 수 있는 위치(이미지)를 만들어내기 위해 자사가 가진 전 마케팅 믹스 자원(제품, 가격, 판목, 유통)을 실행하는 작업이라고 할 수 있다. 고객의 마음 속에 이미지를 만드는 활동은 매우 어렵고 정교한 작업이다. 한 번 만들어진 이미지는 바꾸기가 매우 어렵기 때문에 매우 신중한 작업이어야 한다. 좋은 포지셔닝은 제품과 브랜드의 본질을 고객에게 잘 전달하여야 하고, 고객이 추구하는 가치를 정확하게 파악하여 이와 부합하는 명확한 이미지를 만들어 주는 것이다. 또한 포지셔닝은 이후에 진행되는 모든 마케팅 활동의 가이드 라인을 제시하여 효과적으로 마케팅 믹스를 활용할 수 있도록 한다.

똑같은 제품, 똑같은 품질, 똑같은 성능을 가지고 경쟁사와 판매경쟁을 한다면 그 제품의 판매는 쉽지 않을 것이다. 그러나 자사 제품이 경쟁사 제품보다 우수하거나 다른 용도가 있다면 (제품의 차별화: Differentiation) 판매가 용이하게 될 것이다. 따라서, 시장세분화를 통해 자사와 경쟁사의 제품력과 품질, 가격 등을 비교하여, 자사의 강점을 차별화하여 포지셔닝하는 전략은 중요한 마케팅 요소임에 틀림없다.

● ● ● 그림5 포지셔닝 과정

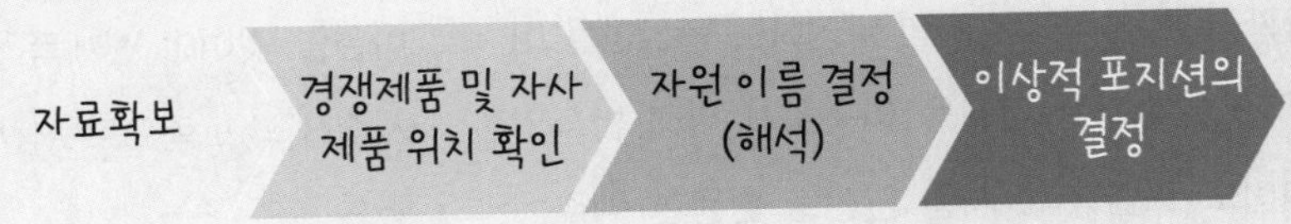

자료확보	경쟁제품 및 자사 제품 위치 확인	자원 이름 결정 (해석)	이상적 포지션의 결정

하이트진로, 맥주 시장
'필사즉생' 배수진,
9년 만에 신제품 '테라' 출시

하이트진로는 9년 만에 라거 맥주 신제품을 출시하고 맥주 시장점유율 높이기에 나선다. 신제품은 편의점과 대형마트 등 가정 채널과 음식점, 유흥업소 등 업소용 제품이 동시 판매될 예정이다.

하이트진로는 전 세계에서 가장 청정하다고 알려진 호주 지역 원료만을 엄선해 만든 '테라(TERRA)'를 오는 21일 출시한다고 13일 밝혔다. 테라는 호주에서 청정 지역으로 유명한 '골든트라이앵글' 지역의 맥아 100%를 사용하고 발효 공정에서 자연 발생하는 탄산만을 이용했다. 자연 발생하는 탄산을 이용하기 위해 별도의 기술과 장비도 도입했다. 자연 탄산을 활용한 맥주는 라거 특유의 청량감이 강화되고 거품이 조밀하고 탄산이 오래 유지되는 장점이 있다고 회사 측은 설명했다.

하이트진로의 맥주 신제품은 2013년 '퀸즈에일' 이후 6년 만이며 라거 맥주 기준으로 2010년 '드라이피니쉬d' 이후 9년 만이다. 현재 맥주 시장점유율은 오비맥주가 60%대로 1위며 하이트진로는 30% 수준을 유지하고 있다. 이번 신제품으로 회사 측은 판도 변화를 꾀하고 있다.

신제품 출시 배경에 대해 하이트진로는 "초미세먼지 경보가 일상화돼 청정, 자연, 친환경 등에 대한 수요가 커지는 시대적 요구를 반영했다"며 "지난 5년간 연구와 청정한 원료를 찾는 노력을 통해 인위적 주입이 없는 자연주의적 공법으로 최선의 주질을 개발했다"고 설명했다.

패키지도 기존 제품과 차별성을 뒀다. 청정라거 컨셉를 형상화하기 위해 '그린'을 브랜드 컬러로 채택해 모든 패키지에 적용했다. 트라이앵글을 형상화하고 브랜드네임만 강조한 BI를 개발해 라벨 디자인에 활용했다. 병에는 토네이도 모양의 양음각 패턴을 적용해 청량감을 시각화했다고 설명했다.

테라는 오는 21일 첫 출고 이후 전국 대형마트, 편의점 등 가정 채널과 음식점, 유흥업소 등 유흥 채널에서 동시 판매될 예정이다. 출고가격은 기존 맥주와 동일하고 알코올 도수는 4.6%다.

김인규 하이트진로 사장은 간담회 인사말을 통해 "신제품 출시를 통해 어렵고 힘들었던 맥주 사업에 마침표를 찍고자 한다"며 "신제품 출시를 통해 재도약의 틀을 마련할 것이며 신제품 성공을 위해 모든 임직원이 '필사즉생'의 노력으로 최선을 다하겠다"고 밝혔다.

출처: 머니투데이방송 MTN, 2019년 3월 13일

2) 포지셔닝 유형

포지셔닝의 유형은 어떤 기준을 사용하여 고객의 마음 속에 이미지를 만들어 내는가에 관한 것이다. 많이 사용되는 포지셔닝의 기준으로는 ① 속성/효익 ② 사용상황 ③ 제품 사용자 ④ 경쟁 ⑤ 제품군의 유형 등이 있다. 이러한 기준으로 고객의 마음 속에 존재하는 제품에 대한 인지상태를 구분하고, 자사의 제품 위치를 확인하여 가장 이상적인 자사의 위치를 정하는 것이 포지셔닝이다(Kotler, 2008).

① 속성/효익에 의한 포지셔닝

제품에는 저마다 속성과 고객이 추구하는 효용이 있다. 승용차의 경우는 튼튼하거나 소음이 적은 것이 제품의 특징이 된다. 독일의 유명 브랜드인 볼보 자동차는 안정성이라는 특징을 강조하여 포지셔닝한 대표적인 사례이다. 자동차 산업 외에도 우리에게 친숙한 에너자이저는 오래가는 건전지라는 속성, 자일리톨은 충치예방이 좋다는 효익으로 소비자들에게 그들의 위치를 어필하고 있다.

② 사용상황에 의한 포지셔닝

소비자가 우리 제품을 어떤 상황이나 어떤 용도로 사용하는가에 따라 포지셔닝 전략을 수립하는 것도 가능하다. 단순히 목이 마를 때 마시는 것이 아니라 '운동 후엔 게토레이'라는 것을 고객들에게 인지시킨다. 음주 전과 후에 마시면 도움이 된다는 것을 강조하는 숙취해소 음료도 있다. 앞서 예를 들었던 자동차 시장에서 SUV도 가족여행이나 레포츠 활동 등의 사용상황에서 매우 좋다는 것을 강조하고 있다. 소비자는 어떠한 상황에 놓였을 때 그 상황에 포지셔닝된 기업의 제품을 선택할 가능성이 높아진다.

③ 제품 사용자에 의한 포지셔닝

제품 사용자에 따른 포지셔닝을 통해서 좀 더 효과적이고 효율적으로 마케팅할 수 있다. 존슨앤존슨은 어린 아이들의 민감한 피부에 좋다는 것으로 자사의 제품들을 포지셔닝하였고, 자동차 기업들도 남성적인 이미지를 강조하거나 여성적인 이미지를 강조하여 제품 사용자를 구분하는 포지셔닝 전략을 사용하고 있다. 기아자동차 소울 부스터는 30대 남성을 겨냥한 광고를 통해 남성의 추억을 강조하였고, BMW mini는 유연한 디자인을 바탕으로 30대 여성 소비자에게 어필하고 있다. 이러한 포지셔닝에 놓인 소비자들이 제품을 선택하게 될 가능성이 높아진다.

④ 경쟁에 의한 포지셔닝

동종 업계의 1위 기업을 인정하고 이를 목표로 최선을 다하고 노력한다는 이미지를 통해서 고객들이 제품을 선택할 수 있게 유도할 수 있다. 전자제품 시장에서 삼성전자가 과거에 소니를 따라잡기 위해 직접적인 비교를 할 수는 없지만 간접적인 비교를 통해 소니와 대조를 하는 방식으로 포지셔닝을 하여 시장 1위를 달성할 수 있었다. 또한 샤오미, 화웨이 등의 중국 기업들이 스마트폰 후발 기업이지만 애플이나 삼성전자 등과 가격적인 비교를 통해 시장을 잠식한 것도 매우 좋은 사례이다.

⑤ 제품군에 의한 포지셔닝

이는 유사 제품군 내에 있는 경쟁제품과의 차별점을 강조한 것으로 이전 사이다 제품군에 속한 7up은 콜라가 아니라고 하는 uncola를 강조하여 제품군에 차별화를 시도하였다. 도브 비누도 동일 비누제품군의 다른 제품들이 비누 사용 시 피부가 건조해진다는 것을 인지하여 도브는 촉촉한 피부를 유지해준다는 점을 강조하였다. 동일한 제품군에 의한 포지셔닝을 통해서 소비자들에게 제품을 인식시키는 효과를 높이고자 하는 포지셔닝 방법이다.

3) 포지셔닝 맵의 작성

일반적으로 인지도맵이라고 불리는 포지셔닝맵의 개발은 그림을 통해 경쟁제품과 자사제품의 위치에 대한 고객의 지각을 나타낼 수 있는 유용한 방법이다. 인지도맵의 작성절차는 우선 차원의 수를 결정하고, 차원의 이름을 정하고, 경쟁제품 및 자사제품의 위치를 확인한 후 이상적인 방향을 결정하는 것이다. 이 과정에서 중요한 것은 모든 판단 기준은 소비자의 지각에 근거하여야 한다. 기업의 기술적인 측면에서 판단을 하여 실패를 하는 경우가 많다.

● ● ● 그림6 패스트푸드(햄버거) 브랜드의 포지셔닝 예

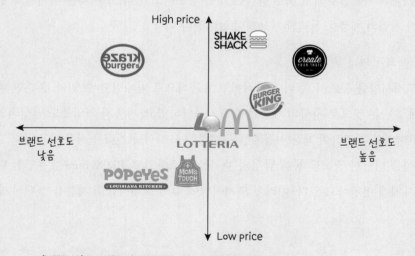

*브랜드 선호도 : 브랜드 이미지, 브랜드 인지도, 제품의 질, 제품의 다양성.

① 차원의 수 결정

인지도맵을 작성할 때 가장 먼저 결정해야 하는 것은 사용할 차원의 수(number of dimensions)이다. 인지도맵의 차원을 결정하려면 마케팅관리자는 먼저 고객들이 제품을 평가하거나 지각할 때 고려하는 속성들에 대해서 상세히 파악해야 한다. 이때 많은 속성들 중에서 고객들이 모든 제품들에 대해 동일하다고 느끼는 속성은 인지도맵에서 가치가 없다. 이는 인지도맵상에서 각 제품들이 거의 동일한 위치에 표시된다는 것을 의미하므로 작성의 의미가 없어지기 때문이다. 또한 마케팅관리자는 인지도맵의 각 차원에 대해서 해석을 할 수 있어야 하므로 일반적으로 두 개 또는 세 개의 차원들로 구성된다. 때때로 세 가지 차원을 동시에 나타내기 위한 3차원 모델이 이용되기도 하나, 해석과 시각적 편의를 위해 2차원으로 구성된 일련의 도면을 제시하는 것이 효과적이다. <그림 6>에서 소비자들의 햄버거 브랜드에 대한 인식 조사에서 소비자들은 햄버거 가게 선택시 브랜드에 대한 선호와 가격이 매우 중요한 요인으로 고려하였다. 따라서 가격과 브랜드 선호라는 두가지 차원을 결정하여 각 브랜드들의 두 가지에 대한 평가로 포지셔닝 맵을 작성하였다.

그 이외에 마케팅관리자는 인지도맵의 차원을 해석할 때 특히 주의를 기울여야 한다. 예컨대, 샴푸의 경우에 고객들은 샴푸를 구매하고자 할 때 비듬 제거와 같은 기능성 용도와 좋은 향기 등의 제품 속성에 관한 것으로 평가한다. 그러나 기술적인 측면에서는 샴푸에 대한 평가속성이 머리칼이 부드럽다와 거품이 많이 난다 등으로 표현하게 된다. 따라서 마케팅관리자는 동일한 제품 개념이지만 상이하게 표현되는 속성들을 잘 연결시켜야 정확한 인지도맵의 차원 해석이 가능하게 된다.

② 차원의 이름 결정

차원의 수가 결정되면 마케팅관리자는 각 차원의 이름을 결정해야 한다. 다차원척도법이나 요인분석을 통해 인지도맵이 작성되어도 프로그램에서는 차원의 이름들을 제시해 주지 않기 때문에, 마케팅관리자가 적절한 이름을 결정해야 한다. 이때 중요한 것은 실제시장과 제품에 대해서 가장 잘 파악하고 있는 관리자의 직관이 가장 중요한 요소가 된다. 위 포지셔닝 맵의 예에서는 차원을 소비자들이 인지하는 두 가지 중요속성을 그대로 사용하였다. 하지만 이때, 가격 대신 품질 등을 포함하는 고가격 고품질이 고급이미지와 저가격과 무난함을 강조하는 대중적인 이미지라는 축으로 가격을 대신 할 수도 있을 것이다.

③ 경쟁제품 및 자사제품의 위치확인

차원의 수와 차원의 이름이 결정되면 경쟁제품과 자사제품의 위치를 인지도맵에서 확인해야 한다. 가격과 브랜드 선호도 정도를 측정한 결과 롯데리아는 모두가 보통 수준에서 인식되었고, 가장 가까운 경쟁자는 맥도날드임을 확인할 수가 있다.

④ 이상적 포지셔닝의 결정

경쟁제품과 고객들의 욕구에 기초하여 가장 이상적인 자사제품의 포지셔닝이 결정되어야 한다. 신제품의 경우, 표적시장의 이상적 위치에 맞는 제품개발과 촉진전략이 필요하고, 기존제품의 경우에는 이상적 위치에 재포지셔닝시킬 수 있는 전략을 개발해야 한다. 위 사례에서는 롯데리아가 추구해야 할 이상적인 방향을 가격과 브랜드 선호도 두 가지 차원에서 고려하여 결정을 해야 한다.

4) 포지셔닝 맵의 유용성과 활용

포지셔닝 맵(Positioning Map)은 포지셔닝 전략을 수립하기 위해서 매우 유용하게 활용되는 도구이다. 포지셔닝 맵은 포지션 구축의 기반이 될 경쟁우위를 제공하는 차별적 고객가치의 조합을 제공해준다(Kotler, 2008). 따라서 포지셔닝 맵은 우선적으로 고객 가치에 대한 자료를 확보하고, 자사와 경쟁제품의 시장 위치를 정확히 파악하여야 하며, 이를 위해 정확한 기준이 무엇인지를 결정하여야 하고, 마지막으로 이상적인 자사 제품의 위치를 결정하는 단계로 진행된다. 전반적인 포지셔닝 전략을 선정하는 단계에 따라서 기업은 선정된 포지셔닝을 고객에게 효과적으로 의사소통하고 실제로 이를 전달해야 한다(Belch and Belch, 2003). 포지셔닝맵을 작성하면 마케팅관리자는 다양한 전략적 유용성을 획득할 수 있다. 이러한 포지셔닝맵의 유용성은 다음과 같다.

첫째, 시장의 틈새 즉, 틈새시장을 파악할 수 있다. 인지도를 통해 마케팅관리자는 시장의 빈 곳을 찾아낼 수 있다. 즉, 충분한 시장성이 있음에도 불구하고 현재 경쟁제품이나 자사제품이 소구하지 않는 위치를 인지도를 통해 확인할 수 있다. 둘째, 자사제품의 현재 위치 파악이 가능하다. 인지도는 현재 자사제품이 고객에게 어떻게 인식되고 있는가에 대한 정보를 제공해 준다. 셋째, 경쟁자의 파악이 가능하다. 인지도상에서 자사제품의 위치 즉, 지도상의 물리적인 거리와 가장 근접한 타사의 제품이 자사와 직접적인 경쟁을 벌이고 있는 1차적 경쟁자임을 알 수 있다. 즉, 인지도상에서의 거리가 가까울수록 직접적인 경쟁자이고 멀수록 직접적인 경쟁은 하지 않는다. 넷째, 경쟁강도의 파악이 가능하다. 현재 자사제품이 소구하는 위치에 몇 개의 경쟁제품이 있는가에 따라서 경쟁강도의 파악이 가능하다. 즉, 특정위치에 경쟁제품이 많을수록 이들 제품은 고객들에게 유사하게 인식되고 있으며, 이는 각 제품들이 차별성이 없으므로 격렬한 경쟁을 하고 있다는 의미이다. 다섯째, 제품의 이상점(ideal point) 파악이 가능하다. 선호도 조사에 의해 작성된 인지도의 경우 고객들이 가장 이상적으로 생각하고 있는 제품속성을 알 수 있다. 만약에 이상점에 현재 제품이 소구하고 있지 않다면 자사제품의 속성을 개선하여 이상점에 근접시켜야 하고, 제품개선이 용이하지 않다면 신제품 개발을 통한 접근을 모색해야 한다. 여섯째, 마케팅믹스의 효과측정이 가능하다. 연도별로 지속적인 포지셔닝맵이 작성되어 제품의 위치를 계속적으로 추적할 수 있다면 마케팅관리자는 자사의 마케팅믹스의 효과를 측정할 수 있고, 효과적인 마케팅믹스 전략을 결정할 수 있다.

포지셔닝이란 경쟁우위 달성을 목적으로 경쟁자의 제품과 다르게 인식되도록 마케팅믹스를 사용하여 고객의 마음 속에 제품의 정확한 위치를 심어주는 과정을 의미한다. 마케팅관리자는 자사제품의 목표 포지셔닝을 결정한 후에는 구체적인 접근방법을 사용하여 목표 포지션으로 자사제품을 인식시켜야 한다.

포지셔닝 접근방법으로는 속성·효익에 의한 포지셔닝, 사용상황에 의한 포지셔닝, 제품사용자에 의한 포지셔닝, 경쟁에 의한 포지셔닝, 니치시장에 대한 포지셔닝 및 제품군에 의한 포지셔닝이 있다. 속성·효익에 의한 포지셔닝은 가장 흔히 사용되는 포지셔닝의 방법으로 자사의 제품이 경쟁제품과 비교하여 다른 차별적 속성과 특징을 가져 다른 효익을 제공한다고 고객에게 인식시키는 전략이며, 사용상황에 의한 포지셔닝은 적절한 사용상황을 묘사 또는 제시하는 전략이다. 제품 사용자에 의한 포지셔닝은 제품이 특정한 고객들에게 적절하다고 포지셔닝하는 방법이며, 경쟁에 의한 포지셔닝은 고객의 지각 속에 자리 잡고 있는 경쟁제품과 명시적 혹은 묵시적으로 비교함으로써 자사제품의 상대적 혜택을 강조하는 방법이다. 니치시장에 대한 포지셔닝은 기존제품이 충족시키지 못하는 시장의 기회를 이용하는 방법이며, 제품군에 의한 포지셔닝은 특정제품군에 대한 고객의 우호적 태도를 이용하여 자사의 제품을 그 제품군과 동일한 것으로 포지셔닝하는 전략이다.

구체적으로 포지셔닝 전략을 수행하는 과정은 고객분석과 경쟁자의 확인을 거친 후, 경쟁제품의 포지셔닝을 분석하고 이를 통해 자사의 포지셔닝을 개발하고 결정된 포지셔닝을 확인하고 성과를 평가하여 재포지셔닝하는 과정으로 이루어진다. 이때 경쟁 제품과 자사제품의 현재 위치를 효과적으로 파악하기 위하여 포지셔닝맵이 사용된다. 포지셔닝맵이란 고객의 마음 속에 있는 자사제품과 경쟁제품들의 위치를 2차원 또는 3차원의 도면으로 작성한 것이다. 포지셔닝맵의 유형에는 제품의 물리적 특성에 의한 포지셔닝맵과 고객의 지각에 근거한 포지셔닝맵이 있다. 포지셔닝맵을 작성할 때는 먼저 차원의 수를 결정하고 차원의 이름을 결정한다. 그 후 경쟁제품 및 자사제품의 위치를 파악하고 자사의 이상적인 포지셔닝을 결정하는 과정을 통해 작성된다.

Further Discussions

FD1 최근 성공한 신제품의 적절한 STP과정에 대한 사례를 찾아보고 이에 대해 토론해 보자. STP 단계별로 중요한 요소에 대해서도 논의해보자.

FD2 시장세분화과정 및 세분화 기준 변수에 대해서도 학습하였다. 현재 제품 시장을 실제로 세분화해 보자. 그 과정 및 결과에 대해 토론해보자.

FD3 현재 커뮤니케이션되고 있는 광고들 중 하나를 선택하여 커뮤니케이션을 한 기업의 목표시장이 어떤 소비자인지를 찾아보고, 타당성을 해석해보자. 만약 타당하지 않다면 어떻게 목표시장을 수정해야 하는지에 대해서 논의해보자.

FD4 현재 주변에서 발견되는 틈새시장에 대한 사례를 찾아서 성공이유에 대해 토론해보자.

FD5 인구통계적 변수에 의해서 세분화가 잘 되는 제품과 그렇지 못한 제품의 예를 찾아보자. 만약 인구통계적 변수에 의해 의미있는 세분화가 잘 되지 않는 경우 어떤 변수를 추가하는 것이 적합한지에 대해 기술해보자.

FD6 세분시장 마케팅의 도입배경을 설명하고 그 중요성에 대해서 논의해보자.

FD7 세분시장 마케팅을 통해 얻을 수 있는 이익은 어떠한 것들이 있는지에 대하여 기업 측면과 소비자 측면을 구분해서 설명해보자.

FD8 포지셔닝 프로세스와 포지셔닝 맵의 작성과 유용성에 대한 이해를 하였다. 실제 제품 시장 하나를 선정하여 어떤 기준을 사용하여 포지셔닝 맵을 작성할 것이 유용한지에 대해 적용해보자.

References

Dibb, Sally and Lyndon Simkin(1991), "TARGETING, SEGMENTS AND POSITIONING," *International Journal of Retail and Distribution Management*, 19(3), 4-10.

Kotler, P.(2008), The New Strategic Brand Management(4th edition), Kogan Pages Limited, London.

Kotler, P., G. Armstrong, J. Saunders and V. Wong(1999), Principles of Marketing(3rd edition), Prentice Hall Inc., Milan.

Belch, G.E. and M. A. Belch,(2003), Advertising and Promotion(6th edition), Mc Grow-Hill.

Marshal, L.(2007), "Today's niche market is about narrow, not small," 78(23), 30-32, Journal of Marketing.

Shepard, D.(2003), Customer segmentation: Problems, Solutions, Marketing, source retrieved on May 5th, 2008.

CHAPTER 07

아이디어 도출과 제품 개념 개발

Learning Objectives

LO1 신제품 개발의 첫 시작점인 아이디어 도출의 개념에 대해서 정의할 수 있다. 아이디어의 원천과 관리 및 평가 등에 대해서도 진술할 수 있도록 한다.

LO2 아이디어 도출의 방법에 대해서도 알아보고, 실효성 있는 아이디어 개발 과정에 대해서 작성할 수 있도록 한다.

LO3 구체적인 신제품의 컨셉 도출 방법 및 과정에 대해서 도식화 할 수 있도록 한다.

LO4 실효성 있는 컨셉 개발을 위해 필요한 방법 및 실무적인 의의 등에 설명을 잘 할 수 있도록 한다.

마켓컬리,

: 타산업에서 아이디어를 찾다!!

마켓컬리가 처음 등장한 2015년만 해도 전 세계에서 식료품, 특히 신선식품을 온라인으로 구입할 수 있는 서비스는 많지 않았다. 대형 유통사들의 시도가 아예 없지는 않았지만, 그들로서는 기존 사업의 근간인 오프라인 매장을 잠식할 수 있는 온라인 유통에 소극적일 수밖에 없었다. 당연하게도 온라인 마켓은 오프라인 마켓의 보조 역할에 그쳤고, 소비자는 구매 습관을 바꿀 만큼 큰 메리트를 느끼지 못했으므로 신선식품의 온라인 구매 시장은 크게 성장하지 못한 상태였다.

"모든 종류의 '처음'에는 저항이 굉장히 심해요. 그래서 혁신적으로 좋아야 하는 거예요. 너무 좋아서 쓰지 않고는 견딜 수 없는 정도

가 되어야 새로운 것을 받아들일 수 있어요."

반면 마켓컬리가 신선식품 온라인 시장에 발을 들이고 시장을 장악할 수 있었던 데에는, 오프라인 매장을 운영하지 않았던 것이 오히려 장점으로 작용했다. 또한 오프라인 시장에서 형성된 소비자에 대한 고정관념 역시 없었으므로 소비자가 무엇을 원하는가에 집중할 수 있었다.

패션을 벤치마킹하다!

선례가 없었던 만큼 마켓컬리는 특정 기업을 벤치마킹하기보다 물류, 상품 기획, 판매 방식 등 각 분야에 따라 시장을 가리지 않고 가장 잘하는 회사를 분석해 취사선택하는 방법을 택했다. 특히 마켓컬리는 패션업계에서 상품을 보여주는 방식을 눈여겨보았다. 인터넷에서 가장 많이 판매되는 품목은 바로 의류다. 셀 수도 없이 많은 의류 쇼핑몰이 생겨나고 사라지지만, 그중 오랜 기간 동안 소비자의 선택을 받는 쇼핑몰은 그들만의 특징이 있었다. 바로 고객이 불필요한 결정 장애에 빠지지 않게 쇼핑몰이 추구하

는 스타일의 옷만 큐레이션해 제공한다는 점이었다. 쇼핑몰이 타깃으로 삼은 고객층에 어울릴 만한 옷을 잘 골라주니, 고객은 취향이 맞는다면 그 쇼핑몰의 선택을 신뢰하고 재구매하는 선순환이 일어나는 것이다.

주력 상품을 선정하라!

또한 잘되는 쇼핑몰에는 각 품목별로 주력 상품이 있다. 예컨대, 글로벌 의류 업체 유니클로의 대표 상품 중 하나는 바로 기능성 겨울 이너웨어인 '히트텍'이다. 특별할 것 없는 심플한 디자인이지만, 발열기능을 표방하고, 겉옷 라인을 해치지 않는 얇은 소재를 사용해 내복을 촌스럽다고 생각하는 젊은 세대까지 고객층을 넓힐 수 있었다. 히트텍은 이제 겨울이면 갖춰 놓아야 할 필수 방한용 아이템으로 자리 잡아 스테디셀러가 되었다.

유니클로 입장에서 히트텍은 고객을 유도하는 '트래픽 드라이버'이기도 하다. 히트텍을 사기 위해 유니클로의 매장을 방문한 손님은 자연스럽게 다른 제품도 구경한다. 어느 사업 분야든 마찬가지다. 자신만의 분명한 히트텍이 있어야 지속적으로 고객을 끌어들일 수 있다.

마켓컬리도 큐레이션과 히트텍 전략을 적극 벤치마킹했다. 마켓컬리는 대형 마트처럼 수많은 종류의 상품을 구비해두지 않는다. 대신 고객들이 필요한 상품만 보여주는 방식을 선택했다. 특히 주 이용객인 건강한 먹을거리에 관심이 많은 30~40대, 1~3인 가구가 자주 찾고, 그들이 관심을 보일 만한 제품을 선별해 선보였다.

그렇다면 식료품 업계의 히트텍은 무엇일까?

마켓컬리는 고민 끝에 우유와 계란, 빵이라는 답을 내렸다. 어느 가정이건 냉장고에 구비해두는 식료품인 만큼 수요가 많고 익숙하기에, 이 품목의 퀄리티를 인정받는다면 소비자의 유입을 일으킬 수 있을 거라고 분석했다.

더 나아가 마켓컬리는 품질을 직접 관리할 수 있는 방안으로 사업 초기부터 주력 품목의 PB 상품화를 도입했다. 사실 PB 상품은 규모가 큰 유통 업체에서나 시도할 수 있는 비즈니스다. 공급사와의 밀접한 관계, 자금력, 유통망 등이 갖춰져야 하며, 상품을 소비할 수 있는 구매력이 뒷받침되어야 하기 때문이다.

하지만 마켓컬리는 보다 좋은 상품을 저렴한 가격에 구매할 수 있는 시스템이 바로 PB라고 생각했고, 제일 처음 우유를 PB로 만들어 판매했다. 주력 상품을 PB 상품화하면 제품의 질을 직접 관리할 수 있고, 고객에게 품질을 인정받으면 이 제품이 바로 마켓컬리만의 히트텍이 될 것이기 때문이다. 결국 마켓컬리의 첫 번째 PB 상품인 우유는 성공적으로 스테디셀러로 자리 잡게 되었다.

가장 어려운 일은 좋은 식품을 고르는 일

온라인 식품 판매 업체에게 가장 어려운 일은 좋은 식품을 고르는 일이다. 마켓컬리는 큐레이션 서비스를 전면에 내세운 만큼 꼼꼼하게 고른 상품이라는 믿음을 줄 수 있어야 했다. 그러려면 상품에 대해 누구보다 잘 알아야 한다고 판단했다. 실제로 마켓컬리는 상품 기획 단계에서 사전 공부 기간이 상대적으로 길다.

마켓컬리는 먼저 '좋은 우유란 무엇인가' 하는 질문을 던졌다. 일반적으로는 시장조사를 통해 가격이나 업체의 생산 설비를 보는 것부터 시작하겠지만, 마켓컬리는 이론적인 공부부터 시작한다. 관련 도서나 논문 등을 찾아보기도 하고, 전문가의 자문도 구한다. 마켓컬리 MD들이 모여 여러 업체와 목장의 우유를 놓고 블라인드 테스팅을 진행하기도 한다. 이후 좋은 우유에 대한 내부 기준을 세운 뒤 그 기준에 가장 적합한 업체를 찾는다.

우유는 젖소가 생산해내는 것이기 때문에, 좋은 우유를 얻으려면 젖소의 생육 환경과 먹이가 관건이다. 그렇게 전국의 목장을 돌아본 끝에 초지가 좋은 제주도 지역의 한 목장을 찾아냈다.

여기서 끝이 아니다. 원유가 아무리 좋아도 신선한 상태를 유지해 빠르게 소비자에게 전달하지 않으면 의미가 없기 때문이다. 하지만 목장이 제주도인 만큼 서울까지 운반하려면 항공 운송을 이용해야 했다. 우유 한 병을 배송하더라도 기본 항공 운송비를 감당해야 했기 때문에 판매량이 일정 수준을 넘지 않는 이상 팔면 팔수록 손실이 커졌다. 하지만 당일생산 · 당일배송, 전 과정 냉장운송의 원칙을 어길 수는 없었다.

"그 기업이 끝까지 지켜야 할 몇 가지 특정한 가치에 대해서는 포기하지 않고, 뚝심을 갖고, 될 때까지 한다는 마음이 정말 중요해요. 그게 바로 기업의 존재 가치니까요."

마켓컬리가 우유 한 병을 배송하더라도 그 품질을 포기하지 않았던 것은 '나도 먹고 싶은 좋은 상품만 팔겠다'는 기업 이념을 지키기 위해서다. 이는 마켓컬리가 추구하는 가치에 목장에서도 동의해주었기에 가능했던 일이었다. 사실 당시 목장의 상황은 그렇게 좋지 않았다. 우유 소비는 점점 줄어들고 있었

고, 이를 극복할 우유 가공품을 팔기에는 시설을 갖출 여유가 없었기에 목장을 접을 생각까지 하고 있던 터였다. 그런 와중에 마켓컬리와 맺어졌고, 지금은 우유 판매만으로도 수억 원의 매출을 올리고 있다.

출처: 북클라우드, '1등 브랜드는 이렇게 만드는 겁니다.',
2019년 4월 5월

제품 개발 과정은 아이디어의 도출과 제품 개념의 개발에서 시작된다. 아이디어 도출은 제품 개발업무를 수행하는 프로세스의 첫 번째 단계로 다양한 아이디어의 수집과 평가를 하는 과정을 의미한다. 즉, 다양한 아이디어 원천을 통해 각종 아이디어를 수집하고 평가하는 단계이다. 그리고 제품 개념 개발 단계에서는 아이디어를 평가하여 실제제품의 개념(Concept)을 개발하고 이것이 개발 가능한지를 평가한다. 이에 현재의 개발 프로젝트를 진행시킬지, 아니면 보류할지, 중단할지, 다시 원점에서 다시 생각해 볼지를 결정하는 의사결정과정이다.

1

아이디어 도출(Idea Generation)

신제품 개발에 관련된 아이디어들을 모두 개발과제로 삼는 것은 자원이용의 효율면에서 비능률적이다. 많은 아이디어들을 수집한 후 시장상황과 기업의 역량에 가장 일치하는 소수의 아이디어들을 개발과제로 선정해야 한다. 그러나 더 많은 지원자들이 응모한 기업이 더 적은 지원자들이 응모한 기업보다 더 유능한 종업원을 선발할 확률이 커지는 것과 마찬가지로 더 많은 아이디어들을 수집해야 더 탁월한 신제품 개발과제를 선정할 확률이 커진다. 즉, 아이디어들만 개발과제로 선정하는 절차가 필요하다. 때로는 신제품 개발에 관련된 아이디어들이 부족한 경우도 발생하여 체계적인 아이디어를 생성하는 방법론이 필요하다. 본장에서는 신제품 개발 주관부서에서 체계적으로 아이디어를 확대하는 방법에 대해서 알아보도록 하겠다.

1) 아이디어 원천 및 수집

먼저 제품 담당자는 아이디어의 수집 및 선정을 시작한다. 이 단계에서는 제품의 특성에 따라 특별 전담 조직이 만들어 지기도 하는데 이때의 조직은 점차 강해지는 유통환경의 압력에 대응하기 위해서 마케팅-영업-연구소의 직원들로 구성이 주를 이룬다. 수집된 아이디어는 제품별 마케팅 담당자별로 정리되어 아이디어 풀을 구성하고 지속적으로 활용하며, 담당자 및 부서장급의 게이트 키퍼를 통해 선정 및 정리된다.

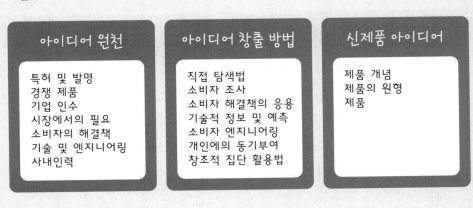

그림1 아이디어 원천과 창출 방법

아이디어 원천	아이디어 창출 방법	신제품 아이디어
특허 및 발명 경쟁 제품 기업 인수 시장에서의 필요 소비자의 해결책 기술 및 엔지니어링 사내인력	직접 탐색법 소비자 조사 소비자 해결책의 응용 기술적 정보 및 예측 소비자 엔지니어링 개인에의 동기부여 창조적 집단 활용법	제품 개념 제품의 원형 제품

① 아이디어 원천

신제품 아이디어의 원천(Sources)은 크게 내부적 원천(직원, 경영자, 기술자, 판매사원 등)과 외부적 원천(고객, 협력사, 유통기업, 조사회사 등)으로 구분된다. 기업은 이들 원천으로부터 다음과 같은 방식으로 신제품 아이디어를 획득할 수 있다.

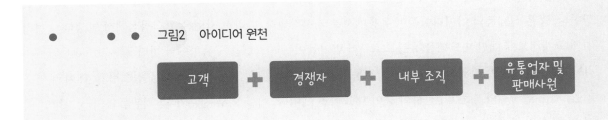

그림2 아이디어 원천

고객 ＋ 경쟁자 ＋ 내부 조직 ＋ 유통업자 및 판매사원

· **고객 조사**: 많은 신제품 개발 아이디어는 고객에 대한 조사를 통해서 획득할 수 있다. 기업은 소비자조사를 통해 고객의 문제, 필요, 그리고 욕구에 대한 정보를 파악하거나 기존 제품에 대한 고객의 불만사항이나 요구 사항들을 물어보고 이를 해결하려는 과정에서 신제품에 대한 아이디어를 획득할 수가 있다. 삼성전자의 경우 고객 센싱(Customer Sensing)부서를 신설하여 고객의 새로운 니즈를 파악하거나 기존 제품이 충족하지 못하는 부분들을 찾아서 신제품 개발팀으로 넘겨준다. 신제품 개발 과정의 시작점을 고객조사로부터 출발할 수 있도록 한 것이다. 즉, 기업이 가진 자원이나 기술을 활용하여 신제품을 만드는 것이 아니라 고객의 아이디어로부터 신제품 개발이 시작되는, 고객이 원하는 제품을 만들어내는 과정으로 신제품 개발

프로세스를 전환하였다. 오늘날 많은 기업들이 고객의 참여를 적극적으로 유도하고, 기술자들과의 대화를 통해 새로운 가전제품을 개발하는 프로세스를 정례화시키고 있다.

- **경쟁기업 제품 분석**: 경쟁기업이 신제품을 개발하여 출시한 경우 이를 가장 먼저 구매하여 분석하는 것이 경쟁사의 중요한 업무이다. 경쟁사의 제품을 분석하는 과정에서 사용된 기술이나 기능 등을 알아내고 그 과정에서 신제품 아이디어를 발굴하는 것이다. 경쟁사의 신제품이 어떻게 작동하는지를 분석함으로써 경쟁제품의 강점과 약점을 파악할 수 있고, 이러한 과정을 바탕으로 자사의 신제품 아이디어를 발굴할 수가 있다. 많은 자동차 기업들이 경쟁사의 신차 모델을 구입하여 이를 분해하고 다시 조립하는 과정을 통해 새로운 기술을 획득하기도 하고, 경쟁사가 가지지 못한 약점 등을 찾아서 보완하는 방식으로 새로운 차에 대한 아이디어를 발굴할 수가 있었다.

- **내부 구성원들을 활용하는 방법**: 구성원들 중 신제품 개발 과정에서 가장 큰 역학을 담당하는 사람은 영업사원이다. 영업사원은 시장에서 발견한 가치를 구체화하는 제품 기획자의 역할을 담당한다. 영업사원들은 기업에서 신상품이나 새로운 서비스를 기획하고자 할 때 변화하는 시장상황을 기반으로 제품 기획을 할 수 있는 역량을 갖춰야 한다. 도요타(Toyota)에서는 제품 개발 시 개발팀에서 가장 활발한 역할을 담당하는 것이 영업사원들이다. 평소 자동차를 판매하면서 고객으로부터 받은 피드백을 신차 개발 시에 반영해 자동차를 기획하는 중요한 기획자인 것이다.

- **유통업자 및 판매사원들을 활용하는 방법**: 유통 및 판매사원은 고객과의 접점에서 고객에게 직접적인 커뮤니케이션 및 상호작용을 통해 제품을 판매하고, 이 과정에서 여러 가지 고객의 정보를 수집하는 역할을 담당한다. 많은 신제품의 아이디어들이 유통에서부터 시작된다. 따라서 기업은 고객접점에서 발생하는 여러 가지 고객정보에 대한 피드백을 유통으로부터 받아들이는 시스템을 구축하여야 한다.

- **기타 아이디어 원천**: 기업외부에는 많은 전문기관들이 존재한다. 정부기관, 신제품 컨설턴트, 대학의 연구기관, 제품 설명회와 박람회, 전시회 등이 대표적인 예이다. 이들 외부 전문가 및 기관들과의 정기적인 미팅 및 참석을 통해 최신 트랜드를 파악하고, 경쟁사의 흐름을 알 수 있고, 다양한 외부 사람들로부터 신제품에 대한 아이디어를 발굴할 수가 있다. 또한 최고경영자의 인적 네트워크를 통해서도 매우 질이 높은 신제품 아이디어를 수집할 수가 있다.

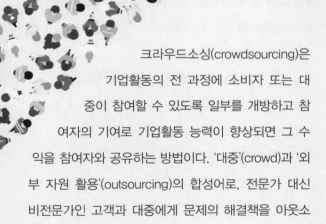

사례

새로운 신제품 아이디어의 원천..크라우드소싱

크라우드소싱(crowdsourcing)은 기업활동의 전 과정에 소비자 또는 대중이 참여할 수 있도록 일부를 개방하고 참여자의 기여로 기업활동 능력이 향상되면 그 수익을 참여자와 공유하는 방법이다. '대중'(crowd)과 '외부 자원 활용'(outsourcing)의 합성어로, 전문가 대신 비전문가인 고객과 대중에게 문제의 해결책을 아웃소싱하는 것이다.

이전에는 해당 업계의 전문가들이나 내부자들에게만 접근 가능하였던 지식을 공유하고, 제품 혹은 서비스의 개발 과정에 비전문가나 외부전문가들의 참여를 개방하고 유도하여 혁신을 이루고자 하는 방법이다. 내부

의 전문가나 해당 분야 전문가들은 소유한 자원 및 결과를 공유하고 개방하여 해당 또는 다른 분야 전문가 혹은 일반 대중과 함께 연구 개발을 진행하게 된다. 이를 통해 한정적인 내부의 인적 자원에만 의존하지 않고 많은 외부의 인적 자원의 도움을 받을 수 있으며 또한 외부인은 이러한 참여를 통해 자신들에게 더 나은 제품, 서비스를 이용하게 되거나 이익을 공유하는 것도 가능하다. 웹 2.0으로 가능해진 새로운 다양한 가능성 중 핵심적인 것이라고 할 수 있다. 크라우드소싱이라는 말은 제프 하우(Jeff Howe)에 의해 2006년 6월 와이어드(Wired) 잡지에 처음 소개되었다. 크라우드소싱을 성공적으로 활용하여 비즈니스에 혁신을 일으키고 있는 경영의 예로 InnoCentive, 아마존 그리고 Goldcorp, Cambrian House, 도미노피자의 Think Oven 등을 들 수 있다. InnoCentive는 과학 기술, 아마존은 인공 지능 그리고 Goldcorp은 금광 탐구를 참여자들과 공개적으로 수행하고 있으며 Cambrian House는 창업아이템 아이디어를 공모하여 비즈니스로 연결시켜주는 일을 한다. 이들은 문제점을 공유할 뿐만 아니라 해결하는 참여자에게 적절한 보상을 주어 참여를 유도한다.

전문가가 풀지 못한 문제를 대중이 풀다

1989년 3월 24일 21만 5,000톤의 대형 유조선 발데스호가 알래스카를 지나던 중 암초에 부딪혀 좌초됐다. 이 사고로 유조선에서는 새어 나온 24만 배럴의 기름은 알래스카의 해안을 덮쳤다. 오염된 인근 해안가의 길이는 무려 1,600km에 달했고 이로 인해 바닷새 25만 마리와 해달 2,800마리, 물개 300마리, 대머리 독수리 250마리와 연어 수백만 마리가 떼죽음을 당한 사상 최대의 해양오염사고였다.

이후 20여 년 동안 수십 척의 바지선을 통해 기름을

수거했지만 혹한의 날씨 때문에 기름이 물과 함께 얼어붙어 분리가 원활히 이루어지지 않아 기름을 전량 수거하는 데에는 실패하였다. 세계 유수의 과학자들과 관련 전문가들이 이 문제를 해결하기 위해 달려들었지만 20여 년간이나 문제를 해결하지 못하고 있었다.

이에 세계기름유출연구소(OSRI)는 2만 달러의 상금을 걸고 이노센티브를 통해 대중에게 문제를 제시하였다. 주부, 학생 등 수천 명이 아이디어를 올렸고, 그 중 한 사람이 진동기계로 오일에 자극을 주자는 아이디어를 냈다. 이 아이디어로 물과 기름의 분리가 원활하게 되어 기름을 모두 걷어낼 수 있게 되었다.

이 아이디어를 낸 사람은 존 데이비스라는 평범한 시멘트 회사의 직원이었다. 존 데이비스는 시멘트를 굳지 않게 하기 위해 계속 레미콘 트럭이 시멘트를 젓는 것에서 착안하여 아이디어를 냈고, 이 아이디어가 20여 년을 끌고 온 문제를 말끔히 해결하였다.

이노센티브를 통해 전문가가 아닌 비전문가가 문제를 해결한 케이스는 이 외에도 수없이 많으며, 이미 이노센티브는 보잉, 듀퐁, LG화학 등의 대기업들을 고객으로 확보하고 있다.

미국 과자 브랜드 DORITOS는 미국 Super Bowl(프로미식축구 챔피언 결정전) 시간대에 나갈 광고를 크라우드소싱을 통해 공모하였다. 우승작은 실제 슈퍼볼 광고 시간에 전파를 타고, 1만 달러의 상금을 받게 될 것을 약속했다. 미국 전역에서 1,071건의 작품이 접수되고, 1백만명의 방문자가 평균 5분 이상 웹사이트에 머무르며 광고를 시청하였다. DORITOS는 이를 통해 공모 기간 중 매출이 전년 대비 12% 증가하는 등 총 3천만 달러의 광고효과를 창출할 수 있었다

출처: 위키백과

사례

LG전자 아이디어의 원천은 핵심기술의 활용

무선·로봇 청소기 소비시장이 급성장, LG전자에 호재가 되고 있다. 10년 이상 연구 개발한 모터 성능과 기술력이 빛을 발했다는 평가다. 특히 조성진 LG전자 H&A본부장이 부회장으로 승진하면서 청소기 사업도 더욱 탄력받을 것으로 보인다.

LG전자, 무선·로봇청소기 사업 탄력

2016년 현재 전자업계에 따르면 무선·로봇청소기 시장이 최근 빠르게 성장하고 있다. 국내 청소기 시장은 연간 200만대 규모에서 정체 상태지만 무선청소기 판매 성장률은 지난 2014년과 2015년 전년대비 각각 13.1%, 12.6%를 기록했다. 로봇청소기 판매량 역시 지난해 13만대 수준에서 올해 25만대로 2배 가량 커진 걸로 업계는 추정하고 있다.

LG전자는 2000년대 초부터 무선청소기 연구를 시작했다. 이후 10여 년간 기술 개발을 이어와 2014년 '코드제로'라는 무선청소기 통합 브랜드를 론칭하며 모든

제품군에 무선 기술을 적용했다. 예측은 적중했다. 최근 LG전자 무선청소기 매출은 유선청소기를 돌파했다. 코드제로의 최근 1년간 판매량은 1인 가구를 중심으로 늘어 지난해 보다 2배 이상 증가했다.

로봇청소기도 인공지능(AI), 사물인터넷(IoT)의 중요성이 부각되며 새롭게 소비자들로부터 인기다. 청소를 간편하게 끝낸다는 편리성과 함께 방범, 애완동물 관리 등 다양한 응용이 이뤄지고 있다.

LG전자 로봇청소기 '로보킹' 시리즈는 지난 4월 국내 업계 최초로 누적 판매량 40만대를 돌파했다. 이후 판매량도 상승세라는 게 업체 측의 설명이다. 로보킹은 한국소비자원 로봇청소기 평가에서 시중에 판매되는 제품 중 청소, 문턱넘김, 소음 등에서 가장 우수하다는 평가를 받기도 했다.

LG전자의 청소기 사업은 더욱 확대될 것으로 보인다. 조성진 LG전자 신임 부회장은 "세탁기 1등 DNA를 청소기에 심겠다"고 공언하며 시장을 직접 챙기고 있다. 세계 1위를 지키고 있는 세탁기 분야 성공 사례를 이어가겠다는 뜻이다. 또 무선·로봇 청소기는 배터리, 통신 기술 등이 필요하기 때문에 계열사 간 시너지 효과를 노릴 수 있다. 부품과 완제품 간 시너지를 지속적으로 확대하겠다는 복안도 담겨있다. LG전자는 전기 자동차를 위해 개발된 LG화학 리튬이온 2차전지를 자사 무선청소기에 적용했다. 로봇청소기에는 LG이노텍에서 생산된 카메라, 통신모듈, 각종 센서들이 부착된다.

"가전제품 성능은 '모터'와 밀접…기술 자신"

LG전자 관계자는 "대부분 생활가전 제품의 성능은 모터와 밀접한 관계가 있다"며 "LG전자는 모터에 대해 몇십년 동안 연구해왔고 기술력만큼은 자신한다"고 말했다. 전문가들은 국내 청소기 제품의 경쟁력 제고가 필요하다고 조언한다.

산업연구원 관계자는 "무선청소기의 경우 아직까지 다이슨, 일렉트로룩스 등 해외기업 제품 성능이 더 좋다는 인식이 소비자들 사이에 퍼져있다"며 "최근 국내 업체 점유율이 많이 올라온 편이나 더욱 적극적인 성능 개선이 필요하다"고 분석했다. 그는 "로봇청소기는 가격도 비싼데다 소비자 만족도도 그렇게 높지 않아 대중화가 늦어지는 상황"이라며 "성능 향상은 물론이고 LG전자로서는 '스마트씽큐' 등 IoT 관련 기술을 활용해 경쟁력을 확보하는 방법을 생각해볼 수 있다"고 덧붙였다.

출처: 컨슈머타임스, 2016년 12월 20일

② 아이디어 창출 방법

기업은 이렇듯 다양한 정보원천으로부터 아이디어를 수집할 수 있는데 이들 원천으로부터 아이디어를 획득하는 데 사용되는 아이디어 창출 기법은 앞의 <그림 1>과 같다.

첫째, 아이디어 창출 방법 중 가장 많이 사용되는 방법은 브레인 스토밍과 표적집단 면접법이다. 창조적 집단을 활용하여 신제품 아이디어를 확보하는 방법으로 각 개인이 독립적으로 신제품 아이디어를 제안하도록 하는 방법이 브레인 스토밍 방법이다. 이 방법은 6~10명 정도의 인원을 대상으로 아이디어를 창출하도록 하는 방법이다. 이때 각각의 인원이 다양한 아이디어를 제안하도록 유도하고, 비판을 삼가도록 하고, 자유로운 토론을 유도하는 것이 매우 중요하다. 자유롭게 토론을 하면서 다른 사람의 아이디어를 경청하고, 보다 발전적인 아이디어를 제안하도록 유도하는 방법으로 이때 이 토론을 주도하는 사람의 역할이 매우 중요하다. 제안이 끊기지 않고 끊임 없이 아이디어 제안이 가능하도록 유도하여야 한다.

표적 집단 면접법은 소비자들로부터 아이디어를 얻기 위해 대표성을 가진 소비자 표본을 선정하여 실시한다. 표적 집단은 보통 8~10인의 해당 제품 소비자들로 구성된다. 예컨대, 주방 도구나 세제의 경우에는 주부들을 대상으로 하고, 라면의 경우 가장 많은 라면 소비를 하는 중고등학생을 대상으로, 청바지의 경우 10대와 20대의 대학생들을 대상으로 표적 집단으로 선정하여 진행한다. 표적 집단 면접에서의 토론은 각자가 제품을 사용하는 경험이나 구매 상황 등을 상기시켜서 시작하고, 가벼운 주제부터 토론을 시작한다. 이러한 토론을 통해 소비자들의 제품에 대한 의견, 제품에 대한 만족 혹은 불만족 사항, 구매과정의 편의성 및 불편한 요소, 혹은 구매과정시 고려했던 요인 등에 대하여 자유롭게 이야기를 나누며 상대방의 의견에 대해 평가를 하지 못하게 하여야 한다. 또한 이 과정에서 소비자들이 제품을 소비하면서 개인적으로 발생하였던 문제점들을 어떻게 해결하였는지를 파악하여 신제품 아이디어를 발견할 수도 있다. 경우에 따라서는 소비자가 새로운 용도로 사용하거나 변

● ● ● 표│ 아이디어 창출 방법

브레인스토밍 (brain storming)	창의적 아이디어를 창출하기 위한 방법으로 보통 6~10명의 인원이 한 가지 주제를 가지고 다양한 의견을 제시하는 방법
속성열거법 (attribute listing)	기존 제품을 구성하는 속성들을 열거한 후, 일부 속성 수준들을 변경 혹은 다른 것으로 대체하여 결합함으로써 새로운 제품 아이디어를 찾는 방법
강제적 결합법 (forces relationships)	기존의 제품들을 구성하는 여러 속성들을 강제적으로 결합시켜 보는 방법
표적 집단 면접법 (focus-group interview)	표적 집단을 선정하여 참여자들로부터 새로운 제품에 관한 아이디어를 얻는 방법
컨조인트 분석기법 (conjoint analysis)	제품을 구성하는 여러 가지 속성의 수준을 조합하여 새로운 신제품의 가능성을 찾는 기법

형해서 사용하는 것을 확인하여 새로운 제품의 아이디어로 활용할 수도 있다. 이전에 암앤해머(Arm & Hammer) 사의 베이킹 소다를 제조업자의 의도와는 달리 냉장고 탈취제나 표백제로 사용한 소비자들의 사례를 바탕으로 이 회사는 새로운 탈취제와 표백제를 개발한 사례도 있다. 따라서 소비자들의 제품 소비행태를 지속적으로 파악해 보는 것도 매우 중요한 신제품 아이디어를 발굴하는 방법이 될 수 있다.

다음으로 기업에서 아이디어 창출 방법으로 사용하는 것으로 브레인 스토밍의 변형된 기법으로 속성열거법과 강제적 결합기법이 있다. 속성열거법은 기존 제품의 주요 속성들을 모두 열거한 뒤에 각 속성을 변형해 보기도 하고, 다른 속성으로 대체도 해보고, 혹은 속성 배열을 바꾸어도 보는 등의 새로운 배열과 새로운 결합 등을 시도함으로써 새로운 제품의 아이디어를 창출하는 방법이다. 강제적 결합기법은 기존의 제품을 구성하는 여러 가지 요소들을 다양하게 결합시켜 보는 방법으로 전화와 복사기를 결합시킨 팩시밀리, 전화와 자동응답기를 결합시킨 자동응답전화기, 최근의 컴퓨터와 전화기를 결합시킨 스마트폰 등의 새로운 융합 제품들이 이 기법을 사용하여 개발된 제품들이다.

마지막으로 가장 과학적인 방법인 컨조인트 분석(conjoint analysis) 기법은 마케팅에서 소비자의 효용을 분석하는 대표적 기법이라 할 수 있으며, 최근 마케팅에서 소비자 선호와 구매행동을 예측하는 데 사용되는 중요한 기법 중의 하나로 그 사용이 날로 증가하고 있다(Green and Srinivasan, 1990; Wittink and Cattin, 1989). 컨조인트 분석은 신제품 컨셉 평가, 포지셔닝, 경쟁 분석, 가격 설정, 시장세분화 등의 문제들에 주로 이용되고 있으며, 최근에는 마케팅 전략수립 등에까지 그 응용범위가 확대되고 있다.

소비자들이 제품 선택 시 고려하는 여러 속성들의 상대적 중요성과 각 속성수준의 효용값을 알려주어 가장 이상적인 제품조합을 제시해 줌으로써 기업의 제품전략수립을 용이하게 하며, 세분 집단별 제품의 중요속성을 파악하여 시장세분화 전략과 광고전략을 효율적으로 수립할 수 있게 해준다(Green, Krieger and Agarwal, 1991). 각 개별 속성들이 상충적으로 주어진 상황에서 소비자의 인식을 평가함으로써 각각의 속성에 대한 상대적 중요성을 수치적으로 파악하여 소비자의 선호도에 미치는 영향을 측정하고자 하는 것이다(Green and Srinivasan, 1978).

따라서 컨조인트 분석은 복수의 속성을 갖는 다양한 제품이나 서비스에 대한 소비자의 전반적인 판단으로부터 시작한다. 이러한 판단에 근거하여 컨조인트 분석은 이 판단이 유지되도록 원래의 속성들에 효용값을 분배하는 과정이라고 할 수 있다(Green and Wind, 1975). 소비자들의 제품 선택시 고려하는 여러 효용들의 상대적 중요성과 이러한 효용들의 가장 이상적인 조합으로 이루어진 제품을 알려줌으로써 보다 성공적인 제품을 만들 수 있게 해주는 것이 컨조인트 분석이다.

컨조인트 분석을 이용해 어떤 제품 또는 서비스가 가지고 있는 속성 하나하나에 고객이 부여하는 효용을 추정함으로써 그 고객이 어떤 제품을 선택할지를 예측할 수 있다. 다시 말해, 요소요소별로(factorially) 각각의 자극에 대한 전체적인 반응을 분석함으로써, 각각의 자극 속성에 대한 효용을 자극에 대한 응답자의 전체적인 평가를 이용하여 이끌어낼 수 있게 하는 것이다.

가장 혁신적인 기업을
컨설팅하는 혁신기업 IDEO

아이데오(IDEO)는 미국의 디자인 이노베이션 기업이다. 아이데오(IDEO)는 1991년에 세 디자인 회사: David Kelley Design(스탠포드 대학의 교수인 데이비드 켈리(David Kelley)가 설립), ID Two(영국인 빌 모그릿지(Bill Moggridge)가 설립), Matrix Product Design(마이크 넛톨(Mike Nuttall)이 설립)을 합병하여 세워졌다. 원래 사무가구 제조업체인 스틸케이스(Steelcase)가 대

부분의 지분을 소유하고 있었으나, 2007년부터 시작된 '5개년 관리 주식환매 프로그램'을 통해 자회사로 스핀아웃 중이다. 합병 전 회사들의 설립자들은 여전히 회사에 관여하고 있으며, 현재 최고경영자(CEO)는 팀 브라운(Tim Brown)이다.

아이데오는 처음 15명의 직원에서 시작하여 현재 약 600여 명의 직원들이 있다. 이들의 전공은 인간 공학, 기계 공학, 전자 공학, 소프트웨어 공학, 산업 디자인, 인터랙션 디자인 등 매우 다양하다. 지금까지 수행한 프로젝트는 수천 개에 이르며, 의뢰 고객기업의 분야는 소비재, 컴퓨터, 의학, 가구, 완구, 사무용품, 자동차 산업 등에 이른다. 그 중 유명한 사례로는 애플(Apple)이 출시한 최초의 마우스, 마이크로소프트(Microsoft)의 두 번째 마우스, 팜 Ⅴ PDA(Palm Ⅴ PDA), 스틸케이스의 Leap Chair 등이 있다. 주요 의뢰 고객기업으로는 (2004년 기준) 프록터 앤 갬블(P&G), 펩시콜라, 엘리릴리(Eli Lilly), 마이크로소프트, 스틸케이스 등이 있다.

1999년 아이데오는 ABC방송국의 '나이트라인' 프로그램의 "Deep Dive"라는 에피소드에서 소개되었다. 이 에피소드에서 아이데오 팀은 5일 만에 새로운 쇼핑카트를 고안해내는 프로젝트를 수행하였는데, 그 생생한 진행과정과 함께 5일 후 실제로 새롭게 디자인된 쇼핑카트를 스튜디오에 공개하였다. 2001년에는 아이데오의 총괄 매니저(general manager) 톰 켈리(Tom Kelley)가 쓴 유쾌한 이노베이션(The Art of Innovation)이 출간되었으며, 보다 최근작으로는 이노베이터의 10가지 얼굴(The Ten Faces of Innovation)이 있다. 한편 2009년에는 아이데오를 다룬 다큐멘터리 영화 오브젝티파이드(Objectified)가 출시되었다.

아이데오는 다른 어떤 기업들보다도 Business

Week/IDSA(International Design School for Advanced Studies) Industrial Design Excellence Awards 등의 다수의 상을 수상하였다. 또한 비즈니스 위크가 선정한 '가장 혁신적인 기업 25'에도 선정되었는데, 그 순위에 있는 나머지 24개 기업의 혁신에 대해 컨설팅을 해주고 있다는 점이 매우 인상적이다.

출처: 위키백과

2) 아이디어 평가

신제품의 아이디어가 창출되고 나면 기업은 경영 전반의 관리적인 목적과 경제적인 목적에 의거하여 이 아이디어를 평가하게 된다. 즉, 관리적인 측면에서 기업목적과의 일치여부, 기술적인 가능성, 기업의 자원과 강점 및 마케팅활동의 지원 가능성 등을 잘 고려해서 평가해야 한다. 이 단계에서는 주로 소비자 트랜드 조사, 유통환경 조사, 해외시장조사, 경쟁사 정부 수집 등이 이루어지며 예상경쟁제품을 평가하고 시장기회를 도출하는 작업이 병행된다.

아이디어 수집 선정단계에 대한 평가는 수집된 아이디어가 자사 제품과 전략적 방향성이 일치하며 경쟁제품에 비해 차별성이 있는가에 대한 전략적 방향성과 차별성 판단이 실시되며, 전반적인 시장 및 사회 트랜드와 일치하고 있는지와 같은 트랜드 평가가 이루어진다. 아이디어의 평가 방향은 관리적 관점과 소비자관점의 두 가지가 사용된다. 신제품 아이디어에 대한 평가시 가장 먼저 고려되어야 할 것은 관리적 관점이다. 즉, 그 신제품의 아이디어가 기업의 경영방침이나 전략목적과 부합되는가의 여부이다. 하지만 관리적인 관점만으로 신제품 아이디어를 평가하는 것은 자칫 오류를 범하기 쉽다. 왜냐하면 매우 시장성이 높은 신제품 아이디어를 단지 기업의 목표와 경영방침에 맞지 않는다는 기준만으로 사장시킬 가능성이 매우 높기 때문이다. 그러므로 이러한 경우에는 관리적 관점에서의 평가에 따른 오류를 보완할 수 있는 방법을 가지고 있어야 한다. 즉, 신제품의 아이디어 평가팀을 구성할 때에는 가급적 다양한 계층의 참가자들로 구성해야 하며, 비교적 최고 경영자층에 속하는 구성원은 평가회의 초기 참여를 자제하고, 보다 후기에 참석하는 방향으로 이끌어 나가야 한다. 그리고 일단 기각된 아이디어라도 차후 재평가될 기회가 마련되어야 한다.

다음으로 기술적으로 수용가능한가를 검토해야 하는 것이다. 신제품의 아이디어는 그 자체가 모호한 성격을 가지고 있는 경우가 대부분이기 때문에 기술적으로 적당한가에 대한 여부는 현 단계에서는 쉽게 결론을 내리기가 어렵다. 그러므로 제안된 신제품에 대한 아이디어가 기업의 입장에서 실행 가능한 것인가를 결정하는 데 중점을 둔다.

① 관리적 관점에서의 아이디어 평가

관리적인 관점에서 신제품 아이디어를 평가하기 위해서는 <표 2>와 같은 평가 점검표를 사용하는 방법이 있다. 평가점검표는 좋은 신제품 아이디어를 회사의 관리적 관점에 의한 질적평가(qualitative evaluation)만으로 기각시키는 오류를 방지하기 위해 사용하는 평가방법이다. 이 점검표에서는 평가수준을 수치화하는 것이 가능하며, 한 아이디어에 대해서 각 평가 기준별로 '매우 우수하다'(5점)에서 '매우 빈약하다'(1점)로 평가를 하고, 이들 점수를 중요도에 따라 가중치를 주고 합산하여 전체 평가점수를 구하면 된다.

● ● 표2 평가 점검표 예

신제품 성공요인	(A) 상대적 중요도	(B) 각 요인별 평가	(A×B) 중요도×평가
제품의 우수성	.40	.8	.32
비용 대비 가치	.30	.6	.18
마케팅 지원	.20	.7	.14
경쟁력	.10	.5	.05
합 계	1.00		

② 고객 기준에 의한 평가

고객 기준에 의한 평가는 고객의 입장에서 수용 가능한 아이디어인가를 평가하고, 이 아이디어를 더욱 구체적인 개념으로 변환시키는 것을 의미한다. 이러한 평가는 창출된 아이디어나 개념들을 계속해서 발전시킬 것인가 아니면 수정해서 진행할 것인가 혹은 포기해야 할 것인가를 결정하게 한다.

아이디어의 창출이 가능한 한 많은 아이디어들을 찾아내는 것이라면 아이디어 평가는 아이디어의 수를 축소시켜서 최선의 아이디어를 선택하는 것이 목적이다. 기업은 이 아이디어 평가과정을 통해서 좋은 아이디어를 채택하고, 그렇지 못한 아이디어는 버리는 작업을 수행한다.

이때 기업의 마케팅 담당자는 아이디어 평가과정에서 좋은 아이디어임에도 불구하고 제외되거나 반대로 부적절한 아이디어가 채택될 수 있는 평가의 오류가 2가지 발생할 수 있음을 주의해야 한다. 많은 기업들이 이러한 오류를 줄이기 위해 신제품 아이디어 평가를 위한 평가점검표(Checklist)를 작성하고 있다.

신제품 아이디어를 평가하기 위한 기준으로 신제품의 일반적 특성, 마케팅 특성, 제품 특성, 비용측면의 가격 특성, 차별적 특성 등으로 나누고, 각 기준별로 세부적인 항목으로 기술하고 있다. 이와 같은 세부적인 항목들은 제품과 기업이 처한 상황에 따라 달라질 수 있다. 마케팅 담당자는 각 항목에 대해 상대적 중요도에 따라 가중치를 부여하고, 신제품 아이디어가 실제로 이러한 기준을 어느 정도 만족시키는지를 측정해서 점수화하고 이를 곱하여 합산한 점수를 토대로 각 아이디어의 매력도를 평가하게 된다. 예컨대, 일본의 생활용품회사인 가오(Kao)는 신제품 아이디어를 평가하는 데 있어 ① 이 제품이 소비자와 사회에 유용한가? ② 이제품이 자사에 기여하는가? ③ 이 제품이 자사의 목표와 전략에 부합하는가? ④ 이 제품을 성공시키기 위한 기술과 자원을 충분히 확보하고 있는가? ⑤ 이 제품이 고객들에게 경쟁사보다 더 많은 가치를 제공하는가? ⑥ 차별적 광고와 유통의 도입이 용이한가? 등의 기준을 마련하여 평가하고 있다(박흥수, 2002).

2

제품 개념 개발(Product Concept Development)

이제 전 단계에서의 아이디어들은 제품 개념으로 발전되어야 한다. 여기서 제품 아이디어와 제품 개념 및 제품 이미지간의 차이를 구분할 수 있어야 한다. 제품 아이디어란 그것을 제품화하여 시장에 도입시키면 사업성이 있다고 보여지는 아이디어이다. 제품 개념이란 아이디어를 보다 구체화시킨 것으로서, 고객의 관점에서 의미를 부여한 것이다. 제품 이미지란 실제제품 또는 가상제품에 대하여 고객들이 가지는 인상을 말한다. 신제품 개념 개발은 창출된 아이디어를 의미 있는 소비자의 언어로 변환시켜 구체화시키는 과정이다. 소비자들은 아이디어를 구매하는 것이 아니라 구체화되고 정교화된 제품 컨셉을 구매하는 것이므로 참신한 아이디어를 구체화시켜 제품 컨셉을 개발해야 한다. 동일한 아이디어에서도 많은 신제품 컨셉이 도출될 수 있다. 예컨대 쌀음료수라는 아이디어에서 목표시장 1은 아침식사 시장이고 이 아이디어에서 아침식사 대용으로 먹을 수 있는 간편한 쌀 음료수라는 개념을 도출할 수 있다. 목표시장 2에서는 어린이 간식용 시장이고 이 아이디어에서 성장기 어린이에게 좋은 영양가가 풍부한 간식용 쌀 음료수라는 컨셉으로 개발할 수도 있다. 마지막으로 목표시장 3에서는 다이어트 식품 시장이라는 개념으로 다이어트를 원하는 여성에게 권하는 저칼로리 음료수로서의 쌀음료수를 개발할 수가 있다. 이때 이 개념들로부터 목표시장을 평가하여 목표시장 중 가장 매력적인 시장은 시장크기와 경쟁의 강도 등을 고려할 때 목표시장 1이 제일 매력적인 시장으로 선정을 할 수가 있다. 이에 따른 개념의 도출과 목표시장 등에 대한 평가를 이용하여 최종 제품 컨셉을 도출해 낼 수가 있다.

이때 개발해야 될 제품 개념을 다음 3가지 요소로 구성된다. 첫 번째는 제품형태(form)로서 제품의 물리적인 속성을 말한다. 무형제품인 서비스의 경우, 서비스 매뉴얼 또는 서비스 실행 절차 등을 의미한다. 두 번째는 요구되는 기술(technology)로 기술은 제품의 혁신성 또는 창의성의 원천이 된다. 마지막으로 소비자 편익(benefits)으로 소비자가 제품을 통해 얻고자 하는 것을 의미한다. 좋은 컨셉의 조건은 ⓐ 창의성, ⓑ 소비자 편익 제공, ⓒ 대중성, ⓓ 차별화 등을 갖추어야 한다.

1) 개념 개발

하나의 제품 아이디어는 여러 가지의 제품 개념으로 전환될 수 있다. 예컨대, 어떤 제빵 회사에서 보리로 식빵을 만드는 아이디어를 창출했다고 하자. 이 경우 이 제품을 누가 사용하는가? 보리식빵에 어떤 특징을 추가해 만들 수 있는가? 고객이 언제 이 보리식빵을 사용할 것인가? 등과 관련된 질문을 통해 제품 개념을 수립할 수 있다. 이러한 것은 제품범주의 개념을 나타낸 것이다. 제품범주 개념은 그 제품의 경쟁제품이 무엇인지를 정의해 준다.

세부적으로 들어가기 이전에 선행 학습과 같이 재무, 기술적인 부분과 실행 가능성에 대해 확인하는 단계이다. 그리고 앞선 단계의 아이디어를 정교화시켜 제품개발의 초석을 다져 나가도록 한다. 두 번째 컨셉 개발과 정교화 단계에서는 창출된 아이디어를 정교화 과정을 통해 소비자의 시각에서 보다 구체화시키게 된다. 해당 제품의 마케팅 담당자가 주축이 되어 충족되지 않은 소비자 니즈를 충족시키는 컨셉을 개발하기 위한 여러 활동을 수행한다. 이 단계는 기본인 아이디에 대한 정교화 과정을 비롯하여 제품의 컨셉이 제품화되어 시장에 출시될 경우 직접적인 경쟁관계에 놓이게 될 1차 경쟁제품에 대한 분석과 직접적인 경쟁이 아니더라도 상황에 따라 대체될 수 있는 간접적인 경쟁관계인 2차 경쟁제품들에 대한 제품속성과 편익에 대한 분석이 이루어진다. 또한 정교화된 제품 컨셉을 통하여 1차 프로토타입을 제작하여 제품 외형에 대한 1차 검토를 수행하게 된다. 이후 이 신제품을 생산할 경우 현재의 생산규모를 이용함으로써 규모의 경제를 발생시킬 수 있을 것인지 아니면 신규 생산설비를 갖추어야 하는지 혹은 기존 설비에 대한 확장이 필요한지를 검토하는 설비투자규모 검토가 수행 된다. 이와 더불어 신제품에 소요되는 원자재가 원활이 공급될 수 있는지에 대한 검토가 뒤따르고 기본적인 1차 수익성 검토가 실시되게 된다.

컨셉도출 방법은 문제기반 접근법과 분석적 속성 접근법이 있다. 문제기반 접근법은 신제품 개발과 관련된 문제점들을 파악하고 분석하여 문제를 해결하는 방식을 통해 신제품 컨셉을 개발하는 방법으로 신제품 개발과 관련된 문제를 파악하기 위해 회사의 내외부에 있는 자료를 검색하고 해당 부서의 직원들이 모여 상의를 거쳐 해결해야 할 문제점을 산출해 내어서 컨셉을 도출하는 방법이다. 분석적 속성 접근법은 신제품과 관련된 중요한 속성을 선발하고 평가하여 제품에 반영하는 방법으로 자동차의 경우 승차감, 디자인, 스타일, 안정감, 속도감, 편리함 등과 같은 속성을 산출하여 평가하는 방법을 통해 제품이 지녀야 할 속성에 대해 어느 수준까지 달성해야 할 것인지를 파악하고 신제품을 개발하는 방법이다.

다음으로 좋은 컨셉컨셉을 구성하는 핵심요소는 새로운 제품의 특징(Attribute)이 소비자에게 어떤 혜택(Benefit)을 주는지 기술하고, 어떠한 점에서 그 특징이 혜택을 주는지 근거(Reason to Believe)를 제시하는 것이다. 기본적으로 좋은 컨셉이라면 다음 요소들이 적어도 하나는 포함되어야 한다.

- Benefit that is meaningful: 목표 소비자에게 의미있는 혜택(Benefit)을 전달한다.
- Elimination of a negative: 제품 속성의 부정적인 요소를 제거한다.
- Superior product: 성능 품질면에서 경쟁사보다 뛰어난 제품을 제공한다.
- Trend that is growing: 새로운 시장 트렌드를 반영한다.
- Competitive advantage: 타 제품에 비해 경쟁적 우위 요소가 있다.
- New TPO: 제품이나 서비스를 새로운 사용 환경에서 사용하는 것이다.
- Established brand name: 이미 구축된 긍정적 브랜드 이미지와 연결되어야 한다.
- Price or value advantage: 가성비면에서 돈을 지불할 만한 가치가 있다.

컨셉의 핵심구성요소를 개발하기 전에 브랜드관점에서 확인해야 하는 것도 반드시 필요한 과정이다. 브랜드 체계 내에서 컨셉의 타깃을 그려보고, 제품의 특징이 어떤 기능적, 정서적가치와 연결되는지를 살펴볼 필요가 있다. 다음 그림은 신제품 컨셉의 BEST 원칙이다(한국리서치).

- **Big Benefit Idea**
  -타깃 소비자가 봤을 때, 혼란스럽지 않고, 지나치게 과장되었다고 느껴지지 않는 수준에서 매력적으로 느껴지는 한 가지의 핵심 아이디어를 포함한다.

- **Evolved from Brand Footprint**
  -컨셉의 '이득'은 브랜드의 본질(Brand Essence)를 넓히기보다 브랜드 본질과 일관된 것이어야 한다.
  -또는, 기존 제품의 부정적인 측면을 제거(Elimination of a negative)

- **Structured with Credible Logic**
  -컨셉을 다 읽었을 때, 신뢰가 가고 납득/수긍이 되어야 한다.

- **Thought Provoking Consumer Language**
  -소비자의 관점에서 구매를 하게 되는 요소를 이해하기 쉽게 적어야 한다.

2) 컨셉 평가

컨셉 개발과 정교화 단계에 대한 평가는 경쟁제품과 비교하여 제품 컨셉이 경쟁력이 있는가에 대한 평가가 이루어진다. 이러한 평가는 기존의 경쟁제품에 대한 포지셔닝을 검토함으로써 행해진다. 기존 제품의 여러 가지 속성과 편익에 대한 소비자들의 평가를 토대로 자사의 신제품 컨셉이 새로운 포지셔닝에 적합한 제품인지 아니면 기존의 타사 제품의 포지셔닝을 대체할 수 있는 제품인지를 결정하게 된다. 이와 더불어 현재 검토되고 있는 제품의 컨셉이 자사가 보유하고 있는 제품에 대한 자기잠식을 유발시킬 것인가도 검토된다. 이는 신제품이 기존 제품의 매출이나 수익을 잠식할 수 있다면 기업의 입장에서는 생산설비와 마케팅 자원의 낭비만을 초래하는 신제품 개발을 진행할 필요가 없기 때문이다. 또한 시장 규모가 충분한지, 수익성이 있을지에 대한 2차 수익성 평가도 실시된다. 이 밖에 신제품이 진입하게 될 시장에 진입장벽이 존재하는지도 평가된다. 예컨대, 진입하게 될 시장에 대한 유통망을 갖추지 못하거나 원재료의 수급에 있어 현실적 어려움이 존재한다면 컨셉 개발과 정교화 단계에서 신제품 개발을 중단시켜야 한다.

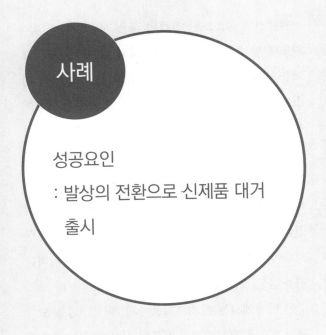

사례

성공요인
: 발상의 전환으로 신제품 대거
  출시

가전은 스마트폰이나 반도체처럼 화려하지는 않다. 폭발적인 성장을 하는 시장도 아니고 게임·콘텐츠나 소프트웨어(SW)처럼 영업이익률이 20~30%를 유지하는 것도 아니다. 이 때문에 재계에서는 가전 사업을 '계륵'으로 분류하기도 했다. 하지만 LG전자는 가전 사업을 그냥 '계륵'이 아닌 살코기 많은 '계륵'으로 바꿔놨다.

건조기, 스타일러, 무선청소기, 직수정수기, 뷰티관리기 등 지난 몇 년 새 LG전자가 내놓은 새로운 형태의 가전 기기다. 모두 기존에 없던 제품으로 시장을 새롭게 개척했다. 발상의 전환을 통해 신제품을 대거 출시하고 브랜드 이미지 구축 등 커뮤니케이션 과정을 통해 시장을 선도하는 성공을 만들어 냈다. 수제맥주 제조기 등 아직 본격적으로 상용화되지 않은 제품도 있다. 주목할 점은 LG전자가 내놓는 가전제품 대부분이 성공가도를 달렸다는 점이다. 스타일러와 같은 제품은 삼성전자, 코웨이 등이 후발주자로 따라오기도 했다. 가전

업계에서 LG전자가 진정한 의미의 '퍼스트무버'로 자리 잡았다고 해도 과언이 아니다.

대표적인 사례가 바로 LG전자 의류관리기 브랜드인 '스타일러'다. 의류관리기는 건조기와 더불어 미세먼지에 민감해하는 소비자들을 중심으로 신혼부부 필수 가전으로 자리 잡았다.

제2의 스타일러로 꼽히는 미용가전 '프라엘'. 2년 전 처음 출시할 때만 해도 LG전자 내부에서조차 "가전 기업이 무슨 마스크를 파냐" "괜히 욕만 먹는다"는 식의 비아냥거림이 많았다고 한다.

하지만 광학 제어 기술, 무선주파수 통신 기술 등을 탑재한 LED 마스크는 4종 패키지가 100만원이 넘는 고가임에도 판매량이 지속적으로 상승세다. 집에서 피부를 관리하는 '홈케어' 뷰티 디바이스 국내 시장 규모는 프라엘의 성공 이후 계속 확대되면서 올해 약 5,000억원 규모에 이를 것으로 추산된다. 지난해 말 선보인 '홈브루' 역시 이전에는 좀처럼 볼 수 없었던 가전 기기다. 캡슐 커피머신처럼 집에서 캡슐로 맥주를 직접 만들어 먹는 기기로 호평을 받았다.

현재 LG전자 H&A사업본부 국내 매출액 중 건조기 등 신가전 비중은 약 30% 정도로 추산된다. 권성률 DB금융투자 애널리스트는 "신가전의 도움으로 LG전자 H&A사업본부 실적도 수직 상승했다"면서 "지난해 H&A 국내 매출액이 30~40% 증가했는데, 올해도 H&A 국내 매출액이 20% 이상 성장할 것으로 예상된다"고 말했다.

불과 몇 년 전만 해도 LG전자는 신사업과 관련해 '삼성이 해야 따라 한다'는 좋지 않은 평판이 따라다녔다. 이제는 가전 사업만큼은 오히려 LG전자가 완전히 주도하는 시장으로 바뀌었다.

정옥현 서강대 전자공학과 교수는 "여러 신제품이 잇따라 히트를 치면서 LG전자 가전 위상은 몰라보게 달라졌다"며 "가전 시장은 사실상 LG가 트렌드를 이끌고 나머지 기업들이 따라가는 모양새"라고 말한다. LG전자 관계자는 "유사 제품 등장 자체가 원조 제품이 그만큼 고객에게 어필한다는 방증이며, 시장이 더욱 성장할 수 있는 계기가 될 수 있다"고 말했다.

출처: 매경이코노미, 2019년 6월 5일~2019년 6월 11일

제품컨셉 테스트란 선택된 제품 개념들이 기업의 의도에 맞게 고객들에게 전달되고 있는지를 표적고객을 대상으로 시험하는 것을 말한다. 우선 컨셉 테스트 계획을 수립할 때 누구를 대상으로 무엇을 물어볼 것인가를 정해야 한다. 상황에 따라 다르기는 하지만 신제품을 팔고자 하는 핵심타깃을 중심으로 타깃확장 가능성을 고려하여 1~2단계 정도 넓혀 조사하는 경우가 많다. 컨셉테스트에서 가장 중요한 핵심 질문은 신제품의 시장가능성을 진단할 구매의향, 신제품이 얼마나 차별적인지, 어떤 점 때문에 좋아하는지를 묻는 질문이다.

이 단계에서는 실제고객들에게 제품 개념을 보다 구체적으로 제시해주고 제품의 사용방법도 함께 설명해 주면서, 고객들이 그 제품 개념에 대해 어떻게 느끼고 받아들이는가를 관찰 및 분석한다. 즉, 제품에 대해 설명을 한 후 소비자의 반응, 혁신성, 기술적 검토 등을 조사하여 신제품 컨셉의 성공 가능성과 개발 적합성을 검증하는 것이다. 신제품 컨셉테스트의 목적은 부족한 신제품 컨셉의 표현을 보다 풍부하고 명확하게 해주는 역할을 하고, 신제품 컨셉의 잠재적인 매출 또는 소비자의 구매의도 등을 알아볼 수 있다. 또한 신제품 컨셉의 평가에 그치는 것이 아니라 신제품 컨셉을 발전시키는 것이 컨셉 테스트의 목적이다. 신제품 컨셉테스트의 중요성은 이를 통해 시장과 소비자가 원하는 제품의 품질 즉, 소비자가 원하는 편익을 명확히 해주고, 시간을 절약할 수 있게 해주는 역할을 하며 신제품 컨셉 테스트 단계는 비용절약의 효과를 가져다준다.

예를 들면 우선 상기 제품 개념을 고객들에게 아래와 같이 보다 상세하게 제시할 수 있다.

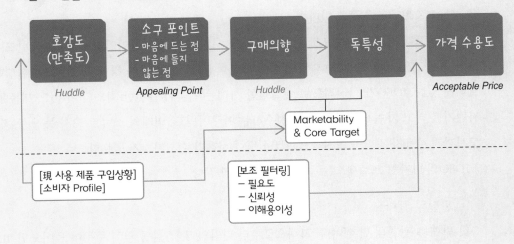

그림4　컨셉테스트의 핵심질문구조

제시 후 고객들에게 '귀하는 이 제품이 귀하의 욕구를 잘 충족시켜 주리라 생각하십니까?', '귀하의 그러한 욕구를 충족시켜 주고 있는 다른 제품이 최근에 있었습니까?', 'ㄹ가격을 얼마로 한다면 적절하다고 생각하십니까?', '귀하는 이 제품을 구매하실 의사가 얼마나 있습니까?', '누가 이런 제품을 사용하며, 또 얼마나 자주 그것을 사용한다고 생각하십니까?' 등을 질문한 다음 응답결과를 정리한다. 마케팅관리자는 이러한 과정을 통해 자사가 개발한 제품 개념이 표적고객들에게 충분히 전달되고 강력하게 소구하고 있는지 테스트해야 한다.

마케터가 컨셉테스트를 통해 얻고자 하는 결과는 신제품의 시장가능성(Marketability), 핵심타깃(Core Target), 컨셉소구 포인트(Appealing Point), 가격수용도(Acceptable Price)이다. 이 제품이 성공할까? 누가 구매할 것 같은가? 어떤 점 때문에 구매할 것 같은가? 어느 정도의 가격대면 구매할 것 같은가? 이런 질문에 답할 수 있다면 컨셉테스트는 성공한 것이다.

이상의 아이디어 평가와 컨셉 도출 과정을 거쳐서 다음 과정인 시장성평가와 제품개발에 들어간다. 이러한 과정에서 가장 우수한 능력을 보여준 기업이 IDEO라는 혁신의 대명사로 불리는 기업이다. IDEO의 창의적이고 혁신적인 프로세스를 소개하면서 이 장을 마무리하고자 한다. 또한 본장의 말미에는 IDEO의 혁신적인 디자인 과정을 토대로 만들어진 현재 기업의 신제품 개발 과정에서 빠질 수 없는 디자인적 사고에 관한 내용을 부록으로 소개하고자 한다.

UX(User Experience)이란? UX는 쉽게 설명해서 '사용자 경험'을 의미한다. 즉, 사용자가 어떤 제품, 시스템, 서비스를 사용하면서 느끼고 생각하게 되는 반응, 경험들을 말한다. 과거에는 제품과 서비스에서 좋은 기능, 만족만이 중요했다. 하지만 시대가 바뀜에 따라, 소비자들은 더 똑똑해졌을 뿐만 아니라, 주관적으로 좋고 나쁨을 판단하기 시작했다. 그래서 과거와 같은 방식으로 아무리 좋은 제품과 서비스이더라도 팔리지 않게 되었다. 따라서, 이제는 많은 기업에서 소비자가 겪게 되는 모든 경험을 고려하여, 좀 더 사용하기 편리한 디자인, 기획 수립을 하는 UX 트렌드를 쫓고 있다.

이러한 고객 경험을 바탕으로 혁신적인 제품 디자인을 하는 기업인 IDEO는 1991년도에 설립된 세계적인 디자인 혁신 기업이다. IDEO는 다양한 분야에서 혁신적으로 사용자 경험 디자인을 컨설팅한 것으로 세상에 널리 알려져 있다. IDEO가 혁신적으로 컨설팅한 사례는 애플이 출시한 최초의 마우스, 새롭게 디자인한 쇼핑 카트, 자전거를 타고 가면서 깨끗한 물로 정수하는 아쿠아덕트, 미래의 스마트 도시 농장 등 작은 전자제품에서부터 도시까지 사용자 경험을 혁신적으로 컨설팅한 사례가 수천가지가 넘는다.

IDEO의 디자인 프로세스는 총 5가지로 다음과 같다.

① 관찰의 단계

첫 번째는 '관찰의 단계'이다. 고객으로부터 디자인 및 컨설팅 의뢰 주문이 들어오면, IDEO는 다양한 전문가들로 팀을 구성하여, '현장'에서 관찰부터 진행하게 된다. 이 단계에서는 고객을 직접 따라다니며 비디오 촬영, 사진 촬영, 설문조사, 인터뷰 등을 통해 최대한 '고객'에 대해 관찰하는 활동을 한다. 이후, 관찰한 내용들을 정리하여 벽에 붙인 후, 다른 팀들과 공유한다. 관찰의 단계에서 중요한 점은 팀원들끼리 머리를 맞대서 토론을 통해 찾는 것이 아니라, 고객이 있는 '현장'에서 '고객'을 직접 '관찰'을 함으로써 문제점 및 니즈가 무엇인지 정확히 찾아내는 것이다.

② 브레인스토밍

두 번째 과정은 IDEO를 유명하게 만든 '브레인스토밍' 과정이다. 관찰한 내용을 기반으로 전문가와 함께 아이디어, 의견을 내놓으며 토론을 한다. 이 단계에서는 아이디어 교환 및 피드백을 중점적인 방식으로 적용하고, 또한, 집단창조력이 최대한 발휘되도록 IDEO만의 브레인스토밍 원칙으로 진행한다.

브레인스토밍 7가지 원칙

1. Defer Judgment - 어떤 아이디어도 좋으니, 판단하는 것을 늦춰라.

2. Encourage wild ideas - 거친 아이디어도 존중하라.

3. Build on the ideas of others - 남의 아이디어를 발전시켜라.

4. Stay focused on the topic - 아이디어를 내되, 주제에 집중하라.

5. Once conversation at a time - 한 번에 한 사람만 대화를 해라.

6. Be visual - 아이디어를 보기 쉽게 시각적으로 표현해라.

7. Go for quantity - 1시간 이내에 최소 100개 이상의 아이디어를 쏟아내라.

이후, 이렇게 많이 쏟아져 나온 아이디어들을 포스트잇에 적고, 칠판에 붙여 쓸 만한 것들을 추려낸다. 아이디어를 추려낼 때는, 팀에서의 카테고리화의 기준, 팀원들의 득표 등을 통해 의사결정을 한다.

③ 가상 모델 만들기(프로토타입화)

세 번째 과정은 '가상 모델 만들기', 즉 프로토타입화 하는 과정이다. 브레인스토밍 과정으로 토론을 끝낸 후, 아이디어들이 말로만 끝나지 않도록 하기 위해 프로토타입화까지 바로 진행한다. 이때 실제로 현장에서의 산업 디자인을 적용한 모델을 최대한 빨리 만들어낸다. 그 후, 실제 타깃 고객들이 직접 이용하도록 하여 소비자 반응, 불편사항, 개선할 점들을 조사하여 개선과정을 거친다.

④ 재가공

네 번째 단계는 '재가공' 과정으로 이 단계에서는 몇 가지로 압축된 프로토타입을 정밀하게 다듬는 작업을 진행한다. 즉, 프로토타입화된 시제품에 대한 소비자들의 세밀한 의견을 반영, 개선하여 적용 가능한 디자인을 최종적으로 결정한다. 만약, 의뢰한 고객이 디자인에 대해 만족하지 않는다면, 언제든지 전 과정으로 돌아가서 다시 재조정을 실시한다.

⑤ 실행

마지막 단계는 '실행'이다. 제품 생산과 관련된 모든 전문가들이 최종적으로 선정된 디자인 제품을 만든다.

이러한 IDEO의 디자인 프로세스는 스탠포드 대학의 D스쿨을 통해 학문적인 기반을 확보하여 다음의 디자인적 사고로 발전하게 된다.[1]

---

1 https://1doinsight.tistory.com/18 [1do°인사이트]

3

디자인적 사고(Design Thinking)란?

1) 고객 가치 중심의 디자인과 고객의 문제 해결을 위한 도전

디자인적 사고(Design Thinking)는 '문제 해결에 있어서 디자이너들이 문제를 풀던 방식대로 사고하는 것'을 말한다. 이를 이해하기 위해서는 '디자인'의 본래 뜻을 생각해 볼 필요가 있다. 디자인은 '지시하다', '성취하다', '계획하다'라는 뜻의 라틴어 데시그나레(Designare)에서 유래했다. 어원을 보면 알 수 있듯이 디자인은 우리가 흔히 생각하는 '외형적인 아름다움'보다는 '실용적이고 기능적인 문제'를 해결해나가는 과정이다. 쉽게 말해 '문제를 해결하기 위해 설계를 바꿔 나가는 것'이 디자인이라고 볼 수 있는데, 디자인적 사고는 이러한 '사고방식'을 전반적인 비즈니스의 문제 해결 과정에 도입하는 것을 일컫는 것이다.

즉, 비즈니스에서의 디자인적 사고는 명확하게 정리되지 않은 소비자의 니즈(Needs)를 이해하고, 이를 해결할 수 있는 기회를 찾아내기 위해 공감적 태도(Mind Set)를 활용하는 일종의 문제 해결과정 (Problem Solving Process)이다. 이는 제품과 서비스뿐만 아니라 비즈니스 모델과 프로세스 개발에 이르는 다양한 형태의 문제 해결에 적용할 수 있는 소비자 중심의 혁신적인 프로세스이다.

디자인적 사고는 30년 이상의 역사를 가지고 있다. 학문적으로는 스탠포드 대학교의 디 스쿨(D-School)에서 기반을 다져왔고, 비즈니스 측면에서는 디자인 회사인 IDEO를 통해 확산되어 왔다. IDEO CEO인 팀 브라운(Tim Brown)은 2009년 출간된 디자인적 사고에 대한 책인 Change by Design에서 "디자인은 만족스러운 경험의 전달에 대한 것이다. 디자인적 사고는 모두가 대화에 참여하는 기회를 통해서 다극화된 경험을 만들어 내는 과정이다. IBM의 조단 세이드(Jordan Shade)는 "디자인적 사고에는 협력과 교류라는 가치가 내재되어 있으며, 이는 단순히 어떤 아이디어를 만들어서 신속하게 실행해보는 수준에 그치는 것이 아니라, 서로 다른 생각을 할 수 있는 각계각층의 다양한 그룹에서 충분한 협력을 하는 것을 의미한다"고 하였다.

디자인적 사고와 비즈니스적 사고(Business Thinking)는 서로 반대되거나 양극단에 있는 것이 아니며, 하나의 문제를 해결하는 데 필요한 다른 관점과 접근 방법을 제공한다. 비즈니스적 사고는 기존의 방법대로 많은 데이터를 분석하고, 이에 따라 의사결정을 하는 사고방식 또는 과정을을 의미한다. 비즈니스적 사고 방식이 재무적 최적화나 기술적 역량 등을 근거로 하는 귀납 방법론이라면, 디자인적 사고는 이와 반대로 인간적이고 전체론적인(Holistic) 관점에서 시작하여, 고객들의 니즈와 때로는 불완전할 수도 있는 정보를 잘 통합하여, 고객이 원하는 것을 상상할 수 있도록 하는 방법이다. 따라서 디자인적 사고와 비즈니스적 사고는 비즈니스 문제 해결과정에서 상호 보완적인 것으로 볼 수 있다.

디자인적 사고는 문제점을 찾아내는 것으로만 그치지 않지 않고 더 나아가서 비즈니스 기회를 창출한다. 즉, 단순히 고객이 문제를 해결했다고 느끼는 수준에서 문제를 풀어가는 것 뿐만 아니라 그 과정의 끝에서 고객이 가치를 찾아낼 수 있도록 문제를 해결한다는 것이다.

빠르게 진화하는 경제 환경 속에서 지식산업과 과학적-논리적 사고를 하는 직업의 가치가 더 커져왔으며, 이에 따라 디자인적 사고의 중요성도 점점 커지고 있다. 21세기 시장은 떠오르는 기술이 초래하는 디지털 단절(disruption)과 변화로 특징지을 수 있다. 전통적인 비즈니스적 사고 방법은 분석과 논의를 과하게 강조할 수 있는데, 이는 조직이 새로운 환경에 재빨리 대응하는 것을 어렵게 한다. 반면, 디자인적 사고는 실행에 의한 학습(Learning By Doing)과 놀랄 만큼 효과적인 결과를 얻을 수 있는 민첩하고 반복적인 해결책을 강조한다.

애플, 시스 코, GE, IBM, 마이크로 소프트, 나이키, 삼성 등 다양한 기술 중심적 기업에서 제품과 서비스를 혁신하기 위해 디자인적 사고를 사용하고 있다. 예컨대, GE 헬스 케어 부문에서는 MRI기기에 대한 고객의 니즈를 더 잘 이해하기 위해 디자인적 사고를 사용했고, 그 결과로 아이와 그 가족들을 위해 개선된 경험을 이끌어 냈다.

디자인적 사고는 디자인의 범주를 확장시켰다. 더 이상 제품의 외형만을 말하는 것이 아니다. 전통적인 디자인이 '물리적으로 정교하고 세밀하고 아름다운 제품을 만들기 위한 것'이었다면 디자인적 사고는 비즈니스 관점에서의 디자인으로 '고객에게 공감하고 이를 통해 혁신, 그리고 경험의 진화를 만들어가기 위해 필요한 것들'이다. 고객이 불편해하는 것에 대해 인간 중심의 관점으로 접근하고 해결하여 더 나은 경험을 제공하는 것이다. 이런 흐름은 사용자 경험(UX: User Experience) 디자인의 중요성으로 확장됐고, 나아가 제품의 기획, 마케팅, 관련 서비스 등 비즈니스의 전 과정에 걸쳐 나타나고 있다.

디자인적 사고는 조직에서 새로운 기회를 찾아, 닫혀있는 혁신의 물을 열고, 비즈니스를 개선하는 데 도움이 된다. 디자인적 사고의 메카라 할 수 있는 스탠퍼드대 디 스쿨은 디자인적 사고 과정을 다음과 같이 5단계로 정리하고 있다. 이 5단계 과정을 반복해 생각을 다듬어 해결하고자 하는 문제를 풀어가는 것이 디자인적 사고이다.

(1) 공감하기(Empathize)

디자인적 사고는 고객과 사용자를 이해하기 위해 문화-기술적 분석(Ethnographic Analysis)을 포함한 사용자-중심 연구 기법을 활용한다. 디자인적 사고 첫 번째 단계의 목표는 디자인 결과를 사용할 사람을 이해하고 공감하는 것이다. 이 단계에서는 사용자 관찰과 인터뷰 기법을 사용하여 디자인 결과가 사용되는 맥락에서 사용자 여정(User Journey), 불편한 점(Pain Point) 및 충족되지 않은 욕구에 대해 이해할 수 있다. 이렇게 얻은 정보로부터 다음 단계를 위한 통찰을 얻게 된다. 고객이 실제 생활하고 있는 현장에서의 연구는 고객의 세계에 대한 통찰을 얻을 수 있는 것, 즉 고객의 가치를 근간으로 새로운 가치를 만드는 것이 디자인적 사고 프로세스의 근간이다.

올바른 질문을 통해서 새로운 가치와 기회를 창출할 수 있는 것이다. 다음은 전통적으로 현장에서 사용할 수 있는 조사방법인 관찰과 인터뷰 방법이다.

① 관찰(Observing)

우리는 사람들이 "왜(Why)", "무슨(What)" 일을 "어떻게(How)" 하는지에 대해 알고 싶다. 맥락 속에서 사람들을 관찰하고, 매일 반복되는 일과 전형적인 환경 속에 있는 사용자를 살펴보는 데 시간을 들이는 것은 그들의 알 수 없는 행동을 발견을 발견하고 충족되지 않은 니즈를 드러내며, 미래의 기회를 찾아내기 위해 매우 유용한 방법이다.

② 인터뷰(Interviewing)

또한 고객에게 의미 있는 것이 무엇인지를 드러나도록 하는 방법으로 그들과 대화하고, 그들의 이야기를 들을 수 있다. 고객들의 느낌, 가치, 믿음 등 그들의 니즈와 목표를 충분히 이해할 수 있어야 한다. 실제 인터뷰를 진행하기 전에 질문의 목록을 만들고, 스스로에게 질문을 하여 고객이 대답을 할 수 있는지를 확인하여야 한다. 인터뷰 내용은 사전에 양해를 구하고 녹음을 하고 인터뷰가 종료된 직후 바로 정리를 하여야 한다.

● ● 그림5 Stanford D-School Design Thinking Process

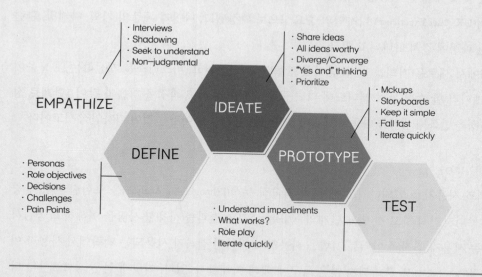

1단계-공감하기 → 2단계-문제 정의 → 3단계-아이디어 도출 → 4단계-(빠르고 값싼) 시제품 제작
→ 5단계-(사용자) 테스트

③ 문제 정의(Define)

디자인 연구를 수행한 뒤에는 우리가 확인한 사실의 의미를 찾고, 수집한 정보들을 종합하게 된다. 이 과정에서 사용자 행동에 담긴 귀중한 통찰을 발견하고 진정한 기회를 구별해 낼 수 있다. 수집한 데이터에서 어떤 패턴을 찾을 수 있을까? 끓어 넘칠 정도로 중요한 것은 무엇인가? 우리 청중들에게 가장 의미가 있는 난제에 대해 이야기할 수 있어야 한다.

해결해야 할 올바른 문제를 찾아내는 것은 디자인에서 점점 중요한 부분이다. "기술 관련된 디자인 커뮤니티에서 필요한 것 중 가장 첫 번째는 지혜라고 생각한다. 이렇게 말하는 이유라면 올바른 일과 올바르게 일을 하는 것에 대해 자주 이야기를 하는 우리들은 모두 훌륭한 사람들이고, 올바른 일을 잘 해낼 수 있는 사람이라고 생각하기 때문이다. 물론, 이와 함께 더 크게, 체계적으로 사고할 필요가 있다"라고 오라일리 디자인 팟캐스트의 인터뷰에서 캘리포니아 예술 대학의 인터랙션 디자인 프로그램의 책임자인 크리스티안 심사리안(Kristian Simsarian)은 말한다.

(2) 아이디어 도출(Ideate)

디자인적 사고의 아이디어 도출 과정에서 우리의 목표는 찾아낸 문제를 해결할 수 있는 많은 아이디어를 만들어 내는 것이다. 상위 수준의 아이디어를 만들어 내는 데는 스케치하기(Sketching), 브레인스토밍(Brainstorming), 마인드 매핑(mind-mapping) 같은 방법을 사용한다. 아이디어를 만들어 내는 과정에서는 다양한 디자인적 접근 방법이 있을 수 있다는 점을 강조한다. 왜냐하면 특정한 아이디어만 고집하지 않는 것이 중요하기 때문이다. 디자이너 입장에서는 "올바른" 아이디어인지를 걱정하기보다는 가능한 넓은 범위에서 아이디어를 도출할 수 있어야 한다. 그래서 다음 단계로 나아갈 때, 가장 좋은 몇 가지 아이디어를 선택하게 된다. 하트만(Hartman)은 "세상에 없던 새로운 것, 아직 존재하지 않는 것, 시장에서 차별화되고 경쟁력이 있게 하는 것. 바로 이것이 모든 혁신 팀이 달성하고자 노력하는 것이다."

(3) 시제품 제작(Prototyping)

디자인적 사고 과정에서 아이디어를 검증하고 정제하기 위한 반복 작업만큼이나 아이디어를 구체화하는 것, 즉 시제품을 제작하는 것이 매우 중요하다. 디자인은 보통 무엇을 만드는 것을 좋아하며, 시제품 제작은 모든 것들의 시작이다. 디자인 컨셉을 제대로 평가하려면, 디자인 결과물이 동작하게 될 환경과 맥락과 동일한 상황에서 시제품을 만들어야 한다.

아이디어 도출 과정에서 얻은 최고의 아이디어에 따라 기본 디자인을 시연하고, 타당성을 검증할 수 있는 시제품을 만들게 된다. 시제품은 잘 구현되거나 일부만 구현될 수도 있지만, 이때 중요한 것은 기본적인 경험의 흐름을 보여 줄 수 있어야 한다는 점이다. 디자인 기능을 비슷하게라도 보여줄 수 있는 시제품이 없다면, 디자인 아이디어를 적절하게 평가할 수 없다. 응용 프로그램의 경우라면 동작하는 시제품을 검증하고 평가할 수 있는 코드를 작성한다는 의미이다. 서비스라면, 인간과 인간간의 상호작용을 대략적으로 확인할 수 있는 일종의 대본 형태가 될 수도 있다. 실제 사용자들이 현실에서 어떻게 사용하는지를 검증하여 교훈을 얻고, 그 교훈을 통해 다시 시제품을 만드는 반복 과정, 이런 프로토타이핑 과정을 통해서 우리는 해결책으로 한걸음씩 나아갈 수 있다.

시제품이 반드시 최선의 결과물일 필요는 없다. 만들고자 하는 제품과 서비스에 대해 사용자들이 각각의 사용상황에서 어떻게 사용하고 어떤 사용 경험을 얻게 되는지를 이해할 수 있을 정도로 시제품을 만들 수도 있다. 제한된 짧은 시간과 최소한의 개발비용 내에서 시제품을 만드는 것이 중요하다. 시제품을 평가하고 방향을 선정한 후에는 새로운 해결책을 실제로 어떻게 적용할지에 대해서도 고민해야 한다. 새로운 해결책의 장단점을 고려하여 우선순위를 정해야 하는 쉽지 않은 선택과정이 될 것이다. 이를 위해 필요한 것이 사용자 테스트이다.

(4) 사용자 테스트(Test)

이 과정은 시제품에 관한 피드백을 들어보는 단계이다. 즉, 실제 사용자(고객)와 함께 1차적으로 완성된 시제품을 가지고 실제 사용 및 경험을 해보는 과정이다. 시제품에 대한 고객의 피드백을 바탕으로 시제품을 개선해 나가는 과정이다. 반복적인 고객-사용 테스트를 통해 시제품의 문제점을 찾아내고 개선하며 완성도를 높일 수 있다. 결국 이 과정의 가장 중요한 것은 고객이 적극적으로 사용하게끔 하고, 경험을 이야기 하게 만드는 것이다. 그리고 그 과정에서 기업은 고객의 모든 소리에 귀를 기울이고 듣는 것이 중요하다.

2) 디자인적 사고의 방향은?

역동적인 21세기 경제에서 기업은 자신의 제품, 서비스 및 비즈니스 업무에 디자인적 사고를 결합하는 가치를 점점 더 인지하고 있다. 조직 차원에서 디자인적 사고는 기업이 자신의 제품과 서비스뿐만 아니라 기업 문화 자체를 변화시키는 데도 도움이 된다. 어떻게 우리 조직에 디자인적 사고를 도입할 수 있을까? 그리고 디자인적 사고의 도입 효과를 어떻게 측정할 수 있을까?

IBM의 조던 세이드(Jordan Shade)는 팀 업무에 디자인적 사고의 도구, 방법론과 태도를 적용하는 방법에 대한 이해뿐만 아니라 디자인적 사고 자체를 인식하고, 이를 교육하는 것에 대해서도 고려하고 있다. 디자인적 사고를 도입한 팀에서 어떻게 이를 잘 발달시킬 것인지를 이해할 필요가 있다는 의미이다. 디자인적 사고는 조직 문화를 고객 중심의 협력적인 문화로 바꾸는 데도 도움이 된다. 이러한 문화적 변화는 하룻밤에 이뤄지지는 않겠지만, 결국 조직이 새로운 시장에 진입하거나 비즈니스를 새롭게 정의할 수 있는 추진력이 될 것이다.

더 이상 '디자인적 사고'는 디자이너들만이 갖출 수 있는 사고방식이 아니다. 거의 모든 비즈니스가 문제 해결을 위해 '디자인적 사고'를 통하도록, 그렇게 보다 창의적으로 접근하도록 요구받고 있다. 얼마 전까지만 해도 디자인을 그저 비즈니스의 부가적인 역할로 이해하는 풍토가 강했지만 이제는 디자인적 사고가 제품의 외형뿐 아니라 서비스, 기획, 마케팅 등에 모두 녹아들어가 있어야 한다는 인식이 높아진 것이다.

특히 이 시대에서 그 중요성은 더욱 커지고 있다. 정보기술의 발달로 이 시대의 고객들은 보다 풍부한 정보를 손에 쥘 수 있게 되었고, 더 이상 기업이 일방적으로 내보내는 광고에 반응하지 않게 되었다. 대신 소비자들로 이루어진 커뮤니티에서 여러 회사의 제품들을 능동적으로 판단하고 평가한다. 그 결과 고객이 시장에 요구하는 수준이 높아졌고, 제품이나 기술뿐 아니라 좋은 디자인과 브랜드, 얻을 수 있는 경험에 대해 큰 관심을 갖게 되었다. 이런 흐름이 계속될수록 사람들은 오로지 자신만을 위해 만들어진 경험을 원하게 된다. 필립 코틀러의 책 『마켓 4.0』에 나온 표현을 빌리자면 하이테크 세계에서 사람들은 하이터치(인간적인 감성)를 필요로 하게 된다. 디자인적 사고가 이러한 고객의 욕구를 채울 수 있다는 것이다.

Further Discussions

FD1 아이디어 도출 과정에 따른 신제품 아이디어 도출을 실제로 연습해보자. 새로운 아이디어 다섯 가지 이상을 생각해보자.

FD2 최근 온라인의 발달로 크라우드 소싱과 같은 새로운 방법이 나타나고 있다. 이들 새로운 원천에 대해서 설명해보고 향후의 새로운 원천을 어떤 것이 있는가를 탐구해보자.

FD3 아이디어 도출 방법 중 여러 가지 방법이 있는데 이들 방법의 장단점에 대해서 토론해보자.

FD4 새로운 아이디어를 바탕으로 신제품 컨셉을 도출하는 방식에 따라 새로운 제품 컨셉을 도출해보고 이에 대해 공유한 후 토론해보자.

References

스탠포드 대학교 디자인 연구소(d.school), dschool.stanford.edu

Green, Paul E. and V. Srinivasan.(1978), "Conjoint Analysis in Consumer Research: Issues and Outlook," *Journal of Consumer Research*, 5(September), 103-123.

Green, Paul E. and V. Srinivasan.(1990), "Conjoint Analysis in Marketing: New Developments With Implications for Research and Practice," *Journal of Marketing*, 54(October), 3-19.

Green, Paul E. and Yoram Wind.(1975), "New Way to Measure Consumers' Judgements," *Harvard Business Review*, 53, 107-117.

Green, Paul E. and Abba M. Krieger, and Manoj K. Agarwal(1991), "Adaptive Conjoint Analysis: Some Caveats and Suggestions," *Journal of Marketing Research*, 28(May), 215-222.

Wittink, Dick R. and Philippe Cattin.(1989), "Commercial Use of Conjoint Analysis: An Update," *Journal of Marketing*, 53(July), 91-96.

CHAPTER 08

빅데이터를 이용한 신제품 개발 전략

Learning Objectives

L01 빅데이터의 정의 및 활용분야에 대해 진술할 수 있도록 한다.

L02 빅데이터의 발전에 의거한 신제품 개발전략의 중요성을 기술할 수 있도록 한다.

L03 빅데이터를 해석할 수 있고 이를 사용해 신제품 개발 전략에 적용할 수 있도록 한다.

L04 빅데이터 사용이 향후 신제품 마케팅에 얼마만큼 중요한지를 설명할 수 있도록 한다.

국내 빅데이터 사례

: 파리바게뜨

파리바게뜨는 빅데이터 활용으로 빵 매출이 30% 증가하였고, 재고부담과 폐기량이 감소하였으며, 찬스 로스(chance loss: 판매할 제품이 없어 발생하는 손실)를 방지하여 영업이익이 증가하였다. 빅데이터 활용으로 가맹점은 효율적으로 주문, 본사는 생산량을 조절할 수 있어 모두에게 유익한 결과를 가져왔다. 빅데이터 분석할 때 지역별 특색 등 매출 상승요인도 추가로 포함하였다. 인포그래픽으로 소비자들에게 전달하여 '비가 올 때 생각나는 피자빵' 등의 이미지를 연상시켜 매출까지 이어지도록 하였다.

식품업계 최초로 '날씨판매지수'를 개발하여 전국 기상 관측 자료와 점포별 판매 데이터 분석했다. 날씨판매지수란 날씨에 따라 제품 선호도가 바뀌는 점을 활용하여 재고 관리 및 마케팅에 활용하였다. 10억 건의 점포별 상품판매 데이터를 통계모델을 이용해 판매량의 평균을 분석했다. 5년간 전국 169개 매장 주변의 기상 관측자료를 기상정보에 대입해 판매량의 증감률을 산출하였다. 기상청의 생활기상지수 조회 서비스를 활용해서 기상정보와 함께 지역별, 월별 매출정보를 제공한다. 날씨에 따라 상품별로 얼마나 팔릴지 예측하여 이를 수치화하였다. 민간 기상서비스업체 케이웨더와 제휴해 POS를 통해 서비스하고 파리바게뜨 전체 매장의 지난 2주간 품목별 평균 매출액이 날씨에 따라 얼마나 변동했는지 보여주고 앞으로 3일간 어떤 제품이 많이 팔릴지 예측했다.

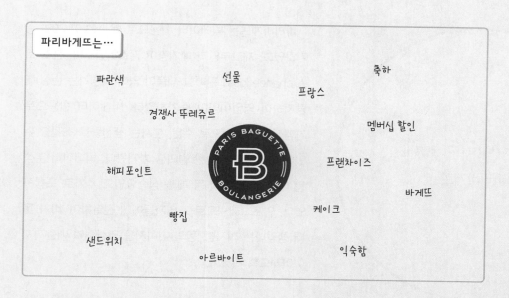

파리바게뜨는…

파란색　　선물　　　　　축하
　　　　　　　프랑스
경쟁사 뚜레쥬르　　　　멤버십 할인
　　　　　　　　　　프랜차이즈
해피포인트　　　　　　　　바게뜨
　　　　　　　　케이크
　　빵집
샌드위치
　　　아르바이트　　익숙함

파리바게뜨 빅데이터 활용 및 분석 방법

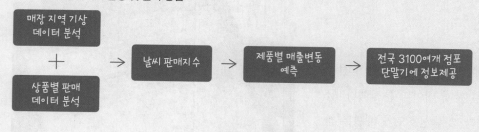

파리바게뜨 빅데이터 활용 결과

서울 서초구 파리바게뜨 A점의 매출변화

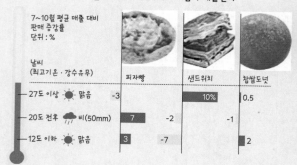

7~10월 평균 매출 대비 판매 증감률
단위 : %

날씨
(최고기온 · 강수유무)

상품명	일별 날씨 판매지수		
	모레(수) 2012/07/11	내일(화) 2012/07/10	오늘(월) 2012/07/09
생지빵	5.59%	-2.10%	0.41%
샌드위치	0.62%	-0.08%	0.49%
음료	-18.21%	13.76%	10.41%
점포생크림케익	-11.76%	-19.85%	-20.82%
도넛	1.76%	-5.75%	-3.67%
완제생크림케익	-7.58%	-13.34%	-16.73%
완제식빵	1.82%	-5.67%	4.45%
상지식빵	7.71%	-0.26%	3.54%
완제빵	3.31%	-5.09%	-1.12%
페스츄리	2.15%	-3.04%	-1.31%

기업이 마케팅 측면에서 빅데이터를 활용하는 가장 큰 이유 중 하나가 고객가치의 창출이다. 이미 기업들은 1990년대 말과 2000년대 초에 불었던 CRM과 데이터베이스 마케팅 열풍으로 많은 기업들이 수많은 데이터를 축적하고 있다. 뿐만 아니라 커넥티드 디바이스(Connected Device)와 SNS(Social Network Service)가 급속히 확산되면서 데이터 이용 또한 급증하여 빅데이터가 일상화되었다.

이러한 빅데이터로 인하여 이전에는 신제품 개발과정에서의 각종 데이터를 수집하는 시간이 매우 어렵거나 즉각적인 반응을 하기 힘들었는데 이제는 이러한 빅데이터 시대의 도래로 인하여 신제품 개발과정 역시 상당한 변화가 있다. 이 장에서는 신제품 개발과정에 있어 활용될 수 있는 빅데이터에 관해 살펴보고 이를 실제로 적용할 수 있는 방법에 대해 알아보고자 한다.

1

빅데이터 배경

1) 빅데이터 배경 및 중요성

1990년대에 기업은 대규모 고객 데이터베이스에 투자하기 시작했다. 그 고객데이터베이스는 구매행동, 마케팅 연락, 다른 고객 특성들의 정보가 저장된 수백만 고객의 기록을 작성했다. 인터넷, 그리고 최근에는 소셜 미디어가 등장하면서 데이터가 폭발적으로 증가했으며 많은 기업에서 매일 또는 실시간 데이터까지 사용할 수 있게 되었다.

(1) 인터넷

인터넷은 상품 및 서비스 거래를 위한 가장 중요한 마켓 플레이스 중 하나가 되었다. 거래 내역뿐만 아니라 키워드 검색과 온라인 광고, 구매 등 마케팅 전반에 걸쳐있는 단계별 고객접촉에 많은 데이터들이 매초마다 쏟아져 나오고 있다.

(2) 공공기관 데이터

교통과 관련된 공기업과 의료기관에서도 무수히 많은 개인 데이터들이 생성·축적되고 있다. 다만 개인정보 보호법에 의해 보호받는 개인정보가 포함된 부분은 서로 다른 출처의 데이터를 연결하는 것에 큰 방해 요소가 되어 빅데이터 연구에 큰 걸림돌이 되고 있다.

(3) 소셜 미디어

인터넷과 소셜 미디어가 확대되면서 데이터의 양이 방대해졌다. 블로그, 제품 리뷰, 토론 그룹, 제품 등급은 모두 새로운 중요한 정보 공급처다. 휴대폰을 포함한 온라인 미디어의 사용 증가로 기업은 고객 여행(customer journeys)을 통해 고객을 추적할 수 있다. 동시에, 정보 접근성이 높아지면서 정보에 대한 비용도 줄어들고 있다. 최근에는 정보 또한 노동력으로 볼 것인가에 대한 논의가 시작되었다. 입소문 및 충성도에 긍정적인 영향을 미치는 경향이 있으므로 관리자는 브랜드 충성도를 만들거나 높이기 위해 소셜 미디어에 투자한다. 소셜 미디어를 사용하면 소비자들이 서로 상호작용하는 방식과 그들이 쓰는 제품과 서비스를 포함한 고객 통찰력이 엄청나게 증가한다.이러한 현상으로 빅데이터 분석에 대한 관심과 중요도는 점점 증가하고 있는 추세이다. 빅데이터를 활용해 성공한 사례들이 많이 있다. 국내외 빅데이터 활용사례를 살펴보고 빅데이터 특징과 종류를 공부하고 빅데이터를 활용해 신제품 개발 전략에 적용하는 방법에 대해 소개할 것이다. 먼저, 국내외 빅데이터 활용사례들을 보자.

사례

빅데이터 활용 전략

급변하는 환경에 맞춰 살아남기 위해서는 변화하는 환경이 제공하는 새로운 조건과 기술을 혁신의 도구로 활용해야 살아남을 수 있는데요. 4차 산업혁명 시대가 도래한 오늘날에는 '빅데이터'가 그 혁신의 도구라 볼 수 있습니다. 그렇다면 기업들은 어떻게 빅데이터를 활용해 사업을 성장시키고 있을까?라는 의문에 대한 답을 살펴보시죠!

고객이 사용하는 쿠폰은 따로 있다

쿠폰은 자사의 기존 고객이나 불특정 다수를 대상으로 가격 할인, 현금 적립, 소정의 선물 등 일정 혜택을 제공하는 증표입니다. 말하자면 제품 및 서비스의 인지도를 높이거나 판매 촉진을 위해 활용되는 도구라고 볼 수 있죠. 하지만 이런 쿠폰에는 한 가지 문제점이 있는데요. 바로 쿠폰 상환율이 매우 낮다는 점입니다. 유통업계의 경우 쿠폰 상환율은 2% 정도에 그친다고 합니다. 100장의 쿠폰을 발행해도 단지 2명의 고객만이 그것을 사용한다는 거죠. 그런데 여기 고객 특성 맞춤형 쿠폰을 발행함으로써 쿠폰 상환율을 크게 높인 기업이 있습니다. 바로 영국에 본사를 둔 세계적인 유통기업 테스코입니다.

월마트, 카르푸와 함께 세계 3대 소매업체 중 하나로 꼽히는 테스코는 1995년부터 고객 데이터를 수집했는데요. 클럽 카드를 도입하며, 고객들이 이름, 주소, 가족 수, 자녀 나이, 선호 식품 등의 개인 정보를 주어 클럽 카드의 회원이 되면, 테스코는 회원들에게 가격 할인은 물론 구매금액의 1%를 포인트로 적립해주었습니다. 회사는 이렇게 수집된 회원들의 개인 정보와 구매 데이터(2만 개의 식품군에서 매주 발생하는 1,500건의 데이터)를 분석했다고 합니다. 그러자 새롭거나 특이한 식품을 적극적으로 시도해보는 '모험적 구매자', 시간에 쫓겨 아무거나 구입하는 '시간 부족 구매자' 등으로 회원들의 라이프 스타일을 구분할 수 있었습니다.

테스코는 이렇게 구분된 고객들의 서로 다른 라이프 스타일에 맞춰 연간 700만 개 이상의 다양한 상품 쿠폰을 발행했습니다. 테스코의 쿠폰은 철저한 데이터 분석에 근거해 상품 쿠폰을 발행하기 때문에, 쿠폰 사용률은 업계 평균인 2%의 수십 배에 달하는 20~50%에 이르렀다고 합니다. 덕분에 회사는 회원들의 충성도를 크게 향상시킬 수 있었고, 인터넷 사업까지 그 영역을 확장할 수 있었습니다. 이러한 테스코의 성공에는 클럽 회원들이 온라인에서 어떤 활동을 하는지 분석해 그에 맞는 적절한 판촉활동을 벌인 것이 바탕이 되었다고 볼 수 있죠.

데이터를 활용해 구분하고, 분석하고, 저격하라

구매를 위해서는 돈을 지불하기 때문에 우리는 항상 구매 의사결정에 신중하다고 생각하는데요. 실제로는 다양한 형태의 구매 행동 방식이 나타나곤 합니다. 예를 들면, 비누와 같은 일상용품을 구매하는 경우 신중한 의사결정 과정 없이 습관적으로 구매한다는 점을 들 수 있습니다. 또한 사람들은 모든 것을 한 가게에서 구매하지 않는 경향이 있는데요. 가령 식료품은 식료품 가게에서, 고기는 정육점에서, 세제나 양말, 화장지 등은 대형 할인점으로서는 큰 고민이죠. 소비자들의 습관을 바꿔 자사 매장 안에서 모든 것을 구매하게 하고 싶지만, 쿠폰이나 인센티브 등에만 의존해 이런 결과를 얻어내기란 쉽지 않기 때문입니다.

구입하기 시작했고, 5개월부터는 칼슘, 마그네슘, 아연을 보충하는 비타민을 구매했습니다. 또한 누군가 갑자기 향이 없는 비누, 대용량의 약솜, 손 세정제, 타월을 구매하기 시작하면 출산일이 가까워지고 있음을 의미할 수 있었습니다.

이처럼 세밀한 데이터 분석을 통해 타깃은 임신과 관계가 있는 25개 제품을 확인할 수 있었고, 이를 바탕으로 고객에 대한 임신 지수를 계산하는 모델을 개발했습니다. 타깃은 이 모델을 전국 1,800여 개 매장의 모든 여성 고객들에게 적용해, 임심이 거의 확실한 수만 명의 고객을 식별했고, 이들에게 산모와 신생아 관련 상품의 쿠폰을 발송했습니다. 심지어는 출산일까지도 어느 정도 정확하게 추정해 임신의 세부적인 단계에 맞춘 쿠폰을 보냈습니다. 그러자 얼마 지나지 않아 임산부 고객들이 확연히 늘었고(쿠폰 응답률 30% 증가), 산모와 신생아 관련 상품의 매출이 폭발적으로 증가했습니다. 그에 따라 타깃의 총매출도 2002년에서 2010년 사이 440억 달러(한화 약 49조 6,280억 원)에서 670억 달러(한화 약 75조 5,700억 원)로 크게 늘었다고 합니다.

그런데 이러한 사람들의 구매 습관이 변하는 때가 있습니다. 바로 대학 졸업, 취직, 결혼 등과 같이 인생에서 중대한 사건을 겪을 때인데요. 미국에서 월마트 다음으로 큰 대형 할인점 타깃(Target)은 바로 이때를 고객을 유인할 절호의 기회로 활용하고자 했습니다. 바로 임신에 주목한 것인데요. 임신 중에 임산부는 격정에 휩싸이고 체력적으로도 힘들어 쇼핑 습관이 그 어떤 시기보다도 변하기 쉽습니다. 이때 그들이 필요로 하는 산모용품이나 신생아 용품들을 타깃 매장에서 구매하도록 유인한다면, 그들로 하여금 식료품, 의류 등 다른 물품들도 구매를 유도한다는 전략을 세운 거죠.

전략을 실행하기 위해 타깃은 임신은 고객을 식별해야 했습니다. 이를 위해 타깃이 이용한 것은 '베이비 샤워'등록 프로그램입니다. 베이비 샤워란 임신을 축하하는 행사로 임산부가 가까운 지인들로부터 신생아와 관련된 선물을 받는 것을 말하는데요. 이 프로그램에 등록하면 타깃은 임산부에게 인센티브와 선물을 제공했습니다. 그렇게 이 프로그램에 등록한 임산부들이 구매한 제품에 관한 데이터를 분석한 결과, 임신 이후 특이한 쇼핑 형태 변화를 파악할 수 있었습니다. 대부분의 임산부들은 임신 4개월부터는 향이 없는 로션을 다량

키워드는 물론 그 속의 감정까지 분석 가능한 시대

그런가 하면 구글은 빅데이터를 활용해 독감을 예측하기도 했습니다. 기존에 미국은 독감 증세를 보이는 환자가 나타나면 병원, 검사실, CDC를 거치는 복잡한 절차를 이용했었는데요. 그렇다 보니 실제로 독감 발병 경보를 내리는 데까지는 1~2주의 기간이 소요됐고, 경보가 나오는 시점에는 이미 다른 지역으로 독감이 퍼져버릴 가능성이 높은 문제가 있었습니다. 이런 문제점

을 개선하기 위해 구글은 사람들의 검색어를 분석해 약 하루 만에 독감 경보를 내리는 모델을 만들었습니다.

구글은 검색 데이터를 분석한 결과, 독감 증세 환자가 늘면 '독감'과 관련된 단어의 검색 빈도가 증가한다는 패턴을 발견했습니다. 이를 CDC의 실제 독감 증세를 보인 환자 수와 비교한 결과, 45개의 검색어가 밀접한 상관관계가 있음을 밝혀냈습니다. 예를 들어 '독감 합병증', '감기/독감 치료제', '독감 일반 증상'과 같은 검색어들이 이에 해당됩니다. 이를 바탕으로 구글은 '독감 트렌드' 서비스를 개발했습니다. 독감 트렌드 서비스는 전 세계적으로 독감과 관련된 검색어의 입력 빈도를 파악해 지역별로 독감 유행 수준을 '매우 낮음'부터 '매우 높음'까지 5개 등급으로 표시해 독감 발병을 예측할 수 있는 프로그램인데요. 구글의 독감 트렌드가 지난 2009년 대서양 연안 중부지역 주에서 독감이 확산될 것이라고 CDC보다 2주 먼저 예측했던 사례를 지금도 화제가 되고 있습니다.

결국 이러한 기업들의 사례는 한 가지 중요한 결론으로 귀결됩니다. 빅데이터는 '어딘가 쌓여 있는 자료'가 아니라 정확하고 현명한 의사결정을 위해 '반드시 활용해야 하는 자료이자 분석 틀'이라는 것이죠. 고객 정보를 제대로 활용해 새롭게 소비자를 분류해 성공한 테스코, 임신부 식별을 통해 새로운 충성고객 확보에 성공한 타깃 등은 빅데이터를 통한 의사결정과 전략 실행이 만들어내는 힘을 제대로 보여준다고 볼 수 있습니다.

이런 추세에 맞춰 리더들은 이제 4차 산업혁명 시대를 맞아 조직의 변화를 이끌고, 완전히 새로운 생산과 제조방식을 고민해야 합니다. 문제는 '그것을 어떻게 하는가'죠. 그 해답이 바로 '빅데이터'에 있습니다.

출처: 더아이엠시, 2018년 10월 25일

2) 국내외 빅데이터 활용사례

빅데이터는 바이오, 소셜, 생산, 금융, 통신 등 많은 분야에서 활용되고 있다. 예를 들면, 패션브랜드인 자라(ZARA)는 다품종 소량생산을 마케팅 판매 전략을 한다. 일반적인 패션 브랜드의 상품 종류에 비해 2배 이상의 종류를 생산하기 때문에 수요 예측과 매장별 재고 산출, 상품별 가격결정, 운송까지 실시간으로 파악해야 한다. 자라는 빅데이터를 활용한 재고관리 시스템을 개발했다. 국내 식품업계에서도 빅데이터를 활용해 신제품 개발과 마케팅에 활용하고 있다. CJ제일제당은 2013년 하반기부터 블로그, 트위터 등 글들을 바탕으로 분석하고 소비자들의 관심 사항을 소비자 인식과 행동 데이터, 각종 시장 동향 데이터 등과 접목하여 마케팅과 영업에 반영했다. 또한, 파리바게트를 운영하는 SPC 그룹은 2012년 날씨를 빅데이터로 분석한 '날씨판매지수'를 업계 최초로 도입했다. 날씨판매지수로 파리바게트는 재고물량을 줄이고 매출도 증가했다.

빅데이터를 이용한 신제품 개발 전략도 진행한 사례가 있다. 해태제과 허니버터칩은 감자칩의 주요 구매층인 10~20대 여성들이 단맛과 버터향을 좋아한다는 빅데이터 분석을 기반으로 제품을 개발했다. 허니버터칩은 재고가 없어서 못 팔정도의 히트를 친 적이 있다. 빅데이터를 활용해 소비자들을 세분화하고 소비자들의 다양한 요구를 충족시키는 고객밀착형 마케팅 전략이 필요하다.

2

빅데이터의 특징

빅데이터가 출현하면서 예전 데이터와 빅데이터의 특징은 크게 달라졌다. 빅데이터의 주요 특징은 3V로 요약된다: 양(Volume), 속도(Velocity), 그리고 다양성(Variety)(HBR 2012). 종종 빅데이터 주요 특징에 추가적으로 신뢰성(Veracity), 가치(Value)도 있다고 소개하기도 한다(Schroeck, Shockley, Smart, Romero-Morales, & Tufano, 2012; Goes, 2014). 여기에 신뢰성(Veraerty)과 가치(Value)가 더해 5V가 된다.

1) 양(Volume)

2012년 기준으로 약 2.5엑서 바이트의 데이터가 매일 생성되고 이 수치는 40개월마다 두 배가 된다. 20 년 전에 전체 인터넷에 저장된 것보다 초당 더 많은 데이터가 인터넷을 통해 전달된다. 이를 통해 기업은 인터넷뿐만 아니라 단일 데이터 세트에서 많은 수의 데이터를 처리할 수 있다. 예를 들면, 월마트(Walmart)는 고객 트랜잭션을 통해 매 시간 2.5페타 바이트 이상의 데이터를 수집한다. 1페타 바이트는 1조 개의 십억 바이트 또는 약 2천만 개의 파일 캐비닛을 채우는 정도의 텍스트이다. 엑사 바이트는 1,000배나 10억 기가 바이트이다.

2) 속도(Velocity)

많은 애플리케이션에서 데이터 생성 속도는 볼륨보다 훨씬 중요하다. 실시간 정보를 통해 회사는 경쟁 업체보다 훨씬 민첩하게 대응할 수 있다. 예를 들면 우리 동료 Alex "Sandy" Pentland와 MIT Media Lab의 그룹은 휴대전화의 위치 데이터를 사용하여 미국에서 블랙프라이데이(Black Friday) 때 메이시스(Macy's) 주차장에 얼마나 많은 사람들이 있는지 추측한다. 이것은 메이시스(Macy's)가 판매를 기록하기 전에 소매 업체의 매출을 예측할 수 있게 했다. 이런 통찰력은 월스트리트 애널리스트와 메인 스트리트 매니저에게 경쟁우위를 제공할 수 있다.

3) 다양성(Variety)

빅데이터는 소셜 네트워크에 게시된 메시지, 업데이트 및 이미지의 형태이다. 센서로부터의 판독, 휴대 전화의 GPS 신호 등이 있다. 빅데이터에서 가장 중요한 소스는 새로운 것이다. 예를 들면, 소셜 네트워크의 거대한 양의 정보는 네트워크 자체만큼이나 오래되었다. 페이스 북은 2004년에 그리고 트위터는 2006년에 출시되었다. 스마트 폰과 기타 모바일 장치는 사람, 활동 및 장소에 연결된 엄청난 양의 데이터를 제공한다. 이러한 장치는 유비쿼터스이기 때문에 사람들은 아이폰(iPhone)과 아이패드(iPad)가 불과 몇 년 전에 나왔다는 것을 쉽게 잊는다. 따라서, 최근까지 대부분의 기업 정보를 저장한 구조화된 데이터베이스는 빅데이터를 저장하고 처리하는 데 적합하지 않다. 또한, 컴퓨팅하는 모든 요소(저장, 메모리, 처리, bandwidth 등등)에 대해 꾸준히 감소하는 비용은 이전에는 값 비싼 데이터 집약적인 접근 방식이 빠르게 경제적으로 되고 있음을 의미한다.

4) 신뢰성(Veracity)

신뢰성(Veracity)은 데이터 유형과 관련된 신뢰성 수준을 나타낸다. 높은 데이터 품질을 위한 노력은 빅데이터의 중요한 필요 사항과 과제이지만 빅데이터 정제 방법조차도 날씨, 경제 또는 고객의 실제 구매 결정과 같은 일부 데이터의 고유한 예측 불가능성을 제거할 수 없다. 경영진이 주변의 불확실한 세계를 보다 잘 이해하기 위해 빅데이터의 불확실성을 인식하고 계획해야 할 필요가 있다.

5) 가치(Value)

가치는 데이터를 분석하고 사용하는 데이터로부터 획득한 가치이다. 높은 속도는 실시간이나 실시간 마케팅 의사결정을 자동화할 수 있는 기회를 열어주지만, 높은 다양성은 다양한 방법론 및 연구 철학에 상응하는 민감성을 지닌 분야 간 통합이 필요할 수 있다.

빅데이터 종류

빅데이터 종류는 총 네가지로 분류할 수 있다. 빅데이터 종류에는 구조화된 것(structured data type)과 구조화되지 않은 것(unstructured data type)이 있고 데이터 소스는 외부(external data source)와 내부(internal data source)가 있다.

1) 데이터 유형: 구조화 vs. 비구조화(Structured data vs. Unstructured data)

구조화된 데이터는 고정된 형식으로 제공되는 데이터이다. 구조화된 데이터는 상세한 기록 및 변수 구조, 데이터베이스의 값 레이블링과 높은 데이터품질을 기반으로 한 구조화된 데이터의 좋은 예시는 청구서 데이터와 ZIP 코드 데이터이다. 구조화되지 않은 데이터는 고정된 형식이 아닌 크기가 매우 크고 사용 가능한 형식 텍스트가 많이 포함된다. 또, 사용 가능한 정보를 만들기 위해 많은 양의 데이터 해석 및 데이터 축소가 필요할 수 있다. 이러한 데이터 소스의 예로는 고객 연락에서 오는 데이터인 질문 또는 의견인 자유 형식 텍스트와 트위트(Twitter) 메시지, 페이스북(Facebook) 댓글 등에 포함된 소셜 미디어 데이터가 있다. 모바일 데이터에 특별한 주의를 기울여야 한다.

2) 데이터 소스: 외부 vs. 내부(External vs. Internal)

외부 데이터 소스는 회사 내부에 존재하지 않으며 외부 데이터 공급 업체에서 자주 구입한다. 이 데이터의 예는 우편 번호, 평균 소득 수준, 교육 수준, 평균 주택 가격 등과 같은 가계 데이터 집합이다. 다른 외부 정보는 고객의 재정적 신용도를 포함할 수 있다. 또 다른 종류의 외부 데이터는 마케팅 조사 데이터로 주로 시장 조사 기관에서 회사를 위해 수집한다. 빠르게 성장하는 외부 데이터의 또 다른 유형은 소셜 미디어의 데이터이다. 내부 데이터 소스는 이미 회사 내에 존재하며 POS 데이터, 거래 데이터, 송장 데이터, 연락처 데이터 및 사용 데이터를 포함할 수 있다.

앞으로 회사에서는 구조화되지 않은 외부 데이터를 어떻게 분석하고 신제품 개발에 어떻게 활용할지가 중요한 관건이다. Tirunillai and Tellis는 구조화되지 않은 외부 데이터들은 의미가 있고 실제 주식에도 영향을 미친다고 주장한다(2012). 따라서 구조화되지 않은 수많은 외부데이터들을 분석하여 고객 니즈가 무엇인지 알아내고 신제품 개발에 적용해야 한다. 다음 4절에서는 이러한 빅데이터를 활용해 신제품 개발 과정에 어떻게 활용할 수 있는지 그리고 어떤 변화가 생기는지 알아본다.

빅데이터를 활용한 신제품 개발 과정 변화

먼저 신제품 개발 전략을 수립할 때 빅데이터를 활용해서 소비자 분석을 하고 무엇을 원하는지 이해해야 한다. 신제품 개발 과정은 <그림 2>와 같다. 하지만, 빅데이터로 인해 신제품 개발 과정에도 변화가 생겼다. 이전에는 아이디어 개발(idea generation)단계에서 시장조사를 위해 컨조인트 분석 같은 설문지 설계를 활용해 소비자 선호도 분석을 했었지만, 최근에는 인터넷에서 소비자가 참여한 데이터를 토대로 시장조사를 할 수 있다. 예를 들면, 소비자들의 구매후기나 구매기록을 분석하여 소비자의 요구분석뿐만 아니라 개인별 분석도 가능하다.

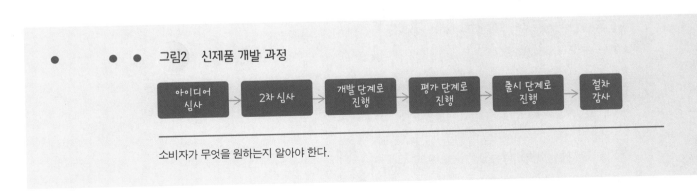

그림2　신제품 개발 과정

소비자가 무엇을 원하는지 알아야 한다.

소비자가 무엇을 원하는지 알아야 한다.

또한, 인터넷으로 소비자들의 참여를 유도해 신제품 개발에 활용하기도 한다. 이것을 협업 개발(Co-creation)이라고 부른다. 델, 레고, 스타벅스 같은 해외 기업은 대중으로부터 얻은 아이디어를 신제품으로 만들어 판매하고 있다. 예를 들면, 스타벅스는 2008년에 웹사이트 커뮤니티 '마이 스타벅스 아이디어'를 설립했다. 사람들이 자신의 아이디어를 사이트에 올리면 다른 사람들이 투표를 하고 댓글을 통해 토론한다. 많은 투표수와 관심을 받은 아이디어는 스타벅스 아이디어 관리자에게 평가를 받고 스타벅스 경영진이 실행 가능성 여부를 판단한다. 출범 첫 해에만 7만 5천여 개의 아이디어가 논의되고 25개의 아이디어가 실제로 활용되었다. 2017년에는 투표, 토론 과정 없이 단순히 아이디어만 받고 있다.

또 다른 회사의 예로는 장난감 회사인 Lego가 있다. Lego는 레고 디지털 디자이너(Lego Digital Designer)라는 소프트웨어 프로그램을 만들고 이 프로그램을 통해 사람들이 레고 제품을 설계할 수 있다. Lego ideas라는 사이트를 통해 고객들은 신제품 아이디어를 제출하고 수요를 예측할 수 있게 한다. 아이디어를 제출하면 다른 고객들이 투표하는 방식인데 투표수가 가장 많은 아이디어는 실제로 출시되며 출품자는 순수익에 대해 1%의 로열티를 받는다. 레고는 이를 통해 제품 아이디어 수를 늘릴 뿐만 아니라 고객 참여를 유도하여 홍보효과를 가져왔다. 이는 레고를 경영위기에서 벗어나게 한 요인 중 하나로 꼽히고 있다. 이렇게 빅데이터를 활용해 소비자들의 요구 분석을 하거나 소비자들이 신제품 개발 과정에 직접 참여하여 신제품 개발을 할 수 있다.

5 빅데이터 분석 전략

빅데이터를 활용하면 마케팅 결정에 결정적으로 필요한 소비자에 대한 매우 흥미로운 통찰력을 얻을 수 있다. 예컨대, 소비자들로 하여금 신제품에 대한 아이디어를 공모·수집할 수도 있고 빅데이터를 활용해서 미리 정의된 데이터(pre-defined data)와 규정된 문제(framed problem)에 따라 신제품 개발 전략을 수립할 수 있다. 빅데이터 분석 전략은 크게 네 가지로 나눌 수 있다.

• • • • **그림3 빅데이터 분석 전략**

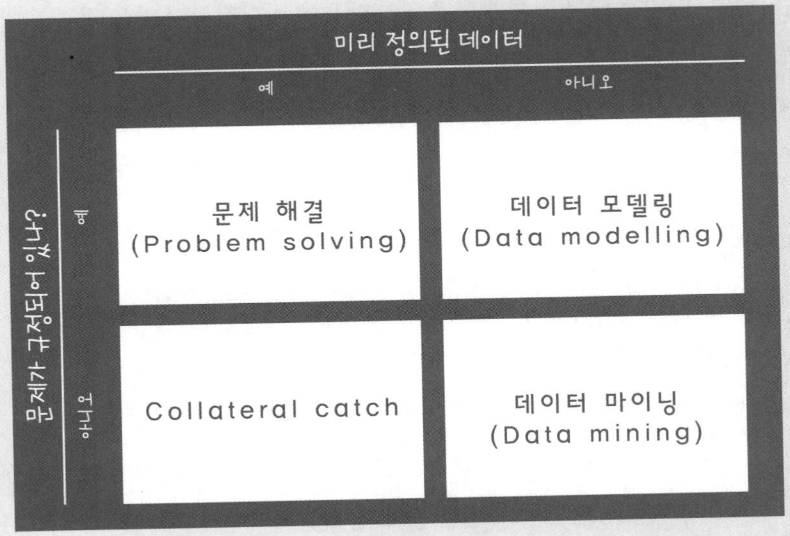

출처 : Verhoef, Kooge, Walk(2016). 빅 데이터 분석을 통한 가치 창출

그림과 같이 두 가지 차원으로 네 가지 기본 분석 전략을 구별한다. 먼저, 두 가지 차원 중 하나인 미리 정의된 데이터는 이미 사전에 문제가 제시되었는지 또는 아닌지로 나눈다. 사전 정의된 문제는 마케팅 과제와 마케팅 성장 기회에서부터 발생할 수 있다. 그리고 규정된 문제는 데이터 분석에서 발생하는 필요에 따라 사용가능한 데이터를 찾고 결합할 수 있는지와 아닌지로 나눈다.

이 두 가지 차원을 기반으로 문제해결, 데이터 모델링, 데이터 마이닝, 부수적인 캐치의 네 가지 분석 전략이 구분된다.

1) 문제 해결

과학적 관점에서 문제 해결 분석 전략은 연역적이다. 일반적으로 애널리스트는 경영 문제 또는 이슈들로 시작한다. 문제는 다음과 관련될 수 있다. "우리는 어떻게 고객의 가치를 높일 수 있습니까? 또는 "어떤 가격 전략을 사용하여 더 많은 수익을 창출해야 합니까?" 따라서, 빅데이터를 활용해서 소비자들의 니즈를 분석하여 신제품 개발에 적용할 수 있다.

2) 데이터 모델링

문제 해결 방식과의 차이점은 데이터 및 특히 새로운 데이터 소스의 사용에 더 중점을 둔다. 예컨대, 새로운 데이터 소스를 사용하여 이탈 가능성에 대한 새로운 잠재적 예측자를 찾는 것을 목표로 할 수 있다. 이 접근법은 가짜 상관관계를 나타내는 결과가 쉽게 도출되기 때문에 바람직하지 않은 결과를 가져올 수도 있다. 접근 방식은 문제 주도적인 것보다 과도하게 데이터 중심으로 바뀌어 데이터 마이닝(data-mining)으로 쉽게 바뀔 수 있다. 그러나 문제 해결 방식에 비해 장점은 데이터 모델링 방식이 데이터 사용 측면에서 보다 융통성이 있다. 이로 인해, 보다 혁신적인 모델 솔루션을 얻을 수 있고 신제품 개발 과정에서 다양한 변수들을 넣고 분석할 수 있다.

3) 데이터 마이닝

어떠한 가설도 암묵적으로 또는 명시적으로 진술되지 않는다. 과학적 관점에서 보면 전형적인 귀납적 분석이다. 널리 사용되는 데이터는 데이터를 파헤치기만 하면 가치 있는 통찰력을 제공할 수 있다는 것이 가장 중요하다. 그렇게 함으로써 잠재적으로 가치 있는 관련성 높은 새로운 관계를 발견할 수 있다. 또한, 패턴 발견은 혁신을 창출할 수 있다. 그러나 한 가지 주요한 잠재적인 함정은 분석할 때 지침이 없으며 해석하기 어려운 모든 종류의 연관성을 초래할 수 있다. 게다가, 특별한 문제가 해결되지 않았기 때문에 이러한 분석의 대부분은 거의 사용되지 않으며 영향을 미치지 않을 수도 있다.

4) 부수적인 캐치

마지막 분석 전략은 명시적 전략이 아니다. 이것은 문제 중심 분석에서의 부산물이다. 사전 정의된 데이터를 분석할 때 분석가는 뜻하지 않게 새로운 관계를 발견할 수 있으며 이는 매우 유용할 수 있다.

6

R을 이용한 빅데이터 분석 예시

기존에 출시된 신제품에 대한 제품 리뷰를 빅데이터 분석을 통해 실시간으로 자료를 수집, 시각화(Data Visualization)하여 이해하면, 소비자들이 현재 제품에서 어떤 점들을 아쉬워하는지, 현재 제품의 장점은 무엇이고 단점은 어떤 점들이 있는지를 알 수 있다. 보다 구체적으로 분석하면 새로운 버전의 제품에서 어떤 점들을 기대하는지 알 수 있다.

이 절에서는 Program R을 활용하여 쉽게 할 수 있는 두 가지 데이터 마이닝(data mining) 기법을 소개하고자 한다. 본론에 앞서 왜 R을 사용하여 설명하는지에 대해 두 가지 이유를 설명한다. 첫째, R은 오픈소스(open source)이면서 프리웨어(freeware)다. 학생과 직장인 모두가 무료로 사용할 수 있다. 둘째, R은 엄청난 양의 커뮤니티 리소스(community resource)가 있다. 데이터 마이닝(Data mining), 인공지능(Artificail intelligence), 딥러닝(deep learning) 등 거의 모든 기능의 코드와 명령어들이 잘 정리되어 있다. 마지막으로 R은 통계프로그램도 전문가 수준(professional level)의 공신력을 가지고 있어서 따로 통계프로그램을 사용해서 추정을 해야 할 필요 없이 하나의 프로그램에서 통계적 해석까지 모두 마칠 수 있는 큰 장점이 있다.

1) rvest[1]

인터넷에 있는 글 중 필요한 부분만 오려 모으는 코드를 예시로 설명한다. 아래의 예는 Amazon.com에서 쉽게 볼 수 있는 각 제품에 대한 소비자들의 제품 리뷰를 수집하는 작업이다. 각 줄 앞에 "#" 이 붙어 있으면 그 기호부터 그 줄 끝까지 각주나 코멘트로 인식하게 된다. 저자의 코멘트는 모두 # 뒤에 상세히 설명되어 있다.

```
# text review and review date
```

글로 되어 있는 소비자의 제품 평가 부분과 제품 평가가 등록된 시간을 함께 수집한다. 먼저 이 작업에 사용될 두 개의 package를 설치하고 library라는 명령어를 사용해 R에게 우리가 이 두 프로그램을 사용할 것임을 알린다.

---

1 Wickham(2014) posting의 코드를 조금 수정하여 사용하였다.

```
# 1. Install two packages
install.packages('rvest')
install.packages('RCurl')
library(rvest)
library(RCurl)
```

두 번째로 어떤 제품의 제품평을 수집할지 웹 주소를 입력한다. 아래 for loop을 사용해서 여러 페이지의 리뷰를 가져와야 하기에 조금의 손질이 필요하다. 우선 제품 리뷰창으로 가서 최근 날짜 순서로 재정렬을 한다. 그리고 마지막에 page number=1에서 1을 지운다. 이후 설명할 부분에서 이 페이지 넘버를 1에서 J까지 반복해서 데이터를 모으게 된다.

```
# 2. Identify the web address
# search product - click reviews - sort by recent
# remove the page number at the end of the URL

url <- "https://www.amazon.com/All-new-Echo-Dot-3rd-Gen/product-reviews/B0792KTHKJ/ref=cm_cr_arp_d_viewopt_
srt?ie=UTF8&reviewerType=all_reviews&sortBy=recent&pageNumber="
#url <- "your url"
```

몇 개의 데이터를 모을지 입력한다. 한 페이지당 10개의 리뷰가 있으니 100페이지를 모으면 1,000개의 데이터가 모아진다.

```
# 3. Specify how many pages you would like to scrape
N_pages <- 100 # It would be easier to test with small number of pages and it depends on your own source website

A <- NULL
for (j in 1: N_pages){
ipad <- read_html(paste0(url, j)) #바로 이 부분이 URL과 페이지 넘버가 만나는 곳
#help paste: http://www.cookbook-r.com/Strings/Creating_strings_from_variables/
B <- cbind(ipad %>%
        html_nodes(".review-text") %>%  #이 부분이 제품평을 지정해주고
        html_text(), ipad %>%
        html_nodes("#cm_cr-review_list .review-date") %>%
                #이 부분이 제품평이 입력된 날짜를 지정해서 모으게 한다
        html_text()    )
# I replaced html_nodes for review date with "#cm_cr-review_list .review-date"
# "#cm_cr-review_list" makes two irrelevant parts for the top positive/critical reviews and '#'is the magic sign for unselect the part
  A <- rbind(A,B)
}
```

```
# 4. Make sure what you got
print(j) # This command shows the progress of the for loop. This example it means number of pages.
#A[,1] # this will print the first column of your output

# 4.1 Another way to double-check
tail(A,10)  #데이터 마지막 10개를 출력하라는 명령어
```

```
# 5. Save the output
write.csv(data.frame(A),"alexa.csv")  #엑셀 CSV 파일로 저장하라는 명령어
```

출처: https://blog.rstudio.com/2014/11/24/rvest-easy-web-scraping-with-r/

2) tm.r

tm은 text mining의 약자로 수집된 데이터를 분석하는 코드다. 분석의 단위(unit of analysis)가 한 어절(one word)이 므로 문맥(context)을 파악하기 어렵다는 단점이 있으나 단어 사이의 상관관계(term correlation or word association)를 통해 추리할 수 있는 여지도 있다. 방대한 양의 데이터를 빠르게 그리고 효과적으로 처리하는 방법으로 데이터 시각화(data visualization) 방식이 사용된다.

```
# tm.r[2]
rm(list=ls(all=TRUE)) #이전에 데이터나 자료들은 모드 지우고 새롭게 시작한다.
#   word freq table
#   word freq plot
#   word cloud for each star rating
#   hierarchal clustering
#   k-means clustering  #이 다섯 가지가 주요 결과들이다
```

```
     # 1. Installing relevant packages
Needed <- c("tm", "SnowballCC", "RColorBrewer", "ggplot2", "wordcloud", "biclust",
        "cluster", "igraph", "fpc")
install.packages(Needed, dependencies = TRUE)
install.packages("Rcampdf", repos = "http://datacube.wu.ac.at/", type = "source")
# 필요한 여러 패키지들을 설치한다.
```

---

2 https://rstudio-pubs-static.s3.amazonaws.com/265713_cbef910aee7642dc8b62996e38d2825d.html

```
# 2. Loading Texts
#우선 rvest로 모은 데이터를 바탕화면에 texts라는 폴더를 만들어 저장한다.

# **On a Mac**, save the folder to your *desktop* and use the following code chunk:
# cname <- file.path("~", "Desktop", "texts")
# cname
# dir(cname)   # Use this to check to see that your texts have loaded.
# *On a PC*, save the folder to your *C: drive* and use the following code chunk:
cname <- file.path("C:/Users/NAME/Desktop","texts")
# csv 파일의 위치를 알맞게 설정해준다.
# Please make sure you exchange \ with /. Make sure you are using /.
cname
dir(cname)
# Change the working directory with your own file location
setwd("C:/Users/NAME/Desktop/texts") # 이것도 알맞게 설정해준다.
```

```
# 3. Start Your Analyses
library(tm)

# 3.0 Generating a Corpus, one document data set
data <- read.csv("yourfile.csv") # 데이터 파일 이름도 변경해준다.
data <-data[,2]    #이제 부터는 날짜는 사용하지 않고 오직 제품평만 이용한다
head(data)          # 데이터의 맨위 6개를 출력하라
docs <- Corpus(VectorSource(data))

# 3.1   Preprocessing  전처리
docs <- tm_map(docs,removePunctuation)  #구두점을 모두 제거
docs <- tm_map(docs, removeNumbers)   # 숫자 제거
docs <- tm_map(docs, tolower)                    # 모두 소문자로
docs <- tm_map(docs, removeWords, stopwords("english"))   #대명사, 관사 등등 단어제거
docs <- tm_map(docs, removeWords, c("word1","word2")) # 지우고 싶은 단어를 제거
docs <- tm_map(docs, stripWhitespace)
```

```r
dtm <- DocumentTermMatrix(docs)   #한단어가 한리뷰에 몇 번나오는지 큰 행렬로 만듬
dtm <- DocumentTermMatrix(docs)
inspect(dtm)
mdtm <- as.matrix(dtm)
write.csv(unlist(dtm), "N_DTM.csv")
class(dtm)
tdm <- TermDocumentMatrix(docs)
write.csv(as.matrix(dtm),"aa.csv")
write.csv(mdtm,"aa2.csv")
inspect(tdm)
inspect(dtm)


# 3.2 Explore your data
freq <- colSums(as.matrix(dtm))
length(freq)
ord <- order(freq)
m <- as.matrix(dtm)
dim(m)
write.csv(m, file="DocumentTermMatrix.csv")
dtms <- removeSparseTerms(dtm, 0.90)
# This makes a matrix that is 10% empty space, maximum.
dtms


# 3.3 Word Frequency
wf <- data.frame(word=names(freq), freq=freq)
head(wf)


# 3.4 Word Frequencies Plot
library(ggplot2)
wf <- data.frame(word=names(freq), freq=freq)
p <- ggplot(subset(wf, freq> 50), aes(x = reorder(word, -freq), y = freq))
# 최소 50번 이상 언급된 단어들만 그래프로 출력
p <- p + geom_bar(stat="identity")+ theme(axis.text.x=element_text(angle=45, hjust=1))
p
```

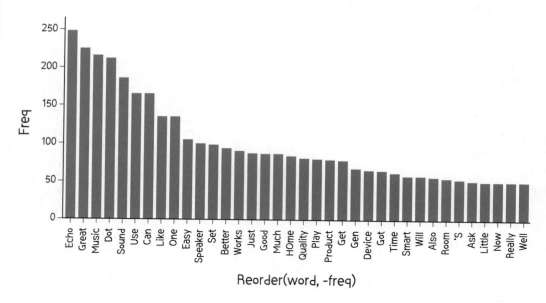

3.5 Term Correlations
If words always appear together, then correlation=1.0.
findAssocs(dtms, "like", corlimit=0.01) # specifying a correlation limit of 0.01
findAssocs(dtms, "love", corlimit=0.05) # specifying a correlation limit of 0.01
findAssocs(dtms, "battery", corlimit=0.1) # specifying a correlation limit of 0.01

> findAssocs(dtms, "like", corlimit=0.01) # specifying a correlation limit of 0.01
$`like`
```
  time    get   also   just   play    can  music   home device    one
  0.23   0.21   0.19   0.18   0.18   0.18   0.17   0.13   0.13   0.12
  echo    dot   much    got    set   good    use better  sound  works
  0.09   0.09   0.07   0.07   0.07   0.06   0.05   0.04   0.04   0.04
quality
  0.02
```

> findAssocs(dtms, "good", corlimit=0.05) # specifying a correlation limit of 0.01
$'good'
```
device  sound    get   home   echo quality  works   just    can    use
  0.16   0.14   0.13   0.13   0.11   0.11   0.11   0.10   0.10   0.09
  much    dot    one speaker   like better
  0.08   0.07   0.07   0.06   0.06   0.05
```

```
> findAssocs(dtms, "music", corlimit=0.1) # specifying a correlation limit of 0.01
$'music'
  play    use   time    can   like   also   echo    one device   just    set
  0.40   0.20   0.20   0.19   0.17   0.16   0.15   0.13   0.12   0.11   0.10
```

```
# 4. Word Clouds!
library(wordcloud)
dtms <- removeSparseTerms(dtm, 0.9) # Prepare the data (max 10% empty space)
freq <- colSums(as.matrix(dtm)) # Find word frequencies
dark2 <- brewer.pal(6, "Dark2")
# You can change the color from http://www.datavis.ca/sasmac/brewerpal.html
# wordcloud(names(freq), freq, min.freq=60)
# wordcloud(names(freq), freq, max.words=80)
# wordcloud(names(freq), freq, min.freq=30, rot.per=0.3, colors=dark2)
wordcloud(names(freq), freq, max.words=100, rot.per=0.2, colors=dark2)
# 다른 값으로 시도가능 'max.words=', 'rot.per=', 'colors='
```

〈언어구름(Word Cloud) 〉
제품 리뷰글 데이터 셋에서 언급된 횟수가 많을수록 해당 단어의 글자 크기가 커진다. 글씨 색은 특별한 감성을 나타내지는 않고 긍정의 단어와 부정의 단어가 함께 표현되는 분석의 장점이 있다.

```
# 5. Clustering by Term Similarity
# 5.1 Hierarchical Clustering
dtmss <- removeSparseTerms(dtm, 0.8) # This makes a matrix that is only 15% empty space.
dtmss
library(cluster)
d <- dist(t(dtms), method="euclidian")   # First calculate distance between words
fit <- hclust(d=d, method="complete")    # Also try: method="ward.D"
fit
plot.new()
plot(fit, hang=-1)
groups <- cutree(fit, k=4)   # "k=" defines the number of clusters you are using
rect.hclust(fit, k=4, border="red") # draw dendogram with red borders around the 8 clusters
# Try many other k's for the interpretation of your data.
```

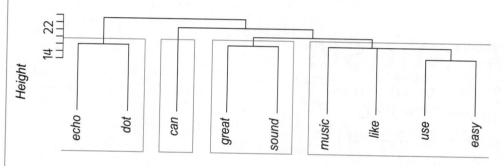

Cluster Dendrogram

hclust(*, "complete")

〈위계적 군집 분석(Hierarchical Clustering Analysis)〉
K 값에 따라서 빨간색 박스의 개수가 결정된다. 이 예의 경우 4개의 군집이 표현된다.

```
# 5.1.2. Alternative option #데이터가 너무 많아 5.1을 알아보기 힘들 때
# plot dendrogram with some cuts; Also see https://rpubs.com/gaston/dendrograms
plot.new()
hcd = as.dendrogram(fit)
op = par(mfrow = c(2, 1))
plot(cut(hcd, h = 100)$upper, main = "Upper tree of cut at h=100")
plot(cut(hcd, h = 100)$lower[[2]], main = "Second branch of lower tree with cut at h=100")
```

5.2 K-means clustering   #클러스터 내의 두 단어의 거리는 최소로

#클러스터 사이의 거리는 최대로 최적화시킨 시각화

```
library(fpc)
library(cluster)
dtms <- removeSparseTerms(dtm, 0.85) # Prepare the data (max 15% empty space)
d <- dist(t(dtms), method="euclidian")
kfit <- kmeans(d, 4)  #k 값을 2에서 점점 크게 바꾸면서 해석해 보길
plot.new()
op = par(mfrow = c(1, 1))
clusplot(as.matrix(d), kfit$cluster, color=T, shade=T, labels=2, lines=0)
```

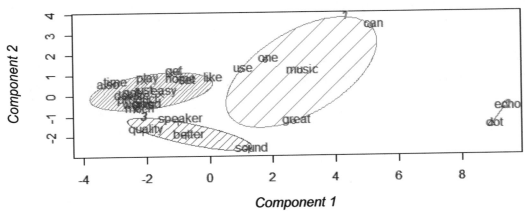

CLUSPLOT(as.matrix(d))

These two components explain 49.1% of the point variability.

〈K-평균 군집분석(K-means Clustering)〉

위의 예 또한 4개의 군집으로 설정한 결과를 나타낸다. 위의 그림은 군집들 사이의 거리는 최대화하고, 군집 안에 있는 단어들 사이의 거리는 최소화시키는 미리 지정되어 있는 숫자의 군집으로 표현하라는 알고리듬의 결과다.

Further Discussions

FD1   Selectorgadget.com에서 배울 점은 어떠한 것이 있는가를 html nodes의 관점에서 논의해보자.

FD2   빅데이터에 있어 워드 크라우드(Word cloud)의 장점과 단점은 어떠한 것이 있는지 기술해보자 특히 단점을 극복할 대안적 방법은 어떠한 것이 있는가를 토론해보자.

FD3   빅데이터를 사용함에 있어 텍스트마이닝(Text mining)의 장점과 단점은 어떠한 것이 있는지, 특히 신제품 개발에 적용함에 있어서 어떠한 장점과 단점이 있는가를 살펴보자.

FD4   고객의 데이터를 얻을 때 표본조사분석과 전수조사분석의 차이점은 어떠한 것이 있는가에 대해 논의해보자.

References

Goes, P.(2014), "Big data and IS research," MIS Quarterly, 38(3), 3-13.

IBARRA et al.(2018), Should We Treat Data as Labor?, conference proceedings AEA, 1-5.

McAfee, Andrew and Erik Brynjolfsson(2012), "Big Data: The management revolution" *Harvard Business Review*, 90(10), 60-68.

Nair, R., and Narayayan, A.(2012), Getting Results from Big Data: A Capabilities-Driven Approach to the Strategic Use of Unstructured Information, Boozand Hamilton.

Schroeck, M., R. Shockley, J. Smart, D. Romero-Morales and P. Tufano(2012), *Analytics: The real—world use of big data*. IBM Institute for Business Value.

Tirunillai, Seshadri and Gerard J. Tellis (2012), "Does Chatter Really Matter? Dynamics of User-Generated Content and Stock Performance," *Marketing Science*. 31(2), 198-215.

Verhoef, Kooge, Walk.(2016). *Creating Value with Big Data Analytics*.

https://www.strategyand.pwc.com/media/file/Strategyand_Getting-Results-from-Big-Data.pdf

https://blog.rstudio.com/2014/11/24/rvest-easy-web-scraping-with-r/

https://rstudio-pubs-static.s3.amazonaws.com/265713_cbef910aee7642dc8b62996e38d2825d.html

Wickham, Hadley (2014), rvest: easy web scraping with R, 2014-11-24https://blog.rstudio.com/2014/11/24/rvest-easy-web-scraping-with-r/

https://rstudio-pubs-static.s3.amazonaws.com/265713_cbef910aee7642dc8b62996e38d2825d.html

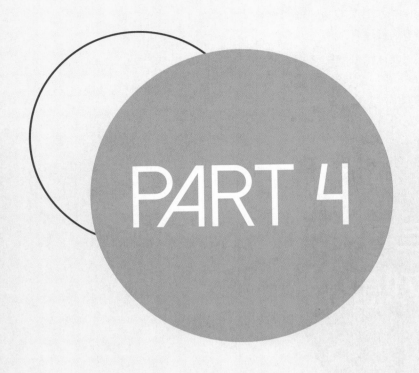

PART 4

신제품 개발 실행

CHAPTER 09

컨조인트를 통한 신제품 개발

Learning Objectives

LO1 신제품 개발에 있어 소비자의 효용이 얼마나 중요한 지를 이해할 수 있도록 한다.

LO2 신제품 개발 기법의 예로 컨조인트를 수행하여 프로 그램 사용방법을 알 수 있도록 한다.

LO3 컨조인트 방법을 통해 시장세분화 및 시장점유율 등 계량적인 능력을 사용할 수 있도록 한다.

LO4 신제품 개발의 다양한 분석을 통한 출시시의 실패를 예방하고 성공적인 신제품 출시를 위한 능력을 배양 할 수 있다.

삼성전자, 2019년형
QLED TV 국내 출시

모델이다. 삼성전자 관계자는 "올해는 지난해보다 화면 크기와 스펙 구성을 다양화해 소비자 선택의 폭을 넓혔고 75형과 82형 이상 초대형 라인업을 강화했다"고 설명했다.

삼성전자 2019년형 QLED TV는 인공지능 화질엔진 '퀀텀 프로세서 AI'를 4K 제품에 확대 적용했다. 퀀텀 프로세서 AI는 머신 러닝 기반으로 수백만개의 영상 데이터를 분석해 저해상도 영상을 각각 8K, 4K 수준으로 변환해 주고 공간과 장면에 따라 음질을 최적화해 준다. 신제품은 시야각과 밝기, 눈부심 방지 기술도 개선했다. 또 인공지능 '뉴 빅스비'를 적용해 사용성 또한 높였다.

삼성전자는 4월 말까지 QLED TV 신제품 구매자에게 5년 무상 A/S, 번인(Burn-in) 10년 무상보증, 최대 100만원 캐시백 등을 제공한다. 가격은 QLED 8K Q950R 시리즈가 82형 1,590만원, 75형 1,019만원, 65형 689만원이다. QLED 4K Q90R 시리즈 가격은 82형 1,099만원, 75형 939만원, 65형 559만원이다. 4K 경우 시리즈에 따라 144만원부터 구매할 수 있다. 삼성전자 관계자는 "QLED 4K는 지난해보다 평균 20% 가량 가격을 낮췄다"고 했다.

추종석 삼성전자 영상디스플레이사업부 부사장은 "삼성 독자의 화질 기술과 인공지능으로 무장한 2019년형 QLED TV로 프리미엄 TV시장에서 격차를 확대해 나가겠다"고 말했다.

출처: 조선일보, 2019년 3월 25일

삼성전자는 25일 2019년형 'QLED TV'를 국내 출시한다고 밝혔다. 2019년형 QLED TV는 98 · 82 · 75 · 65형 8K 제품 1개 시리즈(Q950R)와 82 · 75 · 65 · 55 · 49형 4K 4개 시리즈(Q90R · Q80R · Q70R · Q60R) 총 18개

새로운 제품을 개발하는 데 있어 기업들은 많은 자본을 투자하지만 실제 개발되는 제품은 시장성을 반영하지 못해 고객에게 외면받는 일이 매우 허다하다. 이러한 이유로 인해 많은 기업들이 애로를 겪게 될 뿐 아니라 결국 시장에서 퇴출되기도 한다. 그러므로 일반적으로 신제품을 개발하거나 기존 제품을 변경할 때에는 중요한 문제들을 점검해야 할 것이다. 우선 시장, 제품의 성질 그리고 소비자의 인식을 조사하는 것은 매우 중요하며 이러한 내용을 바탕으로 신제품 설계와 마케팅 전략의 수립 및 실행이 있어야 할 것이다. 이러한 점에서 시장 제품의 성질 그리고 소비자의 인식에 입각하여 제품을 설계하는 대표적인 방법인 컨조인트를 통한 신제품 설계 및 마케팅 전략 수립에 대해 살펴보도록 한다.

컨조인트를 이용한 신제품 효용측정

컨조인트 분석(Conjoint Analysis)은 소비자의 효용을 분석하는 대표적인 방법으로 제품자체를 평가함으로써 제품이 가지고 있는 속성(attribute) 하나하나에 대한 소비자의 효용(utility)을 추정하는 분석 방법이다.

conjoint는 consider + jointly의 합성어로서, 제품의 여러 속성들을 동시에 고려하여 속성별 중요성을 파악한다. 즉, 응답자들에게 여러 가지의 속성과 속성의 수준들을 결합하여 구성되는 제품의 대안들을 제시하고 응답자들이 선호 정도를 답한다.

속성의 모든 측면에서 좋은 수준만을 조합하여 제품·서비스를 개발한다는 것이 매우 이상적일 수도 있지만 현실적으로는 어렵다. 다음과 같은 상황을 생각해보자. 최신 유행하는 스니커즈 신제품을 기획하려고 할 경우를 생각해보자. 당연히 최첨단방수소재와 통풍이 우수한 소재를 사용하고 쿠션도 매우 뛰어나면 이런 제품은 당연히 소비자로부터 인기를 끌 것이다. 그러나 이런 스니커즈를 만들려면 원가가 매우 많이 들게 되고 가격상승의 원인이 되므로 통풍이 우수한 소재를 사용한다면 쿠션을 조금 줄이거나 통풍소재가 단계가 낮더라도 쿠션이 매우 뛰어나게 하는 것이 대안이다. 그러므로 두 가지 대안 중 어느 대안이 소비자가 더욱 선호하는가를 반드시 알아봐야 한다.

컨조인트를 이용하여 신제품을 개발할 때 마케팅부서에서는 어느 제품 특성이 더 중요하고 어떤 특성은 덜 중요한가와 준비하고 있는 신제품의 시장점유율의 예측까지 가능하게 한다. 컨조인트 분석은 개별 분석단계마다 다양한 방법이 활용될 수 있다.

1) 자료와 구성

컨조인트 분석을 위한 자료의 수집에 있어 각 대안의 선호정도는 등간척도 혹은 서열척도로 측정하여야 한다. 현실적으로는 선호정도는 서열척도를 사용하며 흔히 서열정도로 측정하게 된다.

응답자들에게 제시되는 대안의 프로파일(profile)은 속성들과 각 속성의 수준에 관한 정보를 갖고 있다. 그러므로 마케터는 조사의 대상이 되는 제품과 관련하여 응답자들에게 제시한 속성과 속성의 수준을 결정하여야 한다. 속성을 먼저 선발할 때는 사전 전문가 조사 혹은 소비자 조사를 통해 소비자들의 제품선택에 있어 큰 영향을 미치는 주요한 속성(salient attribute)을 선발해야 한다. 속성의 수와 속성의 수준이 많게 되면 응답자들이 평가하기가 어렵게 된다. 예컨대 속성이 A, B, C, D, E이고 각각의 속성 수준이 5, 5, 5, 4, 4라면 대안의 수는 총 2,000이 된다. 그러므로 너무 많은 속성이나 수준을 만들면 분석을 수행하기에 매우 곤란하다.

또한 속성 수준의 범위가 넓어지면 각 속성 수준에 대한 소비자의 평가가 크게 달라진다. 예컨대 스마트폰의 가격대를 80만원, 100만원, 120만원으로 하는 것보다는 60만원, 100만원, 140만원으로 제시하면 가격이 선택에 있어서 보다 중요한 속성으로 나타날 수도 있다. 또한 대안이 현실적이어야 하는데 80만원 스마트폰에 고급사양이 모두 구가되어 있는 대안은 적절치 않다.

2) 제시방법

프로파일 제시방법으로는 pairwise 접근법과 완전프로파일 접근법이 있다. 다음의 예를 살펴보자.

콘서트
속성수준: 좌석(S석, R석), 가격(5만원, 15만원), 브로마이드(포함, 불포함)

● ● ● 그림| pairwise 접근법 예

가격		5만원	15만원
좌석	S석		
좌석	R석		

브로마이드		포함	불포함
좌석	S석		
좌석	R석		

브로마이드		포함	불포함
가격	5만원		
가격	15만원		

pairwise접근법은 2요인평가방법(two-factor evaluations)이라고도 한다. <그림 2>처럼 응답자들에게 두 가지의 속성의 수준들로 구성된 매트릭스를 제시한뒤 선호도 자료를 수집한다. 위의 예에서는 속성이 3가지이므로 3개의 매트릭스가 나오지만 속성의 수가 증가하면 더 많은 매트릭스가 요구되어 진다. 예컨대 속성의 수가 4개면 6개($_4C_2$), 5개면 10개($_5C_2$)의 매트릭스가 요구된다.

그림2   완전프로파일 접근법 예

S석 좌석
15만원
브로마이드 불포함

완전프로파일 접근법(full-profile approach)은 다요인 평가방법(multiple-factor evaluations)이라고 하는데 <그림 2>와 같이 응답자들은 모든 속성들의 수준에 관한 정보가 포함된 프로파일을 평가하게 된다. 이 경우 카드(프로파일)의 수는 좌석(2)×금액(2)×브로마이드 포함 여부(2)로 총 8개의 카드가 된다.

그런데 만일 속성 5개와 각각 속성수준이 3, 3, 3, 2, 2가 된다면 고려할 수 있는 제품대안의 카드수는 총 108개(3×3×3×2×2)가 도출된다. 그러나 현실적으로 응답자가 108개의 대안을 모두 비교하는 것은 불가능하기 때문에 부분요인설계(fractional factorial design)를 하는 것이 현실적이다.

부분요인설계를 하기 위해서는 먼저 요인별로 수준이 같은 것이 몇 개인가를 계산해야 한다. 위의 예를 보면 속성수준이 3개인 경우가 재질, 기능, 가격, 2개인 경우가 디자인과 보증이다. 이 경우 부분요인설계를 통해 만들어지는 대안의 수는 전체 대안의 수의 1/(3×2)=1/6만 고려하면 된다. 즉 108×1/6=18개만 고려하면 된다는 것이다. 또한 총 프로파일개수는 108개이므로 108의 약수를 구하면 18이기도 하다.

소비자들이 제품의 속성을 비교하고 평가하는 과정을 고려하여 제품을 설계함으로써 최적상품을 만들 수 있을 것이다.

"맛있는 매운맛, 저희들 손에서 나와요"…
농심 '辛라면 건면' 개발 스토리

농심이 9일 선보인 '신라면 건면'. 2,000번이 넘는 시식, 총 2년간의 개발 기간 끝에 내놓은 신라면 건면의 칼로리는 일반 라면의 70% 정도이다. 그러면서도 신라면 특유의 '맛있는 매운맛'을 구현했다는 평가를 받는다.

농심의 '신라면' 브랜드가 첫선을 보인 것은 1986년. 이후 25년 뒤인 2011년에는 제품을 고급화한 '신라면 블랙'이 출시됐다. 다시 8년 뒤인 2019년 2월, 농심은 신라면의 3세대 제품인 '신라면 건면'을 시장에 내놨다.

신라면이 처음 태어난 해로부터 따지면 33년 만이다. 라면 시장 부동의 1위 제품인 신라면의 브랜드 파워를 지키면서 점차 커지는 건면(튀기지 않고 바람에 말린 면) 시장의 주도권을 잡겠다는 승부수다.

신라면 건면 개발의 출발점은 2016년으로 거슬러 올라간다. 당시 신라면 출시 30주년을 맞아 농심은 신제품 개발에 착수했다. 1년여의 검토 기간 끝에 신제품의 컨셉를 건면으로 결정했다. 건면에 대한 소비자의 관심이 높아지고 있는 데다 이미 건면 전용 제조시설까지 갖추고 있어 당시로서는 타당성 있는 선택이었다.

맛 설계부터 다시… 2017년 프로젝트팀 출범

신라면 건면 개발에 참여한 별첨개발팀 노경현 과장, 면개발팀 신봉직 과장, 수프개발팀 김재욱 과장. 2017년 농심연구소에서 신라면 건면 개발을 위한 '신라면 Light 프로젝트팀'이 출범했다. 회사의 대표 브랜드인 신라면의 후속 제품인 만큼 면, 수프, 건더기 할 것 없이 각 분야 전문가로 팀을 구성했다. 최근 수년간 신라면의 품질 관리를 담당하고 신라면 블랙, 신라면 블랙 사발 개발에 참여한 '신라면 전문가'도 포함됐다.

유탕면이 아닌 건면을 쓰면 제품의 모든 속성이 달라진다. '신라면 Light 프로젝트팀'이 처음부터 맛 설계를 새로 해야 했던 이유다. 스프개발팀 김재욱 과장은 "라면을 만드는 데 수십 가지의 재료를 쓴다. 어떤 재료를 얼마나 넣느냐에 따라 크게 맛이 달라진다. 그 최적의 비율을 찾아내는 것이 연구의 관건"이라고 설명했다.

특히 수프 개발에선 신라면 특유의 '맛있는 매운맛'을 그대로 구현해 내는 것이 중요했다. 같은 국물이라도 어떤 면을 넣느냐에 따라 매운맛이나 감칠맛이 다르게 느껴질 수 있기 때문이다. 유탕면을 튀기는 기름이

고추와 후추의 매운맛을 부드럽게 해주는 특징이 있다 보니 건면으로 맛을 구현하는 것이 쉽지 않았다. 같은 국물에 신라면과 신라면 건면을 넣고 먹어 보면 건면이 더 맵게 느껴질 수 있다는 것이다.

개발팀은 건면의 고추와 후추 함량을 줄이고 소고기 육수와 표고버섯 등 국물 맛에 깊이를 더하는 재료를 늘려 건면으로 바뀌면서 생긴 맛의 차이를 줄였다. 양파와 고추 등을 볶아 만든 채소 조미유를 별도로 넣어 국물의 맛과 향을 끌어올렸고, 유탕면에 비해 부족할 수도 있는 면과 국물의 어울림 문제도 동시에 해결했다.

칼로리는 기존 제품의 70% 수준

면 역시 건면의 장점을 살리면서 신라면 고유의 특징을 담았다. 심지어 조리 시간까지 맞췄다. 면 개발팀 신봉직 과장은 "신라면의 4분 30초 조리 시간은 그대로 지키면서 건면 특유의 쫄깃함과 잘 퍼지지 않는 면을 구현하는 데 중점을 뒀다"고 했다.

기름에 튀기는 과정에서 미세한 기공이 생기는 유탕면과 달리 바람에 말리는 건면은 면의 밀도가 높고 더 쫄깃하지만 상대적으로 익는 데 시간이 오래 걸리는 편이다. 농심 측은 "면의 두께와 폭, 재료의 배합 비율을 조절해 4분 30초의 조리 시간과 건면 특유의 쫄깃한 식감을 그대로 담아냈다"고 설명했다. 신라면 건면의 칼로리는 일반 라면의 약 70% 수준인 350Kcal다. 건더기도 늘렸다. 별첨개발팀 노경현 과장은 "시각적 효과는 물론 신라면 고유의 감칠맛을 살리기 위해 표고버섯 건더기의 크기를 더 크게 하고 함량도 늘렸다"고 말했다. 기존 열풍 건조 처리하던 고추 건더기는 동결 방식으로 바꿔 재료의 신선함을 더했다.

맛의 미세한 차이를 줄이기 위한 조율 작업에도 꽤

오랜 시간이 걸렸다. 농심은 사내 30여 명의 맛 전문가로 패널을 구성해 수없이 시식 조사를 반복하며 재료의 배합비를 맞췄다. 지난해 여름부터는 매주 1회 이상 시식을 진행하기도 했다. 개발 기간만 2년. 총 2,000번이 넘는 시식 끝에 지금의 신라면 건면이 만들어졌다.

농심은 신라면 건면으로 라면 시장의 트렌드를 선도하며 외연을 넓혀 가겠다는 계획이다. 특히 건강과 미용에 관심이 많은 소비자 층을 집중 공략한다는 방침이다. 농심 측은 "소비자에게 새로운 가치를 제공하는 제품인 만큼 평소 라면을 덜 먹거나 먹지 않는 소비자들의 마음을 열 수 있을 것으로 기대한다"고 밝혔다.

출처: 동아일보, 2019년 2월 21일

2

컨조인트 분석의 실제

1) 컨조인트 분석 실시

컨조인트 분석을 수행하기 위해서는 우선 속성과 속성의 수준을 선발하는 과정이 첫 번째이다. 속성과 속성의 수준을 선발하기 위해서는 일반적으로 사전조사(pretest)를 통해 현저한(sailent) 속성을 선발하고 난 후 속성의 수준을 결정한다. 이러한 사전조사를 통해 속성과 수준이 결정되면 설문지를 위한 프로파일을 추출해야 한다. 프로파일 카드를 추출하기 위해서는 다음과 같은 프로세스를 수행해야 한다.

스니커즈 개발의 예컨대, 설명해 보자.

● ● ● **표| 컨조인트를 위한 속성과 속성수준의 예**

재질	메쉬
	합성피혁
	CVS
디자인	패턴 단화
	단색 단화
기능	패턴을 이용한 미끄럼 방지
	소재를 이용한 땀 흡수
	깔창을 이용한 충격완화
가격	39,000
	52,000
	79,000
보증	O
	X

사전조사를 통해 스니커즈 신제품의 개발을 위해 중요한 속성으로 재질, 디자인, 기능, 가격, 보증으로 사전조사 결과 나타났다. 이후 속성의 수준으로 재질은 메쉬, 합성피혁, CVS 디자인으로는 패턴과 단색, 기능으로 미끄럼방지, 땀흡수, 충격완화, 가격으로는 39,000원, 52,000원, 79,000으로 마지막으로 보증프로그램 유무로

부분요인설계를 하기로 하였다.

구체적으로는 데이터(D) → 직교계획(H) → 생성(G)... 으로 클릭해서 들어간다.

● ● 그림3 직교계획 생성

직교계획 생성 창이 나타나면 속성명인 요인이름(여기서는 재질)을 입력하고 속성에 대해 설명을 요인레이블에 간단히 기입한다. 요인레이블은 입력자가 이해하기 위한 참고사항의 내용이다. 요인이름과 요인레이블이 입력이 되면 추가 버튼을 클릭한다.

● ● 그림4 직교계획 생성 시 요인이름 설정   그림5 직교계획 생성시 값과 레이블 작성

값 정의의 버튼을 클릭한 뒤 속성의 수준을 결정한다. 즉 값을 1, 2, 3으로 입력하고 레이블로 '메쉬', '합성피혁', '스웨이드'의 입력한다. 이후 계속 버튼을 클릭한 후 조사하고자 하는 속성과 속성수준을 입력한다. 데이터 파일의 박스에 있는 새 데이터만들기를 클릭한 다음 파일버튼을 클릭하고 직교계획으로 디자인한 내용을 저장할 파일이름(예컨대 d:/newproduct/conjoint/설계 파일.sav)을 입력한다.

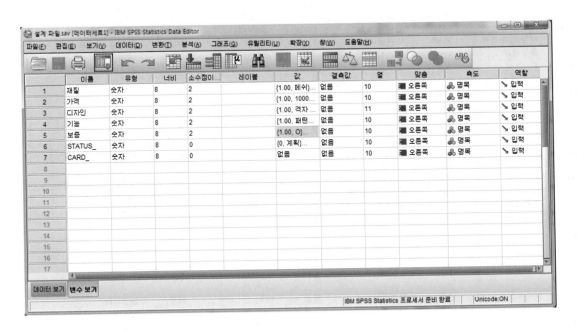

위의 과정을 수행하면 다음과 같은 프로파일이 만들어진다.

그림6 프로파일

1	
제품	메쉬
가격	79,000
디자인	패턴단화
기능	깔창을 이용한 충격완화
보증	X
순위	

2	
제품	합성피혁
가격	52,000
디자인	단색단화
기능	패턴을 이용한 미끄럼방지
보증	X
순위	

3	
제품	CVS
가격	52,000
디자인	패턴단화
기능	패턴을 이용한 미끄럼방지
보증	O
순위	

4	
제품	메쉬
가격	79,000
디자인	단색단화
기능	깔창을 이용한 충격완화
보증	O
순위	

5	
제품	CVS
가격	52,000
디자인	패턴단화
기능	깔창을 이용한 충격완화
보증	X
순위	

6	
제품	합성피혁
가격	79,000
디자인	패턴단화
기능	소재를 이용한 땀 흡수
보증	O
순위	

7	
제품	CVS
가격	39,000
디자인	패턴단화
기능	소재를 이용한 땀 흡수
보증	O
순위	

8	
제품	CVS
가격	79,000
디자인	단색단화
기능	패턴을 이용한 미끄럼방지
보증	O
순위	

9	
제품	CVS
가격	39,000
디자인	단색단화
기능	깔창을 이용한 충격완화
보증	O
순위	

10	
제품	합성피혁
가격	39,000
디자인	단색단화
기능	소재를 이용한 땀 흡수
보증	X
순위	

11	
제품	메쉬
가격	39,000
디자인	패턴단화
기능	패턴을 이용한 미끄럼방지
보증	X
순위	

12	
제품	합성피혁
가격	52,000
디자인	패턴단화
기능	깔창을 이용한 충격완화
보증	O
순위	

13	
제품	CVS
가격	79,000
디자인	패턴단화
기능	소재를 이용한 땀 흡수
보증	X
순위	

14	
제품	합성피혁
가격	79,000
디자인	패턴단화
기능	패턴을 이용한 미끄럼방지
보증	O
순위	

15	
제품	메쉬
가격	52,000
디자인	패턴단화
기능	소재를 이용한 땀 흡수
보증	O
순위	

16	
제품	에나맬
가격	52,000
디자인	단색단화
기능	소재를 이용한 땀 흡수
보증	O
순위	

17	
제품	합성피혁
가격	39,000
디자인	패턴단화
기능	깔창을 이용한 충격완화
보증	O
순위	

18	
제품	매쉬
가격	39,000
디자인	패턴단화
기능	패턴을 이용한 미끄럼방지
보증	O
순위	

그림7 컨조인트분석 실행 프로그램

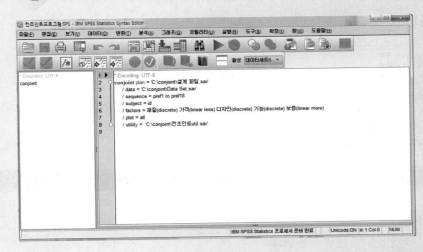

참고로 위에서 사용되는 명령어들의 의미는 다음과 같다.

/conjoint plan=file name	: 컨조인트 설계화일명
/data=file name	: 컨조인트 응답자들의 자료가 있는 파일명
/sequence=variable A to variable B	: 변수 A부터 변수 B까지를 선호하는 순으로 나열
/Subject=variable	:응답자 변수(통상적으로 ID)
/factors=factors list( )	: 요인명(요인의 성격)
/plot=all	: 모든 도표를 표시
/utility=file name	: 컨조인트 분석결과의 추정효용치를 저장할 파일명

요인성격의 옵션은 다음과 같다.

discrete	: 요인의 성격이 명목이며 요인수준값의 크기와 효용수준은 무관함
linear less	: 요인의 성격이 선형관계이며 요인수준값이 적을수록 효용수준이 높아짐
linear more	: 요인의 성격이 선형관계이며 요인수준값이 클수록 효용수준이 높아짐
ideal	: 요인 수준값이 이상점을 가지며 방향과 관계없이 이상점으로부터 멀어질수록 효용수준이 낮아짐

유보카드[1]가 있을시에는 추가적으로 하고 위의 명령문을 사용해서 프로그램을 실행한다.

유틸리티(U)		유틸리티 추정	표준오차
재질	메쉬	-.061	.154
	합성피혁	.262	.154
	CVS	-.201	.154
디자인	패턴 단화	-.610	.116
	단색 단화	.610	.116
기능	패턴을 이용한 미끄럼 방지	.027	.154
	소재를 이용한 땀 흡수	-.118	.154
	깔창을 이용한 충격완화	.091	.154
가격	39000	-.636	.134
	52000	-1.272	.267
	79000	-1.908	.401
보증	O	-.941	.231
	X	-1.882	.463
(상수)		12.230	.424

스니커즈 중요도 값	
재질	25.512
디자인	21.463
기능	18.486
가격	19.699
보증	14.839

---

1 /sequence= pref1 to pre18은 실제 조사이며 만약 검증용카드를 이미 4개의 유보카드를 추출해서 데이터를 수집했다면 /sequence= pref1 to pre18 hpref1 to hpref4를 추가로 입력해준다.

미리 검증용 카드를 만들어 놓고 검증용 카드로 추가분석을 하면 된다. Kendall's tau값을 보고 음수의 값이 나오면 그 응답자는 설문을 이해를 잘못했거나 부실한 응답을 하였을 가능성이 높다. 이럴 경우 이러한 응답자를 제외하고 다시 분석을 하면 더욱 의미있는 분석이 될 것이다.

2) 시장 시뮬레이션을 통한 점유율 예측

컨조인트 분석결과를 활용하면 속성이 다른 많은 제품이 경쟁하는 시장에서 어떤 제품이 어느 정도의 시장점유율을 차지하는지를 예측할 수 있다. 예컨대 다음 세 제품을 비교해 보자.

위의 제품들은 모의 실험을 위한 가상적인 제품이다. 가상적인 제품은 어떻게 선정할까? 다양하게 할 수 있지만 최적의 가상제품 하나와 실제시장에서 1위와 2위의 속성을 갖은 제품으로 설정한다면 의미있는 결과가 나온다.

한편 시뮬레이션을 통한 시장점유율 예측을 위해 다시 설문을 작성하지 않아도 된다. 왜냐하면 이미 응답자들로부터 각 제품요인에 대한 개인별 효용을 얻었기 때문에 이를 활용하여 개인별 선호를 알 수 있기 때문이다. 개인별 선호를 알기 위해서는 아래의 절차와 같이 시뮬레이션을 하면 된다.

데이터 편집기 창에서 컨조인트 설계화일을 열고 3개 행(가상의 3개 제품)을 추가한다. 여기서 추가된 행의 'status_' 값이 모의 실험으로 설정하고 다른 이름으로 저장을 한다. 시뮬레이션을 통해 응답자별 모형 추정치와 각 프로파일에 대한 효용값을 알 수 있게 된다. 이러한 과정을 통해 모의실험결과가 도출된다.

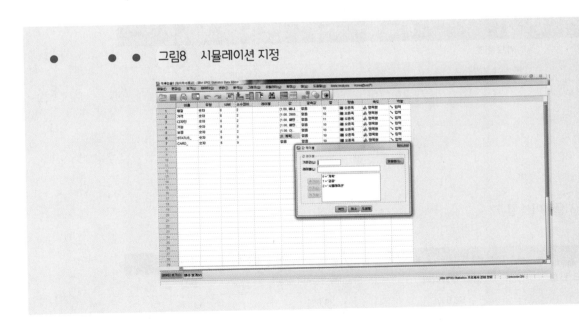

그림8   시뮬레이션 지정

그림9   시뮬레이션 카드 추가

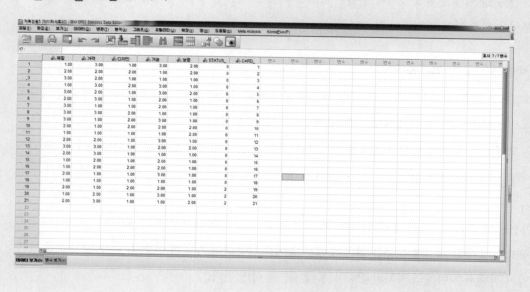

표2   시뮬레이션 결과1

시뮬레이션 기본 설정 점수	
카드 번호	점수
1	11.408
2	9.436
3	8.119

표3   시뮬레이션 결과2

시뮬레이션의 기본 설정 확률[b]			
카드 번호	최대 유틸리티[a]	Bradley-Terry-Luce	로짓
1	52.9%	39.0%	53.1%
2	26.5%	32.5%	26.3%
3	20.6%	28.4%	20.5%

위와 같이 전체적으로 시장점유율치가 출력된다. 여기서 모의 프로파일 1은 11.408, 모의 프로파일 2에는 9.436, 모의 프로파일 3은 8.119이 나왔기 때문에 모의 프로파일 1이 평균적으로 선호됨을 알 수 있다.

점유율 예측값은 모형에 따라 상이할 수 있다. 각 모형에서 예측 산출방식은 다음과 같다.

① Max utility: 응답자별로 최대 효용치를 얻은 모의 프로파일이 선택된다고 간주한다.

② BTL(Bradley-Terry-Luce): 응답자별로 각 모의 프로파일이 효용치에 비례하는 확률로 선택된다고 간주한다.

③ Logit: 응답자별로 각 모의프로파일이 효용치에 비례하는 확률로 선택된다고 간주한다.

이 세 가지 방법은 특징에 따라 크게 이진(binary) 선택 모형과 확률적 선택모형의 두 가지로 구별된다. 먼저 이진선택모형은 추정된 효용 중에서 소비자가 가장 높은 효용의 제품을 선택하기 때문에 시장에 있는 상품들에 대해 개별 소비자의 효용을 추정한 다음 가장 높은 효용을 제공하는 상품을 선택할 확률을 1로 보고 나머지 상품의 선택확률을 0으로 간주한다. 그러므로 각각의 대안제품은 한 사람의 응답자에 대해 1 혹은 0 둘 중 한 가지의 선택확률값을 갖게 된다. 특정 제품의 시장점유율은 전체 응답자 중에 이 제품에 대한 효용이 가장 높게 나타난 응답자가 전체 응답자 중 어느 정도인지를 나타내는 비율값이 된다. 그러므로 세분시장 내에 각 제품을 선택한 잠재고객의 수를 설문에 응답한 전체 잠재고객수로 나누면 각 제품의 예상 시잠점유율이 되는 것이다.

확률적 선택모형은 대표적으로 BTL모형과 로짓(logit)모형이 있다. 이들 확률적 선택모형은 한 명의 응답자를 하나의 제품에 완전히 할당하는 선택모형과는 다르게 0과 1 사이의 확률을 할당하는 모형이다. 따라서 시장 내의 모든 상품이 선택될 확률은 최소 0 이상이 되는 것이다. 이 방법을 사용하게 되면 개별 제품의 시장점유율은 개별 응답자로부터 할당되는 확률값의 총합을 설문의 모든 응답자를 대상으로 구한 후 이 값을 설문에 응답한 전체 잠재고객 수로 나누어 시장점유율을 추정하게 된다.

한편 BTL은 효용모형으로부터 추출된 효용값 자체를 이용하여 선택확률을 추정하지만 로짓(logit)은 효용값이 지수를 취한 값의 비율로 개별 제품이 선택될 확률을 계산한다는 차이이다.

그러면 모형을 사용해야 할까? 정확한 기준은 없다. 그러나 일반적으로 내구재의 경우에는 최대효용모형이 소비재의 경우에는 로짓모형이나 BTL이 많이 사용되며 특히 저관여 제품일 경우에는 BTL을 많이 사용한다.

3

효용중심의 시장세분화 방법

컨조인트 분석은 위와 같이 최적제품 설계에만 유용한 것이 아니라 분석결과로 시장세분화 및 시장기회발견도 가능하다. 즉, 여러 요인에 응답한 소비자들이 반응하는 패턴에 따라 몇 개 그룹으로 나눔으로써 시장세분화에 적용할 수 있다. 일반적으로 신뢰성 있는 시장세분화를 하려면 400명 이상의 응답자를 확보하는 것이 바람직하다.

군집분석은 개인 또는 여러 개체 중에서 비계층군집(nonhierarchical clustering)은 사전에 정해진 군집의 숫자에 따라 대상들이 군집들에 할당되는 것이다. 가장 널리 사용되는 것이 K-평균법(K-means)이다. 여기서 K는 군집수를 의미한다. SPSS로 3개 그룹으로 군집화하는 방법은 다음과 같다.

① 자료파일을 연다.

② SPSS로 들어가서

　분석(A) → 분류분석 → K-평균 군집분석(K)을 선택한다.

③ 군집화 변수로 재질, 디자인, 기능 가격 보증 등 각각의 선형효과 등 변수를 다음 그림과 같이 지정한다.

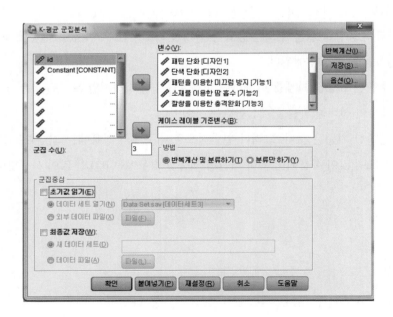

④ 저장(s) 버튼을 누른 후 소속군집(c)의 출력을 지정한다.

⑤ 다음 표는 K-평균 군집의 출력결과이다.

● ● ● 표4 스니커즈 K-평균 군집분석 결과

변수	수준	군집		
		1	2	3
재질	메쉬	1.09	.53	-3.39
	합성피혁	.23	.25	1.37
	CVS	-1.32	-.78	2.02
디자인	패턴 단화	2.59	-2.42	-.93
	단색 단화	-2.59	2.42	.93
기능	패턴을 이용한 미끄럼 방지	.02	.17	-.48
	소재를 이용한 땀 흡수	-.64	.09	-.60
	깔창을 이용한 충격완화	.62	-.25	1.08
가격	가격_Liner Effect	.52	-1.47	-.14
보증	보증_Liner Effect	-2.52	-.94	.99

⑥ 군집의 특성은 다음과 같다.

군집 1은 스니커즈 구매시 메쉬소재와 패턴 단화를 선호함, 깔창을 이용한 충격완화를 선호하며 가격에 민감하며 보증은 별로 요구하지 않은 집단으로 알 수 있다. 또한 군집 2는 메쉬를 소재와 단색 단화를 선호하며 패턴 및 소재에 관심을 갖는 집단이며 가격에 둔감한 스니커즈 구매집단으로 알 수 있다. 마지막으로 군집 3은 CVS 의 소재와 단색을 선호하며 깔창을 중요시하게 생각하며 가격에 둔감하고 보증을 어느정도 중요하게 생각하는 스니커즈 구매집단으로 밝혀졌다.

⑦ 한편 K-군집분석 이후 새로운 변수가 만들어져서 기존의 데이터에서 새로운 데이터가 저장될 수 있다. 마지막 열은 각 응답자가 분류된 군집을 의미한다.

Further Discussions

(FD1) 컨조인트 분석에 있어서 유보카드를 추가하여 좀 더 자세한 분석을 시행해보자.

(FD2) 컨조인트 결과 중 개별 소비자의 응답을 좀 더 세밀하게 분석해보자.

(FD3) 속성의 중요도를 빈도분석과 비교해보았을 때 실제로 어떠한 차이가 나는지 확인해보자.

References

Green, P. E. and V. Srivasan(1978), "Conjoint Analysis in Consumer Research: Issues and Outlook," *Journal of Consumer Research*, 5(Sep.), 103-123.

Green, P. E. and Srivasan, V.(1990), "Conjoint Analysis in Marketing:New Developments with Implications for Research and Practice," *Journal of Marketing*, 54(Oct.), 3-19.

Wittink, D. R and Cattin, P.(1989), "Commercial use of Conjoint Analysis: An Update," *Journal of Marketing*, 53(July), 92-96.

Wittink, Vriens, Marco(1994), Solving Marketing Problems With Conjoint Analysis, *Journal of Marketing Management*, 10, 37-55.

CHAPTER 10

브랜드 네이밍과 디자인

Learning Objectives

LO1 신제품 개발에 있어 브랜드전략의 중요성에 대해 설명을 할 수 있도록 한다.

LO2 신제품 개발시 브랜딩 전략방향과 구체적인 실행방법에 대해 진술할 수 있도록 한다.

LO3 브랜드 네이밍 개발 시 법적 디자인 등의 다양한 환경을 고려해야 하는 필요성을 기술할 수 있도록 한다.

LO4 신제품 개발에 있어 디자인의 구체적 분야별 이해도를 높여 신제품에 적용하는 방법을 기술할 수 있도록 한다.

"이름만 봐도 끌려요!"
: 이름부터 맛있는 제품 好好

식음료업계에서 잘 만든 '제품명'은 소비자로 하여금 호기심과 주목도를 끌고 나아가 매출까지 견인하는 역할을 한다.

이에 식음료업계가 주요 타깃 소비자인 2030 소비자를 공략하기 위해 눈길을 끄는 제품명을 개발하기 위해 노력하고 있다. 특히 최근 젊은층을 중심으로 국내산 제품, 지역의 로컬푸드, 전국의 맛집 등이 주목받고 있는 점을 고려해 제품명에도 국내산 식재료나 제조 지역 등을 반영한 제품이 눈길을 끌고 있다.

이러한 제품은 경쟁 제품과 차별성을 느낄 수 있는 동시에 식재료 및 원산지에 대한 제품 스토리도 함께 전달할 수 있어 소비자 이목을 사로잡을 수 있다는 것이 업계 반응이다.

딸기 제철인 겨울을 맞아 커피업계에서는 다양한 딸기 신제품들을 선보이고 있다.

국내 대표 커피전문기업 할리스커피는 국내 순수 품종인 '설향딸기'를 제품 네이밍과 컨셉에 반영한 '설향딸기 메뉴 12종'을 선보였다. '설향딸기메뉴 12종'은 '싱그러운 설향딸기를 머금다'라는 컨셉로 '설향딸기음료 5종'과 '설향딸기베이커리 7종'으로 구성돼 있다. 할리스커피는 국내 품종의 우수한 식재료를 소비자에게 보다 잘 전달하고자 눈 속에서 피어나는 향기로운 딸기라는 뜻의 '설향딸기'를 메뉴이름으로 반영해 눈길을 끌었다. 실제 '설향딸기'는 순수 국내 품종의 딸기로 풍부한 과즙과 상쾌한 단맛 덕분에 국내뿐만 아니라 해외에서도 인기를 끌고 있는 품종이다.

주류업계에서도 제조 지역의 스토리를 담아 네이밍된 제품들이 눈길을 끌고 있다.

배상면주가에서는 사업주가 각 지역의 동네 이름을 내걸고 막걸리를 직접 제조, 유통할 수 있는 양조장 비즈니스 '동네방네 양조장'을 진행하고 있다. '동네방네 양조장'은 누구나 쉽게 막걸리 제조와 유통에 참여할 수 있도록 제조 면허 및 유통면허 취득을 돕고, 다양한 양조 노하우를 제공하는 양조장 플랫폼서비스다. '동네방네 양조장'에서 만들어지는 막걸리들은 전국 각지의 동네에서 만들어지기 때문에 막걸리 제품명 역시 제조 지역의 스토리를 반영해 네이밍돼 눈길을 끌고 있다. '성수동 막걸리', '공덕동 막걸리' 등 트렌디한 지역

의 막걸리부터 '보문산 막걸리', '소요산 막걸리' 등 제조 지역의 명소를 담은 막걸리까지 소비자에게 맛뿐만 아니라 각기 다른 제품명으로 색다른 재미를 전달한다.

편의점 GS25는 수제맥주 '제주 백록담'을 판매하고 있다. '제주 백록담'은 이름에서 알 수 있듯 국내 수제맥주 1위 업체인 제주 맥주 브루어리가 생산하며 제주도가 직접 배양, 관리하는 효모를 사용하며 제조공정 전 과정이 제주도와 관련돼 있다. 제주 특산물인 한라봉을 함유해 상큼한 오렌지향이 나며, 깔끔한 바디감을 선사한다.

식재료 품종과 제조 지역뿐만 아니라 전국 방방곳곳의 지역 맛집과 제휴해 제품 개발부터 제품 네이밍까지 맛집의 맛과 이름을 활용한 콜라보레이션 제품들도 판매되고 있다.

편의점 세븐일레븐은 삼청동 즉석 떡볶이 맛집으로 유명한 '먹쉬돈나'와 함께 '먹쉬돈나쫄볶이'를 선보였다. 세븐일레븐 '먹쉬돈나쫄볶이'는 '먹쉬돈나' 레시피를 반영한 특제소스를 활용하여 만든 제품으로, 자극적이지 않으면서도 매콤달콤한 떡볶이 특유의 맛을 그대로 재현했다. '먹쉬돈나'는 대한민국 대표 즉석떡볶이 전문점으로 1995년 삼청동에서 테이블 4개로 시작해 현재 대한민국은 물론 세계 각지 점포를 운영하는 등 소비자들에게 꾸준히 사랑을 받고 있는 브랜드다.

롯데푸드는 광장시장 유명 맛집 '순희네 빈대떡'과 손잡고 냉동 간편식 '초가삼간 광장시장 순희네 빈대떡' 2종을 판매하고 있다. '순희네 빈대떡'은 1994년부터 영업을 시작해 광장시장의 명물로 자리잡은 빈대떡 맛집이다. 판매 제품은 '초가삼간 광장시장 순희네 녹두빈대떡'과 '초가삼간 광장시장 순희네 고기지짐' 총 2종이다. 순희네 빈대떡 추정애 대표가 원료부터 레시피까지 참여해 하나하나 세부적인 맛을 결정할 정도로 광장시장의 빈대떡 맛을 충실하게 재현한 것이 특징이다.

자료원: 세계일보, 2019년 2월 12일

신제품 개발자는 그들이 시장에 출시하는 제품이 장수브랜드가 되길 원한다. 그러나 이러한 장수브랜드가 되기 위해서는 적절한 네이밍과 디자인이 반드시 결합되어야 한다. 네이밍 전략은 기본적으로 단일브랜드 전략, 결합브랜드 전략, 개별브랜드 전략으로 나뉘는데 마케터는 신제품 개발에 앞서 이러한 브랜드 전략하에서 신규 브랜드명을 제작할 것인지 아니면 기존 브랜드명을 활용할 것인지에 대한 브랜드 구조 전략이 수립되어야 할 것이다. 이후 적절한 네이밍 전략과 디자인개발 및 적용이 이루어진다. 본 장에서는 간단한 브랜드 전략방향에 대해 언급을 한 다음 브랜드명의 개발, 브랜드 디자인에 대해 설명하고자 한다.

브랜드 전략방향의 설정

1) 브랜드 아키텍처 전략

기업은 어떠한 제품과 서비스를 시장에 출시할 것인가 그리고 브랜드 네임, 로고 등은 어떻게 할 것인가에 대한 의사결정이 필요하다. 이러한 의사결정을 할 때는 기존의 브랜드와의 관계를 어떻게 할 것인가는 매우 중요하다. 첫째, 브랜드 아키텍처(brand architecture) 전략은 시장의 관점에서 브랜드 잠재력을 정의하고, 둘째, 브랜드가 잠재력을 달성할 수 있도록 제품 및 서비스 확장을 규명하고 마지막으로 브랜드에 대한 구체적인 브랜드 포지셔닝을 구체화시키는 전략이다. 이를 위해 브랜드 잠재력 정의에 있어서는 브랜드 비전을 확립해야 하며 브랜드의 편익과 니즈의 명확화가 필요하다. 다음으로 브랜드 확장을 규명하기 위해서는 제품군 내에서 신제품을 출시하는 라인확장(line extension)과 기존의 제품군 외에서 신제품을 출시하는 제품군 확장(category extension)전략을 구별해야 한다. 마지막으로 명확한 포지셔닝을 위해서는 개별브랜드로 나가는 것이 적절한지 그리고 패밀리브랜드와 같은 형태로 가야 되는지에 대한 결정과 동시에 명쾌하게 차별화를 인식시키는 요소의 적용방안이 결정된다. 즉, 고객의 지각을 바탕으로 어떤 이름, 어떤 모습, 어떤 요소가 적용될 것인가에 대한 방안을 수립하는 전략이다.

2) 브랜드 아이덴티티 시스템

브랜드 아이덴티티 시스템은 David Aaker에 의해서 브랜드 아이덴티티 개발모델이 소개되었다. 본서에서는 브랜드 아이덴티티 시스템에 대해 간략히 설명을 하고자 한다.

브랜드 아이덴티티(brand identity)는 고객의 마음 속에 심고 싶은 바람직한 연상들의 집합이다. 핵심 아이덴티티(core identity)와 확장 아이덴티티(extended identity)로 구성되어 있다. 핵심 아이덴티티는 브랜드가 갖고 있는 정수(essence)이며 시간이 지나도 변하지 않는다. 즉, 새로운 시장이나 제품을 개선하더라도 바뀌지 않는다. 핵심 아이덴티티는 브랜드에 의미를 부여하고 향후 성공적인 브랜드를 구축하기 위해 중심적인 역할을 한다. 확장 아이덴티티는 핵심 아이덴티티를 더욱 구체적으로 설명할 수 있는 다양한 요소들로 구성이 된다. 확장 아이덴티티는 제품으로서의 브랜드, 조직으로서의 브랜드, 사용자연상 브랜드, 상징으로서의 브랜드로 구성된다. 제품으로서의 브랜드는 제품범주 전형성, 제품의 특성, 가성비(가격대비성능)이다. 조직으로서의 브랜드는 주로 개별브랜드보다는 기업브랜드를 사용할 때 나타난다. 사용자 연상 브랜드는 대표적으로 브랜드 개성(brand personality)인데 이는 브랜드를 사람으로 간주할 때 그 제품이 갖는 사람의 특질들(traits)을 의미한다. 이러한 개성에는 진실(sincerity), 흥미(excitement), 능력(competence), 세련(sophistication), 강건함(ruggedness)이 있다. 상징으로서의 브랜드는 브랜드의 심볼이나 비주얼 이미지 등이 그것이다.

● ● ● 그림| 브랜드 아이덴티티 시스템 구축모형

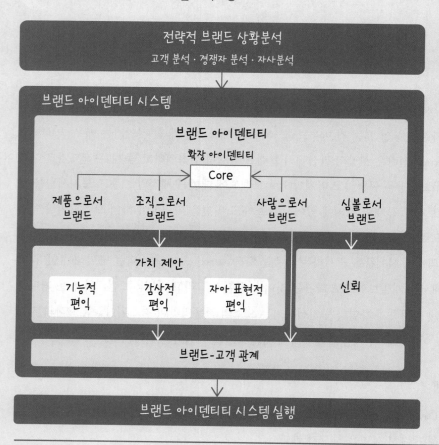

출처: David Aaker(1996), Building Strong Brands, Free Press.

유니클로의 품질대비 가격의 브랜드 포지셔닝

　브랜드 가치제안은 핵심 브랜드 아이덴티티와 확장된 아이덴티티는 결국 브랜드가 소비자들에게 제안하는 가치로 전달되며 이러한 가치에는 기능적 편익(functional benefit), 감성적 가치(emotional benefit), 자기표현적 가치(self-expressive benefit)로 나눌 수 있다. 기능적 편익은 주로 자사브랜드가 사용되는 과정에서 소비자가 당면한 기능적 문제를 해결해준다는 데 초점을 두는 것을 말한다. 감성적 편익은 소비자들이 자사 브랜드를 사용하는 과정에서 경험하는 감각적이고 감상적 즐거움을 준다는 것에 초점을 두는 것이다. 자기표현적 가치란 소비자들이 자사 브랜드를 통해 자아를 표현하거나 집단에서의 역할을 표현할 수 있는 것을 말한다. 그런데 기업이 목표고객에게 어떤 유형의 브랜드 가치 제안을 제공할 것인가를 결정할 때 하나의 브랜드에 하나의 가치만 담겨져야 하는 것은 아니다. 기업은 몇 가지 유형을 결합하여 표적고객에게 가치를 제안할 수 있는데 이 중에서 한 가치가 두드러지게 강조될 땐 특정한 고객가치를 전달하는 브랜드라고 소비자들은 이해할 것이다.

　또한 핵심 아이덴티티와 확장 아이덴티티는 다른 브랜드를 지원하는 신뢰(credibility)에도 영향을 주며 이러한 가치제안과 신뢰는 브랜드-고객관계(brand-customer relationship)에 영향을 준다. 다음 <표 1>은 브랜드-고객 관계의 예 중의 하나이다.

관계 유형	정의	사례
중매결혼관계 (Arranged Marriages)	감정상의 끈끈함은 적지만 장기적이고 배타적 몰입	특정 브랜드 비누 판매업자의 강력한 권유로 그 브랜드 비누를 쓴다.
부담 없는 친구관계 (Casual Friends/Buddies)	친밀감과 상호작용이 낮은 관계로 상호이익이나 보답의 기대수준 낮음	매번 아이스크림을 다양하게 구매한다.
편의에 의한 결혼관계 (Marriages of Convenience)	신중한 선택이 아닌 환경적 영향에 의한 장기적 몰입	특정한 모임에서 마시게 된 맥주의 팬이 된다.
몰입된 파트너관계 (Committed Partnerships)	장기적/자발적 관계로 높은 애정/친밀감/신뢰감	특정한 브랜드를 매우 몰입하여 그 브랜드의 옹호자가 된다.
최고의 친구관계 (Best Friendships)	친밀함과 상호이익을 공유하는 자발적 관계로 일반적으로 파트너의 이미지와 개인적 관심사 일치	러닝슈즈의 대명사로 리복이라고 믿는 러닝을 좋아하는 친구는 늘 그 브랜드를 사용하며 자신의 브랜드라 여김
상황에 따른 친구관계 (Compartmentalized Friendships)	매우 특정하게 상황에 달려 있는 우정으로 친밀함은 낮지만, 상호의존성과 사회정서적 보상은 큼	상황과 활동에 따라 상이한 브랜드 사용 팀 스포츠시 아디다스를 개인운동시 나이키를 사용
친족관계 (Kinships)	자기주장이 아닌 가족구성원으로부터의 선호를 비자발적으로 반영	엄마때부터 사용해오던 마미고무장갑을 계속 사용해야 할 것 같다.
대응관계 (Rebounds/avoidance-driven Relationship)	파트너 자체에 이끌려서라기보다는 이전에 다른 파트너부터 회피하기 위해 형성된 관계	전 남편이 좋아하는 특정 라면은 보기 싫어 다른 브랜드로 전환한다.
어릴적 친구관계 (childhood Friendships)	빈번한 관계는 아니지만 편안하고 안심하는 마음을 얻을 수 있는 관계	어렸을 적에 즐겨먹었던 과자브랜드를 먹는다.
구혼기간관계 (Courtships)	몰입할 파트너를 결정하기 전의 임시관계	두 샴푸 중에서 어떤 것을 쓸지 한 번 사용해본다.
의존관계 (Dependencies)	파트너가 대체 불가능하다는 생각으로 강박적, 감정적으로 강하게 이끌리며 파트너가 부재하면 매우 곤란해짐	자기의 머릿결의 비결이라고 하는 샴푸를 구매 못 할 때 어쩔 줄 몰라한다.
일회성관계 (Flings)	단기적으로 높은 감정적 보상을 원하지만 몰입과 상호이익 요구는 회피	특정 샴푸를 사용해본다.
비밀관계 (Secret Affair)	만약 타인이 알게 되면 위험하다고 고려되는 매우 감정적이며 사적인 관계	당도 높은 케이크를 냉장고 구석에 숨겨서 밤늦게 몰래 먹는다.
노예관계 (Enslavement)	파트너 마음대로 지배되는 비자발적인 관계로 부정적인 감정이지만 상황 때문에 지속됨	특정 케이블TV업자에게 만족하지는 않지만 다른 대안이 없다.

출처: Fournier, Susan(1997), "Consumers and Their Brands: Developing Relationship Theory in Consumer Research," *Journal of Consumer Research*, 24(4), 362.

2

브랜드개발

브랜드를 개발하기로 하였다면 우선 브랜드 네이밍 개발을 하여야 한다. 경우에 따라 기업 내에 이미 개발된 브랜드를 적용하는 경우도 있지만 본서에서는 신규브랜드를 제작하는 관점에서 개발 절차를 설명하고자 한다.

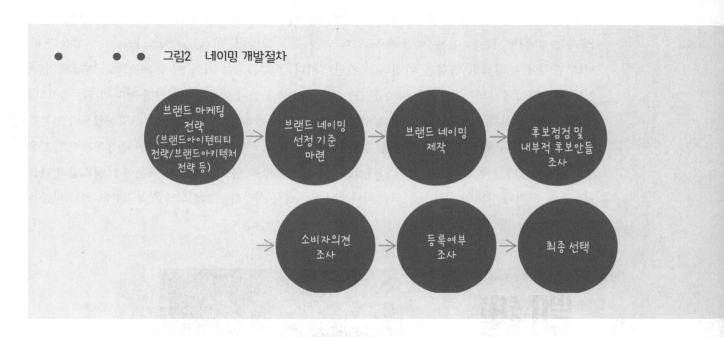

그림2   네이밍 개발절차

네이밍 절차는 상위의 브랜드전략에 의거하여 선정기준마련 → 제작 → 후보점검 및 내부적 후보안들 조사 → 소비자의견조사 → 등록여부조사 → 최종선택의 순으로 진행된다.

1) 선정기준마련

첫 번째는 브랜드명 선정에 이용될 기준을 마련하는 것이다. 일반적으로 브랜드명의 선정기준은 다음과 같다.

① 브랜드명은 제품과 잘 어울려야 한다. 즉. 브랜드네임은 시각적 및 언어적(verballly)으로 잘 어울리고 매력 적이어야 한다. 예컨대, 청정원이라는 브랜드명은 생산되는 제품이 청정한 원료를 사용하는 자연친화적인 제품이라는 사실을 암시하며 경쟁업체들에 비해 쉽게 이해할 수 있어 차별화가 쉽다는 이점이 있다.

② 브랜드명은 제품의 기능이나 편익을 잘 전달할 수 있어야 한다. 애경2080치약의 경우는 20개의 치아를 80

세까지 건강하게 지켜준다는 뜻으로 제작되었다.

③ 브랜드명은 기억하기 쉽고 발음하기 쉬어야 한다. 일반적으로 관심을 끌 만한 특이한 네이밍이거나 시각적 이미지는 연상하는 단어(애플, 폴로), 감정을 유발하거나(샤넬 넘버5), 짧고 단순한 단어(coke)로 이루어져야 한다.

④ 브랜드명은 부정적인 연상을 유발하지 않아야 한다. 브랜드명이 주는 부정적 이미지는 특히 기업이 글로벌시장을 대상으로 사업을 할 때 문제가 된다. 즉, 브랜드 네임이 자국 내에서는 좋은 의미이지만 다른 나라에서는 부정적인 이미지를 연상시킬 수 있다. 그러므로 글로벌 기업을 지양한다면 각 나라의 언어 및 문화적 요소 등을 고려하여 브랜드명을 선정해야 한다. 기아차는 2017년 중국에서 판매중이던 중형 세단 K4의 브랜드명을 갑자기 변경했다. K4를 중국식으로 읽으면 "케이쓰"라는 발음이 되는데 이는 "죽을 수도 있다"라는 뜻의 중국어 "可以死(커이쓰; keysis)"의 발음과 유사해 판매에 부정적인 영향을 미쳤다는 판단에서다. 이후 K4는 카이션(kaishen)으로 변경되었다. 인도 자동차 업체인 타타자동차는 예측 불가능했던 장애물을 만나 이름을 바꿔야만 했다. 타타는 2016년 '지카(Zica)'라는 신차를 발표했다. Zippy(날렵한)과 Car(차)를 조합해 만든 적절한 브랜드명이었으나 신차를 출시 직후, 중남미에서 신생아 소두증을 유발한다는 '지카(Zika)' 바이러스가 창궐하면서 전세계적으로 유행하기 시작했다. 타타모터스는 이미 지카라는 이름으로 자동차 홍보를 해왔기 때문에 브랜드명 변경을 회피했다. 그러나 사태의 심각성을 느낀 타타모터스는 결국 지카라는 브랜드명을 포기하고 신차 이름을 티아고(Tiago)로 변경할 수밖에 없었다.

KIA K4의 중국브랜드명인 凱紳
중국인들 사이에서 K4는 '죽을 수 있다'(可以死 keyi si)와 비슷해 구매를 꺼리는 일이 많았다. 이러한 이유로 KIA는 중국에서 K4브랜드를 凱紳으로 변경하였다.

⑤ 법적으로 등록받을 수 있어야 한다. 아무리 차별화되고 제품과의 연상작용이 잘되는 브랜드명이라도 법적으로 보호받지 못하는 명이라면 그 브랜드 네임에 대한 가치는 반감된다. 상표등록에 의해 제공되는 모든 이점은 브랜드 네임을 법적으로 안전하게 해주고 경쟁사의 모방을 막는 데 큰 역할을 한다. 자사 브랜드명에 대해 법적 등록을 받지 않아 많은 경쟁사들이 똑같거나 유사한 명을 사용한다면 자사의 신용에 부정적인 영향을 미칠 수 있으며 자사 브랜드 이미지에도 악영향을 미칠 수 있다. 그러므로 반드시 법적 등록이 가능한 네임이어야 한다. 즉, 브랜드명이 중요한 이유 중의 하나가 법적 등록을 통한 배타적인 사용권 즉, 지적재산권 역할을 한다는 것이다.

예상되는 브랜드명은 동일검색 및 유사검색을 해야 하며 최근에는 도메인 검색까지 일반적으로 한다.

2) 브랜드 네이밍 제작

두 번째 단계는 실제로 브랜드 네이밍 대안들을 고안해 내는 것이다. 브랜드 대안들을 제작해 내는 방법들 중 가장 흔히 사용되는 것이 브레인스토밍(brain storming) 기법이다. 이는 많은 사람들로부터 가능한 많은 브랜드명을 고안해 낼 수 있다. 브레인스토밍에 참여하는 사람들은 하나의 키워드와 관련하여 연상되는 단어들을 돌아가면서 자유롭게 아이디어를 낸다. 상호간에 있어서 타인이 제시한 의견이나 제안을 평가하면 안 된다.

또 다른 방법 중에 하나는 기업들이 소비자들에게 제품을 보여주고 적절한 브랜드명을 만들어 보도록 요구하거나 단어연상을 하도록 하는 방법이다. 단어연상방법은 소비자들에게 이미 확보된 브랜드명 대안이나 이러한 관련된 단어를 제시하고 그 단어를 보거나 들었을 때 가장 먼저 떠오르는 단어를 적도록 하는 기법이다.

3) 후보점검 및 내부적 후보안들 조사

세 번째 단계에서 마케터는 기업 혹은 제품 이미지와 맞지 않는 브랜드명 대안들을 제거하고 제품에서 기대되는 이미지와 부합될 수 있는 대안들만을 선별한다.

4) 소비자 의견조사

네 번째 단계는 소비자의 의견조사 이다. 이 단계에서는 표적시장의 소비자들을 대상으로 다음의 여러 소비자의 의견, 이해도, 지각, 선호도 등을 조사하게 된다.

① 단어연상

단어 연상은 브랜드 네이밍의 여러 대안 중에서 바람직하지 않은 연상을 불러일으키는 것이 어떠한 것이 있는지를 체크해야 한다.

② 기억력 측정

일정 수의 브랜드 네이밍의 대안을 제시하고 일정한 시간이 경과한 후 그들이 기억하고 있는 브랜드 네이밍을 적어내도록 한다.

③ 브랜드 속성 평가

각 브랜드 네이밍 대안이 중요한 속성평가에 미치는 영향을 알아본다.

④ 브랜드 선호도

각 브랜드 네이밍 대안에 대한 선호도를 조사한다.

5) 등록 여부 조사 및 선택

네 번째 단계인 소비자 선호도 조사를 통과하였다면 법적 등록 가능성에 대해 조사하게 된다. 이 내용은 후반부에 지적재산권부분에 비교적 상세히 따로 설명하였다. 법적으로 중요한 이유는 자사가 독점적으로 사용할 수 있어야 하기 때문이다.

이후 마케터는 브랜드 네임에서 얻고자 하는 여러 목표들을 고려하여 가장 적합한 브랜드명을 사용하게 된다.

3

브랜드 네이밍 개발기법

브랜드 네이밍을 개발하기 위해서는 네임의 스펙트럼과 언어적 특색, 발상기법 그리고 제작기법 등을 전체적으로 고려해야 한다.

1) 브랜드 네임 스펙트럼

브랜드 네임 스펙트럼은 브랜드로서 등록이 가능한지 여부를 알게 해주며 네이밍시에 자사 브랜드의 위치를 분석하는 데 도움이 된다. 네이밍 스펙트럼은 네이밍 전략에 중요한 부분이다. 네이밍은 브랜드의 다른 요소와는 상이하게 언어로 제작되므로 네임 스펙트럼에 따른 분류를 통해 알아볼 수 있는데 많은 장점이 있다. 우선 소비자의 반응을 알아보는 데 도움이 된다. 소비자의 부정적 연상 등을 체크하거나 브랜드 포지셔닝이 적합한지 등을 사전에 미리 예측할 수 있도록 해준다. 둘째, 법률적으로 상표의 배타적 사용권을 갖기 위한 등록가능 여부를 알아보고자 할 때 도움을 준다. 마지막으로 관리적으로 기업의 마케팅 전략 수립시 제품의 적합성이나 특성 등에 파악하고 관리하는 데 도움이 된다. 브랜드 스펙트럼에 대해서는 아직 일치되거나 통합된 견해는 없지만 일반적으로 인터브랜드(Interbrand)사의 브랜드 네임 스펙트럼을 많이 활용하는데, 설명어(descriptive name), 연상어(associative name), 독립어(freestanding name)로 구분이 된다.

(1) 설명어

서술적 브랜드 네임(descriptive brand names)으로 제품이나 서비스의 편익·속성을 설명해 주는 네임을 의미한다. 이 어군은 소비자들로 하여금 제품이나 서비스가 무엇인가를 명확하게 해 주기 때문에 커뮤니케이션이 용이해져서 비용이 적게 드는 장점을 갖고 있다. 이에 비해 이 설명어군으로 브랜드 네이밍을 했을 경우 신기술을 적용하기에는 어렵거나 부적절하며 차별성이 상대적으로 부족하여 소비자들에 이목을 끌지 못할 뿐 아니라 법적 등록가능성을 통한 배타적 사용권도 부족하게 된다. 예컨대, 통돌이 냉장고, 에어워시 세탁기, 양파링 등이 이에 해당된다.

(2) 연상어

연상어(Associative)의 브랜드명은 암시적 브랜드 네이밍인데 브랜드 네이밍이 제공하는 적절한 가치의 연상을 소비자에게 전달해 줄 수 있는 네이밍이다. 예컨대 NIKE라는 브랜드는 승리의 여신 니케라는 의미에서 스포츠와의 연상을 불러일으키는 네임이다. 이는 제품이나 서비스가 제공되는 것과 관련된 어미를 잘 전달하고 차별성으로 인해 소비자들에게 기억이 잘 되기 때문에 법적 등록의 측면에서 설명어군보다 용이하다는 장점을 갖는다. 반면 한 가지 언어나 문화권에서 파생된 네임은 타언어나 권역 밖의 문화에서는 완전히 상이한 연상작용을 가질 수 있으므로 네임에 대한 부정연상체크는 반드시 수행되어야 하며 단어 자체에서 제품이나 서비스의 의미가 명확하지 않기 때문에 마케팅 커뮤니케이션 비용이 많이 든다.

(3) 독립어

독립어(freestanding brand names)는 네임의 의미가 제품이나 서비스와는 전혀 관련없이 커뮤니케이션 활동을 통해 의미를 부여해 준다. 이를 이용하면 상표의 등록(법률적)이 비교적 용이하며 많은 브랜드 중에서 차별화하기가 쉽고 글로벌 브랜드로서도 사용이 가능하다. 그러나 이러한 독립어를 이용한 네이밍은 커뮤니케이션 비용이 많이 들 뿐만 아니라 시간도 매우 많이 요구되는 네이밍이다. XEROX복사기 등이 여기에 해당되는 예이다.

한편 미국 상표법에서는 상표체계를 보통명사(generic)의 브랜드, 서술적(descriptive) 브랜드, 암시적(suggestive) 임의적(arbitrary), 조어적(coined)으로 5가지 유형으로 밝히고 있다.

보통명사 네임은 텔레비전, 야구처럼 제품이나 서비스 자체를 가리키는 일반적인 명칭이며 이는 상표법상으로 보호를 받지 못한다.

서술적 네임은 단순히 제품의 성격이나 색깔, 냄새, 효능, 원료 등으로 소비자에게 대한 정보 등을 전달하는 이름이나 최고, 프리미엄 등 제품이나 서비스를 설명하는 것에 지나지 않기 때문에 다른 경쟁자들이 사용할 수 있기 때문에 어느 특정인이나 조직이 독점적으로 소유할 수 있고 아울러 제품의 출처를 가리키는 기능이 한계가 있기 때문에 상표등록이 용이하지 않다. 프리미엄아웃렛 등이 이러한 예이다.

암시적인 네임은 제품·서비스의 느낌, 바람직한 아이디어 창출을 위해 명백한 방식에서 평범한 단어를 사용한다. 그러나, 단어 자체의 의미대로 제품이나 서비스의 어떤 면을 직접 기술하지는 않는다. 즉, 제품·서비스의 특성이나 성격을 암시하기는 하지만 일반 소비자가 네임과 특정 제품을 연결시킨다는 점에서 보통명칭과는 상이하고 제품의 특성 등을 직접 기술하지 않는다는 점에서는 서술적 브랜드명과는 다르다. 예컨대 미국의 고속버스 회사인 Greyhound는 운송회사의 바람직한 속성을 갖고 있다. 그러나 운송회사의 그대로를 기술한 것은 아니고 자체적으로 보유한 독특함으로 인해 상표로서 등록받을 수 있다.

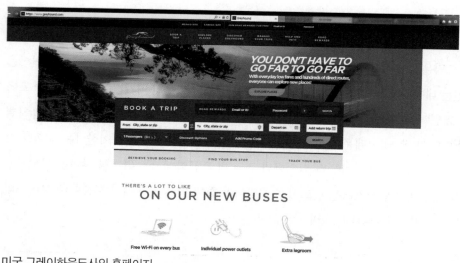

미국 그레이하운드사의 홈페이지
수송서비스가 빠르다는 것을 강조하기 위해 그레이하운드가 갖는 빠른 이미지를 암시하고 있다.

임의적인 네임은 일반적인 단어를 사용하는데 그 단어들은 통상적인 의미가 제품·서비스에 나타내고자 하는 것과는 아무런 관련이 없는 경우이다. 그렇기 때문에 네임으로서 상표보호가 매우 용이하다. 애플 아웃렛이 그 예이다.

마지막으로 조어적 네임은 아무런 의미가 없이 특정제품을 가리키기 위해 새로 만들어진 네임이며 이는 다른 네임보다는 상표로 등록받기가 매우 쉽다.

2) 네이밍 언어적 특색

한글의 경우 양성모음과 음성모음에 따라 소비자들의 느낌은 상이하다.

(1) 한글 모음

모음종류	유형	이미지	예
양성모음	ㅏ, ㅑ, ㅗ, ㅛ	밝음, 작음, 경쾌함	방긋
음성모음	ㅓ, ㅕ, ㅜ, ㅠ	어두움, 큼, 무거움	벙긋

(2) 한글자음

소리형태	내용	유형	이미지	예
예사소리	구강 내부의 기압 및 발음 기관의 긴장도가 낮아 약하게 파열되는 자음	ㄱ, ㄷ, ㅂ, ㅅ, ㅈ	부드러움, 세련됨	보디가드
거센소리	숨이 거세게 나오는 자음	ㅊ, ㅋ, ㅍ, ㅌ	강력함	케토톱,
된소리	후두(喉頭) 근육을 긴장하면서 기식이 거의 없이 내는 자음	ㄲ, ㄸ, ㅃ, ㅆ, ㅉ	강력함	씨스팡

된소리 브랜드의 예

(3) 영어권 언어의 특색

사용빈도가 높은 철자는 SCPAT이며 특히, S는 8단어 중 하나꼴로 사용되고 있으며 사용빈도가 상대적으로 낮은 철자는 XZYQK 등이다. 그러나 최근 중국의 영향으로 그 사용빈도가 늘고 있다(예: XIAOMI). 그러나 Z의 경우 3,000개의 단어 중 하나꼴로 사용되고 있는 실정이다. 영어에서 철자 X는 최근에는 젊음을 표현하기도 한다. 예컨대 ESPN의 X게임, 닛산의 Xterra SUV 등 X는 극한(extreme), 아슬아슬함(on-the-age), 젊음(youth) 등을 나타낸다.

(4) 시대별 언어의 특색

시대별로 유행하는 브랜드가 있기도 하다. 1970년에는 텍스(tex)라는 단어가 매우 유행하였다. 예컨대, 골덴텍스, 피죤텍스라는 단어를 매우 활용을 많이 하였다. 80년에 와서는 테크와 그린, 90년대에서는 컴, 넷, 2000년이 들어와서는 피아(pia) 등을 많이 사용하는 등 시대에 따라 유행하는 단어도 있다. 그러므로 장기적인 입장에서는 유행어를 중심으로 브랜드명을 만드는 것은 추천할 만하지 못하다.

(5) 문자와 숫자의 결합

브랜드명은 WD-40, Formula 409, Saks Fifth Avenue 등과 같이 알파벳과 아라비아 숫자를 결합하기도 한다. 경우에 따라 철자와 숫자를 결합한 브랜드 네임은 S10, iphone 10, BMW3, 5, 7, 등 제품라인의 생성 및 관계를 지정하기 위해 사용되기도 한다.

3) 브랜드 네임 발상기법

브랜드 네임을 만드는 방법은 매우 다양하다. 아래의 <표 2>는 다양한 발상방법, 내용을 예를 들어 설명하고 있다.

● ● ● **표2** 네이밍 발상기법

방법	내용	예
글자(알파벳)추가	단어에 알파벳 추가	Lemona(Lemon + a)
단어결합	단어의 변형없이 결합하여 하나의 네임 제작	아침햇살, 홈플러스
단어단축	단어의 앞 혹은 뒤의 철자를 생략	Fanta(Fantasy)
단어변형	단어의 철자 변형	compaq(compact)
단어합성축약	두 단어의 축약에 의해 합성되어 하나로 제작	Fedex(Federal Express)
동음반복	같은 소리의 글자를 반복해서 사용	봉봉주스
문장완성	문장을 하나의 단어로 축약	누네띠네
시간/지리	시간을 나타내거나 개념 이용/지리적인 장소 이용	파리바게뜨, 지리산수
신화	신화속의 인물 등을 사용	Nike(승리의 여신), 박카스(술)
어구완성	키워드를 어구로 표현	깨끗한 나라
역설	연상이미지를 역으로 이용하여 강렬한 인상을 줌	Poison(향수/불어)
외국어	외국어 활용	EQUUS(라틴어; 개선장군)
유머	유머스러운 표현으로 제작	오빠닭(오븐에 빠진 닭)
의성의태	음감이용/행동이용	Yahoo, 뿌셔뿌셔
의인화	사람처럼 만드는 기법	미스터 피자
이니셜	영어 알페벳이 긴 경우 영문이니셜만 사용	IBM, HP, SK
인명(사람이름)	유명인이나 창업자의 이름을 이용하는 네임으로 소비자들에게 신뢰나 친근감 부여	민병철어학원, 트럼프 월드, 힐튼호텔, 디즈니랜드
임의적 단어활용	제품과 연관성 없이 사용	Apple 컴퓨터
자연어	사전에 있는 모든 언어 그대로 변형없이 사용	맛있는 왕족발, 노랑통닭
제품관련	제품의 속성 혹은 형태와 관련	새우깡/비틀(딱정벌레)
조어	의미없이 임의로 새로운 단어 제작	Zantac위장약
철자대칭	단어의 앞뒤 철자를 동일하게 사용	NEXEN, XEROX
형태소 결합	형태의 단어 결합	Everland(Ever~)

4

디자인

디자인은 인간의 생활과 밀접한 관련이 있고 생활문화 전반에 걸쳐 디자인이 접목된 결과를 찾는 것은 어렵지 않다. 특히 기업의 제품·서비스뿐 아니라 다양한 활동에서도 디자인은 기본이 되는 것 중에 하나이다. 일반적으로 디자인의 영역은 무궁무진하다. 시각디자인, 제품디자인 등등 매우 많은 영역이 포함되어 있는데 본서에서는 신제품 영역에서 많이 활용되면서 마케터들이 알아야 할 개념을 중심으로 설명하고자 한다.

1) 디자인과 색채

디자인 중 색채는 인간의 정신과 마음에 영향을 미쳐 무한한 감정과 미적 체험을 축적하게 하고 심리적·생리적으로 영향력을 발휘한다. 신제품 개발에 있어 색채디자인이 중요한 이유는 색의 효과를 적절하게 사용함으로써 사물의 분류를 가능하게 하고 그 차이를 명확하게 한다. 색채디자인의 역할은 제품의 개성과 이미지를 표현한다. 색의 차이에 따라 사용자의 감성적 요구가 반영되어 구매량에 직접적인 영향을 미치기도 한다. 디자인의 부가가치를 높이고 경쟁력을 향상시킨다. 기존 제품의 형태나 소재를 변경시키지 않고 비용을 최소화하여 신제품 개발의 효과를 야기하기도 하는 등 전략적으로 활용할 수 있다. 이러한 색채를 이용하면 제품에 질서를 부여하고 통합하기 용이하다.

한편 유행하는 색의 결정은 1963년에 설립되어 프랑스 파리에 있는 국제유행색위원회(international Commission for Fashion & Textile Colours; Intercolor)에서 국제적으로 유행색을 정기적으로 예측하여 발표하고 있다. 각국 전문위원에 의한 합의체로 결정되어 2년 후의 색체경향을 분석하여 봄/여름, 가을/겨울로 구분하여 예측한다.

색체계획 프로세스는 문제의 조사 및 분석에서 시작하여 해결방법을 찾고 이후 실행을 하는 순으로 이루어진다.

(1) 색체문제의 조사 및 분석을 통한 기획단계

색체 정보 조사 분석에는 마케팅 조사에서 시행하였던 다양한 자료를 활용할 수 있으나 기본적으로 여기서는 색채에 관한 더 많은 정보가 필요하다. 여기에는 시장정보, 소비자정보, 유행정보, 경쟁자의 컬러포지셔닝 분석이 필요하다.

(2) 디자인 단계

해결방법 작성은 위의 색채 문제의 조사 및 분석에 따라 제품의 컨셉을 고려하여 색채의 컨셉 및 색채계획서를 작성한다. 이어서 이미지 맵에 의거해서 색채 중 주조색, 보조색, 강조색을 결정한다. 아울러 배색 디자인을 하며 제품별 색채적용을 하는 단계이다.

(3) 실행단계

이 단계에서는 디자인이 결정된 것을 실제로 적용하는 단계이다. 소재결정을 하고 시제품을 작성하고 본격적으로 적용하는 단계이다.

2) 이미지 스케일(Image Scale)

특정한 색을 보고 많은 사람들이 보편적으로 느끼는 감정을 일정한 기준으로 만든 공간좌표 안에 위치시키는 것을 말한다. 이것은 색채에서 느끼는 심리를 바탕으로 감성을 구분하는 기준을 만든 것으로 디자인 전반에 걸쳐 이미지와 의미를 부여할 수 있는 시스템이다. 자세히 살펴보면 상반된 형용사 의미를 척도로 나누어 강도에 따라 분석하고 개념의 의미를 분석함으로써 이미지의 질적 내용을 수치화하여 정량적으로 표현한 것이다. 이것을 이용하여 마케팅에 활용하면 소비자에게 더욱 바람직한 반응을 얻을 수 있을 것이다.

색의 온도감을 가로축, 색의 경연감을 세로축으로 해서 대척적인 개념들의 위치 즉, 좌표에 따라 어떠한 색깔이 적절한가를 나타낸 표이다. 마케터들은 아래의 개념적인 축을 이용하여 자사의 제품(혹은 브랜드 이미지)에 적절한 색을 활용할 수 있을 것이다.

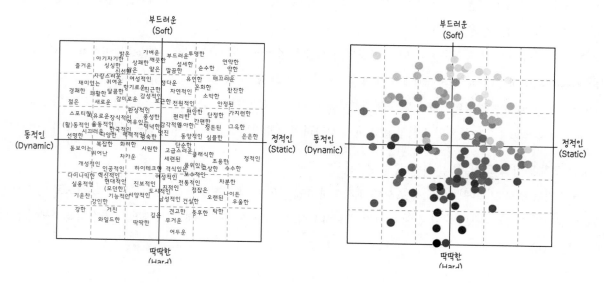

3) 디자인 영역

(1) 시각디자인

시각디자인(visual design)이란 시각전달디자인(visual communication design)이라고도 하며 시각에 호소하여 정보를 전달하는 기능을 가진 디자인 분야이다. 즉 색채, 형태, 그림, 기호 등 시각적 심볼을 사용하여 제품이나 서비스에 관한 정보를 전달하고 소비자의 선택에 관여하도록 한다.

① BI/CI디자인

CI(Corporate Identity Design)란 기업의 이미지를 일관성 있게 통합하는 디자인으로 CIP(Corperate Identity Program)라고도 한다. 시각적인 통일성과 정체성을 체계적으로 만드는 작업으로서 기업이 추구하는 경영이념과 목적을 포함한 가치를 구성원들과 함께 공유하고 외부에 알리는 경영활동이다. 대표적으로 기업로고나 상징마크를 통해 나타내며 서류봉투, 편지지, 포장지, 명함, 유니폼 등등 다양한 분야에 적용되어 사용되고 있다.

- **워드마크(word mark)**: 단어로 이루어진 브랜드 마크이다. 회사의 이름이나 이니셜, 머리글자등을 활용하여 만든다. 가독성을 유지하면서도 차별적인 개성과 상징적인 면을 갖고 있는 것은 좋은 워드마크가 될 수 있다.

〈예〉 IBM word mark, ebay word mark

- **구체형 심벌마크**: 구체적 상징물을 활용하여 브랜드 마크를 디자인 하는 방법이다. 브랜드가 지향하는 의미를 쉽고 친숙하게 전달할 수 있다.

〈예〉 스타벅스 심벌마크

· **엠블램**: 기업 혹은 단체의 이름과 특정 모양을 결합시켜 만드는 방법이로 이들은 분리되지 않고 하나의 브랜드 마크를 구성한다.

〈예〉 TOMS Shoes

· **다이내믹 마크**: 구글은 두들(doodle)사이트에 가면 기념일 등에 따라 마크를 다르게 하여 창의성있는 기업임을 보여주고 있다.

〈예〉 2015년 광복절 기념 구글로고

· **캐릭터**: 미국의 보험업계는 캐릭터로 치열한 마케팅 전쟁을 수행하고 있다. 가이코(GEICO; Government Employees Insurance Company) 역시 도마뱀 개코(Gecko)를 이용하여 각종 브랜드 커뮤니케이션을 수행하고 있다.

〈예〉 가이코(GEICO; Government Employees Insurance Company)의 도마뱀 게코(Gecko)

일반적으로 브랜드 네임이 결정되면 네임을 기초로 디자인이 개발된다. 디자인 개발시에는 기존의 브랜드 체계라 할 수 있는 기업브랜드(CI)규정, 기업의 브랜드 전략 및 개발 브랜드 컨셉을 고려하여 디자인 컨셉을 설정하게 된다. 물론 네이밍과의 적합성 또한 중요한 부분이다. 이러한 디자인 컨셉 설정에서는 기능, 이미지 그리고 개발방법에 대해서도 주요한 고려 요소가 된다. 이후 본격적인 디자인 개발이 이루어지게 된다.

　디자인은 기본시스템이 개발된 후 확정이 되면 응용시스템으로 브랜드를 적용하는 방법에 대한 항목이 개발되고 이후 디자인 규정이 완성된다.

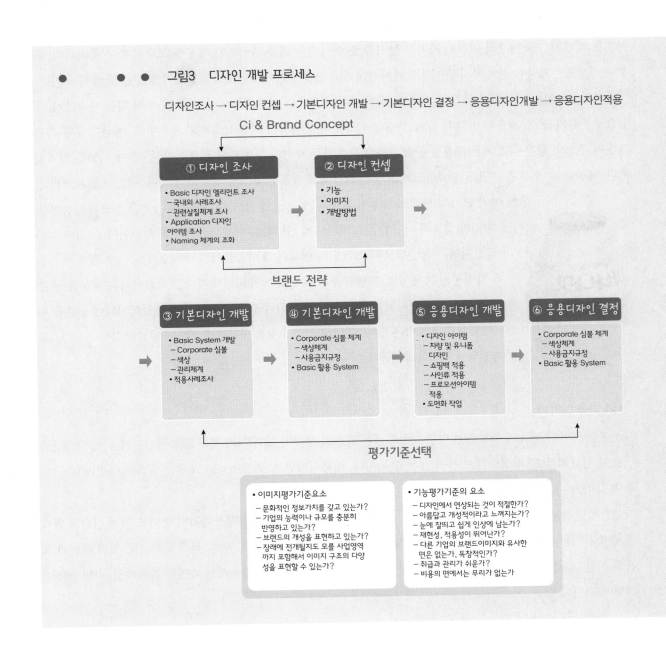

그림3　디자인 개발 프로세스

디자인조사 → 디자인 컨셉 → 기본디자인 개발 → 기본디자인 결정 → 응용디자인개발 → 응용디자인적용

Ci & Brand Concept

① 디자인 조사
• Basic 디자인 엘리먼트 조사
　– 국내외 사례조사
　– 관련실질체계 조사
• Application 디자인
　아이템 조사
• Naming 체계의 조화

② 디자인 컨셉
• 기능
• 이미지
• 개발방법

브랜드 전략

③ 기본디자인 개발
• Basic System 개발
　– Corporate 심볼
　– 색상
　– 관리체계
• 적용사례조사

④ 기본디자인 개발
• Corporate 심볼 체계
　– 색상체계
　– 사용금지규정
• Basic 활용 System

⑤ 응용디자인 개발
• 디자인 아이템
　– 차량 및 유니폼
　디자인
　– 쇼핑백 적용
　– 사인류 적용
　– 프로모션아이템
　적용
• 도면화 작업

⑥ 응용디자인 결정
• Corporate 심볼 체계
　– 색상체계
　– 사용금지규정
• Basic 활용 System

평가기준선택

• 이미지평가기준요소
　– 문화적인 정보가치를 갖고 있는가?
　– 기업의 능력이나 규모를 충분히
　　반영하고 있는가?
　– 브랜드의 개성을 표현하고 있는가?
　– 장래에 전개될지도 모를 사업영역
　　까지 포함해서 이미지 구조의 다양
　　성을 표현할 수 있는가?

• 기능평가기준의 요소
　– 디자인에서 연상되는 것이 적절한가?
　– 아름답고 개성적이라고 느껴지는가?
　– 눈에 잘띄고 쉽게 인상에 남는가?
　– 재현성, 적용성이 뛰어난가?
　– 다른 기업의 브랜드이미지와 유사한
　　면은 없는가, 독창적인가?
　– 취급과 관리가 쉬운가?
　– 비용의 면에서는 무리가 없는가

② 패키지 디자인

패키징(packaging)은 제품에 대한 용기와 그래픽 디자인의 개발을 포함한다. 패키지는 제품의 중요한 일부가 될 수도 있고 제품을 더 다양하고 더 안전하고 사용하기에 쉽게 만든다. 브랜드명처럼 패키지는 소비자의 제품에 대한 태도 및 구매의사결정에 영향을 준다. 패캐지 특성은 구매시점이나 사용하는 동안 제품에 대한 이미지를 소비자들게 형성시킨다.

패키지의 고유한 기능은 제품을 안전하게 보관·운반하고 파손을 막으며 제품의 정보를 제공하는 것이지만 소비자의 인식이 점차 높아지면서 제품의 홍보와 판매촉진을 위한 미적 기능이 더욱 확대되고 있다. 최근에는 이러한 패캐지가 소비자의 지각된 가치를 높여줄 뿐 아니라 구매를 자극하기 때문에 포장은 매우 중요하다. 특히 패키지에는 제품의 정보 역시 들어가 있기 때문에 제품개발에 있어서 반드시 체크해야 할 부분 중의 하나 이다.

패키지디자인의 기능을 자세히 살펴보면 첫째, 상품의 보호와 보존기능이다. 외부 충격에 의한 파손방지, 오염으로부터의 보호, 제품의 변질 방지 등 품질을 일정하게 유지하기 위해 보호하고 보존한다. 예컨대 우유 혹은 오렌지 주스와 같은 유동체는 내용물을 보관하고 보호하는 패키지가 반드시 필요하다. 두 번째 기능은 편리성이다. 제품을 운반 혹은 보관이 용이하도록 포장은 간단하고 적절한 구조를 갖추어야 한다. 예컨대 참치캔의 경우에 여러 크기의 형태로 나누어 판매되는 것을 알 수 있다. 세 번째 기능은 정보제공성이다. 이는 제품의 성격과 사용법을 소비자에게 전달하는 커뮤니케이션의 역할이다. 예컨대 식품의 포장지에는 영양정보와 조리법에 대하여 소비자들에게 전달을 한다. 네 번째의 기능은 차별성의 기능이다. 차별화를 통해 브랜드의 아이덴티티를 각인시키는 역할을 살 수 있다. 빙그레 바나나맛 우유는 처음 출시될 무렵인 1970년대의 산업화시대에 농촌을 떠나 대도시로 온 고달픈 도시 생활업자들이 고향을 떠올릴 수 있도록 넉넉한 항아리 모양으로 디자인되어 차별화에 성공하였다.

(2) 제품디자인

공예를 포함한 제품의 조형적인 미를 디자인하는 것으로 생활의 여러 가지 욕구를 충족시키기 위한 인공물을 만들어 인간의 삶을 쾌적하게 만들어 내는 활동이다. 제품디자인의 구성요소는 크게 인간적인 측면, 기술적인 측면 그리고 비용적인 측면으로 나눌 수 있다.

인간적인 측면은 사용하는 사람의 심리적, 생물학적 측면을 고려하며 인체공학적인 측면과 함께 심리적 만족을 충족시키는 측면을 고려해야 한다. 기술적인 측면은 제품의 구조, 형태, 재료, 색채 등의 기술적인 측면과 제품의 사용, 유지, 운반, 보관과 관련된 기능적인 측면을 고려해야 한다. 비용적인 측면은 판매촉진, 수익등을 고려한 측면이다.

제품 디자인 프로세스는 일반적으로 기획 → 디자인 → 생산 단계를 거친다.

① 기획단계

제품기획, 시장조사 소비자 조사를 하는 단계로 이를 통해 컨셉를 수립하게 된다. 이러한 기획단계는 마케팅 전략하에서 실행되는 것이 바람직하다.

② 디자인단계

디자인단계의 첫 번째 전개 단계는 아이디어 스케치이다. 이후에 완성된 예상도를 제작해보는 랜더링(rendering), 실제와 동일한 외형의 모형을 만드는 목업(mock-up)단계, 모델링을 위한 디테일한 설계도를 만드는 설계도 작성단계를 거친다.

③ 생산단계

생산단계에서는 소재를 결정하고 3차원의 실물크기모형의 모델링을 하고 평가를 한 후 본격적인 생산준비를 시작하는 단계이다.

지식재산권

1) 개요

재산(property)은 인간의 사회 · 경제적 욕구를 채워주는 유무형의 수단이다. 특히 재산권(property right)은 경제적인 가치가 있는 권리인데 재산적으로 가치를 갖는 대상을 사용, 수익 그리고 처분을 할 수 있는 권리를 의미한다. 재산은 형태에 따라서 토지, 건물, 보석 혹은 금전 등의 유채자산과 인간의 지적활동의 결과로 산출되는 정신적인 산출물로 재산적 가치를 갖는 발명, 저작, 특허 등의 무체재산으로 나눌 수 있는데 이때 무체자산을 다른 용어로 지식재산(intellectual property)이라고도 한다.

지식재산 기본법 제3조 제1호에 의하면, 지식재산이란 인간의 창조적 활동 또는 경험 등에 의하여 창출되거나 발견된 지식 · 정보 · 기술 · 사상이나 감정의 표현, 영업이나 물건의 표시, 생물의 품종이나 유전자원, 그 밖에 무형적인 것으로서 재산적 가치가 실현될 수 있는 것을 말한다.

산업재산권(industrial property)은 물질문화의 발전에 기여하는 권리이고 저작권(copyright)은 정신문화의 발전에 기여하는 권리이다. 발명은 특허법, 고안은 실용신안법, 물품의 디자인은 디자인보호법, 상표나 서비스는 상표법, 그리고 저작물은 저작권법에 의하여 권리를 부여하고 보호받고 있다.

지식재산권은 산업재산권(물질문화), 재산권(정신문화) 그리고 신지식재산권(지식정책)이 있다.

2) 필요성

지식재산권이 필요한 이유는 먼저 시장에서의 독점적인 지위를 확보하기 위함이다. 이러한 독점적인 지위는 소비자들에게 신뢰를 갖게 해주면서 기술판매를 통해 수익 창출, 그리고 시장에서 기술적 · 표준적인 위치를 갖게 되어 강력한 시장지배를 할 수 있기 때문이다. 뿐만 아니라 타인과의 분쟁을 사전에 예방하고 타인이 자신의 권리를 무단으로 사용할 경우 적극적으로 대응할 수 있는 등 법적 보호를 받기 때문이다. 특허의 경우는 막대한 기술개발 투자비를 회수할 수 있는 수단이며 이를 바탕으로 한 추가 응용기술을 개발할 경우에도 비용에 대한 부담없이 지속적인 개발을 할 수 있다.

3) 지식재산권의 종류

지식재산권은 권리자가 타인의 실시를 배제할 수 있는 배타적 독점권으로 특허권, 실용신안권, 디자인권, 상표권과 저작권 등이 있다.

(1) 특허권

특허는 자연법칙을 이용한 기술적 아이디어의 창작으로써 고도한 것이어야 한다. 이전까지 없었던 물건 혹은 방법을 최초로 발명하였을 경우 그 발명자에게 주어지는 권리이다. 특허를 받을 수 있는 발명은 독창적 사상이고 자연법칙을 이용한 것으로 기술적 효과를 낼 수 있고 산업상 이용할 수 있는 것이어야 한다. 특허권의 권리 존속기간은 출원일로부터 20년이며 취득하기 위한 요건은 자연법칙을 이용한 발명의 성립성(subject matter), 독창적인 신규성, 기존 발명보다 난이도가 더해진 진보성(inventive step), 산업상 이용가능성(industrial applicable)이 있어야 한다.

(2) 실용신안권

실용신안법(utility model right)에 의하여 실용신안을 등록한 자가 독점적·배타적 지배권을 갖는 것이다. 실용신안은 자연 법칙을 이용한 기술적 사사의 창작물 중에서 산업상 이용할 수 있는 물품의 형상, 구조 또는 조합에 관한 고안이다. 일정한 형체가 없는 의약, 화학물질, 유리, 합금, 시멘트 등의 조성물은 등록될 수 없다. 특허출원을 하였으나 진보성과 고도성이 부족할 때는 실용신안으로 변경해서 출원한다면 등록될 가능성이 높기도 한다. 실용신안은 이미 발명된 것을 보다 편리하고 유용하게 쓸 수 있도록 계량한 것이며 권리존속 기간도 설정등록일 후 출원일로부터 10년이다.

(3) 디자인권

디자인권(design right)은 디자인을 등록한 자가 그 등록 디자인에 대하여 향유하는 독점적 · 배타적 권리를 말한다. 디자인은 물품(물품의 부분 및 글자체 포함)의 형상, 모양 그리고 색채와 이들을 결합한 것을 말하며 시각을 통하여 미감을 일으키는 것을 의미한다.

디자인권의 성립요건은 물품성, 형태성, 시각성, 심미성이 갖추어졌는가를 심사하게 된다. 물품성이란 독립성이 있는 구체적인 물품으로서 통상의 상태에서 독립된 거래의 대상이고 이것이 부품인 경우에는 호환성이 있어야 한다. 형태성이란 형상, 모양, 색채 그리고 이것이 결합된 것을 의미하는 것이다. 시각성이란 육안으로 식별할 수 있는 것을 의미하고 심미성과 미감을 일으키도록 미적 처리가 되어 있는 것을 의미한다.

(4) 상표권

① 개념

상표(trade mark)는 다른 사람의 상품 또는 영업과 구별하기 위하여 사용하는 문자, 도형, 기호, 입체적 형상, 색체, 홀로그램, 동작, 소리, 냄새 등 시각적으로 사용할 수 있는 권리를 말한다. 상표권(trade mark right)은 등록상표를 지정상품에 독점적으로 사용할 수 있는 권리이다. 상표기능은 식별기능, 출처표시기능, 품질보증기능, 광고기능, 재산적 기능 등이 있으며 독점사용기간은 10년이고 갱신이 가능하다.

② 상표 검사 심사 및 등록

상표검색은 상표의 유효성 판단 중 선출원으로 저촉되는 상표가 있는지의 여부를 찾는 과정을 말한다. 저촉이라 함은 상표가 동일 혹은 유사하고 제품 또한 동일 유사한 경우를 말한다. 상표법에 보면 비교적 등록의 요건과 등록을 받을 수 없는 상표에 대해 나와 있다.[1]

브랜드 네임안들에 대해 상표검색을 하기 위해서는 우선 상표의 등록요건에 대해 검토하여야 한다. 일반적으로 상표 검색은 상표 검색 DB를 이용하여 실행한다. 키프리스 웹사이트(www.kipris.or.kr)를 이용하면 무료 검색을 실행할 수 있다.

상품분류 등을 통해 먼저 상품류를 결정해야 한다. 상품류는 표준산업분류(SIC: Standard industrial Classification)를 통해 찾거나 정의된 유사 상표의 범위에 따라 검색할 상품류를 정해야 하며 한국분류와 국제분류 모드를 찾아야 한다. 특허청의 유사상표 심사기준을 활용하면 된다.

---

1 상표의 등록 및 불가에 대해서는 상표법을 통해 자세히 알 수 있다. 구체적으로 상표법 "제2장 상표등록 요건 및 상표등록 출원"에 보면 "제33조(상표등록의 요건)", "제34조(상표등록을 받을 수 없는 상표)"에 구체적으로 규정화되어 있다.

상표등록 및 검색웹사이트(www.kipris.or.kr)

　다음 프로세스로 등록하고자 하는 제품이 속하는 류에 대해서 동일 상표가 출원 혹은 등록되어 있는지를 찾아야 한다. 만약, 동일 상표가 이미 출원되어 있는 경우 나중에 출원한 상표는 등록을 받을 수 없다. 그러나 출원된 상표라 할지라도 거절되거나 포기한 경우에는 등록을 받을 수 있다. 또한 등록이 되었다 하더라도 존속기간의 만료된 후에 갱신등록출원이 없는 경우는 등록을 받을 수 있다. 동일 상표 검색에는 검색식을 이용하여 보다 자세히 검색을 한다. 예컨대 MASIN이라는 상표가 있는지 알아보려고 한다면 ?MASIN?을 활용하면 된다. 추가적으로 경우에 따라 ?ASIN?, ?SIN? 등으로도 검색을 하여야 한다. 또한 상표는 문자, 도형, 복합, 소리, 홀로그램 등 다양한 유형의 상표를 만들 수 있다.

　상표를 등록하기 위해서는 상표출원서를 작성하여 특허청에 제출하여야 한다. 이후 특허청에서는 이를 접수하여 심사에 착수한다. 심사절차는 약 10개월에서 1년 정도 소요되며 이미 유사한 상표가 있거나 지정상품 불명확 등의 이유로 거절이유 통지서가 발생되는 경우는 통보시기가 다소 지연되기도 한다. 다음 <그림 4>는 상표출원 후의 절차이다.

그림4   상표등록출원후 절차

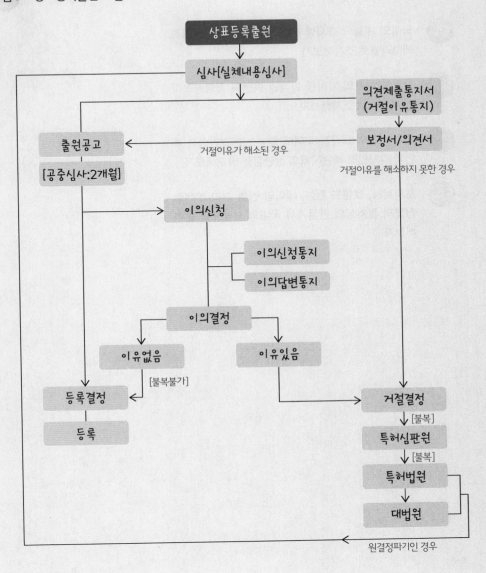

상표등록출원

심사[실체내용심사]

의견제출통지서
(거절이유통지)

출원공고

[공중심사:2개월]

보정서/의견서

거절이유가 해소된 경우

거절이유를 해소하지 못한 경우

이의신청

이의신청통지

이의답변통지

이의결정

이유없음

이유있음

[불복불가]

등록결정

거절결정

[불복]

등록

특허심판원

[불복]

특허법원

대법원

원결정파기인 경우

Further Discussions

FD1 국내외 제품의 출시별 네이밍의 트렌드를 상품카
테고리별로 조사해보자.

FD2 상호와 상표의 차이를 법적인 측면과 경영관리적
인 측면에서 조사해보자.

FD3 국내 기업의 CI규정에 대해 찾아보고 경영학적 측
면과 디자인적 측면에서의 장단점을 비교해보자.

FD4 포지셔닝, 브랜드 컨셉, 네이밍 컨셉 그리고 색상
컨셉의 일치성의 관점에서 국내외 브랜드를 분석
해보자.

References

김상률 · 이정(2009), 브랜드 개발 전략론, 법문사.

Aaker, David A. (1996), Building strong brands, Free Press.

Alina Wheeler and Debbie Millman(2017), Designing Brand Identity: An Essential Guide for the Whole Branding Team, 5th. Ed. WILEY.

Charles Wallschlaeger and Cynthia Busic-snyder(1992), Basic Visual Concepts And Principles For Artists, Architects And Designers, McGraw-Hill.

Fournier Susan(1997) "Consumers and Their Brands: Developing Relationship Theory in Consumer Research," *Journal of Consumer Research* , 24(4), 343-373.

CHAPTER
11

예비시험 시장과 출시전략

Learning Objectives

LO1 신제품 개발 및 출시에 있어 시험마케팅(Test Marketing)을 이해하고 어떤 상황에서 실시해야 하는지에 대해 진술할 수 있다.

LO2 신제품 개발 후 성공적인 시장 출시를 위한 시험마케팅의 다양한 방법을 구별하고 적용할 수 있도록 한다.

LO3 시험 마케팅의 최신 방법론을 사용할 수 있고 이를 변화된 환경에 재구조화할 수 있도록 한다.

LO4 여러 가지 신제품 출시전략을 비교하며 장단점에 대해 구별할 수 있도록 한다.

롯데제과 엘시아
수요예측 시스템 도입

고 이상적인 조합의 신제품을 추천해준다.

사용자는 엘시아가 추천한 신제품 조합의 3개월 후 8주간의 예상 수요량을 미리 알 수 있다. 엘시아는 제품의 트렌드를 분석하기 위해 제품에 DNA 개념을 도입해 알고리즘에 적용했다. 제품의 속성을 맛, 소재, 식감, 모양, 규격, 포장 등 7~8가지의 큰 카테고리로 나누고 수백 개의 세부 속성으로 나눴다. 그리고 과거 성공 사례에 대한 제품 DNA를 분석하여 시스템의 알고리즘을 완성시켰다. 뿐만 아니라 알파고와 같이 딥 러닝(deep learning) 기술을 적용, 시간이 흐를수록 자가 학습을 통해 예측의 정확도가 높아진다.

엘시아는 제품 DNA 지역, 유통채널, 성별, 연령, 직업, 산업별로 다양한 관점에서의 분석을 가능케 할 뿐만 아니라 버즈량 증가 추세와 편차, 경향 등 고도화된 소셜 데이터 분석이 가능하다. 신제품에 대한 소비자 반응 등도 실시간으로 파악된다. 엘시아가 기존 식품 산업의 업무 방식을 완전히 뒤바꿀 수 있는 획기적인 시스템이 될 것으로 예상된다.

출처: 파이낸셜뉴스, 2019년 2월 25일

롯데제과는 IBM과의 협업, 2년여의 개발 기간을 거쳐 작년 8월 엘시아를 현업에 도입했다. 인공지능을 활용한 트렌드분석을 통해 이상적 제품을 추천, 조합하여 3개월 후 8주간의 수요량 예측하였다. 엘시아는 IBM의 인공지능 콘텐츠 분석 플랫폼인 'IBM 왓슨 익스플로러'를 기반으로 수천만 건의 소셜 데이터와 POS 판매 데이터, 날씨, 연령, 지역별 소비 패턴 및 각종 내·외부 자료 등을 종합적으로 판단해 고유의 알고리즘을 통해 식품에 대한 미래 트렌드를 예측하

신제품 출시이전에 가능하면 기업의 입장에서는 실패의 위험을 최소화하기 위해서는 마케팅 믹스요소들을 결합하여 테스트하여야 할 것이다. 마케팅 믹스를 전체적으로 테스트 하는 가장 정확한 방법은 시험시장(test market)이다. 그러나 시험시장은 많은 비용과 오랜 시간이 요구될 뿐 아니라 경쟁사에게 관련 정보가 그대로 노출될 위험에 있다. 이에 본 장에서는 이러한 예비시험시장의 예측과 방법론 그리고 이러한 방법을 활용한 신제품 출시전략에 대해 살펴보고자 한다.

예비시장의 예측의 개념

시험시장(test market)이란 기업에서 새로운 제품을 시판하기에 앞서 제품 패키지와 마케팅 기획을 테스트하는 것을 말한다. 시장 테스트의 목표는 다양한 가격수준에서의 신제품의 판매결과를 예측하는 것이다. 실제 시장 환경에서 제품이 수익성 있게 팔릴 수 있는지에 관한 최종 의사결정을 하는 과정으로 때로는 중요하고 필요한 과정이다.

예비시장의 예측(pretest marketing)은 신제품을 시판했을 때 시장수요를 정확하게 예측하기 위하여 진행하는 분석방법이다. 예비시장 예측의 목적은 신제품을 판매하였을 때 시장점유율을 평가하거나 판매량을 예측하는 데 있다. 예비시장 예측은 소비재 생산 기업이 시험시장(test market) 단계 전에 신제품을 평가하는 것이다. 예비 시장 예측에 있어서 비용과 위험을 줄이고 제품 조기 공개 우려 해소하는 장점이 있다. 시험마케팅에 상당한 비용과 시간이 소요될 뿐만 아니라 경쟁사를 지나치게 자극하는 점을 고려하여 시험 마케팅 전에 예비시장 예측을 진행하거나 예비시장 분석으로 시험마케팅을 대체하는 경우가 늘어나고 있다.

예비시장 예측에 여러 가지 방법이 있지만 예측의 정확성, 진단적 정보 제공 능력, 시간과 비용의 3가지 기준이 있으며 개발된 신제품의 특징에 맞는 분석방법을 선택하여 수요예측을 하여야 한다.

1) 예측의 정확성

예비시장의 예측을 통하여 매우 정확한 예측의 결과를 얻어내는 것은 불가능하다. 예비시장 결과를 기초로 시험시장이나 출시 단계로 진행하여야 한다. 즉 예비시장의 예측을 통하여 실패할 상품을 걸러내고 성공할 상품을 정확히 가려내야 한다.

2) 진단적 정보

예시시장을 통하여 일부 신상품들은 실패작이거나 출시 단계로 진행되지 못할 후보가 드러난다. 이를 포기하기보다는 상품 자체나 광고를 좀 더 개선시킬 수 있는 여지가 예비시장을 통하여 얻을 수 있다. 다시 말해 예비시장을 통하여 얻은 신상품의 실패 원인을 진단하고 구체적인 개선방법을 제시하는 정보를 제공할 수 있어야 한다. 설령 예비사장을 거쳐 다음 단계 혹은 출시 단계로 진행되는 제품이라도 진단적인 정보를 활용하여 마케팅 믹스를 좀 더 발전시키는 것이 중요하다.

3) 시간과 비용

예비시장은 생산설비 등 대규모 투자가 이루어지기 전에 충분한 시간을 두고 실시하여야 한다. 예비시험 결과가 나쁘게 나왔을 때, 거액의 투자를 취소할 수 있기 때문이다. 하지만 예비시장을 실시하기 때문에 출시시점이 지연되어서는 안 된다. 오히려 실패나 시행착오를 방지함으로써 출시시점을 앞당길 수도 있다. 예비시험의 비용이 정보의 가치보다 과다하면 실시할 가치가 없으므로 비용과 정보 제공을 충분히 고려하여야 한다.

방법론

소비자들이 신제품이 출시된 후 수용하여 채택하기까지 여러 단계를 거치게 된다(Narasimhan and Sen 1983). 뉴스나 광고를 통해 신제품이 나온 것을 먼저 인식한다. 신제품을 구매하기 전에 느껴보고 사용해 보고 반복해서 구매해본다. 이러한 과정을 거쳐서 반복 구매 후에도 만족할 때 소비자들은 비로소 이 신제품을 수용 또는 채택하게 된다. 고전적인 방법론들은 이론적인 흐름을 간단히 살펴본다.

1) Tracker 모델

Tracker 모델은 출시 초기에 시장을 예측하고 신제품의 마케팅 계획을 위한 진단적인 모델이다. 출시 초기에 설문지로 질문하여 잠재적 소비자들의 반응을 분석하여 연말에 신제품의 수요를 예측하는 것이 초창기 모델의 목적이다(Blattberg and Golanty, 1978).

(1) 인지 모델

인지 모델(awareness model)은 광고가 어떻게 전체 브랜드의 인지도에 영향을 주는지를 모델링한 것이다.

$$\ln\left(\frac{1-A_t}{1-A_{t-1}}\right) = \alpha - \beta GRP_t \quad \text{❶}$$

GRP(gross rating points)는 설문에서 종합한 브랜드의 총 노출 점수를 말한다. A_t는 t기까지 누적 인지 비율을 말하고 α, β는 추정해야 할 상수를 의미한다. 이 인지 모델은 광고의 한계수익이 체감하는 점과 특정시기에 광고비 지출이 낮아졌을 경우에 인지도가 오히려 줄어들 수 있는 상황까지 고려된 것이 장점이다.

(2) 시용 모델

시용(trial) 모델에서 소비자를 두 그룹으로 나눈다. 시간 t에 처음으로 신제품에 대해 알게 된 소비자와 과거에 이미 인지하고는 있었으나 신제품을 아직 시용해 보지 않은 소비자들이다. 소비자 전체에서 일부가 신제품을 인지하고, 인지하고 있는 소비자들 중에서 일부가 시용하게 된다.

$$T_t - T_{t-1} + \gamma(A_t - A_{t-1}) + \delta(A_{t-1} - T_{t-1}) \quad \text{❷}$$

T_t는 시간 t에 누적된 신제품 시용자의 비율이고, A_t는 시간 t에 이 신제품을 인지한 누적 잠재적 시용자의 비율이다. $0 < \delta < \gamma < 1$인 조건이 만족되어야 한다. 왜냐하면, 인지한 잠재적 소비자들 중에서 일부가 시용하기 때문이다.

(3) 반복모델

매출투사모델을 이용해서 매출을 계산하려면 시용의 증가분($(T_t - T_{t-1})$), 시용시 사용률(trial rate), 반복시 사용률(repeat usage rate), 반복구매 소비자의 비율(r)을 추정해야 한다.

$$UC_{t-1}(t) = r\Delta T(t-1)$$

$$UC_{t-1}(t) = [1 - d(i-1)]UC_{t-1}(t-1) \quad \text{❸}$$

여기서 $\Delta T(t)$는 t 시기에 새로 시용자의 비율이고, r은 $t+1$ 시기에 여전히 시용자로 남아 있는 시용자 비율이고, $UC_{t-i}(t)$는 t시기에 여전히 시용자 그룹이면서 $t-i$ 시기에 새로운 시용자의 비율을 말한다. $d(i-1)$은 $t+i-1$ 시기에 구매했었지만 다음 시기에는 구매를 멈춘 t 시기에 새로운 시용자의 비율이다. t는 보통 월별 시간이다.

$$TS(t) = TU \cdot \Delta T(t) + \sum_{i=1}^{t-1} UC_i(t) \cdot RU, \, t = 2, 3, \ldots \quad \text{❹}$$

$$TS(1) = TU \cdot \Delta T(1)$$

TU는 시용자에 의해 구매된 수량이고, RU는 시용자들이 구매한 수량이다. 연말의 매출액을 계산하기 위해서 매달의 판매량을 합하면 예측치를 구할 수 있다. 기업들은 주로 1년 매출예측보다 더욱 긴 기간을 예측하길 원하는데 이를 위해 첫해의 마지막 몇 달이 예측을 위해 활용된다. 왜냐하면, 첫 몇 달은 빠르게 매출이 성장하지만 그 다음 4~5개월은 저조하다가 9~10달째 되면 보통 안정화된 수준에 도달하기 때문이다.

인지모델은 회귀분석(ordinary least squares)으로 시용모델은 비선형 회귀분석 (nonlinear ordinary least squares)으로 추정하며, 반복률(r)과 반복 시용률(repeat usage rate: RU)은 전화 설문조사로 추정한다. 이 TRACKER 모델의 단점은 제품군 안에 있는 모든 브랜드에 대해 동일한(homogeneous) 반응을 보인다고 가정하는 점이다. 예컨대, 애플사의 신제품에 대한 인지도와 다른 작은 기업의 신제품에 대한 인지도를 같다고 가정하는 것은 현실과 거리가 있기 때문이다.

2) NEWS 모델

NEWS모델은 신제품의 매출을 예측하기 위해 인지도, 시용도, 반복도를 연쇄적으로 활용한다. 인지도가 올라가는 원인을 세 가지로 분리하여 모델링한다. 누적 인지도는 광고를 통해, 판촉을 통해 그리고 회사가 의도했던 광고나 판촉에 영향을 받지 않고 인지도가 올라간 부분으로 나누어진다.

$$A_t = AV_t + AP_t + [A' - AV_t] \quad \text{❺}$$

A_t는 t시기의 총인지도를 뜻하고, AV_t는 t시기의 광고에 의한 누적 인지도이다. AP_t는 무료 샘플이나 쿠폰 등의 판매촉진에 의해 증가된 인지도를 말한다. $[A' - AV_t]$는 광고나 판촉과 상관없이 증가한 인지도 부분이다. 여기서 A'는 잠재 인지수준의 최대값이다. 조금 더 구체적으로 모델에 대해 알아보자.

$$AV_t = AR_t + AE_t + AN_t \quad \text{❻}$$

여기에서 AR_t는 t 시기에 광고에 노출되지 않았지만 이미 신제품을 인지하고 있는 소비자들의 비율을 말한다. AE_t는 t 시기에 광고에 노출되어 이미 인지하고 있던 신제품에 대해 지속적으로 인지하는 소비자비율이다. AN_t는 t 시기 이전에 신제품을 인지하지 못하다가 t 시기에 광고를 보고 인지하게 된 소비자들의 비율이다. 계속해서 사용모델에 대해 살펴보자.

$$T_t = TV_t + TP_t + T_{t-1} \quad\text{···} ❼$$

여기에서 TV_t는 광고를 통해 발생한 새로운 시용을 뜻하고 유사하게 TP_t는 판촉을 통해 발생한 새로운 시용을 의미한다. 좀 더 구체적으로 $TV_t = TV'_t + TV''_t$로 TV'_t는 t 시기에 새로 인지하고 시용하게 된 소비자들을 의미하고, TV''_t는 $t-1$ 시기에 새로 인지하고 이번 시기에 시용하는 소비자들을 말한다. 그리고 반복모델은 다음과 같다.

$$R_t = R_{t-1} + R'_t + R''_t \quad\text{···} ❽$$

여기서 R_t는 누적 일차 반복비율이고, R'_t은 지난 시기에 처음 시용 후 t 시기에 반복구매하는 소비자들을 의미한다. R''_t은 $t-2$ 시기에 시용 후 t 시기에 처음으로 반복구매하는 소비자들을 말한다. 이 모델들을 모두 종합하면 매출 모델이 다음과 같이 도출된다.

$$Q_t = (T - T_t - 1)TV + [U_t - (T_t - T_{t-1})UV] \quad\text{··································} ❾$$

여기서 TV는 시용자의 구매량을 의미하고 U_t는 t 시기의 사용자 비율을 말한다. UV는 반복구매자의 구매량을 의미한다.

NEWS 모델의 장점은 소비자들의 신제품 채택과정을 전체적으로 모델링한 점이다. 단점으로는 시용모델에서 상대가격의 효과를 포함한 TRACKER모델에 비해 제한적이라는 점이다.

3) 매출 잠재력 평가 모델(ASSESSOR)

ASSESSOR 모델은 신제품이 포지셔닝 전략이 수립되고 제품, 포장과 광고 문구 등이 시행 가능하며 가격, 프로모션과 광고 등 초기 마케팅 계획이 수립된 후 신제품을 평가하기 위한 모델이다. ASSESSOR 모델은 주로 매출 잠재력 평가에 사용된다. ASSESSOR 모델은 다음의 내용을 시행할 수 있는 시스템이다.

① 새 브랜드의 균형 혹은 장기적인 시장점유율을 예측할 수 있다.
② 새 브랜드의 시장점유율의 원천을 추정한다. 즉 신제품의 시장점유율은 자사 기존 제품 시장점유율을 잠식한 것인지 아니면 경쟁사 브랜드와 경쟁하여 확보한 것인지를 추정할 수 있다.

③ 제품을 개선과 광고 카피(문구)와 기타 창의적 자료를 개발함에 실행가능한 진단적 정보를 제공할 수 있다.

④ 광고문구, 가격과 패키지 디자인 등 기타 마케팅 전략을 선택하는 데 있어 비용절감이 가능하다.

<그림 1>은 ASSESSOR의 시스템 구조이다. ASSESSOR 시스템의 가장 중요한 목표는 브랜드(신제품)의 시장점유율을 예측하는 것이다. 위 모델 구조에서 설명한 바와 같이 ① 제품 구매 확률의 상대적 선호 모형(기호모형 혹은 태도모형)과 ② 시용-반복구매 프로세스 모형을 통하여 잠재적 매출을 평가할 수 있다.

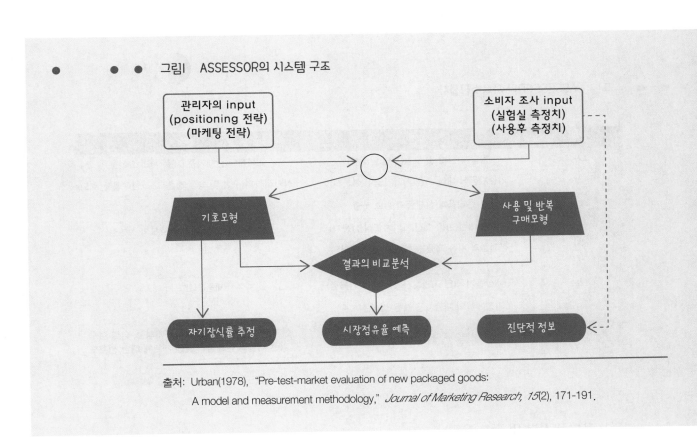

그림| ASSESSOR의 시스템 구조

출처: Urban(1978), "Pre-test-market evaluation of new packaged goods: A model and measurement methodology," *Journal of Marketing Research, 15*(2), 171-191.

두 모델은 구조상 유사하지만 각자 다른 방법으로 모델을 보정하고 있다. 두 모형의 예측결과가 특정 값으로 수렴한다면 시장점유율 예측의 신뢰도를 강화하며, 상이한 결과는 추가 분석을 통하여 불일치의 원인을 찾고 타협점을 찾아내야 한다. ASSESSOR 모형에 필요한 데이터는 실험실 연구 설계와 사용 테스트(Usage test)를 통하여 수집한다. 주요 예측결과는 향후 브랜드(신제품) 관련 의사결정에 활용되는 시장점유율 예측과 진단적 정보이다. 추정된 결과는 여러 가지 가능성이 있다. 좋지 않은 결과는 신제품 개발을 중지하거나 추가적인 노력이 필요함을 시사한다. 만족스러운 예측값은 시험시장 계획을 시행할 수 있다. 아주 좋은 결과라면 즉시 해당 브랜드를 출시한다. 특히 자본투자 위험이 작거나 경쟁적 진입의 위협이 존재한다면 빠른 시일 내에 신제품을 출시해야 한다.

ASSESSOR의 연구 설계는 신제품에 대한 소비자의 반응과정의 각 단계에 맞도록 짜여있다. <표 1>은 연구 설계의 특징과 각 단계에서 수집되는 데이터 유형을 보여준다. 반응 과정의 인지-사용 단계를 재현하기 위하여 실험실 기반 실험을 통하여 일부 소비자들은 신제품 광고와 시중 경쟁 제품의 광고를 같이 보게 된다. 다음 단계에서는 소비자들은 신제품과 기존제품을 구매할 수 있는 기회를 갖는 가상 상점 환경에서 구매 임무를 수행한다. 그리고 가정에서 충분한 수량의 신제품을 사용하거나 소비 후 일정 기간이 지난 뒤 사후 인터뷰를 통하여 신제품 반복구매율을 측정한다. 상세한 자료 수집절차는 다음과 같이 설명할 수 있다.

표l   ASSESSOR의 자료수집절차

설계	과정	측정
O_1	응답자 선별 및 모집(개인 인터뷰)	표적집단 선택기준 (제품 클라스 사용)
O_2	기존제품에 대한 측정(자기기입식 설문지)	상기집합의 구성 및 속성의 중요도, 점수와 선호도
X_1	기존제품과 신제품의 광고 노출	
O_3	광고에 대한 반응 측정(자기기입식 설문지)	선택적, 광고에 대한 선호도와 신빙성
O_2	신제품과 기존 제품 동시 진열 환경에서의 가상 쇼핑 트립	
O_4	구매상품기록(연구 관찰자가 선택을 기록함)	제품(브랜드)구매
X_3	가정에서의 제품사용 혹은 소비(신제품)	
O_5	사용 후 측정(전화 인터뷰)	신제품사용률, 만족도, 반복구매의향, 속성 점수, 기존 제품과 신제품의 관련 세트에 대한 선호도

(1) 응답자 선별 및 확보 O_1

ASSESSOR는 쇼핑센터나 근처 통행량이 많은 장소에서 응답자 모집 및 실험을 진행한다. 우선 조사원들은 간단한 설문을 통하여 신상품의 예비 표적고객을 모집하여 사전에 설치된 실험실에서 진행한다. 통상 실험 참여 인원은 300명 내외로 한다.

(2) 기존제품에 대한 소비자 태도 조사 O_2

모집된 피   실험자는 자기기입식 설문을 통하여 개개인의 고려상품군과 상품속성의 중요도 등 내용을 조사한다. 고려 상품군에 속하는 기존제품에 대한 소비자 태도와 속성의 중요도를 조사한다.

(3) 광고영상 X_1

다음 단계로 피실험자는 5~6편의 신제품과 기존제품의 광고를 시청한다. 광고의 순서는 피실험자별로 순환시킴으로써 광고 순서로 발생하는 바이어스를 최소화한다.

(4) 광고에 대한 반응 측정 O_3

필요시 선택적으로 광고에 대한 태도, 광고의 신빙성 등 소비자가 광고에 대한 반응을 자기기입식 설문지를 통하여 측정한다.

(5) 신제품과 기존상품들이 진열된 모의소매점포 X_2

피실험자에 일정금액의 현금을 지불하고 가상적 구매점포에서 구매 테스크를 진행한다. 가상적 점포는 신상품과 기존산품들이 실제 판매 소매점포와 동일한 형태로 진열되어 있다. 신제품에는 시판 시 판매할 가격을 붙이고 기존제품에는 해당직역의 평균소매가격을 제시한다. 피실험자에게는 지급된 현금으로 매장에서 제품을 구매하든지 혹은 현금을 가져가도 된다고 설명하고 충분한 시간을 주고 제품을 비교하고 제품을 선택하도록 한다.

(6) 구매상품기록 O_4

피실험자들의 가상 소매점포에서 구매한 기존제품과(혹은) 신제품을 기록한다.

(7) 시제품 사용 혹은 소비 X_3

가상 소매점포에서 신제품을 구매했거나 샘플을 받은 피실험자들이 가정에서 신제품 사용 혹은 소비한다.

(8) 사용 후 측정 O_5

신제품 사용 혹은 소비의 충분한 시간이 경과한 후 신제품을 구매하거나 샘플을 받은 피실험자에 전화인터뷰를 실시한다. 전화인터뷰를 통하여 피실험자들의 신제품 사용률, 만족도, 반복구매의향, 속성 점수, 선호도, 상대적 선호도를 조사한다. 그리고 고려 상품군에 속하는 기존제품들과 신제품에 대하여 속성지각과 태도를 쌍대비교법을 통하여 측정한다.

ASSESSOR 모형에서 매출 잠재력은 신제품을 상기집합 안에 포함시키는 소비자의 비율과 신제품을 구매할 평균적인 조건부 확률의 곱으로 나타나며 사용 및 반복구매모형에 있어서의 매출 잠재력은 누적사용비율과 시용자들의 반복구매율의 곱으로 표현된다. 그러나 두 모형의 개념적인 유사성에도 불고하고 실제로 두 모형에 사용되는 측청치들은 상당히 다르다. 즉 시용과 반복모형에서는 기본적으로 시용이나 반복구매의 직접적인 관찰에 의한 측정치들은 주로 사용하는 반면 기호모형에서는 집합의 비율이나 평균 조건부 구매확률은 간접적인 측정치에 의해서 얻어지게 된다.

M/A/R/C 연구소
(Assessor 모델을 활용하여)

더욱 정확하게 시장의 반응을 예측한다. 구체적으로, Assessor는 구매주기가 5~10년인 내구제 시장에서 브랜드 로열티와 제품 로열티를 고려한다.

제약회사의 경우 정부관계자들, 외과의사들, 환자들, 보건소들 등 많은 다수의 의사결정자들이 제품 구매 의사결정에 연관이 되어 있어서 Assessor 모델은 혁신 확산 모델을 적용하여 어떻게 신제품 인지도 및 매출과 연결이 되는지를 알려 준다. Assessor는 또한 신제품에 대한 입소문의 영향을 분석하기도 한다. 그들은 초기 수용자들이 늦은 수용자들과 달리 어떤 정보들을 활용하는지를 알아내고, 신제품을 채택하는 과정 안에서 변곡점들을 찾아 초기수용자인 혁신가들에게 얼마나 의존하는가를 알아낸다.

출처: Wherry(2006)

M/A/R/C 연구소는 Omnicom의 일부로 M/A/R/C 그룹의 한 분과다. M/A/R/C 연구소는 Assessor 계열 제품을 시뮬레이션 시험 시장예측(Simulated Test Market: STM)을 위해 판매한다. 이들 제품은 컨셉 제품과 제품 개발에 예측함으로 마케팅 계획과 전략에 도움을 준다. Assessor의 고객들은 금융서비스, 소비자상품, 기술, 내구재 및 의약 제품 등 다양한 영역으로부터 온다. Assessor는 과거 벤치마크에 의존하지 않고 개별 경쟁 데이터와 제품 간 상쇄(trade-offs)를 활용하여 제품군에 상관없이 개인화된 모델을 만든다. Assessor 또한 소비자의 반응들을 활용하여 보정할 수 있다. 예컨대, 보험사나 전기 공급회사를 바꾸고 싶어 하지 않는 성향 같은 특정 사업군에 있어서도 Assessor 모델은 소비자들의 이러한 변화하기 꺼려하는 것까지 포함하여 분석할 수 있다. 제품의 기대 수명, 구매 사이클, 경쟁제품과 비교들이 허용되는 Assessor 모델은

'테라' 맥주의 출시와
100일 후 매출

하이트진로가 9년 만에 맥주 신제품 '테라'(TERRA)를 오는 21일 출시하며 시장점유율 탈환에 나선다.

2년 간의 제품개발을 거친 라거 맥주인 '테라'는 호주 청정지역 '골든 트라이앵글' 지역 맥아를 100% 사용해 발효 공정에서 자연 발생하는 리얼탄산만 담았다고 하이트진로 측은 13일 설명했다. 라거 특유의 청량감이 강화되고 거품이 조밀하고 탄산이 오래 유지된다. 청정한 원료를 자연주의적 공법으로 강화해 환경에 관심이

많은 소비자들의 수요를 겨냥했다. 국내 라거맥주로는 처음으로 초록색병 패키지를 채택해 청정 콘셉트를 강조했다.

김인규 하이트맥주 대표는 "그간 치열한 경쟁과 수입맥주의 파상공세, 빠르게 변화하는 주류문화에 적응하지 못해 시장점유율이 하락하며 어렵고 힘든 시기 보내야만 했다"면서 "이번 신제품 출시를 통해 어렵고 힘들었던 맥주사업에 마침표를 찍고자 한다. 반드시 재도약의 틀을 마련하겠다"고 이날 기자간담회에서 말했다.

알코올 도수 4.6%인 이 맥주는 전국 대형마트·편의점 등 가정채널과 음식점·유흥업소 등에서 동시 판매된다. 출고가격은 기존 맥주와 동일하다. 오성택 하이트진로 마케팅 상무는 "발포주 필라이트가 좋은 반응을 얻고 있지만 하이트진로의 본원적인 경쟁력은 맥주"라면서 "올해 안에 두 자릿수 점유율을 올리는 게 목표"라고 말했다.

하이트진로가 야심차게 내놓은 레귤러맥주 '테라'가 판매 신기록을 이어가며 맥주 시장 판도 변화를 예고하고 있다. 테라 판매호조로 내리막을 걷던 하이트진로 맥주 매출이 반등하는 등 실적에도 청신호가 켜졌다. 하이트진로는 지난달 29일 출시 101일 만에 테라 판매량이 1억병을 돌파했다고 2일 밝혔다. 누적 판매량은 334만 상자(330㎖ 기준), 1억 139만병으로 초당 11.6병이 판매된 셈이다. 국내 맥주 신제품 초기 판매량 중 가장 높은 수치다. 3월 21일 출시된 테라는 출시 39일 만에 100만상자 판매를 돌파하며 가장 빠른 판매속도를 기록했고 72일 만에 200만 상자, 97일 만에 300만 상자를 판매하는 등 판매 속도가 점차 빨라지고 있다. 하이트진로는 본격적인 성수기가 시작되는 만큼 판매량이 더욱 빠르게 상승할 것으로 내다보며 1년 판매 목

표인 1,600만 상자 판매도 무난히 달성할 것으로 기대했다.

하이트진로는 테라의 초기 돌풍을 이어가기 위해 테라 생맥주를 이달 중순께 출시해 성장의 가속도를 붙일 예정이다.

테라의 성공으로 카스가 장기집권하고 있는 맥주 시장 판도가 바뀔지도 주목된다. 현재 맥주시장은 오비맥주가 52%, 하이트진로가 25%, 롯데주류가 7%, 수입맥주 등이 16% 정도를 차지하고 있는 것으로 추정된다. 특히 경쟁사인 오비맥주와 롯데주류가 카스, 클라우드 출고가를 인상한 반면 '테라' 가격을 유지한 것도 테라 판매량 증가에 영향을 준 것으로 보인다. 내년 주세법 개정, 테라 등 하이트진로 맥주 가격 인상 가능성 등 다양한 변수가 기다리고 있어 당분간 맥주시장은 변화의 바람이 거셀 전망이다.

테라 판매 호조로 하이트진로의 맥주 사업도 청신호가 켜졌다. 당초 테라가 기존 하이트, 맥스 등 주력 맥주 제품 시장을 잠식할 것이란 우려가 있었지만 하이트진로 맥주 전체 판매량이 증가한 것으로 나타났다. 하이트진로의 맥주 판매량은 올해 6월 기준 전년 동월 대비 약 5% 상승했고 특히 레귤러 맥주의 격전지인 유흥시장에서의 판매량도 눈에 띄게 증가해 전년 동월 대비 45%나 상승했다. 2017년은 전년 대비 −23%, 2018년 전년 −21%를 기록했었다.

테라 효과는 5년 연속 적자를 기록하고 있는 하이트진로 맥주 실적에도 긍정적인 영향을 미칠 전망이다. 하이트진로 맥주 부문 매출은 매년 내리막을 나타내고 있다. 2013년 9,162억원에서 2015년 8,391억원, 지난해 7,460억원으로 감소했

고 2013년 이후 최근 5년 연속 영업손실을 기록했다.

테라 출시 이후 초기 마케팅 비용 등으로 올해 역시 맥주 부문 적자가 지속될 전망이지만 맥주 점유율 및 공장 가동률 상승으로 고정비 부담이 줄어들 경우 이르면 내년 턴어라운드가 가능할 것이란 예상도 있다. 메리츠증권은 내년 하이트진로의 맥주부문 영업이익을 20억원으로 전망하며 흑자전환할 것으로 내다봤다.

출처: 머니투데이, 2019년, 3월 13일/2019년 7월 2일

하이트진로 맥주부문 실적 (단위:억원)

■ 매출
■ 영업익

	2013년	2014년	2015년	2016년	2017년	2018년
매출	9,162	7,460	7,736	8,027	8,391	8,273
영업익	478	−225	−400	−217	−289	−203

3

최신 예비시장 테스트 방법

예비시장 테스트 방법에는 크게 네 가지가 있다.

1) 전통적인 테스트 시장

판매 결과는 여러 도시에서 6개월에서 12개월 사이에 비교된다. 초기 반복 구매율은 재평가율이 반복 구매율보다 높고 시용이 조기 구매를 지배하기 때문에 과대평가되는 경향이 있다. 그러므로 장기간 패널 자료를 이용해야 한다. 예상되는 비용이 테스트 결과로 얻어질 예상 수익보다 크다면 테스트 시장을 생략하기도 한다.

2) 시뮬레이션 테스트 시장

전통적인 쇼핑몰 내부의 연구 시설에서 사람들은 가상 상점을 걸어 다니며 주어진 돈으로 제품을 구입하는 형식으로 진행되고 시뮬레이션된 테스트 시장의 결과는 궁극적인 시장성과를 매우 잘 예언한다. 예측 정확도가 중요하기 때문에 이들의 인공물은 부적합하다. 이 경우 전통적인 테스트 시장과는 다르게 경쟁사에게 보안유지가 가능한 장점이 있다. 이 시뮬레이션에 참여하는 피실험자들이 이 과정이 실험인지 알고 있기 때문에 현실의 반응과 다르게 호의적으로 답할 수 있는 단점이 있다.

3) 통제된 테스트 시장

통제된 테스트 시장은 보편적인 제품 코드, 결제 스캐닝 장비(구매자의 구매 기록용), 컴퓨터(많은 구매자의 대량 구매 데이터 처리용) 및 마케팅 정보 시스템(관리자가 사용할 수 있는 형식으로 데이터를 변환하기 위한 것)들이 필요하다. 제한된 숫자의 도시들에서 가능하기에 일반화하기엔 부족함이 있다. 매출이 낮은 제품은 계속 추적하기 어려운 점도 단점이다.

4) 가상 테스트 시장

가상 테스트 시장에서는 소비자가 웹 사이트에 로그인하여 쇼핑 시뮬레이션에 참여한다. 제품 환경 설정, 상점 환경 및 검색 시간과 관련된 데이터가 캡처되므로 소매 업체는 오프라인 및 온라인 운영을 위한 보다 효과적인 전략을 개발할 수 있다. 피실험자들의 참여가 아주 쉽고 간편하다. 비용도 전통적인 시뮬레이션에 비해 상당히 작다. 실험안에서 참여자들의 관여도가 현실 평상시 쇼핑에서의 관여도보다 훨씬 높아 결과로 나온 전략들이 실제 상황에서는 잘 작동하지 않을 수 있다.

신상품 출시 전략

신제품이 예비 시장과 테스트 시장에서 통과되면 출시를 계획하고 판매를 실행한다. 신제품의 세밀한 구성뿐만 아니라 이를 위한 마케팅 믹스가 준비되고 경쟁사의 대응에도 방안들이 마련되어 있다. 즉, 신제품의 출시는 제품의 출시뿐만 아니라 마케팅 계획을 실행하는 것이다. 신제품 출시를 아주 세밀하게 관리하는 것이 중요한 임무가 된다. 기업은 신제품을 출시할 때 가장 우선적으로 시점을 결정하여야 한다. 이러한 출시 시점을 결정하는 방법으로 주경로 분석이 사용된다. 또한 가능한 위험 및 불확실성에 대처하여 출시를 하는 방법으로 신속한 적응적 통제(adaptive control)기법과 단계적 출시(roll out) 방법이 있다.

1) 출시 시점을 위한 주경로 분석

주경로 분석(critical path analysis)은 마케팅과 생산부서와 출시시점을 결정하기 위해 사용되는 방법으로 프로젝트에 필요한 업무들을 조정 조율해주고 제 시간에 마칠 수 있는 가이드를 제공한다. 기본적인 아이디어는 독립적인 업무와 상호의존적 업무를 구분하여 효율을 위해 순서를 정한다. 이를 위해 출시에 필요한 모든 업무를 나열하고 각 활동의 시간을 추정하여 먼저해야 할 업무부터 순서대로 계획을 수립한다.

2) 적응적 통제 기법(adaptive control)

출시 전후 경제상황이나 시장상황에 변화는 신제품의 성과에 큰 영향을 줄 수 있다. 이런 변화를 신속하게 계획에 반영해야 한다. 체계적으로 예측된 결과와 실제 결과를 비교하는 것을 추적이라 한다. 끊임없는 추적을 통해 출시 계획은 출시과정을 통해서 얻어진 자료로 지속적으로 수정되어야 한다. 그러면 신속하게 오류를 발견할 수 있다. 신상품을 출시한 후 시장반응함수를 모니터하게 되는데 이 시장반응 함수는 실험을 통해서 추정된다. 문제는 광고비로 인해 오른 매출이 얼마나 되는지는 알 수 없다. 그래서 Little (1966)은 n개의 부분시장에서는 광고비를 최적광고비보다 $\Delta/2$ 만큼 낮추고, 다른 n개의 부분시장에서는 광고비를 $\Delta/2$ 늘려서 실험을 하였다. 최종결과는 몇 개의 부분시장을 선정할지와 광고비의 변화분 Δ에 영향을 받지 않는다. 시사점은 정기적으로 시장반응함수의 변화를 점검해 최적의 마케팅 투입량을 조절해야 한다는 것이다.

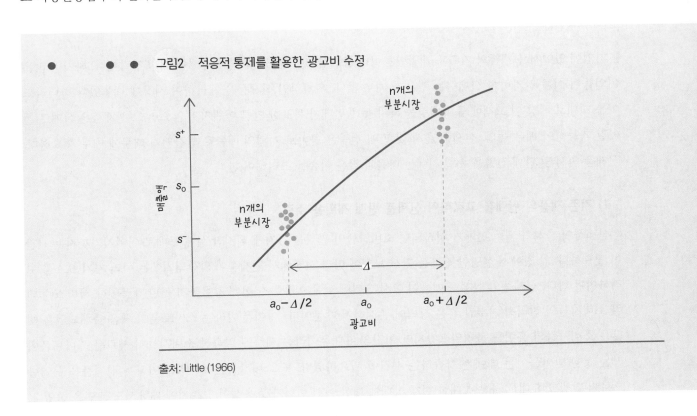

그림2   적응적 통제를 활용한 광고비 수정

출처: Little (1966)

3) 단계적 출시

전체 시장에 동시에 출시를 하느냐와 단계적으로 시기의 차이를 두고 출시하느냐를 결정하는 방법이다. 또한 지역별로 국내 시장과 해외시장을 두고 동시 출시냐 아니면 시간차 출시를 단계적으로 하느냐를 결정하는 것이다. 최근 스마트폰시장에서 삼성전자와 애플이 미국에서 우선 출시를 하고 점차적으로 나라별로 출시를 하는 것이 좋은 사례이다. 또한 마블 영화의 경우에도 전세계 영화관에서 동시에 개봉을 하는 경우도 있고, 최근 '인피니트 앤드게임'의 경우처럼 우리나라에서 개봉을 먼저하고 시차를 두고 각 나라별로 개봉하는 경우도 있다.

이는 흥행을 두고 전세계의 수요에 대한 확신과 차별적인 요소가 없는 경우에 동시 다발적인 출시를 할 수도 있고, 차별적인 반응이나 성공을 더욱 확고히 하기 위해 특정 지역의 반응을 살피고 보완하여 단계적으로 출시를 하는 것이다.

5

신제품 출시 전략 수립시 고려요인

　기업에 있어서 신제품의 기획과 개발만큼이나 중요한 것이 출시 및 실제 판매에 대한 전략이다. 하지만 많은 기업들이 이를 간과하여 실패하는 경우가 매우 많다. 획기적인 신제품을 개발하여 시장에 내놓았다 하더라도 이를 제대로 시장 및 고객에게 마케팅을 하지 못해 판매가 목표한 만큼 이뤄지지 않으면 그 신제품은 실패로 돌아갈 가능성이 매우 높다. 신제품 출시 및 판매 전략은 곧바로 기업의 매출로 연결되기 때문에 매우 중요하다. 신제품 출시 및 판매 전략을 수립 시에는 다음과 같은 이슈를 고려해야 한다.

1) 기존 제품의 판매를 고려하여 신제품 판매 계획을 수립

　신제품이 출시가 되어 판매가 시작되면 소비자들이 관심을 가지게 되지만 실제 구매로 이어지기까지는 시간이 필요하다. 앞 장에서 설명한 신제품 확산 모형에 따라 시장에서 신제품이 확산되기에는 여러 가지 요소를 고려하여야 한다. 신제품의 실제 구매율이 출시 초기에 낮은 이유는 이전에 경험하지 못한 제품이나 서비스에 대한 소비자들의 심리적 거부감 혹은 장벽이 존재하기 때문이다. '아이폰'이라는 스마트폰이 처음 출시되었을 때 많은 소비자들의 흥미를 불러일으켰지만 이전의 휴대폰이라는 제품에 익숙한 소비자들이 새로운 스마트폰이라는 것을 받아들이는 데에는 학습하는 시간이 필요하였다. 또 소비자들은 스마트폰이라는 신제품을 구입함으로써 발생할 휴대폰 사용에 대한 현재 상태에 대한 어떤 변화가 효용성이 있는지에 대해서도 고민을 하였다. 따라서 신제품 판매는 기존 제품 판매보다 장기적인 시각에서 바라봐야 하며 고객이 가지는 신제품 사용 및 효용에 관한 불확실성을 해소할 수 있도록 전략을 구상해야 한다. 예를 들면 단순히 스마트폰의 장점을 이야기하는 것보다 고객이 현재 휴대폰에서 겪고 있는 불편함이 무엇인지 파악해 스마트폰 사용에 따른 변화가 기존 휴대폰의 불편함을 어떻게 해소할 수 있는지를 확실하게 인식시키는 것이 좋다.

2) 마케팅의 핵심은 선택과 집중

　신제품 출시 당시 고려해야 할 것은 제품의 출시와 마케팅프로그램의 출시이다. 제품을 시장에 선보이면서 기업이 소비자들과 소통할 수 있는 커뮤니케이션 전략 및 판촉과 유통, 가격 전략 등을 같이 출시하는 것이다. 이때 기본적인 마케팅 전략은 STP전략이다. 신제품을 구매하기 까지 소비자가 가지는 심리 단계를 고려해 마케팅 전략을 짜는 것이 중요하다. 신제품은 처음 소비자의 호기심과 흥미를 끄는 데에는 유리하지만 소비자가 문제를 인식하고, 구체적인 니즈를 가지고 신제품에 대한 평가를 하는 단계에서 기존 제품보다 더 많은 고려사항이 존재하게 된다. 따라서 모든 소비자들에게 구매를 권유하고 판촉을 하는 등의 분산 혹은 대중 마케팅(Mass Marketing)을 하는 것보다는 구매 확률이 높은 잠재 소비자를 파악하여 이들에 집중된 마케팅 전략을 실시하는 것이 훨씬 효과적이다. 이것이 전통적인 시장세분화를 통해 특정 표적 시장에 집중하는 마케팅 전략이다. 많은 기업들이 자기들이 개발한 신제품이 모든 소비자들이 필요로 하는 제품이라고 착각을 한다. 모든 소비자들을 대상으로 판촉과 커뮤니케이션을 하는 것은 특히 중소기업들에게는 불가능한 일이다. 따라서 이 신제품과 가장 적합하고 가장 효용이 높은 특정 소비자 집단을 선택하여 모든 마케팅 역량을 집중하는 것이 신제품 출시 및 판매에 있어서 가장 중요한 요소이다.

3) 신제품 판매 및 고객관리에 있어서 영업사원의 역할

신제품 출시 및 판매 전략에서 가장 중요한 역할을 수행하는 것이 영업사원이다. 영업사원은 고객과의 접점에서 고객에게 신제품을 소개하고 판매하는 역할을 담당한다. 영업사원이야말로 고객의 문제를 파악하고 니즈를 충족시킬 수 있는 가장 적합한 역할을 수행하는 사람이다. 우수한 영업사원은 환경의 변화에 잘 적응하며 직관적인 경험에 의존하기보다 고객의 니즈와 제품의 효용에 대한 고민을 하면서 다양한 판매방법에 대한 학습을 하고 이를 적용하면서 발전한다.

따라서 기업은 신제품의 출시와 함께 적합한 영업사원의 양성에도 힘을 써야 한다. .영업사원이 신제품에 대해 잘 이해하도록 교육하고 고객의 심리와 판매 프로세스에 대해 인지할 수 있게끔 학습할 수 있는 교육 프로그램에 투자를 하여야 한다. 신제품에 대한 소비자의 심리적 장벽을 낮추는 또 다른 효과적인 방법은 소비자들로부터 신뢰를 얻어서 관계를 형성하는 것이다. 소비자의 신뢰를 얻고 관계를 형성하는 것이야 말로 신제품 판매 전략의 핵심이다. 신제품 도입에 대해 고객들로 하여금 호의적으로 반응할 수 있도록 단기적인 제품판매에만 그치지 않고 긴밀하게 장기적인 협력관계를 구축해나가는 것이 매우 중요하다.

Further Discussions

FD1 신제품을 시장에 출시함에 있어 일반적으로 시험 마케팅을 사용한다. 그런데 어떤 상황에서는 시험 마케팅을 생략할 수 없을까? 시험마케팅을 생략할 수 있는 시장과 그렇지 않은 시장 혹은 상황에 대해 설명해보자.

FD2 시험마케팅의 대표적인 모델인 TRACKER모델과 NEWS 모델의 장단점을 비교한 후 장단점에 대해 논의해보자.

FD3 최근 성공적으로 출신된 신제품 중 시험마케팅을 통한 성공 사례를 찾아보자.

FD4 최근 글로벌 마케팅 상황에서는 전세계 동시에 제품이 출시되기도 하고 지역별로 출시일이 다르기도 한다. 즉, 신상품 출시 전략에 있어 단계적 국가별 출시와 여러 국가 동시 출시의 차이는 어떠한 것이 있으며 장단점은 무엇인가를 탐구해보자.

References

박홍수 · 하영원 · 강성호(2018), 신제품 마케팅 전략, 박영사.

Blattberg, R. and J. Colanty(1978), "Tracker: An Early Test Market Forecasting and Diagnostic Model for New Product Planning," *Journal of Marketing Research*, 15(2), 192-202.

John D. C. Little.(1966), A Model of Adaptive Control of Promotional Spending. *Operations Research, 14*(6), 1075-1097.

Narasimhan, Chakravarthi and Subrata K. Sen(1983), "New Product Models for Test Market Data," *Journal of Marketing*, 47 (Winter), 11-24.

Shocker, A. D., and W. G. Hall(1986), "Pretest market models: A critical evaluation," *Journal of Product Innovation Management, 3*(2), 86-107.

Silk, A. J. and G. L. Urban(1978), "Pre-test-market evaluation of new packaged goods: A model and measurement methodology," *Journal of Marketing Research, 15*(2), 171-191.

Urban, G. L., B. D. Weinberg and J. R. Hauser(1996), "Premarket forecasting of really-new products," *Journal of marketing, 60*(1), 47-60.

Urban, Glen, John Hauser(1995), Design and Marketing of New Products, 2nd Edition, Prentice-Hall.

Wherry, J.(2006), Simulated Test Marketing: Its Evolution and Current State in the Industry, Thesis. MIT.

색인 INDEX

저자소개

김경민(keim@silla.ac.kr)

현재 신라대학교 경영대학 경영학부 경영학전공의 교수로 재직하고 있다. 그는 서강대학교 대학원 경영학과에서 마케팅전공으로 박사학위(Ph. D.)를 받았다.

그의 관심분야는 소비자의 정보처리, 행동과학 그리고 이를 이용한 신제품 및 브랜드 전략 개발이다. 이러한 관심분야에서 활발한 연구활동을 하고 있다. 그는 Journal of Business Research, SAM Advanced Management Journal, 마케팅관리연구, 마케팅연구, 소비자학연구, 광고학연구 등 국내외 주요 학술지에 관련 많은 연구를 게재하였다.

현재 한국마케팅관리학회 회장, 한국마케팅학회 부회장, 한국전략마케팅학회 부회장, 한국서비스마케팅관리학회 이사, 소비문화학회 이사 한국컨설팅학회 편집위원 그리고 American Journal of Business, Ad hoc Reviewer로 학술활동을 하고 있다.

서울시, 부산시, 경기도, 농림부, 국회 등의 각종평가위원, 심사위원, 출제위원을 하였으며 서강대학교, 단국대학교, 한국외국어대학교, 경기대학교 등에서 강사를 하였다. 쌍용정보통신(주), 브랜드아큐멘 등에서 실무의 경험을 쌓기도 하였다.

대한경영학회 우수논문상, 한국마케팅관리학회 우수심사자상을 수여받았으며 많은 정부 관련 연구를 진행하였다.

그는 평소에 e게임을 좋아하며 Air Supply의 The One That You Love를 즐겨 부르며 새로운 것에 대한 호기심으로 항상 새로운 문화를 적극적으로 수용하는 여행광이기도 하다.

박정은(jepark@ewha.ac.kr)

University of Alabama에서 마케팅전공으로 경영학 박사학위(Ph. D.)를 받았다. 이후 University of New Hampshire에서 교수로서 재직하였고, 현재 이화여자대학교 경영대학 교수로 재직 중이다.

그의 연구 관심분야는 마케팅전략이고, 영업전략, B2B 마케팅, 시장중심 학습, 혁신 등이고 이러한 관심분야에서 활발한 연구 활동을 하고 있다. 그는 Journal of Marketing Research, Industrial Marketing Management, Journal of Business Research, Journal of Business to Business, Journal of Business and Industrial Marketing, Journal of Personal Selling and Sales Management, Journal of Strategic Marketing, Journal of Service Marketing, 마케팅연구, Asia Marketing Journal, 마케팅관리연구, 유통연구, 상품학연구 등 국내외 주요 학술지에 관련 많은 연구를 게재하였다.

Asia Marketing Journal의 편집장을 역임하였고, 현재 한국마케팅관리학회 부회장, 한국마케팅학회 부회장, 한국유통학회 부회장으로 다양한 학회활동을 하고 있다.

정부 및 공공기관의 각종평가위원, 심사위원 및 정책연구를 하였으며 삼성, LG, 현대자동차, 두산, SK, 농심, 한국야쿠르트, 현대백화점, 롯데, 아모레퍼시픽, 신세계 등의 다양한 대기업 및 중소기업들을 대상으로 강연, 컨설팅 및 자문활동을 하였다.

American Marketing Association의 박사논문상, Researcher of the Year, 최우수 논문상 등을 수상하였고, 한국에서는 한국경영관련 학회 통합학술대회 매경우수논문상을 수상하였다.

그는 평소에 신제품에 관한 관심이 많아 신제품이 나오면 가장 먼저 사용해보는 Early adopter이다. 또한 BTS를 좋아하고 마블영화를 즐겨본다. 국제교류에도 관심이 많아 다양한 국가를 여행하는 것을 좋아한다.

김태완(tak2@skku.edu)

현재 성균관대학교 경영대학 경영학과 마케팅전공 부교수로 재직하고 있다. 그는 Stanford 대학교에서 통계학석사(M.S.)를 그리고 Syracuse 대학교에서 마케팅전공으로 박사학위(Ph. D.)를 받았다.

그의 관심분야는 신제품 개발, 시연(demonstration)과 신제품 출시, 가격 전략이다. 계량경제학 모델과 게임이론의 연구 접근으로 연구 중이며 Journal of Marketing과 여러 국제, 국내 저널에 연구를 게재하였다.

현재 한국마케팅학회 총무이사, 한국유통학회 사무사장, 한국경영연구 편집위원, 그리고 여러 해외저널들, 한국마케팅연구, 그리고 Asia Marketing Journal의 리뷰어로 학술활동을 하고 있다.

삼성전자, 현대자동차, 매일유업, 대상, 삼성생명, 삼성화재, 한국마케팅학회에서 주관하는 Master of digital Marketing(MOdM) 등 여러 기업가들을 대상으로 특강을 기획, 참여한 바 있다.

그는 평소 테니스, 바둑, 골프 등을 좋아하며 새로운 트렌드에 맞게 소비자들의 기호가 변화해가는 것들을 이해할 수 있는 방탈출 게임, VR Game, 코인 노래방 등을 좋아한다.

고객가치기반 신제품 마케팅전략

초판발행   2019년 8월 20일

지은이   김경민 · 박정은 · 김태완
펴낸이   안종만 · 안상준

편 집   전채린
기획/마케팅   박세기
표지디자인   이미연
제 작   우인도 · 고철민

펴낸곳   (주)**박영시**
                서울특별시 종로구 새문안로3길 36, 1601
                등록 1959.3.11. 제300-1959-1호(倫)

전 화   02)733-6771
f a x   02)736-4818
e-mail   pys@pybook.co.kr
homepage   www.pybook.co.kr
ISBN   979-11-303-0826-5 93320

정 가   23,000원